国家科学技术学术著作出版基金资助出版

土地非农化的治理效率

谭　荣　曲福田　著

国家自然科学基金（71273008）
教育部全国优秀博士学位论文作者专项资金资助项目（201281）　资助

科　学　出　版　社
北　京

内 容 简 介

寻找适宜的治理结构以实现土地非农化的效率是一个现实难题。当土地非农化过程体现"社会-生态系统"的特征时,这个矛盾更为突出。本书通过界定治理效率的内涵并在构建"社会-生态系统"问题的制度分析框架的基础上,对中国土地非农化的治理效率和治理结构选择等问题进行了系统的研究,并提出了完善当前中国土地非农化治理体系的政策建议。

本书适合土地经济与管理领域的研究者,大专院校土地资源管理、农林经济管理、公共管理专业教师和研究生,以及政府相关行政管理部门人员阅读与参考。

图书在版编目(CIP)数据

土地非农化的治理效率 / 谭荣,曲福田著 . —北京:科学出版社,2014

ISBN 978-7-03-041481-6

Ⅰ.①土… Ⅱ.①谭…②曲… Ⅲ.①农地制度—研究—中国 Ⅳ.①F321.1

中国版本图书馆 CIP 数据核字(2014)第 171699 号

责任编辑:李 楠 / 责任校对:刘文娟
责任印制:李 利 / 封面设计:无极书装

斜 学 出 版 社 出版

北京东黄城根北街 16 号
邮政编码:100717
http://www.sciencep.com

北京通州皇家印刷厂 印刷

科学出版社发行 各地新华书店经销

*

2015 年 4 月第 一 版 开本:720×1000 1/16
2015 年 4 月第一次印刷 印张:19
字数:380 000

定价:82.00 元

(如有印装质量问题,我社负责调换)

序

我对目前正进行的城镇化建设有三点担忧。首先，城镇建设过程中对土地的占用过多，农用地不断被挤占，这势必影响粮食生产安全。这是关系到农业生产及城镇化本身能不能持续发展的问题。其次，城镇化和工业化结合在一起，在相当程度上对资源环境构成了巨大的压力，污染了土地、空气、水，进而影响到其他各种日常用品的安全和质量。最后，城镇化过程中对于人的主体地位重视不够。大量农民虽然进入城市，但并没有变成市民，人本身没有完成城镇化。

实际上，我这些担忧的背后是对城镇化管理中如何处理好城镇与农村关系的担忧。从国际经验来看，有些国家未能处理好两者的关系，造成农业衰弱、农村凋敝、农民贫困，这种现象在拉美国家仍然存在；更多的国家是在发现了问题之后，再回头抢救，但付出的代价很大。有专家比较过欧美、拉美和中国的不同城镇化背景。具体来说，欧美地区的城镇化是"成熟儿"，它的生长发育处在有利的外部环境中，这主要是因为 17 世纪以来欧美有海外殖民，缓解了国内矛盾。拉美城镇化是"早产儿"，现在拉美国家城镇化率很高，乌拉圭已达 90%，巴西、阿根廷在 80% 以上，墨西哥在 75% 左右，但是城市问题很多，不安全、不和谐。中国的城镇化在一定程度上来说是"早熟孩子"，中国怎样吸取国际经验教训，需结合自身实际把自己的路走好。超过十亿人口国家的现代化，国际上还没有可供参考的成功范本。

土地之痛，是中国城镇化进程中面临的最突出问题之一。在中国现行法律体系下，城镇在地域上的扩张主要是依靠政府征收农民集体的土地来实现的。征收的农民集体土地，为城镇发展提供了投资载体，为城镇建设提供了巨额资金，促进农村劳动力转移至城镇，劳动力转移也使得农业有了扩大规模的可能，城镇化也能为农村提供技术、资金，提高农业效率等。但是，城镇化同时也产生了很多不利的影响，尤其是城镇化对农业来说确实是一把"双刃剑"，农民为此则付出了巨大代价，农村和城市近郊区的自然资源和生态环境也因此遭受了严重的破坏。

城镇化进程中的土地问题涉及很多主体的利益，相关的矛盾在现实中非常突出，全国各地都反映强烈。针对这些问题，理论学者和地方决策者开展了各式各样的理论研究、政策试验和观点争鸣。一方面，这些都是非常有益处的，百家争鸣有利于问题的理解和解决。另一方面，现在这么多纷繁复杂的观点也说明土地问题本身的复杂性。

任何国家只要讲土地制度，必然涉及两个基本的问题。一是土地的产权问题，即怎么去清晰产权，怎么去保障产权人的合法权利。二是土地的用途管制。产权可以为具体的产权人所有，但如何行使权利并不是没有限制的——这就是土地产权与政府管制之间的关系，实际上也就是土地的治理。如何合理地对土地进行治理，不是一个简单的问题。

我很高兴看到摆在我面前的这本由谭荣和曲福田教授合著的《土地非农化的治理效率》，这一专著正是对我上述的担忧和对城镇化实践过程中土地非农化治理问题的系统研究。实际上，我关注该书作者的系列研究已经很多年了，正如该书绪论中对相关文献梳理中所述的那样，作者及研究团队对土地非农化相关问题的研究可以追溯到20世纪90年代初期。一方面，我很钦佩学者能够对自己研究的坚持和执着，另一方面这种执着也反映了研究相应问题的复杂性和动态性。

阅读完全书后，我感觉该书的研究存在三个方面的进展。

第一，提出了治理效率的概念。土地非农化的原意就是土地的用途从原来的农业用途转变为非农用途，也就是城镇化和工业化过程中对农村土地的占用。现有的理论研究关注的要么是土地资源本身的配置效率问题，要么是对相关土地制度的评价和改进的讨论。实际上，这两个问题并不是割裂的问题。正如该书提出的"治理效率"的概念那样，土地非农化的配置受制于制度的影响，而制度本身分为两种类型，一种是治理结构（具体的实施手段和组织形式），一种是基础性制度（基础性的产权、政体等），如果要解决城镇化过程中的土地非农化问题，只有将配置效率、治理结构和基础性制度这三个层次进行系统的考虑，把握三者之间的相互影响和互动机制，才能找到解决问题的理论基础和现实途径。

第二，揭示了土地非农化"社会-生态"的系统性和复杂性，并提出了一种制度的分析框架。正如我前面提到的，城镇化建设实际上引致了一系列的经济社会和生态的影响。这种影响反映了人类利用自然资源的系统性和复杂性。国际上很多国家的学者和官员已经开始重视对"社会-生态"的系统研究和决策。例如，不仅要考虑到人类对生态系统造成的负的外部性影响，更要注意当负的影响产生后，生态系统会自我进行改变，而这种改变不是当期能够体现的，事后可能会对人类造成更为严重的影响。现代社会中出现的诸如雾霾对身体健康的影响、地下水位降低等造成的土地沉降、矿产资源丰富的城市开采完后形成的"空城"等，都是最初资源利用决策所未能（全面）考虑的。

城镇化过程中土地的非农化占用和开发，面临着同样的问题，我们以前关注的仅是非农化占用造成的直接的经济、社会和环境成本，忽略了土地及其生态系统自我的变化在未来对我们可能产生的影响。这造成我们的土地用途管制决策可能存在很大的偏颇。更为关键的问题是，我们如何对这种问题进行研究和决策，这可能是当前的制度分析理论所没有办法回答的。该书提出的"社会-生态系统"的制度分析框架，定义了一种"无偏"的制度决策逻辑，这为我们跳出传统的制度分析理论，尤其是新制度经济学的相关前提假设提供了很好的思路和理论基础。

第三，对当前中国土地非农化治理中的问题进行了详细且系统的论述和实证。理论研究唯有联系实践才有生命力。该书后半部分的研究就是遵循"治理效率"和"社会-生态系统"的制度分析框架对中国现阶段的土地非农化的治理问题进行了系统的研究和实证。具体的实证研究包括三个部分：①对当前土地非农化治理规则的规范性阐述、对治理规则设计的影响因素的判断，并在此基础上对当前土地非农化治理结构的改进方向和手段进行探索；②理论分析在现实中应用所受到的限制；③如何理论联系实际地进行土地非农化治理的改进。这些实证研究，不仅回答了很多当前土地非农化治理的重要问题，如产权改革方向的问题、土地规划管制效率的问题、土地市场效率的问题，以及城乡统筹发展过程中政府职能转变和管理方式创新的问题等，更是对前述"治理效率"和"社会-生态系统"的制度分析框架的具体应用的系统展示。

纵观全书，我感受到了整个研究的规范性、系统性和实用性。这个研究不仅能够为土地管理和资源利用管理的相关理论研究提供很好的借鉴，还能够为当前中国的土地管理实践提供很好的参考。这是作者及其团队多年来研究的又一个阶段性成果，也可以称得上是土地非农化领域研究的又一部代表性作品。

虽然，对于土地非农化治理来说，还有很多问题悬而未决，也诚如该书在总结部分所述的那样，无论是理论研究还是实证，该研究都只能说是对中国土地非农化治理效率问题的初步探索。治理效率的概念和"社会-生态"系统的制度分析框架都还有很多内容没有讨论。实证研究也多是"以点及面"的策略而非按照理论分析框架对土地非农化进行深入的分析。但是，我同意作者关于该书在理论拓展、研究方法和实证结论等方面所作可能贡献的自我评价。

我相信，在作者对土地非农化问题认识不断深入的基础上和对研究工作本身的热爱和执着下，未来能够对那些悬而未决的问题有着更为充分的回答。我也相信，该书在中国土地经济与管理乃至资源经济与管理的理论研究方面必然会有所贡献。同时也认为，该书对中国城镇化过程中土地问题的宏观调控及相关制度改革提供了有价值的参考。

向各位同行推荐，并欣然为序。

陈锡文

（中央财经领导小组办公室副主任，

中央农村工作领导小组副组长、办公室主任）

2015 年 3 月 23 日于北京

目录

第一章

绪　论

这不是危言耸听，如果中国的土地政策不能尽快从单纯的促进经济发展和单纯的耕地保护目标转变为资源节约和环境友好的综合性目标，不仅过去三十多年的经济快速增长的可持续性将受到威胁，未来甚至会波及全世界的经济、社会和资源环境的安全。

一、土地非农化：严峻的形势和管理的隐忧

中国三十多年的经济快速增长，在一定程度上忽视了资源的过度性耗竭、环境质量的恶化及社会发展的不平衡。土地资源的过度开发利用，尤其是将农村地区的农用地和未利用地资源转变为城市建设用地（即土地非农化），是引致整体自然资源过度利用和生态环境恶化的重要原因之一。随着工业化和城市化的不断加快，对土地的需求，特别是对耕地、林地以及其他自然生态用地的占用急剧膨胀，造成建设用地的低效利用、后备土地数量减少、耕地质量下降和生态环境破坏。

（一）中国土地非农化低效且环境不友好

不能否认的是，耕地、林地和其他自然土地资源的开发和占用，确实为中国的工业化和城市化提供了重要的支撑①。但是，中国的土地利用不是一种资源高效的和环境友好的类型。三十多年的发展过程中工业用地粗放和闲置现象严重。国家发展和改革委员会等部门的官方评价考核报告显示，当年中国 6 866 个开发区中有 5 298 个因浪费土地或闲置土地而最终被取缔，浪费土地的面积有 28 651

---

① 1978～2008 年中国的农地被非农占用年均近 30 万公顷。而且这些土地投入数量上的变化趋势与经济增长的波动趋势基本一致，与固定资产投资和国内生产总值（GDP）呈高度相关，这说明了土地投入对中国经济增长的贡献。

平方千米，占全部开发区面积 3.86 万平方千米的 74.2%（国家发展和改革委员会等，2007）。快速的城市化和粗放开发的利用行为，导致农村土地被大规模占用，对资源环境直接的影响就是生物多样性受损、城市和农村环境被破坏。

中国的生物多样性遭受着城市化密度和广度上爆炸式增长的威胁。伴随着快速城市化的政策导向，全国各地或多或少都出现了城市的无序扩张，造成了自然林地、天然草地、湿地资源的锐减。栖息环境的改变或破坏、生物资源的过度开发利用、生态环境的污染，再加上农业化肥农药的过度投入等人为活动的干扰，生物多样性深受威胁，一些物种濒临灭绝（Liu et al.，2003）。据统计，中国现阶段有 398 种脊椎动物处于濒危状态，占脊椎动物总数的 7.7%，高等植物中处于濒危和受威胁状态的高达 4 000～5 000 种，占总种数的 15%～20%（National Bureau of Environmental Protection，1998）。

全国范围内全面铺开的但缺少规划和实际需求的工业园区建设和盲目的低门槛的工业项目投产也造成了城郊环境的恶化。因为为了地方税收和经济增长，很多重污染或环评不达标的企业得以上马，造成城市和近郊区空气、水体和固体污染。经济合作与发展组织（OECD，2007）经过 18 个月在中国的实地调查研究，于 2007 年 7 月 17 日公布了关于中国环境政策的报告书——《OECD 中国环境绩效评估》，虽然当时中国已经是世界第四大经济体，但中国的环境标准却更接近某些最贫穷的国家。

集约节约利用政策虽然提高了土地容积率和城市的紧凑度，进而节约了农地资源，但是也带来了城市内部公共设施的不足和超负荷使用，如因城市容积率上升，单位面积的汽车使用率也上升，造成中国燃油二氧化碳排放的急剧增加。现阶段中国二氧化碳的排放居世界之首（Liu and Diamond，2008）。

（二）中国的土地政策目标取向的必然结果

中国土地利用的低效和环境负面效应，是中国土地政策目标取向的必然结果。因为中国目前的土地利用政策的重心是所谓的"双保"，即保障经济增长所需的土地投入和保护粮食安全所需的耕地[①]。这实际上暗示着土地利用对环境的影响并没有被决策者重视。

首先，经济快速增长的目标和逐渐形成的地方土地财政，造成城镇土地利用的低效率。土地在生态系统维护、开发空间价值等方面有着很重要的功能，然而这些功能在经济发展中都被忽视。土地开发只看重直接的经济成本和收益，忽视了非市场价值，必然会造成地方政府和土地开发者决策的片面性和短视性。而

---

① 国土资源部前部长孙文盛在接受记者访谈时说，我国改革开放以来的土地管理制度一直是围绕保护耕地和保障经济发展展开的。http://www.mlr.gov.cn/xwdt/jrxw/200812/t20081223_683266.htm。

且，因为中国土地的产权性质，地方政府可以强势地决定城乡土地的利用和开发
（Tan et al.，2009）。另外，由于财政分权，一些地方政府依赖土地使用权出让
的收益来弥补地方税收和财政预算的不足。在以 GDP 增长为主要考核内容的考
核制度下，争取更多的土地出让收入来发展城市和促进 GDP 增长进而吸引更多
的投资，成为地方政府最终依赖土地财政的原因。另外，为了在招商引资竞争中
获胜，各地方政府往往通过压低城市工业用地的地价来吸引投资，这进一步造成
对农村土地的过度占用。

遗憾的是，单纯的耕地保护的土地政策，初衷虽然是为了保护耕地，但实际
上反而恶化了农村地区的生态环境。因为为了满足耕地占补平衡政策的要求，大
量的山坡林地、湿地、草地被开垦为耕地，而这造成了生态环境的恶化。因为这
些低丘缓坡土地、湿地等边际土地（marginal land）的生态功能远远超过耕地的生
态功能。如图 1-1 所示，1999～2008 年，工业和城市化造成建成区扩张，而因
为占补平衡政策的存在，城市化过程中农田被占用反而进一步转嫁到边际土地
上，而边际土地的减少加大了自然生态环境的破坏。《2008 中国环境状况公报》
显示，现有水土流失面积 356.92 万平方千米，占国土总面积的 37.2％，其中，
水力侵蚀面积 161.22 万平方千米（森林砍伐），占国土总面积的 16.8％；风力侵
蚀 195.70 万平方千米（草场退化），占国土总面积的 20.4％。中国的水土流失量
占全世界总流失量的 1/5。

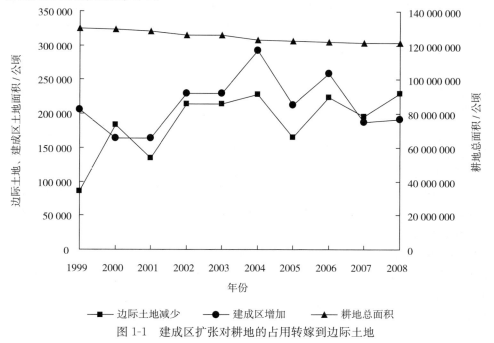

图 1-1　建成区扩张对耕地的占用转嫁到边际土地

另外，在开垦边际土地满足需求的同时，现有的已利用土地往往也被过度地利用，以增加土地产品的满足需求。例如，经常通过提高复种指数、增施化肥、使用农药来提高粮食总产量，而这些措施导致了土地肥力的下降、土壤污染、水污染、土壤盐渍化等土地退化现象。据统计，由于土壤盐渍化而造成的废弃地在中国已达 $2\,000\times10^4$ 公顷。由于过分强调高产量而盲目扩大载畜量，对草场低投入导致生产力严重降低，目前中国牧草单产水平仅相当于美国的 1/27(曲福田等，2001)。

（三）土地非农化治理的隐忧

上述的形势至少给我们两个启示，实际上也体现了现阶段中国土地管理的隐忧。

第一个启示是，在当前的土地政策框架下(即不改变现有的政策目标)，中国经济的不可持续性以及对生态环境的影响是不可避免的。地方政府会一直依赖土地财政，进而造成农村土地会继续被过度占用，而工业企业也会因为低价且供应充足而继续低效利用土地。城市内部、近郊区和远郊区的生态环境会进一步受到不同原因的破坏和恶化。农民会因为利益受损而更贫穷，农民与政府间的土地冲突会成为经常性事件(Tan，2008)，而政府在这个过程中还有可能会出现更多的腐败现象。这主要是由土地产权的公有、地方政府权力和责任不对等，以及公众参与缺失造成的。公有产权制度造成土地所有权不明晰，土地成为一种公共资源，在一定意义上没有人愿意保护或者主动承担土地损失的成本，而地方政府也对农村土地的征收具有实际上的强势地位，不利于农民利益的保护。这些很可能是社会主义国家和产权不明晰的发展中国家的通病。虽然现有的公共资源治理的研究在发达国家已经很深入，但如果应用于中国和其他发展中国家，仍然是一个需要深入研究的问题。

第二个启示是，单一部门的政策很可能产生不利于全局的影响，尽管单一部门的政策初衷是好的。中国耕地保护政策的目的是保持足够多的土地用于粮食生产，然而很明显忽视了边际土地的生态价值，导致了生态环境系统的恶化。另外，这种单一政策负面影响的出现，也反映了中国的决策者(很可能在大多数国家都成立)对不同土地资源的非市场价值的忽视。土地在生态系统维护、开发空间价值等方面有着很重要的功能。

所以，对于中国的土地非农化的管理来说，需要把人类活动和土地资源系统之间的相互作用辨析清楚(尤其是土地资源系统对人类活动的反馈)，才能充分审视土地政策的正负面效应，而且还需要把这种评价放到长期和动态的视角下，才能合理评价和制定相关的土地利用政策。

二、土地非农化治理问题的线索

任何为了眼前利益，忽视整体利益、无视长期影响的制度设计，都无法通过历史的检验。问题是，我们如何才能找到合适的制度来实现人类活动和土地资源系统之间的良性互动呢？

(一)传统的自然资源管理：配置效率的视角

无论是 20 世纪 90 年代初期从借鉴发展经济学中的可持续发展理论来研究人口增长、经济发展与土地利用之间的关系(曲福田等，2000)，到运用资源经济学的理论来阐释土地可持续利用的经济学含义(曲福田等，2001)，还是从资源配置角度对土地非农化的效率问题进行深入的研究(陈江龙等，2004；曲福田等，2005，2007；谭荣和曲福田，2006a；Tan et al.，2011)；然或对土地非农化治理过程的行政效率进行的初步讨论(谭荣和曲福田，2009，2010；Tan and Beckmann，2010；Tan et al.，2012)，都说明我们对土地非农化问题的研究有着较长时间的关注。我们对土地非农化治理的认识也随着研究的深入而不断拓展。

在早期，我们把注意力集中在不同经济发展阶段土地非农化特征和基本规律的分析与总结上，对中国土地非农化配置的动力机制从全国和地区两个尺度上进行了实证分析，解释了土地非农化的内在机制和对宏观政策的客观需求。例如，我们通过对 1995~2001 年土地非农化的动力机制进行分析，发现人口和固定资产投资是促进土地非农化的主要推动因素(需求端)，土地利用比较效益和资源禀赋等是土地非农化的支撑因素(供给端)，而地方政府在土地非农化中收益越大，越有积极性来推动农地非农转用，而提高土地的市场化配置程度以及农地利用的比较效益能够抑制土地非农化的增加。另外，地方政府对中央政府的"上有政策、下有对策"，即地方政府应对上级政府的耕地保护的管制，则大大降低了耕地保护的政策效率(曲福田等，2005)。

到了 21 世纪初期，我们更加关注土地在不同部门配置的效率评价问题，想从经济学配置效率的角度来判断土地非农化的合理的度，进而期待能够为公共决策提供一个直接的数据上的证据。为此，我们在资源配置政府失灵和市场失灵框架的基础上，理论上划分了土地的代价性损失和过度性损失两个性质不同的土地非农化的概念和过程，然后运用计量经济分析方法，对这两种损失在全国和省级两个层面上进行了计量。我们计算出 1989~2003 年土地非农化的数量中有21.7%的面积实际上是过度性的损失，即政府对土地市场价格的干预以及差别化的出让方式造成土地非农化的过量(谭荣和曲福田，2006a)。

然而，我们逐渐发现，即使理论上能够判断并通过实证衡量出我们所提出的"农地非农化代价性损失、过度性损失Ⅰ和过度性损失Ⅱ"（曲福田等，2005；谭荣和曲福田，2006b），但我们的数据并没有办法给出实际的解决方案。也就是说，现实世界中的土地非农化效率并不是一个经济理论、一个计量模型和一组数据就能够解决的问题。因为对土地非农化配置效率的模型化测算无法解决长期困扰经济学的一个问题——资源利用外部性的考量。换句话说，无论如何缜密的计算都必然是错的。现实中大量的诸如"森林砍伐""渔业捕捞""草场放牧"等资源利用行为，很少甚至没有案例用经济学教科书上所分析的那种"最优砍伐量""最大捕捞量""最佳放牧量"等指标来设定配额或者税费的方式来实现效率，这是用来说明理论与实践的脱节最直接的例证。

此时，我们认识到现阶段中国控制土地非农化规模和速度的目的不仅仅是保留一定数量的农地资源，即追求自然资源的配置效率，而是涵盖了更多的目标，如国家的粮食安全、生态环境保护、失地农民利益的保障及社会的稳定等，此时土地非农化的效率就不应该再是简单的资源配置效率的问题。换句话说，自然资源配置效率仅仅是资源管理的一部分（甚至可以说是很小的一部分），现实中对土地非农化治理的本质，已经转变为在治理过程中通过合理的治理机制来尽可能减少各种物质的与非物质的成本［交易费用（transaction cost economizing）］，进而实现治理过程的效率问题。这是不同于我们早期依赖的发展经济学和新古典经济学中的通过边际分析来评价资源配置效率的视角，而是一种过程效率的视角。本质的原因就是土地非农化中的土地作为一种自然资源在现阶段的中国还是一种公共资源。关注过程效率的原因主要是自然资源的公共性的特征。

（二）公共特征的自然资源管理：过程效率的视角

公共特征意味着资源使用或者管理过程中面临着低排他性、高竞争性所带来的社会损耗问题（如经典的"公地悲剧"的问题），这在土地非农化中也屡见不鲜。例如，地方政府之间在申请土地非农化年度指标上的低排他性和高竞争性所带来的年度新增建设用地指标这种公共资源的低效率的分配；或者地方政府为了在地方竞争中胜出而对农村土地的低价且过度性的征收，同时又以过低的价格出让给工业企业来吸引更多的投资，这实际上是作为集体产权的农村土地的"公地悲剧"，同时也是作为国有产权的城市土地的"公地悲剧"。很明显，"公地悲剧"造成理论上的资源配置效率永远无法实现。因为后者需要集体行动，而集体行动在"公地悲剧"面前是难以存续的。

为避免"公地悲剧"，降低无谓的社会损耗，我们逐渐将目光转向新制度经济学。我们不再尝试去计算无法准确把握的边际成本和收益，而是遵循通过现实中合理的制度安排和治理结构的设计来尽量减少土地非农化过程中的消耗性的交易费用——我们认为这是土地非农化总收益一定的情况下，资源利用效率达到最高的必然途径。虽然我们不知道（或者说不再关心）这个效率带来的最终收益是多少，但我们会更多地关注如何实现这种效率的过程（即制度的评价和设计）。

为此，我们经过探索，找到了一种新的分析框架，即"资源配置、治理结构和制度环境"的土地非农化的三层次分析框架（谭荣，2008）。我们分别给出了土地非农化效率在资源配置、治理结构和制度环境三个层次上的内涵解释，主要是将交易费用的比较纳入三个层次上的效率决策中。该"三层次"分析框架有利于将新古典和新制度经济学的研究方法融合起来，计算和评价土地非农化的配置效率、治理效率和制度绩效。通过这种框架，能够有效地联系不同层次上的研究结论，进而为现实中在可选择的政策手段的范围内选择能够最小化交易费用的制度安排和治理结构服务。

这样，我们对土地非农化的效率和可持续管理的相关研究进行了拓展，把传统的资源经济学从追求边际最优的视角拓展到对制度安排和治理结构的考察上，在更宽的视野和更高的层次上来揭示土地非农化治理的规律和对政策的需求。例如，我们研究了"市场""政府"的本质，辨析了两者的边界，衡量了以前被忽视的、无法实际把握的但实际中非常重要的交易费用对土地非农化治理的影响（谭荣和曲福田，2009）。

在这个过程中，我们强调土地非农化不仅是农地资源在物理状态上发生了改变，还涉及产权和生态价值等发生转移或变化。仅仅用非农化的结果来判断效率有失偏颇。针对如何选择能够体现过程效率的治理结构和制度安排的问题，我们主要做了三个方面的努力。

首先，构建了土地非农化交易费用分析的理论框架和实证模型，系统分析了土地非农化各环节的交易属性［如土地的空间专用性、人力资本专用性、频率（frequency）、因外部性引起的不确定性（uncertainty）等］和交易费用之间的关系，并通过实证进行了验证（Tan et al.，2012）。这种新的尝试是对 1998～2007 年土地规划管理领域有重大影响的若干研究［即 Webster(1998)、Alexander(2001a)、Buitelaar(2007)等的研究］的回应和拓展，既具系统性，又深入探讨了交易费用分析的基础单元，同时也给出了新的定量方法。

其次，对政府与市场两种治理结构下土地非农化的交易费用进行计量，为土地非农化治理结构的选择提供依据。交易费用难以计量，国际学术界也很少做这样的努力。我们结合典型案例，通过估计交易费用函数来衡量交易费用，既分析出中国土地非农化治理过程中交易费用的影响因素，也测度出相应治理结构下的交易费用。以 H 市的一宗土地非农化任务为例，与初始条件比较，如果完全由政府承担则交易费用上升 28.34%；如果完全由市场外包则交易费用上升 260倍；如果市场和政府合理配合，交易费用可下降 11.3%。因此，对于现阶段中国的土地非农化治理，适宜的方式是以政府治理为主导，辅以市场治理（谭荣和曲福田，2009）。

最后，不同国家采用不同的农地用途管制政策，其多样性的原因和选择的规律是什么？通过上述交易费用的分析方法，解释了中国土地利用规划的配额管理〔包括城乡建设用地增减挂钩（简称挂钩）和一些区域间的交易模式〕、美国可交易的土地发展权（transferable development right）、德国争论中的土地配额交易、荷兰空间用途管制等不同制度选择的原因和启示，证明了交易费用理论可以与环境经济学中的配额理论相结合并拓展应用到治理结构的选择上（Tan and Beck-mann，2010）。

我们在理论上对土地非农化的理论似乎有所拓展，然而在回答什么是土地非农化合理的治理结构和制度安排上，似乎仍然"力不从心"。最起码，我们仍然无法确定地告诉决策者和公众为什么需要采用某种制度而不是另一种，因为我们自己也无法断定我们的研究是否"天衣无缝"。这是由我们本身的有限理性决定的，同时也是因为我们发现土地非农化出现了传统的交易费用经济学（transaction cost economics，TCE）研究对象所不具备的更为特殊的地方——在Williamson（1991，2000）中所揭示的"交易"（或称为交互，英文为transaction，下同）是可以模块化的或者是有清晰边界的某种物品、信息或服务等的交易，但是土地非农化因为涉及自然资源系统的内部变化和对外部的新的反馈，这种边界基本上无法考察，即如果将土地非农化看做交易，我们很难准确判断究竟在什么界限上发生了什么交换。我们往往只能观察到其中的一种或几种，而忽视了很多其他的没有被观察到的交换。这实际上就是Ostrom（2007，2009）、Hagedorn（2005，2008）所讨论的与自然资源相关的制度分析必须关注的"社会-生态系统"（social-ecological system，SES）的问题。

（三）"社会-生态系统"中的自然资源管理：何谓合适的制度

当认识到SES的特征时，我们逐渐发现土地非农化的问题变得更为复杂。传统的制度选择的逻辑，如交易费用经济学所主张的不同属性的交易应该与不同的治理结构进行差异化的匹配，进而实现交易费用的不断优化。先不讨论"交易费用不断优化"的匹配标准是否是合适的标准，单是对"交易"的定义就与一些现实的情况出现了不吻合的地方。因为按照Williamson（1985）的说法，"交易是指一个物品或者服务在技术上可分辨的界限上被转移了。一个活动阶段的终止，是另一个活动阶段的开始"，这种定义的潜台词就是人类的经济行为是可以完全分解的（decomposability）（Simon，1983），也就是每个交易是可以进行所谓的完全模块化的（modularity）（Hagedorn，2008）。如果一个交易能够完全模块化，在管理这种交易时，就能够有效地根据交易属性来设计管理规则。

　　然而，土地非农化作为一种自然资源的利用行为，实际上是一种无法完全模块化和完全分解的人类利用行为，也就是没有一种清晰的技术上能够辨析的边界来定义交易。因为不仅仅与土地相关的自然系统和与土地相关的社会系统本身很复杂，两者之间的交互是更为复杂的问题，尤其是自然系统在自我适应和调整后可能会对人类社会系统产生新的反馈，而这是一种事后信息，在当期的土地非农化决策时几乎无从得知。因此，现实决策时往往只关注一种或几种因果关系，忽略了同时存在的其他因果关系。这是对交易的边界无法进行准确界定的本质原因。问题是，如果我们不能清晰地界定交易，如何以交易为基础单元来选择匹配的治理结构？

　　这种边界无法清晰表达的例子在土地非农化（或者放大到土地利用变化）过程中非常明显。例如，公共基础设施的修建将直接或间接地改变土地利用。一方面，基础设施的建造造成土地非农化，如修建大坝将明显造成森林、村庄甚至其他农村土地的消失（Naik et al.，2011）；另一方面，基础设施修建后还会对周边的土地利用产生影响，也就是所谓的溢出效应，特别是机场、高速公路、地铁等公共设施将进一步造成后续土地利用的连锁反应，包括工商业进一步集聚、居住区的集聚和围绕居住区出现新的连锁反应（Garcia-López，2012），而这实际上会进一步造成土地非农化的生态环境成本。例如，森林被砍伐和机场噪声等导致的生物多样性减少等（Loo and Chow，2011）。

　　SES 的影响最终反馈到全球环境变化和人类社会可持续发展的各个方面，包括气候变化、生物多样性和农业生产潜力受损等，其影响在近年来已经逐渐得到关注。这是很多土地非农化决策所忽视之处：即使土地非农化决策考虑到了生态环境的影响，但大多是考虑土地非农化对生态环境造成的影响，忽视了生态环境系统自身调整后回反作用于人类系统的情况。

　　例如，公路、铁路等交通基础设施的建设难免需要以毁林开荒的方式来改变土地利用，削弱了森林调节气候的能力，是致使气候变化的因素之一。Zhang 等（2001）的实验模拟结果就显示，热带雨林地区的毁林开荒活动会削弱热带雨林对温室气体的吸收和沉淀作用，进而加剧全球气候变化。此外，交通基础设施建设诱发的城市蔓延也会影响气候变化。Gonzalez（2005）研究发现，城市蔓延促使人们更多地使用小汽车等交通工具。再者，位于郊外的住宅规模一般较大，这样就增加了保暖和制冷的能源消耗。这些都会增加温室气体的排放，在一定程度上引起全球气候变化。

　　因此，我们逐渐认识到土地非农化对自然生态系统造成的各种影响最终会以气候变化、生物多样性受损和农业生产特别是粮食生产率降低等形式反作用于人类社会，成为当今乃至未来一段时期内人类社会可持续发展的关键性议题。这让我们进一步认识到，土地非农化及其影响之间并不是简单的线性关系，而是非线性关系(non-linear relations)(Ma and Lo，2012)，不同要素之间具有环形反馈(feedback loops)(Kelly，1994)、阈值效应(threshold effects)(Hagedorn，2008)、历史依赖(historical dependency)(Aljoufiea et al.，2013)、遗传效应(legacy effects)(Garcia-López，2012)、科层结构(hierarchical structures)(Handy，2005)、异质性(heterogeneity)(Alberti，2005)和突变性(surprises)(Ostrom，2005)等复杂系统的特点。应对这种特征的自然资源的管理，需要一种新的角度。

从人类与自然互动的角度出发，土地非农化这一复杂系统可以被拆解成两个层面，即生态层面和社会层面。在生态层面上，土地非农化表现在土地利用本身的变化上；在社会层面上，土地非农化的过程和结果往往与诸多社会因素(如不同的制度安排)密切联系在一起。然而，自然科学家往往会将生态层面的因素当做一个"封闭的环境"，人只是其中的一个外部因素(Cai，2011)；而社会科学家则更多地忽视了土地非农化的自然环境背景，或者将生态层面的影响作为给定不变的因素来加以考虑(Liu et al.，2007)。这说明，我们缺少一种统一的、完整的视角来解释、解决相应的问题，而这是影响SES管理的关键。

Leach等(2007)认为理解生态与社会复杂互动需要新的研究范式。这一新的研究范式应具有以下几个基本功能：第一，能够在不同空间和时间尺度上识别复杂系统的多元层次之间的联系；第二，能够使用交叉学科(包括人类学、生态学、地理学、环境科学、经济学、社会学、历史学等)中的丰富知识，发展出一种能容纳和整合这些多元化的、非线性的、跨时空范围变化因子的"共同语言"；第三，能够整合一系列不断演进、符合地方实践、可以回应反馈、朝向可持续发展的策略体系，从而促进动态变化中的制度类型、设计和策略的结合。

奥斯特罗姆及其研究团队在其制度分析与开发(institutional analysis and development，IAD)分析框架的基础上进一步开发出SES分析框架(Ostrom，2007)，可以有效地贴合SES分析的需求。SES分析框架包括资源系统、资源单位、管理系统和用户四个核心子系统，这四个核心子系统直接影响SES最终的互动结果，同时，也会受到互动结果的反作用。Ostrom的IAD和SES分析框架对于研究与自然资源利用相关的制度决策很有帮助(Hagedorn，2008)。

但很明显，从概念性的分析框架进展到实证分析，还需要很多实证研究的积累，并不断补充和改进框架。在认识到不同制度与SES之间可能的逻辑联系，以及对SES的特征有一定把握的基础上，我们希望能够建立一套评价标准用于评价SES的管理制度。

制度的效率和效果，是制度分析最常用的标准。Ostrom等(1993)对提供农村基础设施这一公共物品的制度安排进行了分析，并对不同制度下的交易费用进行了定性比较，由此给出了不同制度的经济效率高低排序。Tan 和 Beckmann

(2010)对农地保护制度进行了分析,指出管理制度是否与交易属性相适应成为决定交易成本大小和制度绩效的根本原因。

除了定性分析,还有学者尝试对交易费用进行定量测算来评价制度绩效,如Colby(1990)、McCann 和 Easter(1999)、谭荣和曲福田(2009)分别对水资源转让、点源污染治理、土地非农化治理等制度进行了评价,亦有学者对制度评价中如何定量测度交易费用进行了系统深入的阐述(McCann et al.,2005),并发展了新的定量方法(Tan et al.,2012)。除了对制度的经济效率和效果进行评价,亦有研究对制度的稳定性(robustness)、公平性(equity)、张力(resilience)等进行研究。正是由于多种评价标准的存在,我们在进行制度评价和选择时往往面临权衡(Ostrom,2011),因此,对土地非农化的 SES 影响的管理制度评价标准的界定、整合和体系化,以及评价方法的积累变得尤为重要。

(四)简要评述

综上所述,关于土地非农化过程中的生态环境问题,以及生态环境问题反过来影响土地非农化的经济、社会绩效问题,这种所谓的 SES 的交互问题已经得到关注。然而,这种 SES 交互对管理制度的诉求,目前还没有得到系统的考量。即对土地非农化造成的土地利用变化、土地利用变化造成的生态环境影响、生态环境的响应对管理制度的诉求等,还缺乏系统的联系,进而造成当前管理制度的缺陷和实施的困境。

鉴于此,本书的初衷是关注与土地非农化相关的 SES 的相互作用机制,从应对利益主体决策行为和生态系统适应性演变等产生的诉求或变化的角度,来评价与土地非农化相关的 SES 的管理制度和治理结构,探讨如何构建新的公共政策(决策)体系来满足现实需求。这背后就是要解决一个新的问题,即 SES 中交易的复杂性和关联性问题。

三、土地非农化的新问题:"社会-生态系统"的难题

世界上大多数国家都对土地非农化有着明确的法律或规划的限制,防止土地资源利用决策落入个人的、局部的或者代际上的有偏决策。例如,在荷兰和德国等欧洲国家,政府和公众共同制定的空间规划,是一种公法下的对土地使用私人行为的限制(即使这些土地是私有的);在美国等国家,在公法对私人土地使用的限制下,还允许私人通过市场交易非农建设权利,这样又是一种私法下的土地利用自由;在中国等社会主义国家,因为土地所有权的公有制,如属于全民所有或者属于农村集体所有,在对土地的利用上是一种高度集权的管理方式,而且这种高度集权的管理方式在过去几十年的实践中似乎也表现出了很好的管理绩效。

现在的问题是，不同的管理体制下各个国家也都产生了一系列的问题。面对着土地利用规划影响到私人的土地产权、影响到经济发展这一问题，欧美国家逐渐弥漫出一种疑问：土地利用规划仍然公正有效吗（Needham，2006）？在这些国家，已经有了很多非常严厉的质疑，如规划的存在实际上就是限制了人们利用自己所有的物品的权利，而一旦限制就很可能导致这些产权被低效利用（Needham，2007）。中国在自身的发展过程中，也产生了很多颇受争议的问题：高度集权是否导致了更明显的低效率（周其仁，2010）？尤其是在市场经济的绩效逐渐显现的今天，很多学者和决策者都在反思，中国的土地配置是否应该市场化更彻底一些，政府是否应该从高度集权的管理体制中抽身而退（谭荣和曲福田，2009）？

可以看出，世界范围内不同国家的政府对土地非农化都有一定的约束，说明我们需要对土地非农化进行管理；然而，不同国家管理实践中出现的问题或公众的质疑，说明对于土地非农化治理来说，如何选择合适的管理制度可能是更为重要的问题。而且，选择合适的管理制度，是一个动态的问题；如何根据不断变化的内外部条件选择合适的管理制度，是一个更为本质的理论问题。

回答这些问题，可能至少需要做三件事：第一，是对土地非农化进行理解，即辨析被管理对象的相关特征；第二，是对可选的管理制度进行理解，即辨析不同管理制度的相关特征；第三，是对管理的内外部条件进行理解，即辨析不同内外部条件对管理制度的影响。但是，很显然，完成这三件事情不是一件轻松的工作。

换句话说，虽然对中国乃至其他国家土地非农化的理论和实践研究已经有了很多进展，但是不可否认的是，仍然有很多有价值的领域亟待理论上的探索。因为当前中国土地非农化实践中所面临的资源浪费、经济低效、环境破坏、农民利益受损等问题，实际上就是一个围绕在土地利用上的一揽子问题。这些问题表明土地非农化是一个典型的 SES 问题（Ostrom，2007，2009），因为人为的土地开发而引起一系列的经济、环境和社会问题，且得益者和受损者之间的关系并不能清晰地描述；反过来，这些经济、环境和社会问题引发土地及生态系统自身的变化，进而对人产生后续的影响。它本质上说明土地非农化是一种所谓的复杂且关联的（complex-interconnected）交易（Hagedorn，2008），这种复杂且关联的交易的特征是每一个环节的人的行为和影响都可能是相互的，都无法割裂来分析，而且基本上都难以在技术上可分辨的界限上进行分辨。因此，如果我们仍然承认且接受 O. E. Williamson 所发展的微观领域的以交易费用为标准的分析框架（即所谓的 discriminative alignment hypotheses），或者更准确地说，为了有效治理那种简单且独立的（atomistic-isolated）交易的治理结构选择而发展的理论还有价值，那么如何将传统的交易费用经济学的理论运用到中国的土地非农化（考虑 SES 的问题)和拓展到一般性的自然资源的管理实践中，将是理论研究的一个非常大的挑战。

更为现实的是，即便我们接受当前中国的土地政策，若不根据实际的执行情况而做出相应调整，将不可避免地造成中国未来经济的不持续增长和生态环境恶化，中国的土地非农化治理制度又该做出怎样的调整呢？这可能不是改变土地产权、改变单一目标的土地政策(如保护耕地)就能够解决的。这种实践中的土地政策设计，究竟如何才能达到管理的目标，是本书关注的目标之一。

另外，从不同国家采用不同的土地非农化的政府规则，而且不同的管理体制下各个国家都产生了一系列的问题来看，我们是否有一种规范的分析方法来回答以下问题：第一，为什么在不同国家或地区存在多样性的制度来管理土地非农化这种在自然状态层次上相同的人类活动；第二，当我们尝试改进不同的制度设计时，什么因素需要被考虑；第三，尤其是对于本质上是 SES 类的土地非农化问题，在无法准确把握其内部结构和外部关联的时候，我们该何去何从？

很明显，这些问题都很棘手。我们并不奢望在本书中这些问题都能够得到全面的回答。相反，我们的重点是从一种理论框架入手将解决上述问题所需要的研究的前后逻辑厘清，同时在每一个重要环节做一些初步的探索——即使这些探索可能过于简单。正如 Ostrom(2010a)所说，我们应该坚持使用一些简单的模型，只要它们足以用来捕获必要的信息或者利于分析制度的内部结构和激励机制，进而能够对相应的结果进行预判。Ostrom(2007)还指出，对于解决复杂的、多变量、非线性、跨尺度和动态的系统问题，需要一种渐进的、积累的思路去分析和解决问题，而不应该迷信存在所谓的万能的解决方案(panaceas)来应对具有 SES 特征的管理问题。

因此，本书的研究目标将集中在扩展一个系统的制度分析框架用于分析土地非农化的治理问题。这个框架的思路是基于 O. E. Williamson 的有区别的匹配假说(discrete alignment hypothesis)和 Hagedorn(2008)的自然资源制度分析方法的基础上而形成的。在此基础上，本书将遵循 Ostrom(2007)所提倡的那种积累的逻辑，对框架中的每一个重要的分析环节(步骤)开展相应初步的实证研究。这些实证正如第四章中对框架进行详细阐释的那样，是一种片面的、局部的制度分析，但是在全书最后一章将讨论这些片面的、局部的制度分析的作用和局限。

四、研究问题的初步阐述

如前所述，本书的研究目标集中在用一个系统的制度分析框架分析具备 SES 特征的土地非农化的治理效率问题。这个目标的背后包含了三个基本的理论问题：第一，为什么存在制度的多样性；第二，当我们尝试改进不同的制度设计时，需要考虑什么因素；第三，对于本质上是 SES 类的土地非农化问题，在无法准确把握它的内部结构和外部关联的时候，我们该如何进行制度设计和制度评价。

从现有的研究可以看出，尽管总体上已经覆盖了土地非农化效率的各个方面，然而对于本书的目标来说，仍然未有令人满意的答案，尤其是第三个问题。这些问题从范围来看，更偏向于土地非农化治理在治理结构和制度环境层次上的研究。对于中国的土地非农化来说，现有的研究似乎回避了土地非农化治理结构的问题，理论和实践过多地集中在农业部门和非农业部门内部的土地利用效率上，而对于非农化的过程涉及很少。但是，土地非农化过程的治理结构和正式制度（rules-in-form）上的创新将必然带来整个土地利用效率的改善。从这个角度探讨，不仅可以进一步认识制度多样性在节省交易费用、解决土地非农化外部性上的作用，还可以为交易费用经济学在公共（资源）领域的应用提供一定的证据。

无论如何，虽然系统的土地非农化制度分析框架还没有建立（详见第四章），但现在已明确了一些基本的研究问题。本书包括以下几个主要问题。

第一，对于属于复杂且关联的，以及具有显著的 SES 特征的土地非农化的制度分析，如何进行合理的理论和实证分析，换句话说，即分析框架是什么，这个问题是全书的核心问题。

第二，中国土地非农化的特征是什么，这是回答与之相关的制度问题的基础。

第三，当前中国土地非农化的治理现状是什么，如果要解释制度多样性和讨论改进的可能，这也是分析的基础。

第四，在面临不断变化的土地非农化制度的内外部因素时，如何改进制度以实现制度的匹配，这个问题实际上是为了应对现实的需求。这需要更为复杂和全面的分析，包括理论的判断、对现实制约的思考，以及从理论向实践的演绎给出可行的改进途径。

相信通过对上述问题的回答，能够为当前中国土地非农化治理提供一定的理论基础和实践启示。

五、全书的内容安排

本书的整体结构就是按照上述研究问题来设计的，主要分为理论部分和实证部分。总体来看，除了绪论和结论，全书可以分为理论建构和实证研究两大部分。

第一部分包括第二至四章。我们将用两章的篇幅来讨论公共资源的治理效率（第二章、第三章）。为了应对 SES 制度分析提出的问题，我们需要专门建立一个制度分析框架(第四章)。

第二部分包括第五至十四章,按照由现实到理论再回到现实的分析逻辑,对土地非农化的现状、绩效评价和现实改进进行系统的分析。在理论框架的基础上,我们将用十章的篇幅来对中国土地非农化的治理效率及制度选择的逻辑进行详细的分析并实证。

全书的结构和章节安排如表 1-1 所示。

表 1-1　全书的结构和章节安排

章节	主要内容
第一章	全书的绪论,包括问题的背景、研究综述、研究目标等
第二章	治理效率的理论界定
第三章	土地非农化治理效率的内涵
第四章	土地非农化 SES 的制度分析框架,包括内容、意义等
第五章	介绍中国的土地非农化的自然和社会特征、面临的问题等
第六章	介绍中国土地非农化的治理规则现状
第七章	思考土地非农化治理上的问题和一些"悖论"
第八章	现行治理规则对资源配置影响的绩效评价
第九章	以配额模式为例,分析治理规则选择多样性的原因
第十章	以过程治理为例,分析治理模式选择的交易费用逻辑
第十一章	以土地节约集约利用为例,分析人的认知对于制度的影响
第十二章	以产权和出让制度为例,展示制度的渐进性本质和局部性本质
第十三章	以土地发展权为例,揭示实践中正式制度渐进性改进的现实途径
第十四章	以城乡土地整理为例,揭示治理结构渐进性改进的现实途径
第十五章	研究结论,包括本书研究的发现和政策启示

实际上,从内容上看,全书的内容安排是按照治理效率的判断逻辑和 SES 的制度分析框架来组织的。我们会在第十五章对本书内容的逻辑主线进行回顾,这里先不展开。下面主要是对每一章的主要内容做一个摘要性的介绍。

第一章主要是问题的提出,包括研究问题的前因后果,文献综述,初步描述研究问题所站的角度,即将土地非农化看做一种 SES 的问题,并初步阐述本书所要解决的问题。

第二章是对治理效率内涵的界定。合适的效率定义,既需要标准化,又需要体现实用性。本章总结现有不同的经济学效率定义在"摩擦"的现实世界中的局限和贡献,揭示效率定义本质上是对经济活动收益最大化这种理想状态在各种限制条件下的一个标准化过程。从资源配置、治理结构和制度环境三个层次给出效率定义，同时分别以私有领域和公共领域的经济活动为例，阐释该定义如何满足实践的需要。分析发现，该定义能够很好地结合新古典经济学和新制度经济学在效率研究上的贡献。

第三章是从治理效率的视角重新审视该土地非农化的效率问题。在辨析土地非农化"三层次"治理效率内涵的基础上，阐述理论与现实对土地非农化治理的不同要求。本章既是对土地非农化治理效率在理论和实证研究上的系统思考，更是对后续研究内容上的系统把握。尤其是，本章在结论中提出，我们还需要一个分析框架和相应的分析方法来分析土地非农化 SES 的特征及其制度安排，这是治理效率内涵没有关注的。

第四章是全书的第二个理论基础，也是实证的分析框架。它是在土地非农化 SES 特征及问题详细论述的基础上，建立一种所谓的"局部性和整体性"制度分析的基本框架。这个框架在借鉴 Hagedorn（2008）的基础上，对土地非农化的 SES 特征进行详细描述，提出土地非农化治理结构研究的基本分析思路。在这一章中，我们将解释土地非农化为什么是一个内部复杂、外部关联的交易，同时也解释如何为这种交易寻找所谓的可持续的管理制度。还有，我们还会表明这种分析思路与传统的交易费用经济学的分析思路的区别。在此基础上，对全书的研究问题进行更为详细的讨论。

第五章详细论述中国的土地非农化从土地利用的变化已经引发的一系列经济、社会和环境效应，这使得土地非农化具备了 SES 的基本特征，进而适应于第四章的框架。实际上，我们采用的描述逻辑是，首先对土地非农化的本身问题进行论述，包括经济的、社会的和环境的效应。其次，介绍造成这些土地非农化问题的行为人的行为，这是分析问题的第一层原因。最后，通过制度，也就是社会规则的角度来解释为什么行为人会如此决策和行动。这些都表明，中国的土地非农化是非常复杂的过程，如果将其看做一个交易，那么必然是一种内部复杂、外部关联的交易，进而需要用整合和局部的制度分析框架来研究。

第六章详细介绍中国现有的土地非农化的治理结构和制度环境。因为资源利用和利益主体的行为都是由一定的约束规则而导致的。另外，通过中国和德国在实际土地非农化组织和治理结构上的对比，进一步揭示中国土地非农化规则的特征：中国的土地非农化仍然被政府主导和强制性控制；尽管中国政府非常关注土地非农化的管制，但它最主要的目的是保障粮食安全；实际上增值收益的分配是政府更为看重的目标，尽管没有任何组织和个人公开表达过这个目标。

第七章从现阶段中国土地制度的实际执行中所面临的困惑来揭示和评价中国土地行政管理的"黑匣子"，并反思相应土地管理正式制度的绩效。该章着重介绍近年来中国土地行政管理体系的新进展和出现的新问题，并通过集权和分权的视角来分析产生这些问题的原因，最后指出未来可能改进的途径。该章既揭示了中国土地非农化的治理结构和新的进展，又发展了一条从治理结构反馈来评价正式制度绩效的分析思路，还为中国当前土地管理面临的困惑进行了释疑和建议。

第八章通过一个局部均衡模型来考察所谓的混合制治理结构造成的土地过度非农化以及不同利益主体福利的变化。通过具体案例研究发现，在现有的治理体系下即使提高现有的城市土地一级市场中出让的竞争程度（如扩大招拍挂的比例），也无法有效解决当前土地过度非农化的问题，因为过度非农化的根本原因无法在现有的治理体系下得到回应。这给我们提供了新的思考方向，即是否需要对现有的政府强势和市场弱势的治理体系进行根本上的变革。

第九章从一种"局部视角"，即只关注资源的配置效率，来探寻土地非农化政府管控制度选择的影响因素。对这些影响因素的探寻，虽然不足以回答如何改进当前的土地非农化制度，但为政策的改进奠定了基础。本章采用的方法是制度比较的分析方法，通过对不同国家现行的管控制度的比较来探究不同国家选择不同制度的原因，进而揭示土地非农化管控政策设计或改进时应该考虑的影响因素。然后通过对比当前中国在这些因素上的特征，总结出中国的土地非农化治理的改进方向。

第十章尝试对交易费用进行直接的比较。同样，考虑到全局性的制度设计是很困难的，不仅决策者无法把握土地非农化在现实中展现的影响，就是理论分析者也难以考虑到所有可能的副作用。这说明我们仍然只能从概念性的分解入手，从一种局部性制度创新的视角来审视具体的政府干预土地非农化的范围。本章尝试建立一种将土地非农化过程分解的方法，通过土地非农化具体任务的分解，来分别审视政府干预的适宜性。即判断政府干预或者政府退出当前的干预，是否有利于交易费用最小化。而且，通过一个具体土地非农化的案例的实证，进而给出具体的政府是否退出以及如何退出干预的建议。当然，这种任务的分解，也只是对交易的一种概念性的分解。我们希望通过这种基于概念性分解的尝试，来逐渐积累对土地非农化治理方式选择的认识，从而为将来可能面临到的逐渐显化的而没有认识到的副作用奠定分析的基础。

第十一章中，我们首先解释了制度设计的复杂性——总是有很多因素没有考虑，而行为人的认知，可以说是制度创新设计和实施过程中的主要的局限之一。我们以土地节约集约利用为例，从传统资源配置层次对土地节约集约利用的理解出发，将其内涵的理解拓展到土地节约集约利用的实现上来，考察了治理结构、制度环境和社会基础对土地节约集约利用的作用，这三个层次注重的是实现土地节约集约利用过程的效率。即在比较的基础上，寻找一种更利于降低交易费用影响的治理结构；一种既有利于人们自发形成高效的治理结构，又能有效地遏制人们的投机欺骗行为的公平透明的正式制度；一种能够利用社会文化、习俗等意识形态来促进土地节约集约利用的过程。本章对土地节约集约利用的认知误区和现实对策的研究，揭示了与第二章治理效率的理念和第四章 SES 的分析框架相吻合的制度创新逻辑：基于土地节约集约利用的系统化的内涵，它不仅仅需要考虑"最优"或适宜的制度选择，还要考虑如何解决制度能够让行为人理解以及如何理解的问题，解决方法同样需要基于渐进式和局部的制度设计逻辑。

　　第十二章中，我们讨论了除了认知的局限影响外，制度的局部性本质以及局部性制度改进的渐进性，也对我们土地非农化治理规则的创新产生影响。换句话说，无论前面的章节提出何种土地非农化制度改进的建议，我们必须理解制度的改进是无法一蹴而就的，甚至改革还未开始，改革的方向就可能需要调整。这是制度局部性的本质（详见第四章中对局部性和整体性制度的辨析），或者说制度总是不完美的。理解这种局部性的动态过程（也就是渐进性）的影响因素，为我们理解实践中制度的改进提供了一种视角。本章将以新中国成立以来土地产权的演变过程和城市土地一级市场中出让制度的演变过程来展示这种局部性和渐进性。虽然表面上看两者之间的直接联系不明显，但在讨论土地产权和土地出让这两种与土地非农化密切相关的制度绩效和改进方向的基础上，实际上我们是想进一步揭示局部性制度的改进都是渐进性（且动态性）的特征，这种渐进性涵盖不同层次、不同内部因素和不同外部条件上的系统观，也就是为了给我们后面提出土地非农化治理结构和制度安排改革提供一种必要的视角，符合第四章讨论的局部性和整体性制度分析框架的逻辑。

　　第十三章中，我们也清楚地看到，制度的创新存在现实的成本的限制，我们不能忽略制度创新引致的各种可能的成本。为此，在一定条件下采用更低成本的制度创新似乎是现实中更合理的选择。这也反映了渐进改革的内涵，"一步到位"不仅可能出错，其成本可能也是巨大的。本章从节省制度改革成本的视角出发，分析通过治理结构的创新来实现与产权改革相仿绩效的可能性。在将土地非农化开发与普通的污染排放进行类比的基础上，本章发现借鉴成熟的排污权交易理论来设计能够替代产权改革的治理结构层次上的制度安排，其绩效能够得到理论的支撑和实践的检验。本章的研究揭示了中国土地非农化的治理改进之道：治理结构如果能够产生与制度环境相仿的绩效，那么选择变革成本更低的治理结构层次的制度创新，是现实中的合理选择。治理结构层次制度变化的频率较高，这也进一步说明治理结构渐进性的变化应该且能够满足现实需求——制度创新不是也不应该是一蹴而就的。

　　第十四章是对 SES 分析框架的一种综合性应用和验证。本章尝试增加当前中国土地非农化实践中不同利益主体的诉求来增加更多的片段视角的综合分析，这符合第四章中 SES 的分析思路。而且通过中国目前在成都的一种地方性的创新管理方式与传统的土地非农化的模式进行对比，进一步说明了土地非农化政策改进的渐进和逐渐积累的逻辑。这一章的分析，实际上是在尝试将第四章中偏向于理论化的分析框架,向一种现实可操作的制度分析和政策改进的方式转变。当然,本章也进一步讨论了这种解释与理论上的分析框架的差距。本章研究的核心目标是将前面的理论研究与实践结合起来考虑,回答如何用理论研究来解释现实中出现不同治理结构的原因和提出现实问题的一些解决办法。为此,本章将考察一种村民自组织的非农化模式(四川成都的一个村庄的案例),并将其与传统的挂钩模式(浙江嘉善的一个村庄的案例)进行对比。基于对比,我们将解释治理结构变化的原因和比较其不同的效果。

第十五章是对全书的总结和启示。本章凝练了治理效率和土地非农化 SES 的分析逻辑,在此基础上回顾了本书在理论上的发现和研究结论,同时也对中国土地非农化所面临的问题、特征和治理结构选择进行了归纳,并提出了符合可持续制度原则的中国土地非农化制度改进的方向。

第二章

治理效率的本质

在现实世界的各种限制条件下，新古典经济学和新制度经济学对效率的定义都存在前提假设或者分析逻辑上的局限，这是理论本身无法克服的。合适的效率定义，既需要给出一个具体的标准来满足定义的初衷，还需要满足实践中的实用性。本章给出了与资源配置、治理结构和制度环境三个层次相互联系的效率定义，同时分别以私有领域和公共领域的经济活动为例，阐释了该定义如何通过具体的标准来满足实践的需要。分析发现，该定义不仅符合上述两个基本要求，还能够很好地结合新古典经济学和新制度经济学在效率研究上的贡献。最后，本章讨论了该定义对理论和现实的启示。

一、由效率的争议说起

效率，一直以来是经济学研究的重点。新古典经济学对什么是效率的回答很简单，效率只是一个数学微分问题——任何两个或多个决策（资源利用、生产投入、商品销售等）在边际价值上的等值替代（Hayek，1945）。因新古典经济学对效率的定义在数学上的准确性，在很长时间内得到公认和推崇。在这个概念的基础上，经济学发现了实际追求效率过程中存在的一些问题，如外部性、公共物品、"搭便车"等。为了解决这些实际问题，经济学得到了长足的发展（田国强，2005）。但是，当交易费用和有限理性的内涵逐渐被认识后，新古典经济学效率定义的合理与否引起了广泛关注（Furubotn，1999）。

新制度经济学、信息经济学和其他一些"非传统"的经济学，对新古典经济学基于边际原则上的效率定义，提出了越来越多的质疑。例如，如果经济活动中不可避免地存在信息不对称，那么批评现实中经济行为不符合边际原则是否必要？质疑的本身推动了经济学寻找更加合理的定义。然而，无论是新制度经济学（含交易费用经济学），还是研究信息问题的其他经济学，虽然它们推动了在不同于新古典经济学所假设的世界中对效率内涵的讨论，但就它们所给出的定义来看，还是很不充分，甚至还存在逻辑上的矛盾。原因就在于它们在逻辑上还保留着与新古典经济学千丝万缕的联系。简单地在新古典定义中加入各种理论上明确但在实际中难以把握的限制条件，在逻辑上其实是自相矛盾的。因此，如果要在充斥交易费用和有限理性的现实世界中给出效率定义，视角可能需要进行调整。本章的目的就在于如果认识到现实世界是"摩擦"的世界，那么如何转变视角，给出一个合适的效率定义，为经济学研究和实践服务。

本章第一部分从传统经济学所假设的理论世界和现实世界的区别入手，讨论经济学在效率定义上的发展历程，探讨经济学两大派别的贡献和局限。第二部分从一个新的视角为定义经济学效率服务。第三部分给出了本章对效率的定义。第四部分以私有领域和公共领域的经济活动为例，进一步论证本章效率定义的作用和意义。第五部分是全章的结论。

二、从"摩擦"的现实世界看经济学效率的发展

新古典经济学的分析框架是经济学研究效率的一个里程碑。该框架下的效率具有严格的前提假设，即经济活动的一切信息都能够为完全理性的决策者掌握，并且能够被无成本地加工、处理和决策。这样，仅需要通过数学计算就可以实现资源利用的"效益最大化"。在这个框架下产生两组重要的效率概念，一组用于一阶理论分析的概念，包括帕累托效率①、Kaldor-Hicks 效率②等；另一组用于二阶数理分析的概念，包括配置效率③、技术效率④等。在没有"摩擦"的世界里，经济学与严密的数学联系在一起，成为了一门科学。

然而，现实世界从来都未能实现新古典经济学所追求的效率（林毅夫，2002）⑤。这个长期困扰新古典经济学问题的原因，随着新制度经济学、研究信息问题的非传统经济学等的发展而逐渐被发现：现实世界是充满"摩擦"的，不确定

---

① 如果任何个人的福利增加不造成对其他任何个人福利的损失，则这种福利的变化可以视为帕累托改善，当不存在任何帕累托改善的时候，就实现了帕累托效率。

② 资源重新配置后，如果受益者的福利增加超过受损者福利的减少，无论受益者是否对受损者进行补偿，这一资源的重新配置都是有效率的(Kaldor, 1939；Hicks, 1939)。

③ 资源利用者在既定技术水平下根据自己的成本和收益函数，实现资源利用净收益最大化。基本的原则就是资源的配置在不同用途、不同时间、不同空间上的边际价值相等，因此，这类效率原则也可以称为"边际原则"的效率。

④ 在生产技术和市场价格不变的条件下，按照既定的要素投入比例，生产一定量产品所需的最小成本与实际成本的百分比。如果在不减少其他产出（或增加其他投入）的情况下，技术上不可能增加任何产出（或减少任何投入），则该投入产出向量是技术有效的(Farrell, 1957；姚洋和章奇, 2001)。

⑤ 现实中的经济活动很少按照新古典经济学所定义的效率来进行决策。例如，企业并不总是按照边际成本等于边际收益的原则来确定价格和产量。"森林砍伐""渔业捕捞""草场放牧"等公共资源的利用，也并不是按照理论上的那个"最优量"来进行决策。

性、信息不对称、不完整契约、机会主义等因素是造成"摩擦"的原因，而这些因素并没有被新古典经济学在考察市场均衡时所考虑。"摩擦"本质上就是因为现实世界中交易费用的不可准确衡量和决策者的有限理性。不可准确衡量的交易费用导致边际成本和收益的计算存在不可避免的误差（甚至错误），而有限理性否定了决策者始终按照边际最优进行决策的假定。

在对现实世界进行重新认识的基础上，经济学产生了试图补救新古典经济学效率概念的新的标准，如限制条件下的帕累托最优（帕累托次优）①、X效率②和可补救的经济效率③等。这些概念通过引入交易费用、不完全信息和有限理性人的假设，将对效率的研究推向了第二个高峰。遗憾的是，在抨击新古典经济学前提假设的同时，这些定义又或多或少地存在着新古典经济学的痕迹，造成自身逻辑上的非连贯性——认识到交易费用和有限理性对效率某一方面产生影响的同时，却忽略了对其他方面的影响。

例如，限制条件下的帕累托最优，认识到交易费用的不可准确衡量性和有限理性的局限，但在追求效率上却要求决策者能够无成本地观察所有限制条件，掌握所有可能的决策选择，同时能够无成本和瞬间地进行效率的决策，这就是自身逻辑上的矛盾——承认决策者认知能力有限，但却为决策者保留了无成本处理信息的能力。所以，只要是认为能够进行利益最大化决策，就表示该概念无法摆脱上述逻辑矛盾，因为利益最大化在现实中无法验证。

又如，X效率的初衷是针对新古典经济学中的完全理性和完全信息等假设提出疑问，考察诸如因人的主观因素造成劳动投入低于最大可能性投入的问题。可是，X效率的核心困难是个人偏好在现实中无法观测，从而导致其任何假设或推理都无法得到证明。对X效率的讨论，虽然经历了近半个世纪，但目前该方向研究的争论还是停留在是否存在X效率，或者如何进行测量（Frantz，1992），进而造成的问题是，任何企图对X效率进行测算的研究，实际上都意味着对X效率的理解与理解技术效率一样，都落入新古典经济学的范畴。它没有致力于如何实现效率，更多的是事后的效率评价。

再如，可补救的经济效率似乎吸取了限制条件下的效率准则的优点而同时避免了它的缺点，因为它既承认了新制度经济理论的前提，又为实际效率的选择提供了可执行的策略，即决策者只需要考虑将可以观测到的净收益作为判断依据。

---

① 如果考虑了现实中的各种限制条件，则决策者以利益最大化为依据的资源配置将是有效率的（或最优的）。这其实也是兼有新古典和新制度经济学分析框架的混合效率（hybrid）原则（de Alessi，1983）。

② 经济活动由于内部原因而没有充分利用现有资源或机会的一种状态，是一种组织（organizational）或动机（motivational）（低）效率。这个X代表造成低配置效率的一切因素（Leibenstein，1966）。

③ 如果没有更合适的选择存在以期待获得更多的净收益，则现有的组织运行、资源配置、经济系统将能够被称为是有效率的（Williamson，1996）。

但是，当让有限理性的决策者在"摩擦"的环境中追求净收益时，那个逻辑上的不连贯同样产生了：决策者必须具有现实中可能的净收益的全部信息，能够无成本地处理这些信息，同时还要了解净收益所有可行的实现方式。

从上述分析可以看出，只要是承认现实世界存在交易费用、非完全信息和有限理性，则必然不存在绝对的效率。所以，相对于新古典经济学对效率的精确定义来说，新制度经济学从逻辑上应该是对效率认识的另外一个极端，即主张效率是不可知的，是无法定义的。但现阶段新制度经济学的各种定义却忽视了这个逻辑，造成了自己的历史局限性。

所以，新古典和新制度经济学对效率的定义，都存在相应的缺陷或者局限。然而，也不能忽视它们对效率定义的贡献。新古典经济学的假设有利于经济学在相应阶段更有效地研究社会经济问题，正如传统物理学在解释物理现象时也有很多假设一样，没有人能够否认传统物理对人类认知能力提高所做的贡献。新制度经济学的效率虽然也存在缺陷，但提供了一个积极的信息：它认识到了新古典经济效率的不存在，或者不可预知。进一步，在追求"效率"的目标不变的情况下，它提供了一条可行的向"效率"靠近的现实途径——新制度经济学研究的本质就是通过制度安排（含治理结构）来尽可能地减少交易费用。即在一定的资源利用过程中，当"租值耗散最小"时（Cheung，1974），资源利用的效率最高。

三、一个新的视角：三个层次的联系

效率定义的初衷是为了追求经济活动中收益的最大化（可以是经济、社会任何方面），对于这样一个初衷，我们没有必要去改变它。而且我们知道这个初衷只是一个理想，在现实中总是无法实现，或者说无法判断是否已经实现。现有对效率的定义都是在一定的假设前提下对该初衷的标准化，认为经济活动应该符合该标准。例如，新古典经济学就是以实现边际最优为标准，新制度经济学就是以实现更小的交易费用为标准。

所以，给效率下定义的本质就是对经济活动收益最大化的一个标准化过程。当我们发现以往的各种标准总是受到现实世界的制约而无法实现的时候，在不否定追求收益最大化初衷的基础上（如果我们需要下定义），我们似乎应该换个角度，从能够应用于实践的思路来重新给出效率的标准。因此，给效率下定义，此时变成了一个新的问题——如何给出一个可以指导实践的，同时以追求收益最大化为初衷的标准[1]。这个新的视角，提出了效率标准化的两个要求。第一个要求

---

[1] 这里只说是初衷，而不强调是最终目的。这是因为最大化本身只是理想化，在后面的定义中会根据现实的限制而对最终目的进行一些权衡。

是要能够给出收益最大化精确的标准；第二个要求是标准要能够在实践中得以应用。现有的定义要么给出了精确的标准，但实践中无法衡量；要么可以衡量，但标准过于笼统，弱化了效率的初衷。

效率标准化的第一个要求，即作为标准应该是能够计算的和具体的，这与严密的数学有关，因此，它赋予了新古典经济学新的生命力。第二个要求，即在实践中能够应用和实现，这与新制度经济学的研究有关，因为当新制度经济学把研究重点转向在"摩擦"的世界中寻找合适的制度来尽量减少交易费用，使得新制度经济学焕发活力。纵观经济学从新古典发展到新制度阶段，从微观领域扩展到公共领域，不同理论针对不同的研究对象，相互间至今仍没有表现出完全替代的迹象，这种研究分工的存在，在一定意义上也说明了汲取不同理论在给出效率标准和实现效率标准上的优势，所以，如果能够结合它们的优势，将为效率定义提供帮助。

针对如何结合新古典和新制度经济学在追求效率上的优势，Williamson 著名的四层次分析框架可以做很好的阐释（Williamson，1998，2000）。四个层次从上到下依次为社会基础（embeddedness）、制度环境（institutional environment）、治理结构（governance structure）和资源配置（resource allocation）①。

社会基础，包括文化、习惯、道德、传统及宗教等非正式制度（informal rules）。非正式制度被认为是自发形成的——"经过有目的计算后的选择是几乎不存在的"（Williamson，1998），所以，该层次对人类主动追求效率影响不大。

制度环境，包括宪法、法律、产权等正式规则，这个层次的制度虽然可以和非正式制度一样，"通过进化（evolutionary processes）形成"，但更多的是"被人为设计的"（Williamson，2000）。这样，正式制度设计就为人类提供了第一次机会来主动追求效率。

治理结构，可以看做是行为人在正式制度下自发选择的各种竞争规则。治理结构的目的就是在正式制度的限制下，为特定的交易实现治理过程的效率，即为人类提供了第二次机会来主动追求效率。

资源配置，把治理结构和正式制度视为给定，通过不断调整价格和数量来实现边际最优原则，为人类提供了第三次机会来主动追求效率。

从 Williamson 的论述中我们可以发现四个层次在追求效率上的逻辑联系，以及不同经济学理论的优势。首先，资源配置层次是决定经济活动效率最微观的单位，在这个层次上行为人根据价格或行政指令等来决策，追求尽可能多的收益

---

① Ostrom（2005）在分析不同级别制度的时候，把制度也分为四个层次，依次为超宪法层次（meta-constitutional situation）、宪法层次（constitutional situation）、集体行动层次（collective situation）和执行行动层次（operational situation）。可以看出，E. Ostrom 的划分与 O. E. Williamson 的划分，虽然名称上不同，但是在内涵上是基本一致的。

（即效率的初衷）①。此时，治理结构、制度环境和社会基础都视为是给定的，它们是否符合效率并不是行为人当前需要考虑的——这也反映出新古典经济学忽视交易费用的本因（交易费用不是它的研究对象）。

其次，如果资源配置层次反馈出治理结构可能束缚了效率改进，则会产生对治理结构改变的需求。例如，行为人在当前决策后发现交易费用影响很大，他可能会抱怨、会投诉、会协商，改进的愿望积少成多后（决策次数增多、行为人数增多等），最终会导致治理结构的改变。中国从计划经济向市场经济的转型，就是通过改变治理结构来提高资源配置效率的例子。

同理，当治理结构层次反馈出制度环境束缚了可能的效率改进的时候，对制度环境改变的需求也是可能的。例如，中国的家庭联产承包责任制是一种治理结构的改变，在最初没有正式制度保障的情况下，也曾出现了很多问题，但当中央政府颁布了相关正式制度后，家庭联产承包责任制的绩效变得更加明显和稳定。

最后，社会基础层次对其他三个层次都会产生影响，但是由于它超出了经济学的范畴，这里不再讨论。

除去社会基础，其他三个能够实现人类主动追求效率的层次，给了我们如何结合新古典和新制度等不同经济学理论的两点启示。第一，为了逻辑上的正确和连贯，同时发挥不同理论的优势，效率的定义应该根据具体情况从不同层次考虑。第二，经济学追求效率的过程可以理解为：追求效率的初衷是在当前的制度环境和治理结构下实现资源配置层次效益尽可能的最大化，但资源配置结果以及交易费用的不断变化，促使正式制度和治理结构的改变以减少交易费用。这样，形成了一个动态循环，资源配置的结果在这个动态循环中不断向效率的初衷靠近。在该过程中，新古典经济学可以为资源配置提供必要的参考信息，而新制度经济学则为正式制度和治理结构的改进提供了方法。

四、对治理效率的定义

从效率标准化新视角出发，本章将结合资源配置、治理结构和制度环境三个层次给出治理效率的定义②。治理效率，应该同时包含资源配置、治理结构和制度环境三个层次上的内涵，但又需要根据具体情况分别决策。第一，在资源配置

---

① Williamson 没有在资源配置层次中描述层级制下行政命令的方式的资源配置，可能是他的一个局限。其实，对于资源配置，不只存在于市场。这从中国计划经济时期的资源配置就可以看出来。考虑到 Williamson 所面临的多是西方市场经济环境，而且新古典经济学多是考察市场的运行，所以可以理解他的局限。

② 总的前提假设是人类始终在追求效率，即人类是理性的，但是是有限的理性（因为存在交易费用）。同时，由于本章是经济学范畴的效率概念，所以没有涵盖非正式制度等社会基础层次的内容。

层次上，治理效率本质上是指经济活动净收益的最大化，理论上可以通过边际（社会）成本和边际（社会）收益相等来衡量，但由于实际中各种因素对衡量精确性的限制，此时可以采取替代的方法来衡量边际成本和收益，以减少交易费用和有限理性等对衡量本身的限制。第二，在治理结构层次上，治理效率是指被选择的治理结构相比较而言能够更小化交易费用。此时，交易费用不需要准确衡量，只要求能够相互比较①。第三，在制度环境层次上，治理效率是指所设定的制度环境相比较而言能够更小化交易费用。同样，此时交易费用也不需要准确衡量，只要求能够相互比较。一般来讲，在考察经济系统的效率时，这三个层次的标准需要同时考虑，但对于经济活动中具体的决策来讲，应根据所处的层次，分别对待。

在资源配置层次上的治理效率决策，边际原则成为判断的标准。实际中有限理性的决策者在有限信息下进行直接或间接的计算。这样，这个标准可以得到衡量，进而可以在实践中应用。可能有的人会反对，以为现实中的企业很少会采用边际成本等于边际收益的方法，企业多是使用平均成本加正常利润来确定价格（孟捷，2007）。其实，这里面需要认清两个问题，第一，平均成本加正常利润是什么情形下的定价原则？第二，反对者的论据是从企业的决策来看的，那么涉及非企业性质的决策是什么样的？

我们知道，在理论上的完全竞争市场中，市场均衡价格曲线和单个企业产品的边际收益曲线是重合的，企业此时只需要考虑自己的生产成本来决定产量，所以，大多数企业采用平均成本加正常利润的定价原则，这是在市场处于完全竞争条件下的一种间接的（变相的）追求边际成本等于边际收益的方法。可以设想，如果企业处于垄断地位，如国内的移动通信或石油等具有垄断势力的产业，它们的定价方法一定不是简单的平均成本加正常利润，很可能是另外一种变相的定价策略。

进一步，如果不是以盈利为目的的企业的生产和定价呢？例如，政府或者非企业性质的公益组织的决策，这时候它们的决策既没有市场现成的价格作为参照标准，也会面临比企业决策更为复杂的社会经济环境，此时它们仍然需要从利益最大化的角度来考虑自己的决策（边际社会成本和边际社会收益还是本质上的判断标准），但是，在衡量这些成本和收益时会遇到各种现实的限制，此时它们大多会通过一些有效的替代方法来实现近似的衡量（具体解释见本章第五部分）。所以，无论是间接的测算还是直接的测算，本质上的一致性和现实中的可应用性，说明了以边际相等原则为基础的直接或间接的效率标准在资源配置层次上的适

---

① 这里笔者并没有尝试定义一个可以定量衡量的效率指标，原因是交易费用本身的不可准确衡量性。现阶段有研究提出诸如交易效率的概念，其初衷可能也是为了考虑交易费用的影响，但考虑到衡量本身的不精确，如此定义的必要性也打了折扣。而以比较为目的的定义，其实已经能够说明问题。

用性。

在治理结构和制度环境层次上的治理效率决策，交易费用大小的比较成为判断的标准。即使现在仍有很多对交易费用测算准确性的质疑，但不可否认交易费用的测算已经有了很多成熟的方法（Yvrande-Billon and Saussier，2004），而且本章的定义只是强调了在比较基础上的更小化，这保障了该标准的实践应用性，避免了早期新制度经济学对效率定义在认识交易费用逻辑上的矛盾。因为"相比较而言"，放松了决策者能够掌握所有信息且无成本地处理信息的假设，实践中只需要决策者在有限信息和有限理性的限制下对治理结构所产生和控制的交易费用进行有成本的比较。只要能够在比较的意义上实现不同治理结构和制度环境的更优选择，就可以说被选择的治理结构和制度环境符合效率，其下的经济活动也就具有了符合效率的前提。更重要的是，在这个前提下，本章第三部分结尾处所描述的动态循环，为长期效率的实现提供了基础。实现长期的效率，似乎才是人类自身发展的目的，如可持续发展的理念、进化的视角等。

可以看出，上述的治理效率定义给出了效率具体的标准，满足了本章讨论效率标准化的第一个要求。同时，通过一定的方法进行衡量，进而在实践中得以应用，也满足了效率标准化的第二个要求。通过三个层次的划分，还具有了联系不同理论的优点。新古典经济学是对无法准确衡量且不断变化的决策信息进行加工，得到有利于决策者决策的信息。新制度经济学是对无法消除殆尽且不断变化的交易费用进行弱化，不仅为新古典经济学的研究创造利于"精确"的环境，更重要的是为效率的改善提供途径。两者是相互补充相互促进的关系，从而构成了理论上和实践中追求效率的整体逻辑框架。

五、现实中的判断：以私有领域和公共领域经济活动为例

以两大主要类型的经济活动为例，即私有领域的活动（厂商行为等）和公共领域的活动（公共资源利用等），可以更好地理解本章对治理效率的定义。

对于私有领域的经济活动，一般只需要考虑资源配置层次的治理效率（少数情况涉及治理结构），因为大多数的治理结构和所有的制度环境决策属于公共领域的决策。在大多数情况下，私有领域的经济活动通过市场价格和数量的变化来判断资源配置层次的治理效率[①]。此时，市场作为一种治理结构，相比较其他选择，已经满足比较意义上减少交易费用的要求。所以，这也可以解释为什么最初

---

① 厂商的决策也有可能需要考虑治理结构的效率，如需要判断是否通过对产业链的不同阶段进行兼并或拆分来提高整体的效率。即企业可以通过合并原材料的供应或产品的销售，将原先需要通过市场配置相应资源的治理结构改变为通过层级制的方式来配置资源，此时就需要考虑治理结构层次的效率标准（周其仁，2000）。但此时的治理结构还属于广义的资源配置层次，与公共领域的治理结构有区别。

以私人经济活动为研究对象的新古典经济学能够很好地解释经济现象——虽然忽略了交易费用，但无形中已经符合了考虑交易费用的要求（因为市场此时就是最佳的治理结构）。

此时，更重要的是如何判断边际成本和边际收益是否相等。由于直接计算所耗费的成本往往比间接计算耗费的高，所以现实中大多数情况采用的是替代方法，如以平均成本或净利润来确定产量或价格。这里涉及准确度的问题，但如果认识到现实世界的"摩擦"本质，则牺牲一定的精确度（以节省计算本身的成本），也可以接受了。

对私有领域的经济活动为什么选择不同的替代方法来计算边际成本和收益更全面的原因，Furubotn（1999）做了很好的论述。他讨论了 Williamson 对净收益（net benefit）作为效率标准的优劣，提出了自己的效率标准——正利润（positive profit）。所以，笔者这里对私有领域一般采用替代（间接）方法进行效率判断的原因不再赘述，但需要指出的是，标准的选择并不唯一，会根据经济活动的差异而变化①。

本章更为关注的是公共领域的经济活动，即当出现了外部性、公共物品和"搭便车"等问题时，人类如何追求治理效率。

此时，资源配置层次效率标准在计算上遇到了更多的困难。公共领域经济活动具有新古典经济学所谓的外部性特征，外部性衡量的困难导致边际原则的判断出现了更多的困难。例如，传统资源经济学认为，资源利用经常忽视非市场价值，导致边际成本出现了私人成本和社会成本的分歧，因此，需要政府通过配额、税费、补贴等方式进行调节，实现资源利用的效率。然而，问题是配额、税费、补贴的数量究竟是多少才能准确内化外部性。

颇具讽刺的是，现实中大量的诸如"森林砍伐""渔业捕捞""草场放牧"等公共资源利用行为，并没有哪个是通过计算理论上的"最优量"来设定配额、税费或补贴来实现效率的。大多数情况下采用的是"间歇期""轮作""限制捕捞时间、地点、工具"等方式。这说明对于公共领域的决策，资源配置层次上的边际原则本身的计算成本，以及实现"最优"的成本，即被忽视的交易费用，已经导致边际原则在追求公共领域经济活动效率上的失效。

所以，此时还需要从治理结构和制度环境层次的效率标准来进行决策。即市场此时不是最优的治理结构，需要寻找合适的治理结构和制度安排来尽可能降低交易费用。如果把边际社会成本和边际私人成本的分离看做交易费用的一种，那么此时治理结构和制度环境层次的效率决策，与新古典经济学解决边际社会成本和私人成本分离的初衷在本质上是一致的。"间歇期""轮作""限制捕捞时间、地

---

① 也就是说，无论是 Williamson 的净收益还是 Furubotn 的正利润，都不是普遍适用的。现实中会因为具体的经济活动而具有更"有效率"的替代指标。

点、工具"正是所需要的新的治理结构。可以肯定的是,一定也存在相应的正式制度来保障这些治理结构。在新的治理结构和制度环境的限制下,公共领域的经济活动再回到资源配置层次上实现效率。

还需要注意的是,公共领域经济活动由于涉及范围较广,会出现不同层次的决策者,当新的治理结构和制度环境形成后,资源配置层次的效率一般不需要治理结构和制度环境的决策者再考虑,资源配置层次的决策者会根据市场原则自动有效地完成相关经济活动。另外,公共领域的经济活动也会因为活动范围的大小而对治理结构和制度环境层次的侧重有差别,如小范围的公共资源利用更多的是需要在现有正式制度下对治理结构层次的效率进行考虑,而大范围的公共资源利用就需要对正式制度和治理结构的改变同时产生要求。

综上所述,判断经济活动的治理效率可以进一步归纳为:如果是私有领域的经济活动,市场的供需价格和数量就是最好的治理结构,此时可以只按照资源配置层次的效率标准进行决策,而不需要考虑治理结构及制度环境层次。如果是公共领域的经济活动,市场可能处于"失灵"状态,首先需要从治理结构和制度环境层次的效率标准来考虑,寻找合适的治理结构和制度安排来减少交易费用,然后再在资源配置层次上实现效率。总的来说,上述对私有领域和公共领域的经济活动在新的效率定义下的阐释,有四点启示。

第一,明确了本章定义的治理效率如何在实践中应用。

对私有领域和公共领域的划分,节省了考察私有领域经济活动时还需要考虑治理结构或者制度环境的计算成本。即私有领域只需要注重边际私人成本和收益是否相等(即 MC＝MR[①])以及企业内部的治理结构是否有利于更小化交易费用。由于市场制已被证明是治理私有领域经济活动的更优选择,所以对于私有领域经济活动的建立和完善良好的市场体系是实现效率的关键,具体决策则由行为人选择合适的直接或间接的判断效率的方法完成。

公共领域经济活动不仅包括 MC＝MR 的问题,还包括社会成本和私人成本产生分歧的问题(即 MSC≠MC[②])。传统的经济学都是直接对如何实现 MSC＝MC 进行研究,如庇古的理论,效果不好[③]。为了更好地解决公共领域经济活动的效率的难题,本章的效率定义认为可以分两步走,第一步就是通过治理结构和制度环境层次的效率标准选择合适的治理结构和制度环境来解决 MSC＝MC;第二步是在第一步的基础上让行为人自己去解决 MC＝MR。换句话说,对于公共

---

① MC 是指边际成本,即 marginal cost;MR 是指边际收益,即 marginal revenue。一般两者都指向私人。

② MSC 是指边际社会成本,即 marginal social cost。

③ 虽然现有很多研究都试图考察资源的外部性价值(或者称为非市场价值)、考察合理的代际贴现率等,但没有人能保证结果的准确,进而政府无法制定准确的税收和补贴,从而引起了很多学者的关注(Demsetz,1996)。

领域的经济活动，重要的是建立合适的治理结构和制度环境，以解决 MSC＝MC 的问题，剩下的 MC＝MR 的问题，就可以类似私有领域的经济活动那样，交给资源配置层次上的利益主体去自发解决。

例如，现阶段中国的土地资源利用，有偿使用制度在 20 世纪 80 年代末就建立并逐渐发展起来，但只局限于城市土地市场，农村土地市场和农地转变为城市用地的过程，一直还是由政府的行政和计划指标进行配置。有很多人对现有的城乡割裂的土地市场局面不理解，认为这样造成了资源配置效率的损失。其实，反对的观点在很大程度上是忽视了现有制度对 MSC＝MC 的贡献。土地规划和割裂的城乡土地市场，其实在一定程度上遵循了建立合适的治理结构和制度环境来降低交易费用影响的要求，因为它有利于控制土地资源利用在 MSC≠MC 上的效率损失[①]。如果摒弃规划、放开土地市场，结果可能会更糟。同时，按照第二步的要求，MC＝MR 的问题需要市场来解决，这已经能够从中国近十几年来城市土地市场对土地资产的配置绩效得到证明。城市土地市场的完善，保证了私人土地资产（使用权）的利用效率（MC＝MR）。这是本章治理效率定义在解释公共领域经济活动方面的一个例子，可以扩展到其他任何公共资源。

第二，表明了边际社会成本和收益的衡量可采用替代方法（以节省测算成本）。

对于私有领域的经济活动，如果面临的是完全竞争或者竞争程度较高的市场，则现实中常用的以平均成本和正常利润的方式来判断和调整经济决策的方法，符合本章的效率定义。如果面临的是垄断性质的市场，则按照一定程度的垄断利润来判断和调整经济决策，也符合本章的效率定义。这是因为，没有任何一种测算的方法能够普遍适用，但它们的本质都应该是争取净利益尽可能最大化。这句话的推论是，之所以现实中大多数企业不直接进行边际上的计算，正是因为它们在不同计算方法的成本和效益上的权衡。

对于公共领域的经济活动，由于决策一般不需要在很短的时间内进行，所以此时可以进行较为详细的对边际（社会）成本、收益和交易费用等标准上的测算。例如，可以委托给具有相应知识技能的单位进行，也可以选择一些替代的方法来进行间接的评判。对现状在边际效率上的测算对决策者只是一个参考的作用（因为计算不可能完全准确），决策者应该重视的是如何根据交易费用来选择一个合适的治理结构和制度环境来规范这种经济活动，进而让经济活动在资源配置层次上自动实现效率。例如，上面土地资源的例子，政府只需要确定产权和相应的管理机制（属于治理结构和制度环境层次），土地如何通过市场进行盈利，是土地使

---

① 诚然，割裂的土地市场在减少相关交易费用的同时，也产生了其他的交易费用，本书后面会有详细论述。

用者的事情（又回到了资源配置层次）。

第三，阐述了新古典经济学和新制度经济学在治理效率研究上的作用。

两种理论在不同层次上解决了效率问题的不同方面。新古典经济学研究市场在解决 MC＝MR 上具有优势。新制度经济学作为治理结构和制度环境层次的主要理论，研究的主要贡献体现在解决 MSC≠MC 的问题上，它提供了一条可应用于弥补市场缺陷的途径。同时，还应该认识到，新制度经济学并不否认市场的优势，所以它提倡在不同层次上，以市场配置和政府管制相结合的方式，来实现不同领域经济活动的效率①。

第四，明晰了转型期市场和计划之间的关系。

现阶段，很多有关国民经济的决策面临着矛盾，如土地、森林、草地等资源的利用是否应该市场化的问题。从制度改进的角度看，市场化起决定性作用可以理解，但也应看到，对于公共资源来说，完全由市场来决定资源的配置似乎也会造成很多问题。仍以现阶段中国的土地资源为例，从本章对治理效率的定义中可以发现，现有市场和计划配置的结合其实是一种符合效率的选择。因为，一般的城市土地资产的使用和交易，可以看做私有领域的经济行为，市场是最优的治理结构，因此，需要建立城市土地市场来实现效率。农村的土地资源，不仅具有农业生产的功能，还具有作为自然资源的生态环境价值（如固氮、固碳、涵养水源、景观等价值）和承担国家粮食安全、提供农民生存保障等社会外部性，因此其利用是一种公共领域的经济行为，这个时候仅仅依靠市场已经不能满足效率的要求。根据本章的定义，选择另外一种更节省交易费用的治理结构和正式制度是必然。政府的土地利用规划，作为对市场制的补充，现阶段是保障土地资源利用效率的更优的治理结构选择。所以，面对中国转型期间经济市场化的大背景，对这些具有公共领域活动特征的资源利用，并不是一定要摒弃计划配置的方式，究竟是需要更多的市场，还是需要更多的计划，完全取决于经济活动的自身特征。当然要注意到，这两者之间本身就是一种相互制约的关系，要发展市场必然对计划的方式产生影响，这涉及在两者间选择本身的权衡问题（也可以看做效率决策的一种）②。

六、治理效率的理论启示

本章总结了现有不同的经济学效率定义在"摩擦"的现实世界中的局限和贡

---

① 这里需要指明的是，市场和政府在新制度经济学那里只是两种不同的治理结构的概念，而不是庇古理论中市场和政府的关系。新制度经济学认为政府作为市场的替代方式，如何选择，仅取决于两者交易费用的大小。而庇古理论则认为政府是万能的，是用来弥补市场缺陷的。因此，两者是逻辑上的区别。

② 这其实也是公共选择理论中政府和市场边界的问题。

献，揭示了效率定义本质上是对经济活动收益最大化这种理想状态在各种限制条件下的一个标准化过程。这个标准化必须满足两个要求：既需要一个具体的标准，也必须保证实践中的应用性。在这种新的视角下，本章给出了结合资源配置、治理结构和制度环境三个层次内涵的治理效率定义，同时通过私有领域和公共领域经济活动，进一步解释了该定义，并讨论了它的理论与现实启示。

从三个层次来定义治理效率，有利于弥补传统经济学要么忽视交易费用等造成的理论与现实的脱节（如新古典经济学范畴），要么造成定义过于放松（如新制度经济学范畴）等问题。对私有领域和公共领域经济活动的分别论述，不仅有利于提高本章定义的实际应用性，更有利于总结新古典经济学和新制度经济学在效率研究上的地位和作用。上述两方面的综合考虑，还进一步揭示了现实中市场配置和计划配置在追求经济活动效率上的关系，避免因为分辨不清市场和计划在解决私人和公共领域经济活动上的优势和缺陷，而造成的现实中可能出现的经济发展战略上的矛盾，如是否应该完全市场化的问题。实质上，相对于探究治理效率定义的初衷，本章更贴切的贡献是明确了公共领域经济活动效率的标准化和实际应用途径，这是现有研究没有准确考察的。当然，本章的缺陷仍然存在，最主要的还是治理效率标准在精确度上的取舍问题，这可能也是理论本身最困难的地方。因此，我们将在下一章论述土地非农化的治理效率的基础上，在第四章通过建立一个土地非农化制度的分析框架来回答这个精确度的问题。

第三章

土地非农化的治理效率：内涵及理论

土地非农化作为一种"稀缺"资源的配置，其效率问题一直备受理论和实践的关注。然而，理论与现实的矛盾使得如何实现土地非农化的效率成为政策制定和实施的难题。本章将从治理效率的视角重新审视该命题，在辨析土地非农化"三层次"治理效率内涵的基础上，阐述理论与现实对土地非农化治理的不同要求。本章既是对土地非农化治理效率在理论和实证研究上的系统思考，更是对后续研究内容上的系统把握。

一、问题的提出：理论与现实的分歧

自从有了人与人之间的竞争，资源的稀缺性以及如何减少其影响就成了热门的话题。本质上看，追求资源的利用效率是缓解稀缺的唯一途径。对于土地非农化，农地的稀缺性和农地变为建设用地后复垦的困难性，使得实现其效率成为大多数国家在工业化和城市化过程中的主要目标。

从第二章可以知道，对于土地非农化的效率，新古典经济学的回答很简单：它只是一个微分问题。即土地边际收益在农业用途和城市非农用途间的等值替代（曲福田等，2005）。当然，这里的边际收益应该包括土地的非市场价值，如生态环境价值等。这种判断标准，因为理论上的完整性和数学上的严密性，得到了大多数人的认可，同时也得到了实证研究的证明（谭荣和曲福田，2006a）。然而，一个很重要的问题是，现实中的土地非农化效率的实现真的如此简单吗？

这其实涉及了新古典经济学一直忽略的问题——现实中资源的最优配置如何实现。新古典经济学认为，对于市场失灵，需要政府通过配额、税费、补贴等方式进行调节，以消除私人成本和社会成本的分歧；对于政府失灵，则需要政府退出市场，避免政府的不当干预。从理论上看，这种分析和解决问题的逻辑是完美的，但实际上是一种"套套逻辑"。更大的问题是，正如第二章所讨论的，现实中诸如"森林砍伐""渔业捕捞""草场放牧"等资源利用行为，没有哪个具体的资源利用活动是通过计算理论上的"最优量"来实现效率的(Ostrom，2005)。这不禁让人产生一个疑问，为什么理论的效率和现实的选择出现了分歧？

其实，理论与现实出现分歧的原因很容易理解：新古典经济学在判断和解决资源利用效率时有一个很强的前提假设，即所有的成本和收益都能够准确把握，进而依靠无成本的市场和政府就可以分别解决政府失灵和市场失灵的问题。很显然，这个假设在现实中很难成立。不仅仅所谓的非市场价值无法准确评估，即使具有市场价值的成本很多也是不可准确评估的，如信息成本、时间成本等交易费用范畴的成本(Furubotn，1999)。

所以，一方面，新古典经济学的缺陷说明现实中根本无法通过计算"最优"来实现效率；另一方面，现实中"森林砍伐""渔业捕捞""草场放牧"等行为所采用的对时间、地点和工具的限制也反映了现实中人类探索资源利用效率的方式和结果(Ostrom，2005)，这其实提供了审视现实中资源利用效率的新视角。也就是第二章中的治理效率的视角——对时间、地点和工具的限制，实际上是治理结构层次的效率体现。

因此，本章的目的就是针对上述理论与现实的分歧，在第二章对治理效率解释的基础上，来讨论中国土地非农化的治理效率问题。因为资源利用本身是一个动态的过程，土地非农化面临着不断变化的市场价格、治理结构和制度环境的影响，甚至使用者自身的偏好也可能对土地非农化的决策产生影响，所以本章把静态的配置效率提升到治理效率的范畴，讨论如何实现土地非农化的治理效率，为后面的土地非农化制度分析奠定理论基础。

二、土地非农化：从配置效率到治理效率

虽然土地非农化对城市化、工业化和经济快速增长起到了重要的支撑作用，然而一些负面问题也日益显现出来，具体包括粮食安全受损、经济粗放低效、城郊生态环境破坏、失地农民的社会问题显现等(曲福田和谭荣，2010)。如果说现阶段土地的过度非农化导致了上述负面问题，那么中国政府从20世纪80年代中期以来为了耕地保护和土地利用效率，已经加强了对土地非农化的管控力度。从1986年第一部《中华人民共和国土地管理法》（简称《土地管理法》）颁布开始，国家先后实施了土地利用总体规划制度、耕地总量动态平衡制度、基本农田保护制度等土地用途管制政策，对农村的土地资源，尤其是优质的耕地资源进行保护，力图避免土地的过度非农化。

可事实的情况是，即使看似世界上最严格的土地管理法规，也没有避免土地非农化速度和规模的日益扩大。例如，中央政府不得不分别在1997年和2004年前后，对农用地非农转用审批进行强制性的冻结措施。这种强制性的冻结措施，

实际上是中央政府为挽救农地过度损失而做出的无奈之举。可是问题是，那么多严格控制非农化的政策工具为什么没有发挥应有的作用？

很多人会认为是因为受土地非农化经济收益的刺激和政绩考核的要求，地方政府在经济发展和保护耕地的权衡中选择了前者，这其实只说出了表面的问题。实际的问题很可能是，地方政府本来就不知道或者无从掌握理论上的土地非农化效率，如何让它去遵守和执行？另外，中央政府本身也很可能不知道或者无从掌握理论上的土地非农化的效率，因此，其调控政策在制定、执行、监督、惩罚等方面，都可能出现了问题。

这里面其实隐含了新古典经济学的缺陷，即现实世界是"摩擦"的世界——人的有限理性、人与人之间的信息不对称、人的机会主义倾向等因素是造成"摩擦"的原因，而这些因素并没有被新古典经济学所考虑。这些"摩擦"所导致的交易费用（Coase，1960），在现实世界中是不可准确衡量的，加上决策者的有限理性，导致最优效率的计算不可避免地产生误差（甚至错误），这进一步否定了决策者应该按照最优效率进行决策的理想状态（也解释了为什么地方政府可能出现违规的问题）。

因此，要解决实际中土地非农化的问题，不能停留在传统的资源配置效率这种理想的、静态的、局部的标准上，相反，需要把传统理论的效率标准上升到一个既符合追求资源利用效率初衷，又具有实践性、动态性和整体性的效率标准，即本章下面要讨论的土地非农化的治理效率。

三、土地非农化治理效率的内涵

遵循第二章的定义，土地非农化的治理效率应该满足效率标准化的两个要求：第一个要求是要有具体的标准；第二个要求是效率要有能够实现的途径。即首先要提出一种从农业用途转变为非农业用途的配置效率标准，且这是一种满足整体的、动态的和可持续性的判断标准。另外，实现配置效率还需要相应的治理规则，即各类土地利用制度和政策。规则包含两个层次，即治理结构层次和制度环境层次。如果该规则与土地非农化活动相适应，则有利于土地非农化配置效率的自动实现，否则，土地非农化配置效率的实现将遇到现实的难题。这实际上体现了第二章中治理效率在"三层次"上的内涵。

具体来看，土地非农化的治理效率，首先，需要在合理的范围内考察土地资源由农业用途转变为非农业用途的边际收益和边际成本，给出判断资源配置层次效率的信息参考。其次，资源配置层次的信息将进一步产生是否需要改变现有土地非农化治理结构的诉求。因为土地非农化在资源配置层次上特定的表现是由特定的治理结构决定的。再次，治理结构改变的需求可能会造成对相关正式制度变化的要求，因为特定的正式制度被看做是形成特定的治理结构的游戏规则。最后，正式制度的改变，不仅会产生比其更高层次的各种非正式制度变化的驱动力，同时也对治理结构和人类实际利用农地资源的行为产生新的影响和约束。可以看出，这是一个循环的逻辑思路[①]。

四、土地非农化的治理效率的探索过程

针对传统解决方法逻辑上的缺陷[②]，治理效率提供了一个新的解决思路。即实现土地非农化的效率问题，应该同时考虑资源配置、治理结构和制度环境三个层次上的要求。

(一)资源配置层次的参考

要实现中国土地非农化的治理效率，无论现实世界如何复杂，我们都需要一个参考的标准来判断初始的配置效率，这是整个分析的起点。因此，需要在资源配置层次上来判断中国土地非农化的效率。理论上边际(社会)成本和边际(社会)收益相等，各种因素的限制使得实际计算的精确性和可行性受到限制，因此，可以采取替代的方法来衡量边际成本和边际收益，以减少交易费用和有限理性等对衡量本身的限制。

曲福田等(2005)给出了资源配置层次上判断土地非农化整体效率的分析框架，提出了代价性损失和过度性损失及其原因的理论命题。谭荣和曲福田(2006a，2006b，2006c，2007)进一步通过生产函数模型对1989～2003年中国包括各省的土地非农化的配置效率(包括部门、空间、时间和配置方式等)进行了评价。其中，最主要的发现是中国在该时期因政府对市场的不当干预而造成土地过度非农化占实际非农化数量的21.7%(谭荣和曲福田，2006a)。无论这个结论是否精确，它至少提供了一个信息：现阶段中国存在土地的过度非农化。

如何解决中国土地的过度非农化？"三层次"的内涵进一步指出，因为"摩擦"世界中各种交易费用的存在，与新古典经济学企图通过万能的政府来解决边际社会成本和私人成本分离的方式不同，解决现实中两种成本的分离只有通过消除或

[①] 具体可参考曲福田和谭荣(2010)对土地非农化"三层次"分析框架的详细论述。

[②] 庇古认为通过政府的税收或者补贴就可以将外部性问题内部化。诚然，该观点在新古典经济学理论框架内是成立的，通过几幅简单的"剪刀"图案就可以解释，然而，其在实际中是不现实的。庇古的理论遭到了新制度经济学的批判，最著名的就是科斯与庇古的观点之争(Demsetz，1996)。然而可惜的是，新制度经济学派在解决资源配置效率时，如外部性问题，虽然提出应该从降低交易费用的角度出发，通过设定产权或者达成契约等方式来内部化各种外部性，但是如果脱离了对交易费用的评估或者比较，新制度经济学的方法始终是一种无法落实的逻辑。但一旦落实到对交易费用的评估或者比较时，该理论所主张的有限理性必然也对交易费用的评估和比较产生影响，进而也造成新制度经济学逻辑上的可能缺陷。

尽可能降低交易费用的影响的方式。中国土地非农化的配置效率低下，不仅是因为政府的不当干预，更是因为市场无法体现土地资源的非市场价值，因此，此时市场不是最优的治理结构，需要寻找更为合适的治理结构和制度安排来改善现有的"游戏规则"，即在治理结构和制度环境层次上改进现有的土地非农化制度。

(二)治理结构层次的改进

在治理结构层次上，治理效率是指被选择的治理结构相比较而言能够更小化交易费用。此时交易费用不需要准确衡量，只要求能够相互比较。例如，上面提到的"间歇期""轮作""限制捕捞时间、地点、工具"等规则正是人类在实践中为了实现自然资源可持续利用在长期尝试后所发现的交易费用更低的治理结构。

因此，对于土地非农化来说，既然市场不是完美的，政府的干预则是必需的。但关键是需要找到"市场"与"政府"的边界。因为市场和政府作为新制度经济学中定义的治理结构，在降低交易费用上各有利弊。对于高竞争性和高排他性的自然资源(多是私有资源)，因为在产权上的清晰性和利用上的易控性，市场此时是最佳的治理结构，市场能够以最小化交易费用的方式有效配置资源利用。相反，对于高竞争性但低排他性的"公共池塘资源"[如一定区域内的森林、草地、鱼塘等(Ostrom，1990)]及低竞争性和低排他性的"公共资源"(如国防、公园、社会医疗保险等)来说，因为这些资源要么是不容易排除他人的使用，要么是不容易辨析产权所有，导致资源使用可能因为私利而损害了公利。此时，市场只适用于配置私利的部分，公利的部分还需要政府来杜绝或减少机会主义行为，保障资源利用的效率。当然，政府作为一种治理结构，其建立成本(事前成本)大于市场的事前成本，但在规范资源利用上，其事后成本(违规的监督和惩罚)相对小于市场的事后成本，因此，这本质上变成以事前和事后总成本为标准来权衡市场或政府的问题。

土地非农化的私利部分，就是土地在市场上的价值。不同的土地因区位、用途、相邻关系等而价格不一致，但总是可以相对较低的成本被市场以遵循效益最大化的原则进行配置。而土地非农化的公利部分，如农地的生态和环境价值、农地对于农民的社会价值等，在现有的市场中没有体现，如果没有额外的治理结构的约束，这部分利益会被无形地损耗掉[租值耗散(Cheung，1974)]，这样就违背了资源利用效益最大化的初衷，因此需要市场的替代或者补充——政府的介入。发达国家大多采用空间规划(如德国与荷兰)或者引入土地发展权(如美国)来规范和保障土地非农化的效率。但政府的介入也是有边界的，边界就在政府的事前和事后总成本与市场的事前和事后总成本在边际上相等的地方。当然，这是理想的标准，在实际中只需要针对土地非农化的总成本的比较，来选择不同程度上市场与政府的组合即可。

中国土地非农化最初只是由政府从上到下的计划配置，但随着改革开放后土地在使用者之间的分配、转移、交换等频率的增加，计划配置的事前和事后成本越来越大，逐渐引致了土地市场的建立。中国土地市场在 20 世纪 80 年代末建立并逐渐发展起来，但到目前为止只局限于城市土地市场，农村土地市场和农地转变为城市用地的过程，还主要是由政府的行政和计划指标进行配置。有很多人反对现有的城乡割裂的土地市场格局，认为这样造成了资源配置效率的损失。其实，反对的观点在很大程度上忽视了现有制度对保障土地非农化公利上的贡献。土地规划和割裂的城乡土地市场，其实在一定程度上遵循了建立合适的治理结构来降低交易费用影响的要求，因为它有利于控制土地资源利用在公利上的效率损失，如果摒弃规划、放开土地市场，结果可能会更糟。当然，不能否认土地非农化的私利问题需要市场来解决，这已经能够从中国近十几年来城市土地市场对土地非农化后资产的配置绩效得到证明。所以，实现治理结构层次的改进就是确定市场和政府在土地非农化治理效率上的边界。

谭荣和曲福田(2009)通过将交易费用经济学拓展到土地非农化这一公共领域，建立了土地非农化治理结构选择的理论框架。同时通过对 H 市的实证，在比较交易费用的基础上，为该市土地非农化的具体任务选择了适宜的治理方式，确定了市场或政府的边界。这个研究除了为"三层次"内涵中的治理结构层次提供了直接例证，更重要的贡献是，为实现中国土地非农化治理效率提供了具体的研究方法。

具体来看，中国现阶段的土地市场对土地资源的利用确实体现了一定的绩效，但它的绩效只是体现在城市范围的土地资产的交易(尤其是二级市场)方面，这种土地资产最明显的特征就是具有明晰的使用权人、透明的市场价格、公开的交易信息、公正的法律保障等，更重要的是，该类土地资产大都不具有所谓的外部性。而对于土地非农化，并不存在类似于城市土地市场中强有力的土地所有权、使用权的法律保障(农民权利经常受损)，更特殊的是，土地非农化具有环境、生态和社会外部性。没有产权的保障，建立市场就无从谈起，即使实现了产权的保障机制，当面临所谓的外部性时，市场还是无能为力。所以，从交易费用经济学角度看，中国的土地非农化，单纯的市场并不是适宜的治理结构。市场制只适合治理涉及土地资产的部分，而涉及土地外部性的部分，则需要通过层级制来治理。

例如，对于控制风险有重要作用的任务来说(如规划审批等)，只有通过层级制的政府管理才能有效降低交易费用(相对于市场配置)。同理，由于土地非农化风险控制是一种公共物品，需要正直、公平和忠诚的执行人来完成上级下达的任务，这也只有通过层级制的政府管理才能更好地控制。另外，在不存在完善的法律体系下，政府的干预对解决无序的冲突也是有利的。当然，这里的政府治理仅仅是不同于市场制的一种治理结构。无论是市场还是政府，在治理过程中都产生交易费用，只是政府此时产生的交易费用低于市场。

因此，对于现阶段中国土地非农化治理效率在结构层次上的改进来说，适宜采用政府治理为主，市场治理为辅的治理结构。在现状的基础上，将土地测绘成果确认、农地被批准征用后的执行过程、土地复垦项目被批准后的执行过程和土地登记等任务转由市场完成，其他任务都按照现有的治理结构，将可以提高整个混合制的治理绩效。H市实证的数据显示，总体交易费用可以有11.3％的降低（谭荣和曲福田，2009），这个结论对中国土地非农化治理结构有一定的借鉴意义。同时，可以通过增加政府从业人员的职业安全感和待遇，建立相应机制来保障上下级之间的信任、诚信等来提高层级制的治理绩效。另外，虽然中国正处于市场经济转型期，但允许农地可以不经过国家征用直接进入城市土地市场，其实并不符合现阶段土地非农化的交易特征。H市的实证表明，错误地引入市场，可能导致巨大的交易费用（谭荣和曲福田，2009）。所以，对该类市场治理的尝试应该抱非常谨慎的态度。

这里还有很重要的一点需要阐明。对政府和市场两种治理结构交易费用的衡量和比较是基于制度环境不变这一假设前提的。本章以上提出的建议没有突破现有制度环境，即不需要改变现有的正式制度。当然，不排除在实际中当治理结构发生改变时，很可能已经引起了制度环境的改变，如市场制的建立，产权和法律等相关制度很可能已经改变，那样，市场治理所产生的交易费用将不同于谭荣和曲福田（2009）所计算的交易费用，治理结构选择的结果因此也会不同。这是无法验证的，是交易费用经济学前提假设造成的一个缺陷。当然，可以有一个弥补的方法。如果可以选择具有相似治理结构但制度环境不同的国家进行比较制度的分析，这样就可以缓解上述矛盾，进而在治理结构改进的基础上探讨制度环境层次进一步改进的可能。

（三）制度环境层次的改进

在制度环境层次上，治理效率是指与制度环境的具体安排相比较而言能够更小化交易费用。同样，此时交易费用也不需要准确衡量，只要求能够相互比较。相对于治理结构，制度环境层次的交易费用更不容易把握，一般情况下，为了研究简化的需要，我们只需判断制度的相对优势。

如何判断并促进制度环境层次的改进，以利于治理结构层次的选择？因为诸如产权、法律等正式制度的变迁周期相对较长，同时很少有大范围试验和允许出错的机会，微观研究的方法大多不能适应。因此，对于一个不断进化的制度系统，只有通过与其他系统进行比较，才能够评价现有制度效率和探索制度改进的途径。比较制度分析，一般包括纵向的历史比较和横向的不同国家之间的比较。

纵向历史比较，因为自然社会环境差异较大，其借鉴意义相对弱于在自然和社会环境相似的不同国家之间的横向比较。因此，在土地非农化制度环境改进上，横向比较是主要的途径。对于中国土地非农化而言，寻找与中国在资源禀赋、人口压力和经济社会发展等方面有可比性的国家，并对它们的土地非农化制度环境进行比较分析，可以为制度环境层次的改进提供依据。

谭荣等(Tan et al.，2009)选择了德国和荷兰作为中国的比较对象[①]，探讨中国土地非农化在制度环境层次可能的改善途径。在对三个国家土地非农化过程进行详细的描述后，该研究重点对比了三个国家制度环境在土地产权、土地规划、土地市场、政府作用和总体制度绩效五个方面的差异。研究发现，尽管两个西欧国家土地非农化的制度环境存在不同之处，但在土地产权、政府的作用、成熟的市场体系(包括透明的价格机制、利益相关者被告知和参与的权利及诉诸法律的权利等)、土地规划的参与等方面，两个国家表现出惊人的一致性。

所以，两个西欧国家在制度环境设置上的优势在于：首先，西欧国家的农民在土地非农化中的地位远远高于中国的农民，这体现在中国的农民既不能要求更高的征地补偿，也不能主动参与土地非农化，甚至不能找到独立于政府的司法保护，这样很容易因为资源配置低效和收益分配不公导致整个社会的不稳定。其次，中国土地配置的信息不够透明，这无法实现非农化的高效配置，如造成土地闲置或政府的寻租。

基于此，曲福田和谭荣(2010)提出可以在土地产权制度、土地规划体系、土地市场体系、土地行政体系和土地法律保障体系五个方面对制度环境层次的制度安排进行改进。具体包括以下内容。

1. 土地产权制度

作为整个制度体系的基础，因为没有明确责任人的产权主体以及现实中对农村集体产权作用的弱化，中国的土地产权无法有效地限定土地非农化的资源边界，从而成为降低各种交易费用的桎梏。但并不是说现阶段需要土地产权的私有化，因为现行的产权得到了各方的认可和支持(Ho，2005)，刻意地改变这个状态，将产生很大的交易费用。

---

① 首先，这两个国家都有很高的人口密度——荷兰在 2002 年全国人口密度是 466 人/ 平方千米(Valk，2002)，德国在 2005 年全国人口密度是 231 人/平方千米(Statistisches Bundesamt，2007)——与中国东部地区在 2003 年的人口密度相仿(413 人/平方千米)，但远远高于中国当年的全国平均水平(135 人/平方千米)。同时，这两个欧洲国家的空间规划在治理城市发展和土地非农化上都闻名于世，它们能够作为和中国进行制度比较的案例，因为后者同样拥有相似的土地利用规划，但是却没有实现与前者相仿的绩效。中国的土地规划更多地关注如何控制农地数量上的损失，以及如何控制各种土地利用的违法行为(Lin and Ho，2005)。而欧洲的这两个国家，更多地关注如何通过土地利用规划将农地和环境的非市场价值纳入当前的市场体系中(Vlist，1998；Haaren and Reich，2006)。

当然，为了提高土地非农化的效率，现阶段可行的改变是：要像尊重城市土地使用权那样尊重农村土地承包权；探索农用地和宅基地的物权化和市场化；创新征地制度，把现阶段政府对土地非农化的双重管制（用途和价格）转变为单重管制（用途），而价格则由市场配置（类似于西方国家的土地发展权体系）。

2. 土地规划体系

现阶段的土地规划还是一种指标规划，而不是所谓的空间规划。指标规划的潜在问题就是信息的不对称导致了土地非农化指标分配时具有低排他性和高竞争性的"公共池塘资源"的特征，加上规划缺少公众参与，无法激励利益相关者的长期合作，造成指标执行和监督上的困难，这些都可能导致土地非农化的过度损失。

所以，土地规划体系可行的改变是：政府通过强制性制度安排对土地资源进行初次配置（即确定主体功能与关键资源保护的范围）。在此基础上，将土地规划从"指标"的特征转变为"空间"的特征（即把土地用途"落地"和设计配套的管制措施），同时优化规划体系的信息流通机制，如增加规划的透明度和公众参与。

3. 土地市场体系

现阶段特有的二元结构，加上土地产权的限制，降低了市场对土地非农化的配置效果。从新古典经济理论来看，打破现有的市场割裂局面，是土地市场体系改革的方向。然而，为了实现对土地非农化外部性的控制，以及满足现阶段经济增长对农业生产剩余索取的要求，现有割裂的市场体系又十分必要。从这点来看，打破市场的割裂局面，其本身的交易费用会非常高。

因此，就目前来看，在规划体系改进的基础上，让市场成为配置土地资源的基础机制，把建设用地的配置充分市场化，而农地非农转用进行有限市场化（单重用途管制），这样可以同时发挥规划与市场的优势。

4. 土地行政体系

现阶段土地行政体系存在行政效率损失的问题。首先，由于信息不对称的问题，现有以中央政府为主的监督体系不能够满足监督的需要；其次，政府通过土地规划来垄断土地征用市场和土地一级市场，以弥补市场失灵的缺陷，但政府垄断行为的本身需要监督（如对公共利益界定的监督）；最后，无论监督体系如何改进，谁来监督"监督者"，这是理论上和实践中始终面对的难题。因此，针对这三个监督体系的改进，是未来可行的改进方向。

这可以通过改进土地规划体系、改变地方政府官员政绩的考核标准、提高土地非农化信息的透明度和增加农民及普通市民的监督权利来实现。当然，需要指出的是，加强监督，不是对地方政府的不信任和把权力集中到中央政府，地方政府的作用不能被抹杀，这在现有经济社会体制下尤为重要。其本质就是，消除中央与地方政府的非合作博弈。

5. 土地法律保障体系

现行的土地法律保障体系，缺少一个完善的制度基础和独立的司法体系来保障和解决土地的纠纷。缺少完善的制度基础是指缺少自然村和农户层面的农村土地登记体系，缺少系统的土地利用违法、违规行为的惩罚机制，缺少解决土地利用冲突的正式的法律条例和条文。没有这些制度基础，土地法律保障体系就不可能运行良好。

缺少独立的司法体系，是指现有的体制一直受到政府行政部门的影响，这对产权、法律、市场、规划等方面的公信力和效果都产生很大影响。虽然中国的法院系统和行政系统是独立的系统，但是针对于土地冲突和纠纷，如农地征用的纠纷，法律还是规定由批准项目的政府来裁定，这无疑增加了土地法律保障体系的复杂程度。

所以，在现阶段中国的法律体系基础上，将农村土地登记完备到自然村甚至农户层面，同时完善上述土地非农化过程中缺失的土地征用、产权保护等土地司法体系，符合制度环境层次效率改进的要求。

五、治理效率悬而未决的问题

以上我们从土地非农化理论的配置效率与现实决策的分歧入手，通过阐释土地非农化治理效率的内涵，梳理了为什么和如何将配置效率视角转变为治理效率视角，为解决中国土地非农化面临的实际问题服务。

实现土地非农化治理效率的主要逻辑是：治理效率的"三层次"内涵明确了如何实现中国的土地非农化的治理效率。其可以分两步走：第一步是通过治理结构和制度环境层次上的治理效率的标准选择合适的治理结构和制度环境来降低交易费用对私人成本和社会成本分歧影响的问题；第二步是在第一步的基础上让利益主体自己去配置资源。换句话说，对于中国的土地非农化，重要的是建立合适的治理结构和制度环境，以解决所谓的边际社会成本与边际私人成本的分歧问题（MSC≠MC），剩下的边际私人成本和边际私人收益的分歧问题（MC≠MR），就应该交给资源配置层次由利益主体"自动"解决。基于这个逻辑，我们对中国土地非农化在资源配置、治理结构和制度环境层次上的治理效率都做了一些初步的研究，并提出了相应的结论。似乎我们已经为实践中治理土地非农化提供了清晰的思路和证据。

但实际上，我们还有很多悬而未决的问题。例如，"三层次"的治理结构的内涵没有"告诉"我们如何进行不同治理结构和制度环境的权衡（选择），没有"告诉"我们怎么去比较交易费用，没有"告诉"我们合适的治理结构和制度环境是什么，现实的治理结构和制度环境该如何设计……

这些悬而未决的问题实际上都能对应到我们第一章中提出的基本问题——既然我们要解决土地非农化的治理问题，那么有三件事情是必须做的：第一件是理解具有 SES 特征的土地非农化究竟遇到了什么问题；第二件是理解潜在的可选择的管理制度；第三件是理解管理的内外部条件，即辨析不同内外部条件对管理制度的影响。如果用"有的放矢"这个成语来形象地表达这三件事情的话，第一件是去熟悉那个"的"，第二件是去熟悉那个"矢"，第三件是去熟悉"放矢"时可能受到什么影响，并尽量避免负面的影响。

换句话说，本章中土地非农化"三层次"的治理效率内涵的提出，只是给了我们理解"的"、"矢"和"放矢"三者之间的逻辑关系的思路，但是还没有告诉我们三者内部是什么情况，尤其是作为"矢"（即治理结构和制度环境）该怎么去分析。

这是我们第四章要做的工作。

土地非农化的制度分析： 一个 SES 的分析框架

因为土地利用形态改变后恢复原状的相对困难性和高成本性，土地非农化成为中国现阶段经济发展过程中颇受关注的资源利用决策问题之一。实际上，土地的利用形态改变涉及土地（空间）利用的竞争，如住房、交通、产业、自然保护、人文历史维护及旅游等，这些竞争与人类的生存发展和福利水平高低息息相关，这使得土地非农化决策又是一种 SES 的管理决策问题。针对这种 SES 的问题，如何根据变化的内外部条件选择合适的管理制度，是一个更为困难的理论问题。

回答这些问题，可能至少需要做三件事：一是理解具有 SES 特征的土地非农化，即辨析被管理对象的相关特征或者属性；二是理解潜在的可选择的管理制度，即辨析不同管理制度的相关特征或者属性；三是理解管理的内外部条件，即辨析不同内外部条件对管理制度的影响。但是很显然，完成这三件事情不是一件轻松的工作。

一、对土地非农化的理解：为什么具有 SES 的特征

土地非农化，不仅是前面说的土地利用自然状态的改变，也包括因自然状态改变而引起的社会状态的改变。这两种状态的改变对于理解土地非农化的 SES 的特征颇为关键。

（一）土地非农化的自然属性特征：跳出传统外部性的理解

土地非农化在土地自然状态上的改变，经常会导致人们常说的外部性，不仅是个人决策忽视了对其他人造成的影响，也因为自然系统会在受到人为影响后出现自我变化，而这种自我变化的影响在当时可能不会显化，但日积月累后可能出现。所谓的外部性是一个直观的特征，虽然这种特征从定义上来说存在一些问题，影响到管理方式选择分析上的连贯性。因为外部性的潜台词是存在市场管理机制的思维框架，在没有定义市场（一种制度）之前，我们更应该严谨地称之为目

标行为的附带效应（Hagedorn，2008）。

　　无论如何，我们可以简单地理解，农地本身具有一些生态服务功能，如提供开放空间、涵养水源、固碳、净化空气等。如果农地被非农化，那么这些生态服务功能将受到破坏，而如果是在没有任何约束的情况下，私人决策很可能不会考虑这些影响，这样就产生了所谓的外部性。或者，当农地被非农占用后，诸如产业生产、城市生活等很可能进一步造成环境的恶化，如垃圾的产生、废弃物的排放等，这可以看做土地非农化带来的进一步的附带影响。当然，我们不能忽视土地非农化带来的正面效应，如提供了城市化的空间、承担了一定的经济发展过程中的资本功能等。

　　也就是说，土地非农化这种对自然环境影响的复杂性，使得其作为一种人类利用土地的行为，具备了所谓的"低模块性"（low-modularity）①和"难分解性"（low-decomposability）②。模块性和分解性是讨论自然资源管理选择时非常值得考虑的，或者说这两种属性才体现了自然事物管理与社会事务管理明显的区别。例如，直观上决策者（或个人）通过土地非农化来建造一个工厂（这个行为必然会涉及一些具体的交易或交互活动，也就是 transaction），这个工厂会对附近的河流产生污染，而河流的污染可能通过水文系统和地表系统的循环而"默默地"影响到下游的鱼类资源，进而影响到下游渔民的捕获收入。这就是所谓的模块性很低——不能说土地非农化来建设工厂这件事情的前后范围能够被清晰界定，因为它可能影响到下游渔民的收入。所以，土地非农化决策行为不是一个孤立的事件，它还包含很多相联系的事件。很多情况下，这种相联系的事件不为觉察，如下游的渔民可能很长时间都不知道自己捕捞收益的变化是与上游的土地非农化有关。还有很多其他的影响甚至不为当前人类认知所觉察，如修建高铁、大坝等对农地资源及其相应的生态系统究竟有什么负面影响，我们仍然无法确切地判断。

　　从公共资源治理角度看，这种低模块性和难分解性是土地非农化自然属性的核心特征，很重要。因为它导致一些潜在的效应，可能被当期的私人或者公共决策者忽略，进而造成两种损失。第一个层次的损失是，如果因低模块性和难分解性造成的额外的影响没有被决策者考虑，那么对土地非农化的利用上就会出现没有达到"社会最优"的状态——总是有人的利益受到损害。这样就出现了潜在的改善的可能——土地非农化的净收益具有潜在增加的可能。第二个层次的损失是，如果额外影响在当期没有被考虑，那么未来可能被发现，进而产生冲突。这种冲突所造成的社会成本也应该算作当期土地非农化引致的社会损失。

---

　　① 模块性，可以理解为外部轮廓或界限的特征。低模块性意味着某项交易（交互）的外部轮廓不清晰，不容易辨析其界限范围。

　　② 分解性，可以理解为内部的结构特征。难分解性意味着某项交易（交互）的内部结构复杂，不容易理顺内部要素之间的联系。

（二）土地非农化的社会属性特征：从一般到特殊的考察

土地非农化总是存在于一定的经济社会和制度环境中，所以除了自然属性特征，还具有一定的社会属性特征。第一个社会属性特性就是公共性，这是由土地非农化必然的额外影响造成的，除非是一个人的世界，否则任何土地非农化行为都会对他人（社会）造成影响，即土地非农化是一个公共行为，需要从公共利益的角度进行管理。例如，即使西方国家尊重私有土地产权，土地所有者也没有完全的权利去决定是否进行土地非农化，因为私有土地也需要遵循政府公法下的各种土地规划的限制（Needham，2006）。

这种公共性在不同的经济社会条件和社会制度下会形成不同的、更为细化的社会属性特征。例如，如果从产权的角度看，土地非农化既可以是私人物品，也可以是非私人物品，包括公共物品、公共池塘物品或俱乐部物品（Ostrom，1990）。私人物品有高竞争性、高排他性，这很好理解，一个建设规划许可范围内的土地所有者是盖 100 平方米的住房还是 150 平方米的住房，由其自己决策。公共物品有低竞争性和低排他性等。例如，对于一个国家来说，将一片农地划为军事基地进行建设，这是一个纯粹的公共物品的供给行为，这种土地非农化一般只能由政府提供，私人没有意愿主动提供土地，因为会出现成本收益的"搭便车"。

对于公共池塘资源来说，其特征是高竞争性和低排他性。这种土地非农化的例子很多。例如，在中国，采用的是一种从上往下的土地非农化规划指标管理模式，只有取得了指标，地方政府才有权力将土地非农化来建设城市、发展工业等（Tan et al.，2009）。每年中央下发特定的配额，根据地方的实际需求来分配。这样，对于地方政府来说，这种年度配额就是一种公共池塘资源——地方政府是相互竞争的，需要通过地方的特殊需求来与其他地方"竞争"以获得中央的更多支持，而这种配额是无法排他的，如果一个地方不积极竞争，那么中央就不会把指标留给该地，很可能会支持其他地方，因为"会哭的孩子有奶喝"。

另外一个公共池塘资源的例子是引起广泛争议的"耕地保护之争"。很多学者已经从理论和实践的角度都证明，耕地数量的减少不会对所谓的"粮食安全"产生影响（Tianze Institute of Economics，2008），但是政府还是一如既往地要求要保护耕地以保障粮食安全。为什么这样？国内的学者给出了很多解释，如耕地生产潜力的保护（Cai，2000）、国际政治安全的解释（Qu et al.，2007）、人口消耗和国际市场供应量的不匹配的解释（Cai，2001）等，但是这些仍属于无法令人信服的原因，尤其是不能让国外的学者信服。

实际上，从土地非农化的公共池塘物品的属性角度，即低排他性和高竞争性，可以有一个新的解释。中国的耕地虽然是农村集体所有，但在当前的政治体制下，农民和集体没有实际的决定权，尤其是没有拒绝地方政府征收耕地作为城市用途的权利。这样，耕地就很容易被地方政府以发展城市和发展工业为由而被占用(Tan et al.，2011)。地方政府面临这样一种境地，自己不多占用耕地，不会排除其他地方政府占用耕地获得发展，因为耕地从法律角度来讲不属于地方政府所有(要么属于集体所有，要么属于全民所有，是一种公共所有的产权)，地方政府不对耕地减少以及后续的额外影响负责。在农村集体没有保护的权利、地方没有保护的动力的情况下，谁来负责耕地(农地)的保护？如果没有人保护，耕地可能处于一种失控的状态，而失控是很难恢复的，且影响是重大的。所以，对于中央来说，成为唯一能够且有动机保护耕地的主体——毕竟要对潜在的负面影响负责。但是，在面临着复杂的经济社会影响因素的条件下，如何管理地方政府的乱占行为？通过号召"粮食安全"来要求地方政府保护耕地，可能是一种适宜的、低成本的途径来达到让地方政府充分重视保护耕地的目的。因此，"粮食安全"仅是一种层级制下管理的需要——尽管这个"粮食安全"在当前时期不是那么紧迫。这个"粮食安全"的争论，也反映出土地非农化公共池塘资源的社会属性。

上述的土地非农化的种种社会属性的例子，给了我们一个新的思考：单一的土地非农化自然状态的变化，可能会因为社会条件的不同而出现社会属性的多样性。这种社会属性的变化，需要基于特定案例的分析才能够得到总结和归纳。因此，这里不再尝试穷尽所有可能的社会属性特征。后面会结合具体的分析问题，来讨论出现的社会属性特征。

另外，这也就预示着一个新的问题出现了：既然实践中土地非农化是一种具有复杂的自然属性和社会属性的交易，那么如何应用相对成熟的交易费用经济学来对交易属性及其治理结构的选择进行分析？这需要拓展一个新的分析框架来帮助我们理清思路。不过，在研究这个框架之前，我们还需要先辨析土地非农化治理的特征及其内外部条件。

二、对土地非农化治理的理解：治理的内外部要素

不论是土地非农化自然属性中的低模块性和难分解性，然或是社会属性中的公共性(本质是人与人之间的依赖)，都要求对土地非农化进行"协调"，以降低成本或者增加收益。这种协调就是对土地非农化的管理。它一般通过制定相应的管理规则来实现。管理的规则主要有两个层面，一个是正式制度，包括政体、宪法层次等基础性制度；另一个是实施正式制度的组织形式，即所谓的治理结构，这两个层面规则的制定最终作用到具体土地非农化中的人的行为。

对于土地非农化的管理规则，我们关心它们的绩效。影响管理绩效的因素主要包括两个方面。第一个方面是管理的内部要素，主要是指这些要素之间的匹配

程度。土地非农化本身的属性、所涉及的行为人的特征，以及相应的正式制度和治理结构，这些都是管理的内部要素。它们之间是否"兼容"，是影响绩效的第一个方面(本部分主要介绍这些内部要素，它们之间的匹配问题将在本章第三部分中介绍)。第二个方面是对这些内部要素有影响的外部条件的变化。例如，自然系统的突然变化(自然灾害等)，会造成土地非农化的自然属性的变化；经济社会条件的改变会造成资源供需上的变化，进而改变资源的社会属性；人的决策策略和习惯也会受到外部条件变化的影响；等等。这些额外但对管理绩效相关的因素，统称为管理的外部条件。

(一)土地非农化治理的内部要素

土地非农化治理的内部要素包括制度、治理结构和行为人。

制度，无论是在经济学还是在政治科学中，主流的解释都是诺斯(North，1990)的论述："制度是人为设计的约束，用来规范人与人之间的交互。它们由正式制度(如政策、法律和政体等)、非正式制度(如行为规范、传统和自我约束等)和它们的执行过程组成。因此，它们决定着人类之间无论是政治的、社会的还是经济的交易的内部激励机制。"相类似的，Ostrom(1990)也强调"一项制度可以被定义为一组行为规则，用于决定谁可以在某种场合做出何种决策，什么行为是允许的或者限制的，什么样的整合机制来综合不同主体的行为，什么程序必须被遵循，什么信息必须或禁止提供，个人的行为会导致什么样的结果(预期)等"。

对于土地非农化来说，农地的产权设置、与土地非农化利用相关的公法(如规划法律)或私法(如市场法律)等，都属于正式制度。从理论上说，这些正式制度应该能够对土地非农化过程中的人的行为起到基础的约束，但是，一些情况下这些"明文"的正式制度，可能由于受到习俗或者"潜规则"的影响，并不能实现其应有的作用。这在法律体系不健全的国家尤为明显，如受到行政权力的影响。另外，正式制度也不是自动执行的，它还需要一定的执行的规则，也就是所谓的治理结构。

治理结构，是行为人将正式制度转化成实际起作用的制度(rule-in-use)的具体的组织形式及其过程，如在既定法律下出现的契约(contracts)、关系(networks)、官僚制(bureaucracy)、合作(cooperation)、市场制(markets)或层级制(hierarchies)。这些人与人之间的联系的具体形式，对于任何一个社会来说都是必不可少的，同时也是正式法律所无法详细规定的。正如Bromley(1989)所论述的，辨析制度(institutions)与组织(organizations)之间的区别是非常重要的。组织本身并不是制度，而是揭示了制度如何确定治理结构，进而在个人或者集体层面约束行为人(之间)的行为。例如，所谓的权利束，是一组正式和非正式的制度的组织形式的组合，而不应该仅仅理解为一种单一的正式制度。

对于土地非农化来说，治理结构就是对在农地产权设置、相应公法和私法下的土地非农化的具体组织过程。例如，在控制土地非农化以满足公共利益的目标上，有的国家采取了空间规划下私人产权主体自我实施的方式，即政府只协调公共利益，而属于私人利益的部分如何实现由个人和市场来解决；有的国家则采取了政府垄断的模式，从规划编制到土地非农化的决策再到土地（增值）收益分配等，都由集权的政府完成。很显然，不同的治理结构带来土地非农化资源使用（配置）效率、（增值）收益分配、过程效率等方面的差异。这也就带来了治理结构如何选择的问题。这个问题的答案，必须考虑所处的经济社会等外部条件下行为人之间的交互。

行为人，因为是一个广泛使用的词汇，很可能会被忽略其本质上的含义。实际上，对于人类社会中普通的个人来说，是否能够被称为行为人，取决于他是否能够有意识地选择自己的行为——即使备选的行为可能很少，甚至不是自己理想的选择。与之相对的非行为人的主体，如自然系统中的一个要素，可能会因为人的影响而产生变化，但是这种变化不是这种自然要素的主动选择，而是被动影响。正如 Ostrom（2005）所论述的那样，"行为人经常发现他们自己处于一种行动局面中，在这个局面中参与者在特定的条件下相互影响而最终形成一个行动结果，这个行动结果反过来会影响每一个参与者和最初的外部条件"。这种对行为人的定义很重要，因为这样就给出了一个人类社会管理对象的本质，即人与人之间的互相依赖性（interdependence）。而正是这种互相依赖性导致了人类之间的摩擦，即所谓的交易费用。而行为人在支配物、价值观、知识和技能、决策方法偏好等方面的差异，决定了行为人的属性（Ostrom，1990）。

对于土地非农化来说，行为人的类型很多，包括直接相关的利益相关者、政府管理者，以及很多因土地非农化的低模块性和难分解性造成的不易觉察的额外效应而被影响到的其他主体。即使对于同类型的行为人，其个体上的差异，对土地非农化治理制度的选择、管理的绩效等都会产生明显的影响。例如，如果一个地区土地非农化的利益相关者有着相互间较高的信任和互惠的传统，那么符合公共利益的制度就有被自动执行的可能，而不需要额外的监督；一个"精明"的决策者可能更有效地进行非农化的决策，而不会出现当期和未来成本权衡上的"失误"，节省了总体的成本等。

（二）土地非农化治理的外部条件

正如前面所述，管理的三个内部要素可能受到外部条件的影响，进而对管理绩效产生影响。因此，我们可以据此对相应的外部条件进行分析。

第一，对土地非农化本身有影响的外部条件。土地非农化作为一种资源利用，它所处的自然系统就是其外部条件之一，包括地理位置、气候条件等。这些自然条件能够影响土地非农化的自然属性。例如，区域农地资源比较丰富，地质地貌相对统一，有利于减少土地非农化的生态影响，进而相对降低了土地非农化的复杂性；土壤的肥沃程度、雨水和阳光的充沛程度、水资源的可获得性等会影响到农地本身的价值，进而造成土地非农化机会成本的不同；土地非农化所处的社会系统，包括经济发展条件、非农化土地市场供需、土地利用技术等，是影响土地非农化社会属性的社会条件。经济发展速度、城市化压力等可能造成对土地非农化需求的不同，进而造成土地市场价格的差异。价格高会引致对土地非农化的高需求，而高需求很可能会造成行为人之间利益分配矛盾等社会问题的显化，这些会增加土地非农化的复杂性。

第二，对制度有影响的外部条件。相同的制度设计，可能会因为自然、社会等外部条件的变化而效果迥异。例如，投票这种制度就受到投票方式、投票的技术支撑等方面的影响。举手表决、现场匿名投票、网络终端投票、投票前竞选演说等，显著影响到投票结果以及投票制度的绩效。而对于土地非农化来说，土地复垦、整理、改良等技术的进步对土地非农化的恢复性和机会成本高低等产生影响，进而可能造成对土地非农化规划、审批等制度的改变。而不同的自然、社会等外部条件，更会造成不同的制度设计。例如，美式足球和英式足球在装备、场地等方面不同，规则也不同。对于土地非农化来说，具有市场配置传统的国家出现了可交易的发展权（transferable development rights，TDR）类型的管控手段，而长期的计划配置的国家则倾向于从上向下的命令与控制式的配额方式（Tan and Beckmann，2010）。还值得一提的是，制度本身就是套嵌的（nested），更高层次的制度都可以看做影响目标制度的外部条件。例如，宪法等正式制度是土地管理法的外部条件，土地管理法是土地非农化政策的外部条件。

第三，对行为人有影响的外部条件。行为人本身的价值观、能力、决策方法等影响到制度的绩效。而对价值观、能力和决策方法等产生影响的因素，都是所谓的外部条件。很明显，国家（地区、社区等）的人文环境影响到行为人的价值观。在一个充满信任、对自身声誉看得很重的社区里，个人的价值观更偏向于合作、奉献与互惠；有着良好教育、高度文明的社会里，对土地非农化可能造成的生态危害和不可持续性认识会增加，进而会影响到行为人的决策；贫穷的地区，对经济价值更为看重，而可能忽视对生态价值的保护；信息的获取渠道、技术进步的程度等也会影响到行为人的决策能力等。

可以看出，管理的外部条件是直接作用于管理的内部要素上，进而影响到管理的效果。不同的外部条件，有可能同时作用在不同的内部要素上。

三、土地非农化治理的制度分析框架

给定土地非农化过程中行为人之间的相互依赖性，管理的目的就是通过合适的制度和治理结构的设计来约束相应行为人的行为选择，以期减少土地非农化过程中的社会成本。这个社会成本就是科斯（Coase，1960）所指的社会成本，也是后来新制度经济学（交易费用经济学）中所说的交易费用（Williamson，2000）。无论是 Williamson（1991）的离散匹配（discrete alignment）假说，还是 Ostrom（1990）的对公共池塘资源治理的讨论，如何设计正式制度和治理结构取决于被管理对象的属性和相应行为人的特征。核心的原则就是在若干备选的管理方案中选择最合适的方案来实现既定的目标权衡——可以是管理成本的最小化，也可以是不同目标上的权衡。例如，除了社会成本最小化以外，对于自然资源的管理来说，资源本身及其生态系统对外界影响的张力和自我调整能力（adaptability）也很重要，这是资源可持续利用的要求。

（一）把"交易"作为基础分析单位：传统视角

对于主流的微观层面的制度分析，很多学派都把所谓的"交易"作为分析的基础单位（Commons，1932；Williamson，1985；Ramstad，1996）。交易费用经济学中流行的解释如下："交易是指一个物品或一项服务在技术上可分辨的界限上被转移。行为的一个阶段结束而另一个阶段开始。"（Williamson，1985）例如，农民从供应商那里购买种子，种子从供应商处转移到农民手中就是一种交易。Commons（1932）实际上对交易的视角略有不同，即他认为交易是法律控制（权利）上的交换。也就是物品的产权的变化也是一种交易，即使相应物品本身没有发生移动。例如，土地的交易只是产权上的让渡，土地还依旧在同一位置。当然，新制度经济学并没有否认这种权利上的交易，如 Williamson（2000）就曾经清晰地评论了 Commons（1932）的论点，并进一步指出新制度经济学和交易费用经济学中的交易具备三个原则，即冲突、相互性和秩序，这其实也说明了交易具有的产权和制度上的内涵。实际上，现代英语中对交易的解释已经不局限于物品的买卖（buying or selling something），已经一般化到人与人之间的交换或互动行为（an exchange or interaction between people）。这样，交易的含义已经从早期的商品交换的含义向更广的范围扩展了。笔者对交易的理解就是一种因为个人的行为而对其他人（或多人）产生影响，那么这种行为就是一种交易。因为它造成了人与人之间的相互关系（interdependence）。

这样，交易本身如果作为分析的基本单位，就必须分辨清楚两个层面的交易，一种是交易的自然层面；另一种是交易的社会层面。自然层面是交易所涉及的客体的自然性变化的体现，而社会层面是交易所涉及的客体的社会性变化的体现。对于同一种交易来说，自然变化的差异性不会很明显，而社会属性会随着不同的制度、社会习俗等产生多样性的变化。因此，本章我们先关注交易的自然层面的属性，而社会层面的属性放到后面具体的实证分析中，结合具体的制度环境和社会基础来阐述。这样做是为了表达上的严谨性，避免把交易的自然层面和社会层面的属性混为一谈，这不利于理论上的连贯解释。

交易在自然层面上的解释，如一般市场上商品的交换，很重要的一个特征就是交易的过程是一个可以清晰辨别的过程，从一处转移到另一处，从一个人手中转移到另一个人手中。这样，整个经济社会的人类行为都可以分解成相应的交易，这些交易的汇总融合构成了整个经济社会的人类活动。这种认识，也是主流的交易费用经济学对交易的认识，尤其是对私营经济领域企业组织结构的研究传统来讲。当把人类社会看做不同的交易的组合时，那么"现实的世界是一个摩擦的世界"（Furubotn，1999）也就能够理解了。不同的人在交易的时候面临着与别人的相互依赖（interdependence），这种依赖决定着自己的收益和成本，所以需要耗费一定的成本来避免因依赖而可能存在的风险。这就是所谓的交易成本或社会成本的由来。Williamson（1985）认为，"类似于物理世界中的摩擦损耗，交易费用本质上就是经济世界中的摩擦损耗"。

然而，这种理解的潜台词就是人类的经济行为是可以完全分解的（Simon，1983），也就是每个交易是可以被完全模块化的（Hagedorn，2008）。如果一个交易能够完全地模块化，在管理这种交易时，就不会出现信息偏颇（因为模块化以后边界就清晰了），即意味着能够有效地根据交易属性来涉及管理规则。例如，根据我们常说的交易的资产专用性、频率和不确定性等的属性的大小，来选择诸如市场制、层级制或者混合制[本节三、（三）部分将详细讨论]。

经典的案例就是"过十字路口"。某人需要通过路口，如果只是"一个人的世界"，将不存在所谓的交易。但是如果通过路口的人变成了两个（或两个以上），那么相互之间会产生影响，则此时人过马路就变成了所谓的交易。例如，一个人必须在觉得别人对自己安全没有影响的情况下才会通过马路，即其他人行动的信息转移到这个人并在其做出安全的判断之后才会通过马路。信息的转移就是这个行动中包含的一种交易。而这个人是否过马路，怎么过马路，相应的信息也是另外一个人需要考虑的，那么对另外一个人来说，前一个人过马路的信息转移也是一种交易。这样，交易和交易之间需要融合，才能形成统一的行动。而这种融合就会因"摩擦"而产生成本，如相互观望等待的时间成本。如果不付出这个成本，一个人很鲁莽，很可能会被别人撞到，付出更多的成本——不仅没过马路还受了伤。值得强调的是，很明显在这个信息转移的交易中，交易的边界、交易的内部构成等都非常清晰，在客观上不是一种复杂的交易。不存在信息没转移到位、对过马路安全与否的信息(因为复杂)无法进行把握的问题。否则，相应的人永远不会过马路，除非这个人是莽撞的而不愿意耗费相应的成本去捕捉相应的信息。

现在的问题是，这种认为人类社会能够完全模块化和分解化的观点是否适用于所有的人类活动，如土地非农化。

(二)土地非农化的交易：特殊之处

土地非农化作为一种自然资源的利用行为，正如二、(一)部分所分析的，是一种无法完全模块化和完全分解的人类利用行为。因为土地非农化从自然属性上看，其变化会影响到与农地相联系的其他自然系统，而其他自然系统的变化所产生的间接影响对于人类的认知来说，还是未完全探知的。这样，土地非农化的交易对他人造成的影响，可能就不仅仅是农地数量的减少、粮食安全的问题、生态退化的出现、环境污染的产生等，还包括很多因为土地非农化的影响而导致生态系统产生了自我的适应性变化(adaptation)。

与传统视角中所解释的交易相比，传统的交易是一种"看得见、摸得着"的交易，也就是具有内部简单、外部独立的特征；而土地非农化乃至一般意义上的自然资源利用，其更多的特征是内部复杂、外部模糊——既无法完全地把握交易了什么，也无法辨析被其影响的利益相关者是否还有遗漏。虽然能够被辨析的影响可以看成是一个交易的不同方面，也可以看做不同主体间交易的组合，但问题是我们无法清晰辨认所有的影响，所谓的低模块性和难分解性就体现出来了。即因为交易内部结构不易辨析，外部影响也不易觉察，这样的交易(人与人之间的相互影响关系)就会出现所谓的低模块性和难分解性。

还回到前面的"过十字路口"的例子。如果一个人过马路携带了大量物品，他通过时需要耗费很长的时间(或产生了环境污染等其他负面效应)，该人对不同的人的影响也不尽相同。例如，有的人在街边欣赏风景，有的人急着回家，有的救护车上有心脏病人，或者有任务的消防车在通过等，这样，这个携带大量物品过马路的人的额外的影响就可能很多、很复杂。那么此时我们再考虑该人与他人之间的相互影响关系(交易的本质)时，很难对交易进行清晰的界定——对于这样一种交易，尽管我们能"理论上"进行两两之间的分析，但是这种分析本身就是有偏的。因为如果我们仅仅分析两人之间的关系而完全忽视第三方的影响，我们是无法给出正确的结论的。更何况，我们无法知道还有多少人因为什么受到了影响。这样，在管理过马路时我们就面临着困难，什么样的制度才是适合的？而这种复杂性在自然资源利用中可能更为严重和明显，影响到了管理制度的设计与选择(Hagedorn，2008)。

一方面，这使得以交易属性为依据来选择合适的治理结构的传统逻辑存在缺陷——所谓的人力资本专用性、频率和不确定性等交易属性，在自然资源管理中因无法辨析交易本身而出现有偏性(或根本无从谈起);另一方面,自然资源类的交易所体现的复杂性、整体性、低模块性和难分解性等,可以被看做一种自然资源类交易的新的属性,这种属性的特征是传统的新制度经济学/交易费用经济学所忽视的,需要从理论上进行补充——如果我们依旧坚持交易费用经济学中的诸如有区别的匹配(discriminative alignment)假说(Williamson,1991)仍然可行的话——我们实际中需要一种什么样的制度安排和治理结构才能实现我们管理的目的?

(三)治理结构和制度选择的匹配性设计:现有的反思

1. 传统的 O. E. Williamson 的有区别的匹配假说

交易费用经济学最核心的理论就是所谓的有区别的匹配假说:"具有不同属性的交易需要与具有不同成本和效果的治理结构来匹配以实现既定的目标——很多情况下是以交易费用优化为目标。"(Williamson,1996)

例如,仍回到"过十字路口"的例子。此时让我们一般化(且同质化)所有的过路人。假设存在一个管理者,其目的是通过管理通过路口的行为人来保障通行的顺畅。很显然,如何管理与通过路口这一交易行为的特征(属性)有关。例如,当交易的不确定性增加,即通过路口的人数增加而引起人们相互影响的不确定增加时,那么最初没有任何管制的路口会出现无序和冲突,即"摩擦"增加,此时如果在路口设立红绿灯,那么可以较好地避免无序的出现,提升了通行的效率(虽然红绿灯是有成本的);如果通过路口的人数进一步增加,增加到即使红绿灯存在也无法避免拥挤和无序,那么此时可能需要在路口配备若干警察来维持秩序,一方面疏导交通,另一方面也用于及时惩罚违规现象。设立警察的制度成本远远高于红绿灯,但是只要路口人数增加到一定程度,还是会设立。这其实就是对Williamson(1991)的有区别的匹配假说的示例——不确定性是该理论假说中三个核心属性之一。不确定性越高,层级的管理制度(即过马路交易中警察的设立)更有利于管理。

在交易费用经济学中,不确定性、频率和资产专用性是三个核心交易属性。为什么交易费用经济学关注这三个属性?实际上,这三个属性是交易费用的核心原因——与行为人的相互依赖性有关。这三个属性实际上都是刻画行为人相互依赖程度的属性。例如,以资产专用性为例,本质上代表着被交易的"物品"在多大程度上能无损地用于其他用途(或称可重复使用性)。如果能完全无损地用于其他用途,那么可以认为它的资产专用性为零(或当前投资的机会成本很低),进而这种物品所引致的人与人之间的相互依赖程度就较低——交易双方不必担心资产的价值因为他人的不合作(不履约等)而无法实现。此时,交易双方就不会耗费更多的成本来保障相互的履约,这实际上就是这个交易过程的交易费用低。

可见，可重复使用性是被交易的物品的自然特征（如物理特征），而资产专用性实际上是分析者根据所谓的人与人之间的依赖性而总结出来的一个新的属性——是一种"人造"属性。这样的例子还有很多，如竞争性和排他性划分出所谓的私人物品和公共物品，实际上竞争性和排他性也不是物品在自然状态下的特性，它们是分析者臆想中是否适宜通过自愿交换的方式（或称为市场制）就能够实现管理目的而"人造"出来的两个属性。"人造"属性的目的是更好地判断相应管理制度的适用性。

这里面实际上揭示了治理结构或制度选择的一个思路，不妨称为"三步走"的策略。这"三步走"的策略实际上也是对交易费用经济学中有区别的匹配假说如何应用的具体阐释：第一，判断被交易的物品有什么自然特征（属性）；第二，判断哪些引起行为人相互依赖的交易属性（"人造"属性）是从这些自然属性中来的；第三，判断这些"人造"的交易属性预示着什么样的正式制度或治理结构能够有效管理这些交易。

这样看来，有一个非常重要的发现：Williamson（1991）在建立有区别的匹配假说时，没有关注被交易物品（或服务）的自然特征，而是直接进入了"人造"的三种属性。但是，很显然 Williamson 的"人造"属性实际上必须依托于一定的自然属性，只是其理论前提中是视这些自然属性而给定的——其所分析的交易的自然属性都是内部结构简单、外部边界分明的交易，如微观经济领域的商品交换、产业服务等"交易"——在自然属性上都属于完全模块性、可分解性和高独立性[①]。因为只有具有这样属性特征的交易，才能仅仅因为所谓的不确定性、频率和资产专用性影响交易双方之间的相互依赖程度。

而前面的分析指出，自然资源的利用如果产生了人与人之间的相互依赖，这种依赖关系是不能够清晰模块化和完全分解的，这样还有一些"人造"属性需要关注，如自然生态系统的整体性（jointness）、无法分割性（absence of separability）、有限的标准化（limited standardisability）、空间异质性（spatial heterogeneity）和自我调整性（self-adaptability）等。这些特性导致了人与人之间新的相互影响关系的出现，进而产生了新的交易费用。这说明，如果将交易费用经济学的理论应用到包括土地非农化在内的自然资源治理中，显然还不完整。

例如，一家私人企业通过土地非农化修建了一个生产工厂。这个行为造成了所谓的与他人的相关影响（交易的存在），同时也产生了对自然生态环境的影响——这些影响有正负面的影响，也存在已预料的和未预料的影响等——总之是

---

① 背后的原因既与研究对象有关，可能也与理论的传统有关。对 Williamson 的理论构建有影响的 Simon（1969）就曾经认为"近乎完全分解性"（near-decomposability）是人类所处世界的主要特征，既包括产业组织，也包括生物系统。Simon 进一步认为所有的复杂系统都可以分解成若干近乎独立的子系统，相互之间没有影响但是同时构成整个系统整体。

一个复杂的结果。例如，工厂的生产提高了土地利用的经济价值，但是也可能因为对土地自然状态的改变而诱发生态系统的改变，如生态多样性的损失、污染的出现，以及一些潜移默化的生物、化学、地理等效应。这些会造成土地非农化的管理需要同时关注的是一种内部复杂的、外部相互关联的交易组合，而不是传统的交易费用经济学理论中的内部简单、外部独立的交易。

2. 资源管理的微观分析框架：已有的拓展

既然自然资源环境的管理具有如此特征，那么现有的关于自然资源管理的制度分析是否注意到了资源的这种特殊性？答案是肯定的。Vatn(2005)在对污染排放的管理分析中明确提出管理规则的详细程度或者精确程度取决于污染排放的特征——污染问题越复杂，管理规则越需要更加详细和精确，才能更好地管理好污染问题——而规则详细是基于对污染问题、成因及其影响的准确认知上的。还有一些基于交易费用经济学的理论很好地分析了自然资源本身的特征对诸如消费经济学、产业链管理和农产品贸易中的制度设计的影响(van Huylenbroeck，2003；Ménard and Valceschini，2005)。例如，消费者很难辨析农产品的质量和安全，甚至在购买后也无法辨认，这实际上就是产品的自然特征造成供给者和消费者之间的信息不对称问题，这种信息不对称促使了在实际管理中采用诸如农产品追溯机制、质量认证体系等制度来降低潜在的交易费用。可以看出，采用何种制度，与产品的可追溯性、可分解性等都有很直接的关系。Ostrom(2005)特别关注了全世界范围内公共池塘资源的可持续管理问题，在其建立的 IAD 分析框架的基础上，辨析了若干资源管理受到的各类自然条件因素的影响，如资源本身的规模、资源本身的可移动性(流动性)、资源当前的存储量、降水量及空间分布、土壤质量、坡度、海拔等自然特征。

虽然现有研究关注了资源的自然特征对制度选择的影响，但不可否认的是，这些研究要么还是片面地观察自然属性对交易属性乃至管理制度的影响(如农产品生产追溯体系等)，要么只是关注哪些自然属性有可能对管理制度有影响(如Ostrom 的大量的案例研究)，而实际上对自然属性所造成的低分解性、高模块性的系统分析，即如何在制度分析时系统地考虑所有可能的因资源系统本身变化引起的效应(额外效应或副作用)，仍然没有直接的系统研究，仍未形成一个合适的理论分析框架(Hagedorn，2008)。

另外，现有的治理理论研究是否对这种内部复杂、外部关联的自然资源管理有相应研究的基础？实际上答案也是肯定的。虽然交易费用经济学理论将治理结构分为市场制(markets)、层级制(hierarchies)和混合制(hybrids)，似乎不足以给出明确的、合适的治理结构来应对自然资源的复杂管理。实际上，Ostrom(2005)已经总结了如下规律：既然自然条件对于选择合适的制度是如此重要，那么对于"人地关系"(human-environment)类型的管理需要的是制度上的多样性设计(institutional diversity)和治理上的多中心结构(polycentric governance)。而所谓的多样性和关联性的制度、多中心和多功能的治理结构，实际上体现了现有管理理论对类似自然资源的内部复杂、外部关联的交易的研究进展。

Ménard(2004)对混合制进行了非常系统的论述：如果一种治理结构可以被看做混合制，那么至少应包含的特征是，独立自治的行为人(法人)在一致同意的前提下进行集体行动，相互之间的行为，如共享和交换技术、资本、产品或服务等，不是由(市场)价格体系决定的，也没有统一的所有权规则。现实中的例子有外包、企业网络、供应链体系、许可经营、共同商标、合伙企业、合作组织、企业联盟等。这些混合制有三个共同的特征：①既共同投资某种事物，但又保持独立的产权和决策权；②签订契约，但契约本身又是不追求完整的或仅仅是名义上的合同约束；③即使每个个体处于同一的混合制中，但它们之间仍然面临内部和外部的竞争，同时这种混合制本身也面临其他组织形式的竞争。这样就要求混合制内部具有一定的利益共享和冲突解决机制(Ménard and Valceschini，2005)。

可以看出，混合制下的行为人实际上需要的是一种能够协调内部活动的机制，这种机制并不是传统的市场竞价方式，也不是传统的行政命令方式就能够满足要求的。实际中的混合制都是对行为人之间在权力组织方式上的新的不同方式。不仅 Ménard(2004)进行了理论上的分析，很多实证研究也进一步论证了混合制的存在和有用性。例如，Verhaegen 和 van Huylenbroeck(2002)就对农产品市场中的混合制进行了如下分类：开放式的治理(open group governance)、俱乐部式的治理(club governance)和渠道代表式的治理(captain-of-channel governance)等。虽然这些混合制在现实中表现出来一定的适宜性，但是在实践中也受到了挑战：行为人自身独立却又统一参与某种集体行动，那么机会主义行为是很容易发生的。

布鲁明顿学派所提出的多中心治理理论实际上与混合制有类似的管理思路。混合制要求成员保持独立的产权和剩余索取权，而多中心也同样存在一个统一的最上级管理，每个子中心在相互独立且竞争的前提下，遵循一定的合约关系进行合作，同时可以向总中心寻求帮助以解决子中心之间的冲突。Ostrom 等(1961)就是通过大都市中出现的多中心治理案例进行了多中心管理模式的分析。

因此，混合制和多中心理论有着非常相似的地方：合作成员之间的独立性、类似契约一样的协调机制、有时需要一定的"上级"来解决冲突或争议。区别可能就是它们关注的领域或者原始的学科不同，混合制关注的是生产经济中的问题，而多中心理论关注的是公共经济中的管理问题。

虽然上述已有的对自然资源管理的治理结构或制度选择的理论研究存在已久，然而不能否认的是，它们并没有把自然资源类的交易的内部复杂、外部不独立的属性真正纳入分析的框架，或者说就没有同时关注不同的额外效应或者副作用的影响，尤其是，并没有将分析与因属性不同而选择不同治理结构或制度安排的交易费用经济学的核心理论相联系。

（四）SES 交易的制度分析：一个新的概念框架

无论是人与自然，还是人与社会，因为人类之间固有的相互依赖和影响，人类的行为需要约束。如何约束取决于对人的特征、对自然的特征，进而对人类社会与自然系统之间交易（交互）的特征的判断——多样性和复杂的特征导致了不同的制度和治理结构的出现及其组合。

很明显，我们需要承认当我们尝试设计合适的制度时存在两个永远无法逾越的障碍：第一，人类无法掌握自然；第二，人类无法把握自身。人类行为对自然系统的影响是无法充分掌握的，如可能的副效应；人类自身的个体行为也是无法准确判断的（即使存在既定的规则约束），每个人的价值观、决策、偏好以及最终的行为都是不可预判的。正如 Demsetz（1969）对传统经济学逻辑（nirvana approach）的评价一样，我们人类不可能设计出一套"理想的"制度来实现我们"理想的"社会——尤其是当我们面临着内部高度复杂、外部高度关联的交易的时候。问题是，我们该怎么解决这两个障碍带来的难题。

1. 交易属性的再审视：再造"人造"属性

实际上，我们前面关注过的土地非农化这种交易的"低模块性""不可分解性"，以及后来的"内部复杂性""外部关联性"，实际上与我们已经在思想中建构的一种社会建构有关，即人与人之间的依赖特征，以及由此引起的交易费用。

低模块性或外部关联性，实际上是对人类改变土地用途后可能出现的后果相互耦合的描述。例如，如果土地非农化的后续目的是廉租房的建设，那么土地非农化是否顺利实施还将影响到后续的廉租房供应（或者说社会福利再分配）的目的。如果土地非农化出现了问题，后续的社会福利分配问题可能引发更多、更复杂的问题。即使简单来看，对于高度模块化、可分解的交易，其也存在相互关联性，这种关联性就是传统交易费用经济学关注的重点，如"上下游"企业的相互依赖问题。

而不可分解性或内部复杂性，实际上是对土地非农化用途改变本身的复杂或不确定的副作用的描述。例如，前面提到的如果土地非农化造成了土地生态系统的变化，而这种生态系统的变化很难被全部把握，进而造成很多副作用没有办法在决策时被考虑。这些副作用是真实存在的并对交易双方（或间接的第三方）有影响，只是我们无法把握所有的影响，造成决策的偏颇甚至错误。

因此，我们这里可以定义一种新的"人造"属性，即通过内部的复杂与否、外部关联的紧密与否将所有的交易进行四种分类（表 4-1）：内部简单、外部独立类（简称"内简外独"类）交易；内部复杂、外部独立类（简称"内繁外独"类）交易；内部简单、外部关联类(简称"内简外联"类)交易；内部复杂、外部关联类(简称"内繁外联"类)交易。当然，需要强调的是，表 4-1 中的"人造"属性并不必然比其他的分类方式更好，只是有利于与后面在制度匹配分析时相对应。

表 4-1　交易的"人造"属性新的分类

属性	内部复杂		
	程度	低	高
外部关联	低	"内简外独"类交易	"内繁外独"类交易
	高	"内简外联"类交易	"内繁外联"类交易

我们认为，虽然传统交易费用经济学中关注的交易，如企业组织行为、生产行为等，也存在表面上的"内繁外联"的交易，但对于所谓的组织和生产，即使内部再复杂，也具备分解的可能，即一个机器总是能分解成最小的组成零件，那么对于整个机器制造相关的交易，可以分解成每个最小的组成零件的交易，这给了制度分析上的"着力点"——再复杂的交易也能够精确地分析。

但是，如果我们分析自然资源系统相关交易时，不仅其"内繁外联"的特征更为明显，更大的困难在于大多数的资源相关类交易是难以分解的——我们不可能把一种自然资源利用行为的不同影响分开来考虑相应的制度设计，因为分别考虑就必然造成制度的有偏性(最起码存在过度设计或者过少设计)。这本质上是人类对自然系统认知的不完全性导致的——分开来考虑无法考察额外效应上的相互联系，分别进行制度设计必然是有偏的制度设计。

因此，这需要我们采取新的分析思路，来应对自然资源相关的交易，这就是下面的基于概念性分解的全局性和局部性制度(integrative and segregative institutions，ISI)制度分析框架。

2. 从概念性的分解入手：SES 制度分析的起点

虽然对于自然资源在物质世界中的联系不能够进行有效分解，但是分析其制度设计问题时还是需要从概念层面进行一定的分解以帮助分析。正如 Ostrom(2007)在对现有的大多数研究中提出用所谓的"万能良药"(panaceas)式的制度设计来应对 SES 的问题提出的警告：如果要解决 SES 问题，只能采用不断积累式的、逐步诊断式的方法来解决，不可能通过某种"万能良药"来解决复杂的、多变的、非线性的、跨规模的和不断变化的 SES 问题。他还进一步提出，可以考虑用局部分解的方式分析如何把局部的资源系统属性、资源系统所提供的物品属性、使用者、相关联的制度体系等进行联系，同时保持这种局部分解上的灵活性，即允许更高或更低层次上制度的套嵌，或者更广范围的经济、社会、生态、政治等方面的内容的加入。

实际上，无论是 Ostrom 的局部分解思路，还是本部分后面提出的思路，对于"内繁外联"的交易的制度分析，要先进行两个方面的准备：首先，如果交易本身内部不能够在自然状态层面上分解成内部简单的多个子系统，那么为了应对复杂性，我们需要从理论上（概念上）先进行分解，当然，分析的最终还要回到总体上的非分解视角进行整合分析；其次，如果交易与外部的联系在自然状态上不是完全独立的，那么我们最起码也需要从理论上（概念上）先进行独立的分析，最终再进行整合分析。

所以，遵循这样的逻辑，我们建立一种新视角来对"内繁外联"式的交易进行制度分析。第一，假设这样一种"初始片段"：行为人选择了一个具体行动，如土地非农化，这必然触发某种交易。第二，这种行动造成了资源自然状态上的直接变化，如土地资源在不同用途上发生了变化。第三，这种行动还可能造成额外的影响，如对土地生态环境效应上的影响。第四，自然生态系统会对这种人为影响产生自适应而产生间接的变化，如土壤肥力下降、城郊结合部环境质量下降。第五，这种生态系统自身的间接变化影响到其他的行为人，如其他地方的农民的收成受到影响。第六，当其他的行为人认识到这种变化后，对各自的依赖关系也有了新的认识并进行反应。第七，这种反应可能是行为人之间的直接交互，如非农化所在地的使用者和周围的农民；也可能是间接的交互，如政策层面上不同利益主体的协商、讨论或者投诉等。第八，最终导致人类社会系统对依赖关系变化的自适应，即土地非农化制度（人与人交互的规则）发生改变。

表面上看，这八个步骤的视角与一般意义上讨论的因生态环境对外部变化的缓解（mitigation）或调整所引致的人类社会制度变迁没有明显的不同。但实际上，它对 SES 类型交易的制度分析有两个积极的作用：一是给了我们"切入"任何一种不能在自然层面上分解或者不能割断总体性的交易的视角，让我们可以进行概念上的、理论上的，甚至是想象中的"分析"，即使这种割裂的分析是有偏的；二是给定人类的有限理性和外部条件的不确定性，这种有偏的分析能够接受，且在后续不断积累、验证、纠错等努力下，"片段"就可以逐渐变成"整体"。这是理论满足实际需求的要求。换句话说，上述的八个步骤只是一种"片段"视角，既可能因为行为人之间对制度不满意而进入第二轮乃至多轮的循环，也可能因为资源管理的外部条件的变化而发生新的循环。这是理论上的制度分析与实践接轨的逻辑。

更重要的是，这种"片段"视角下的制度变迁循环，实现了所谓的概念上的对交易的分解和模块化，即使相应的交易在自然层面上难以分解。例如，它允许我们从个人的行为入手分析不同的影响，这让我们渐进式地对某种人类利用自然资源的行为进行系统了解（即使这种了解可能耗时很长，或者受限于人类本身的认知）。这种分解，帮助我们了解人类社会关系上的相互依赖性的内涵和原因，有利于我们后期为设计相应的制度以解决冲突或实现合作奠定基础。还有更重要的作用是，这种视角的循环实际上也给出了交易分解后如何整合的思路——不同的行为主体需要一种整合的制度，实现片段的、个体的、局部的制度设计，不断向整合的、一致同意的(consensus)制度设计演变。

因此，这种整合的思路，给出了我们在制度安排(治理结构设计)上新的概念框架，有助于对传统的制度分析理论进行拓展和改进。

3."整合的"和"局部的"制度：治理 SES 交易的逻辑

O. E. Williamson 的交易费用经济学虽然在认知交易(尤其是自然资源利用类交易)上存在局限，但是其有区别的匹配理论实际上给我们展示了一种制度设计的逻辑："按照有区别的标准(一般是交易费用的优化)将交易(在属性上存在异质性)与治理结构进行匹配(在成本和效果上存在差异)。"(Williamson，1996)如果我们仍然认可这种制度设计的逻辑，那么对于自然资源类的交易，无论是"内简外独""内繁外联"，还是位于这两种极端之间的"内简外联""内繁外独"，将仍存在一定局限下的最适宜的制度设计。

类似于 Williamson(1996)的市场、层级或混合，或 Ostrom(1990)的"利维坦"、私有制或自组织，面对交易的内部结构复杂程度、外部联系紧密程度，一种新的制度——二分法，即整合的制度(integrative institutions)和局部的制度(segregative institutions)可以帮助我们来理解如何解决 SES 交易的"新"属性所带来的难题(Hagedorn，2008)。

整合的制度指的是让行为人完全承担自己所造成的交易费用，即他们有责任承担自己所造成的所有的交易费用，而不能转嫁给他人，同时也会保证他们的利益不受他人影响——若被影响及产生了相应的交易费用，则需要造成影响的人去承担。简单地说，就是行为人之间达成的一种一致同意，在这种规则下大家的责任和权利都界定得非常清楚，此时规则的制定是一种统筹的、通盘的考虑。

局部的制度常常会在一定程度上放松对行为人的要求，如允许行为人忽略自己对别人的一些影响，既让别人承担了一部分本应由特定行为人承担的交易费用，同时也允许特定行为人的一部分利益被他人享有。简单地说，就是行为人之间达成一种一致同意，在这种规则下大家的利益会受到一些损耗，也同时避免承担所有的成本，规则的制定是一种局部的、允许有偏的考虑。

很明显，局部制度的逻辑给予了我们人类一定的时间和机会来应对自然资源系统的变化以及人与人之间的变化，符合上述"概念性分解"的人与自然互动关系的思路(即八步骤的逻辑)。这种对整合的制度和局部的制度的分类，目的就是解决那些具有"内繁外联"特征的交易——对于这种交易，我们无法给出准确的、理想的制度设计，而选择局部的制度并运行渐进式和积累式的优化，是一定程度上合理的选择。

但是，问题是我们应该在多大程度上允许自己对别人的影响和允许别人对自己的影响；另一个问题就是谁应该承担何种成本或享受何种收益，以及为什么，这个问题的回答关系到整个所谓的新的框架的科学性和实用性。

4. 一个区间：整合和局部在理论上的定位

直观地看，我们应该都推崇整合的制度，因为它是公平的、是可持续的。例如，它的基本原则与"谁造成损害谁就要承担成本，谁投资谁获益"等是一致的，而且充分考虑了行为的额外效应，与实现诸如资源利用等的最优使用原则也是一致的。

然而，详细地分析比较所谓的整合和局部的制度，答案可能不同。首先，并不是一味的整合性的制度就是我们需要的，有时过于"整合"也会妨碍人类的进步。例如，对于技术创新，如果要求发明家要对所有可能的额外效应（副效应）等承担责任，很可能的结果是没有人再有动力去进行发明创造。诺贝尔会因为发明了 TNT（即三硝基甲苯）炸药而"倾家荡产"——因为战争中 TNT 的副作用是巨大的。因此，对于人类社会来说，允许一定程度的局部性制度反而是必要的。

其次，实际中采用整合性制度还是局部性制度的先后顺序对效果的影响有时也会很明显。例如，早期的计划经济体制国家，由于在收入分配和社会保障等制度上过早地采用了整合性的制度，造成生产和服务等经济活动中的激励降低，影响了整个经济社会的发展。相反，后期一些计划经济国家采用了局部性制度，如仅关注生产和服务等经济活动的发展的目标，这反而释放了整个国家的经济发展潜力。

最后，更为严谨地对整合性制度和局部性制度在绩效上的权衡，可以通过一种规范的分析来实现。假设整合性制度和局部性制度都分别存在两种成本，一种是交易成本（或称为制度成本）；另一种是因为采用了一种制度而没有采用另一种制度而存在的机会成本（每种制度都有特定的收益）。我们可以假设每个行为人都尽量降低自己在整合性制度中承担自己造成的成本，也尽量避免在局部性制度中无故承担别人造成的成本。这样，对于某种决策场合来说，整合制度与局部制度的权衡可以用图 4-1 来表示。

因为整合和局部是二分法的分类，两者之间是相互替代的关系，故而图 4-1 可以同时把两种制度的成本与各自的整合（或者局部化）程度的关系表示出来。横轴向右，整合度提高，整合性制度的成本升高；横轴向左，局部化程度提高，局部性制度的成本升高；总成本曲线是整合性制度的成本曲线与局部性制度的成本曲线的加总。纵轴分别表示两种制度的成本。

值得注意的是，在纵轴上有一个阈值，这个阈值指的是制度总成本能够被决策者（或者全社会）接受的程度。超出这个制度成本，可以理解为要么制度本身制约了发展，如前面技术创新的例子；要么超出了诸如资源可持续利用的阈值，进

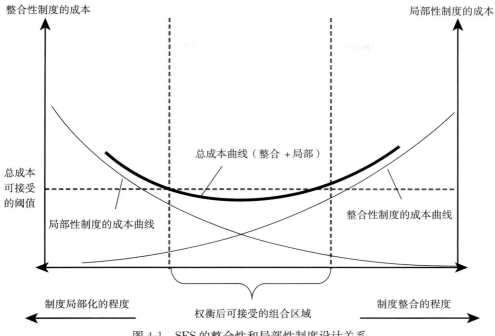

图 4-1　SES 的整合性和局部性制度设计关系

而会对整个自然和社会系统的承受能力产生影响，造成不可接受的结果。

　　所以，这个阈值代表的是社会对制度设计上的接受界限，而这个界限就可以在总成本曲线上找到两个点之间的区域，这个区域是整合性制度与局部性制度的不同组合。在这个区域中的制度安排，是一种既有一定的整合度也有一定局部化程度的制度组合，是制度设计在各种权衡后的选择。也就是既允许行为人不承担其造成的一部分交易费用，也允许他自身的收益被别人同时享有一部分。这些是所有相关的利益主体能够共同接受的。

　　很明显，可接受的制度设计并不是总成本的最低点，虽然这个点也属于能接受的区域内。这种理论上的分析，实际上给实践中制度的设计提供了理论上的论证。即我们在实践中确实不需要完全整合性的制度，那反而超出了可接受的范围（即到了横轴的最右端，整合性制度成本非常高）；同时，我们也不能完全依赖局部性的制度，那样的成本也会超出可接受的范围（即到了横轴的最左端，局部性制度成本非常高）。理论上，总是存在一种所谓的制度成本的阈值标准[①]，在这个标准下我们可以根据实际管理的内外部条件来实现某种可接受的制度设计组

---

　　① 实际上，这个阈值标准也是制度的一种，它不应该由外界强制（或层级制）的方式来确定，应该通过整合和局部制度组合的方式来进行界定。例如，允许公众通过参与的方式来表达意愿，本质上就是一种整合和局部制度的组合方式对制度阈值标准进行确定的方式。

合，而且这种组合并不是唯一的，也就是没有所谓"最优"的制度设计——体现到实践中，就是我们常观察到的制度的多样性。

5. 整合和局部制度的动态变化：制度设计的现实过程

整合和局部的二分法，只是一种对制度集合的理解视角。无论是何种制度，其都有具体化的制度设计。例如，层级制、市场制等，既可以是整合性制度的内容，也可以是局部性制度的内容。因此，整合和局部代表的仅是制度设计的原则，而并不是制度设计的内容。

前面提到的概念性分解的思路实际上就是要以一种制度分析的"片段视角"，即制度分析者可以在那八个步骤的循环中选择一个片段进行切入，以一个片段作为分析的基础（即制度分析的初始状态）。对应到现实中就是制度设计一般不是去完全创新具体的政策，而是让我们去改进已有的政策。改进的方向要么是观察其他地区、其他领域的类似的政策，要么是通过理论分析后得出改进的方向，然后进行政策的试验、观察、评估。这些实际上就是现实中制度或政策设计的过程。很明显，这种现实过程是一种"局部性制度"的逻辑。但是，这种局部设计的政策一定要能够被大多数利益主体接受且能够以相对低的成本实施。因此，决策者必然要考虑制度或政策对所有利益主体的影响——这实际上就是上述局部性和整体性制度权衡的现实过程，即图 4-1 中阈值区间在现实中的探索过程。考虑对所有利益主体的影响不是一蹴而就的，相反在"片段视角"或初始状态的基础上，通过积累式、渐进式的方式不断增加对初始状态的理解和对制度影响的理解，进而形成可接受的整合和局部的制度组合。

6. 一个协商的机制：整合和局部权衡的基础

接下来很重要的一个问题就是，如何实现可接受区域内的整合制度和局部制度的组合设计？这又可以回到概念性分解部分的八个步骤的分析逻辑中，其中最重要的是第七步，即相互依赖、相互影响的行为人之间的交涉，或者相应的决策者之间的"博弈"——为了实现这种交涉，需要在实践中建立一种协商机制，这种协商机制可以称之为保障协商存在的制度设计。决策者可以不需要精确知道什么是可接受的制度组合，但一定要提供一种制度来保障相应的利益主体和行为者能够进行协商、交互、争议和解决冲突，这也是一种制度和机制的设计。

这种机制的本质，与前面提到过的混合制或者多中心治理有类似的特征。即这类协商的机制，在利益相关者（或行为人）保持着相互独立的身份的前提下，在允许、促进他们之间的竞争的同时，也促使他们形成一定的合约或合作关系，来满足降低制度成本的需要。如果出现矛盾或者冲突，还存在一种更高层次的机制，以满足利益相关者解决相互之间冲突的目的。

(五)概念性框架的理论意义

上述的概念性框架在理论上体现了以下三个可能的进展。

第一，对交易属性的理解进行了拓展：传统的内部简单、外部独立的交易只适用于一部分现实世界中的交易，大多数的现实交易更应该是一种内部复杂、外部关联的交易。

第二，给出了制度设计一个悲观的论点，然而又是最可能被忽视的结论：当认识到我们面临的是内部复杂(无法将问题化繁为简)、外部关联(无法把握交易的结果和外部影响)的管理对象时，理论上尝试寻找最优的制度来治理与自然资源相关的各种交易是无解的。

第三，提出了一个解决理论"死结"的思路：主张还是可以先从概念性分解的思路出发，将内部复杂和外部关联的交易概念性地分解为内部简单、外部独立的若干交易的组合，虽然这种分解在现实中是不成立的，但概念性的分解是我们认识复杂和关联的基础。然后，可以在一种渐进性的、积累的过程中帮助我们找到合适的制度，即使存在犯错的可能或者必然存在犯错的结果。正如人类认知自然世界一样，包括自然、地理、生物、医学等领域，都是按照这种逐渐积累的方式来探索复杂和关联的世界。

1. 能回答什么问题

基于上述三个可能的进展，该框架至少能够回答以下四个问题。

第一，如果考虑了 SES 的特征，传统的制度分析有什么局限？很明显，传统的制度分析对象多属于微观经济领域的交易活动，也就是交易具有内部简单、外部独立的特征。而相应的分析框架用在公共领域乃至 SES 问题中都无法胜任，因为后两者的交易多表现为内部复杂、外部关联的特征。

第二，针对这种局限，制度分析该如何应对？虽然任何人为的对 SES 交易的分解(内部简化和外部辨析)，都是徒劳的——因为 SES 的分解在自然层面上是无法实现的，这导致人为的分解都是有偏的分析。但是，从人类认识社会的角度看，通过概念性的分解，再在一种逐渐积累和不断试错的基础上，制度分析和制度设计能够满足管理的需要。这不仅是认知过程的自然结果，也是因为人本身的妥协的特征——我们不一定总是追求最完美的结果，而且我们也不一定总是不能"吃亏"。

第三，面对着内部复杂程度和外部关联程度这两个新的"人造"属性，制度设计是否存在新的分类？如何从理论上给出制度的选择逻辑？两个新的"人造"属性给出了四类不同的交易，但实际上还是两个极端：一个极端是既内部复杂又外部关联；另一个极端是既内部简单又外部独立。那么对应的理论上制度的二分法是局部制度和整合制度。但是，制度的选择逻辑不是绝对的整合或者绝对的局部，而是两者之间的组合。这是因为两者是一种相互替代的关系，本身的成本和机会成本之和以及资源治理的阈值给出了一个制度组合的区间，只要在这个区间内的制度组合，都是可以接受的符合制度选择逻辑的制度设计。

第四，什么是现实中能够接受的制度设计，为什么面对同样的治理对象有多样性的制度的存在？本身的成本和机会成本之和以及资源治理的阈值给出了一个制度组合的区间，只要在这个区间内的制度组合，都是能够接受的制度设计。同时，正是因为是一个区间，因此，针对相同的管理对象，可以有不同的制度组合，进而体现了多样性的制度。

2. 不能回答什么问题

第一，什么是最优的制度设计？无论是何种理论基础和学派，包括本章的分析框架和逻辑，仍然无法给出一些人最愿意听到的回答——最优的制度设计是什么。虽然我们有概念性的界定，如交易费用经济学中的交易费用最小化的标准，然或是本章框架中的整合制度和局部制度总成本的最低点，但这些只是理论上有助于我们的理解，而对应到现实中依旧是无法准确衡量的标准。因此，我们仍旧无法给出什么是最优的制度设计，只能够给出什么是可接受的制度设计——换句话说，我们仍然接受制度总是不完美的论断（Eggertsson，2005）。

第二，可接受的制度的内容是什么？虽然我们给出了一个区间，从理论上尝试论述如果实际中的制度（或所谓的整合和局部性制度的组合）落在这个区间，那么这种制度就是可接受的。然而，这只是一种抽象的论述，究竟这种组合是什么、具体的制度安排是什么、治理结构是什么等，从框架本身来说无法回答，只能在特定的研究中才有可能回答。

第三，如何给出具体问题的明确的制度方案？实际上，即使给定了特定的分析背景和具体问题，我们仍然不能给出明确的制度方案来解决相应的问题。这主要是因为框架的分析逻辑就是通过"片段视角"和积累式的策略来对问题进行把握。这种"片段视角"可以帮助我们给出不同阶段的应对方案，如为了解决某种问题，当前可以尝试做些什么、可以有什么样的战略等，从而在一定时期内"局部地"解决问题。

四、全书研究问题的深化

让我们把目光再转回本章开头提出的问题，即如何根据变化的内外部条件为实际的土地非农化选择合适的管理制度，解决实践中土地非农化面临的诸多问题。为此，本书后面各章将重点放到中国土地非农化治理问题的研究上。上述的分析框架能够适用于中国的研究。

遵循着框架的逻辑，我们需要分析中国土地非农化的本身，包括其体现的自然特征、社会特征，及其实际面临的问题；然后，需要理解当前的土地非农化的治理结构和制度安排的现状，及其实际面临的问题。在此基础上，以分析"局部制度"并按照积累性拓展的原则，采用"片段视角"来分析当前制度存续的原因、影响制度绩效的原因和可能的改进方向。

因此，本章把针对土地非农化治理的相关研究问题归纳为以下问题。

（1）中国土地非农化的自然属性、社会属性分别是什么？实际上也就是辨析中国的土地非农化如何是一种 SES 的问题，以及它如何是一个"内繁外联"的交易。第五章给出了初步的答案。

（2）当前中国土地非农化的治理现状是什么，即如何打开中国土地非农化的治理结构和相关制度环境的"黑匣子"？这实际上是土地非农化治理改进的基础。第六章和第七章给出了答案。

（3）现有的治理结构和制度环境的绩效如何？影响治理规则选择的共性因素有哪些？这些实际上是制度改进的研究基础。第八章和第九章按照局部性制度的视角给出了初步探索。

（4）中国土地非农化治理结构如何在局部性制度上进行积累性的改进？第十章我们进行了交易费用经济学的分析，这是一种符合片段性分析的思路——政府职能转变和经济转型的大背景下的简化思考。

（5）理论与现实的脱节，制约了制度分析的实践价值，有哪些约束限制了理论在实践中的应用？第十一章和第十二章通过土地非农化治理的两个方面的实践分析，给出了一定的启示。

（6）面对着现实的局限，如何通过渐进式的视角和概念性分解的逻辑来寻找理论上"可接受"的制度区间？

第十三章揭示了正式制度改进的现实逻辑，而第十四章展示了面对着征收的困境、耕地保护的压力、农民利益的诉求等现实，政府采用了挂钩政策，农民在其基础上形成了自组织模式，企业采取主动合作的方式等进行了土地非农化治理规则改进，给出了一个局部制度创新的新解，体现了"可接受"制度的现实选择途径。

第五章

土地非农化的 SES 现状：资源、人和制度

既然土地非农化是一个典型的 SES 的相互作用过程，我们需要看一下这个 SES 的直观表象，这样有利于我们更好地理解中国当前的土地非农化。根据 Ostrom(2007)构建的 SES 分析框架，如果要理解土地非农化的 SES 现状，需要考察土地资源整体的特征、被非农化土地资源个体的特征、土地非农化的制度特征、土地非农化利益主体的特征，以及利益主体的相互作用。本章的目的主要是初步理解中国目前土地非农化的阶段性特征，为治理的规则奠定分析的基础。因此，我们主要从土地非农化的资源特征、使用者的行为特征、实际起作用的制度，以及这些要素相互影响后表现出的行为和结果来分析。

一、中国土地非农化的资源特征

(一)农地资源的现状特征

农地资源是指农业生产的全部土地，包括直接农用地和间接农用地。直接农用地包括耕地、园地、林地、牧草地、养殖水面等用地；间接农用地是指排灌沟渠、田间道路、晒谷场、温室、畜舍等生产性建(构)筑物所占用的土地。

中国国土总面积官方数据是 96 000 万公顷(中华人民共和国国家统计局，2008)①。据《国土资源公报》显示，中国 2008 年农用地总面积是 65 684.93 万公顷，其中，耕地 12 171.6 万公顷，园地 1 180 万公顷，林地 23 606.67 万公顷，牧草地 26 180 万公顷，其他农用地 2 546.66 万公顷。而在非农用地中，居民点及独立工矿用地面积是 2 693.33 万公顷，交通运输用地 246.67 万公顷，水利设施用地 366.67 万公顷(Ministry of Land and Resources of China，2009a)。其他

---

① 联合国粮农组织(Food and Agriculture Organization，FAO)的数据库中【Land area (6601)】给出的 2008 年中国土地面积数据是 93 274.89 万公顷。

未统计的都是所谓的边际土地或未利用地,包括苇地、滩涂、荒草地、盐碱地、沼泽地、裸土地和其他未利用地。

可以看出,农用地约占土地总面积的 68.42%,各类建设用地约占土地总面积的 3.44%,边际未利用地占土地总面积的 28.13%。而农用地中的耕地,占土地总面积的 12.68%,林地占土地总面积的 24.59%,牧草地占土地总面积的 27.27%。

(二)当前中国土地非农化的特征

特征之一:速度快

从 20 世纪 80 年代以来,我国工业化、城市化发展已经进入一个高速发展阶段。"十五"时期,我国人口城市化率由 2001 年的 37.66% 提升到 2005 年的 42.99%;"十一五"时期,城市化率每年提高 1.0%～1.3%,到 2010 年我国城市化率已达到 49.95%。有研究预计 2020 年将达到 55%～60%(王一鸣,2005)。与此同时,我国经济发展进入了高速增长阶段,年均 GDP 保持在 10% 左右,是同一时期全世界经济增长最快的国家。而当前中国经济增长保持着以投资带动的增长方式,这奠定了我国工业化发展的基础。

在工业化和城市化快速发展阶段,土地等生产要素从农业向非农业集聚转移,土地非农化的速度明显加快。据 Tian 等(2003)的研究显示,20 世纪 90 年代以来,中国耕地面积减少 324 万公顷,其中,耕地转变为建设用地占耕地面积减少的 46.29%。根据国土资源部资料,1978～2004 年建设占用耕地的数量达 497.78 万公顷,年均 18.44 万公顷。而加速态势也可以从下面的数据中看出:1978～1989 年年均建设占用耕地数量为 15.81 万公顷;1990～1999 年年均建设占用耕地数量为 16.81 万公顷;2000～2008 年年均建设占用耕地数量为 19.20 万公顷。

从图 5-1 可以看出,土地非农化数量变动基本与经济增长的波动相吻合,土地非农化是当前中国经济发展过程中一定阶段的客观现象。而很多学者在 2013 年的各种经济论坛的公开场合也表明,中国未来还是会依赖投资促进增长的模式并持续一段时间。

特征之二:空间不均

中国城市内部的土地一般属于国家所有,由中央政府代表全体人民行使权利,地方政府代表中央政府实际管理着辖区的国有土地。但是,地方政府不能随意进行土地的非农开发和建设,尤其是征收、占用农村土地的时候,必须获得中央政府的年度新增建设用地指标及履行相关的审批程序(Tan et al.,2009)。中央政府的年度新增建设用地指标是总量控制的,每年 3 月左右统一下发给省级政

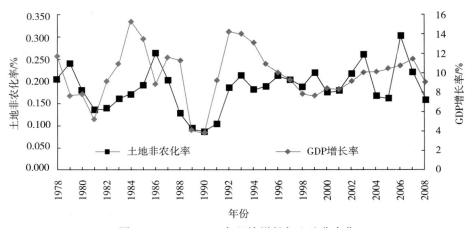

图 5-1　1978～2008 年经济增长与土地非农化

资料来源：根据《中国统计年鉴》《国土资源统计资料汇编》等数据材料计算

府，再由省级政府逐级下发给地市级、县市级等基层政府。这样来看，实践中的土地非农化需要相应的新增建设用地指标才能实施。

从《全国土地利用总体规划纲要(2006—2020 年)》中可以看出，我国 31 个省级行政区(未包括港澳台地区)所分配的新增建设用地指标绝对值最多的是新疆的20.9 万公顷，指标最少的是西藏的 2.66 万公顷，前者是后者的 7.86 倍。增幅最大的是西藏 36.3％，而增幅最小的是山东 5.8％，前者是后者的 6.26 倍。考虑到 2010～2020 年建设用地增量是 350 万公顷，平均增幅为 10.4％，那么增幅高于平均水平的省份主要分布在中西部地区，而东部只有上海、福建和浙江高于平均水平(王昱等，2012)。可以看出，新增建设用地的空间分配与中国经济发展的格局呈现了不一致的局面。

从土地的经济收益角度看，很多研究都揭示了中国的建设用地利用效率存在区域分异，东部地区的土地利用效率依次高于中部和西部，而长三角和珠三角是土地利用效率最高的区域(陈江龙等，2004；谭荣和曲福田，2006b)。这样，《全国土地利用总体规划纲要(2006—2020 年)》对建设用地的指标分配与土地利用的效率形成了"倒挂"，也就是土地收益高的地方指标分配少，而效率低的地方指标分配多。因此，如果不按照效率差异来分配指标，土地总收益肯定减少。

表面上看，当前中国的土地总收益因为空间分配不均而受到影响。然而，实际上决定指标分配的不仅仅是建设用地增加的收益上的差异，我们还要考虑农用地被占用的成本，包括农业收入和生态环境价值等。谭荣和曲福田(2006c)的研究显示，表面上东部地区的土地边际收益高于中西部，但是如果考虑了农地被占用的成本，那么土地非农化的净边际收益却是西部高于中部高于东部，因此，建设用地的指标分配与土地利用高效率的表面上的"倒挂"并不是一种决策偏误，只是这种空间分配不均确实客观存在。

特征之三：造成农地质量下降和生态环境的破坏

土地非农化必须伴随着占补平衡（即占用多少耕地就必须补充多少耕地），这是国家保障耕地数量，进而保障粮食安全的重要战略。通过土地开垦、开荒增加耕地对维持耕地数量是卓有成效的，然而，遗憾的是耕地质量的维护效果却并不好。中国目前耕地中有机质含量平均为 1%，而欧美国家为 2.5%～4%。这不仅是因为中国近几十年来农业耕种有机肥投入不足，化肥使用不平衡，造成耕地退化，保水保肥的能力下降，还因为随着东部沿海地区经济的发展，大量优质的耕地被占用，形成了东部优质耕地减少、西部质量差的耕地增加的局面（谭荣，2014）。一项研究表明，仅 1985～1998 年，中国耕地面积重心向西北移动28.337 千米，生态环境质量下降 2.52%，内蒙古、新疆等省区的耕地年均平均产出水平仅为 3 966.2 千克/公顷（1996 年），与 7 194.9 千克/公顷的全国耕地平均产出水平差距甚远（高志强等，1998）。

新开垦的耕地，不仅从质量上达不到城市周边耕地的标准（尤其是被占用的耕地包含大量的优质园地、菜地），同时在生态价值上也远远低于开垦之前的自然土地，如滩涂、湿地、坡地、水塘等自然生态系统服务价值远远高于开垦后的耕地。这样，土地的生产功能和生态价值都受到了破坏。为此，政府不得不考虑再通过开垦更多的耕地、从国际市场购买更多的农产品、投入更多的生态环境恢复成本等来保证土地利用和经济社会的可持续性。而开垦更多的耕地，进一步造成土地生产和生态价值总量上的损耗；国际市场购买更多的农产品，可能对市场供需产生影响，进而抬高国际农产品价格，增加国内微观领域企业、个人的经济负担；投入更多的生态环境恢复成本，进一步增加了国家的财政负担，也潜在增加了国家在国际谈判上的政治压力。

同时，我们应该注意到出现了一个新的问题，其也是以往被忽视的问题。用于开垦开荒的耕地后备资源类型包括苇地、滩涂、荒草地、沼泽地、裸土地和其他未利用地等土地类型，对这些类型的后备资源进行开垦开荒，不仅仅使开垦开荒后耕地总体质量下降，有些地区在开发过程中忽视了对生态环境的保护，森林过度砍伐、草场超载放牧、坡地开荒、围垦湖区以及矿山的滥采乱挖等，引起水土流失加剧，土地沙化面积扩大，湖泊水域缩小，导致对生态环境的破坏。

近两年来地方政府开始探索绕开耕地占补平衡政策，通过直接占用低丘缓坡类的非耕地类资源，满足工业用地的占地需求。低丘缓坡一般是指海拔 300 米以下、坡度在 5°～25°的丘陵地带，也有将低丘缓坡地定义为广大低山丘陵区集中连片分布的，坡度 25°以下的缓坡地。这类土地资源中一般林地资源较多，因此，占用该类资源不用考虑额外补充耕地，成为地方政府统筹经济发展与耕地保护、破解土地供需两难的必然选择。

表面上，正如低丘缓坡开发政策的目的，进行低丘缓坡的工业开发，是优化城乡用地布局，推进城镇化健康发展和城乡统筹发展的重要平台，是促进国土均衡开发、推进区域协调发展的有效途径，也是化解征地矛盾、促进社会和谐稳定的重要出路，然而，本质上这个政策只是将上述第一个连锁反应中的占补平衡省略掉，将工业占地转嫁到自然用地上。虽然耕地的生产功能没有受到影响，但是整体的生态环境效益还是受到了显著影响，尤其是在低丘缓坡资源丰富的地区，多是生态脆弱的丘陵地区，肆意开发这类资源，对该类地区较脆弱的生态环境的影响更为明显，自然灾害发生的风险增加。

特征之四：一定程度上拉大了城乡差距

在现行的规则下，土地大量非农化在一定程度上拉大了城乡差距。虽然征收土地必须给予农民一定的补偿，但实际补偿很低。主要原因如下：一是补偿范围偏窄，仅限于土地补偿费、安置补助费、地上附着物和青苗补偿费；二是补偿测算方法值得商榷，以被征地的前三年平均年产值为依据，用土地平均产值乘以倍数的方法来计算补偿（一般在15～20倍，不超过30倍）。而土地出让时却按照市场价格，这样政府通过"低价征收、高价出让"从农业中转移出大量资金。

根据国土资源部相关公报材料计算，从实行土地有偿使用制度的1987年年底开始至2011年年底，全国累计收取土地出让金113 000亿元。但是，在土地收益分配中，政府得到60%～70%，村级集体组织得到25%～30%，农民得到的少于10%。据Liu（2002）估计，改革开放以来，政府从征地价格差价中获取了不少于20 000亿元。而2013年4月23日吴敬琏先生在中国发展高层论坛上进一步估计了这个数字："过去几十年来，在这一造城运动中的土地价差保守估计在30万亿元左右。"[①]

另外，土地非农化后农民并没有有效的机制来促进劳动力的流出，加剧了农村内部的人地矛盾。在户籍制度、劳动用工制度、社会保障制度还未能有效应对失地农民进城的问题时，失地农民只能滞留于农村，不仅加剧了农村的人地矛盾，还激化了农村的隐性失业率。据韩俊（2005）测算，从1987年至2001年，全国非农建设占用了159.67万公顷耕地，至少有3 400万个农民因征地失去或减少了土地。按照当前经济发展的速度，2000～2030年占用耕地将达到363.33万公顷以上，失地和部分失地农民将超过7 800万人。

在这种情况下，土地非农化加快了当前城乡差距的进一步拉大。如果不解决这些人的就业和生活保障问题，对未来社会的稳定威胁将更加严重。

特征之五：非农业用地的粗放利用

目前中国工业化和城市化过程中的耕地占用多是粗放的。各地新城、新区快

---

① http://business.sohu.com/20130413/n372562165.shtml。

速扩张，城镇低密度、分散化扩张态势明显。

中国目前工业用地利用与产出效率普遍较低。在空间形态上，工业用地强度偏低，工业项目用地容积率一般只有 0.3～0.6，基本上为单层厂房；不少地区工业用地宽打窄用、优地劣用，过分追求绿地率要求，出现了"花园式工厂"。

城市的第三产业用地也同样"乐于"外延式扩展。例如，据《南方周末》2011 年 1 月 14 日报道，"国土部近期卫片执法检查（指运用卫星遥感监测影像对用地情况进行执法检查）最终确认，全国高尔夫球场违法建设现象反弹严重，仅北京市周边就有一百七十多座（含练习场），已呈包围首都之势"。高尔夫项目因其占用大量耕地而饱受诟病，以建一座 18 洞的高尔夫球场占地 1 500 亩（1 亩≈666.7 平方米）计算，北京市已建成的 38 处标准球场总面积竟相当于 2 个宣武区原城区面积。而高尔夫球场还有环境的负面效应，如草坪管理中会过度喷洒农药而污染土壤和地下水。

而农村地区空心村、闲置废弃地的现象也普遍存在。目前全国空闲用地占村庄用地比重达 10％～15％。颇具讽刺的是，1996～2008 年农村人口减少约 1.29 亿人，农村居民点用地反增 112 万亩，农村人均用地达 214 平方米，远超 150 平方米国家标准的上限。

二、资源使用者的特征：诸多"矛盾"的行为

（一）农地主人的"矛盾"行为

1. 农民不注意地力保护

2009 年 12 月 24 日国土资源部发布的历史上第一份全国耕地质量等级调查与评定成果——《中国耕地质量等级调查与评定》也显示我国耕地质量总体偏低。按照标准，耕地分为 1～15 等，1 等最好，15 等最差。全国耕地质量平均等别为 9.80 等，总体偏低。优等地、高等地、中等地、低等地面积占全国耕地评定总面积的比例分别为 2.67％、29.98％、50.64％、16.71％。全国耕地低于平均等别的 10～15 等地占调查与评定总面积的 57％以上；全国生产能力大于 1 000 千克/亩的耕地仅占 6.09％。

实际上，造成地力下降的原因，除了前面提到的占补平衡过程中优质耕地被劣等耕地代替之外，还有一个很重要的原因是农民对地力的过度使用。农民忽视对土壤进行合理的轮作，同时对化肥的使用没有节制，造成黑土壤变薄、硬化等现象。为了增加粮食产量，人们经常通过提高复种指数、增施化肥、使用农药来提高粮食总产量，而这些措施导致了土地肥力的下降、土壤污染、水污染、土壤盐渍化等土地退化现象（B. Li et al.，2009）。据中央电视台报道，吉林省榆树市

的土壤有机质含量五年前是 22.27％，现在是 11.15％，下降了 49.93％①。

2. 农民对政府征收的反对与渴望

中国的农民在面对土地非农化的主要途径(政府征收)时，还表现出了复杂且矛盾的行为选择。

一方面，因为政府征收农民土地的补偿相对很低，一般只占政府后期在城市建设用地市场出让价格的 10％(Tan et al.，2011)，因此，在面对政府强势征收时，农民多有抵触情绪。有时甚至发生过激的行为，如与政府工作人员之间的冲突等。国家与农村集体经济组织之间围绕土地所有权展开的争斗从未间断并愈演愈烈，各级地方政府在依法特别是在违法征用农村集体经济组织所有的土地并实现土地所有权变更的过程中，已经引发了相当数量的后果极为严重的土地冲突(Tan，2008)。

另一方面，很多农民，尤其是城郊结合部的农民，又希望自己的土地被划为城市建成区，盼望政府把地征收走。因为农地本身不值钱，从事农业生产利润也不高。如果政府把地征收走后，农民至少获得几十倍年收入的补偿。随着近年来政府谨慎对待征收的冲突，东部地区的农民在征收中都拿到了相对农地收入的高额安置费和居住安置房。因为世界博览会、亚洲运动会的举办，或者城中村的改造，这种相对"暴富"的情景在上海、广州等地也很常见。这些现象，使得被征地的农民也成为其他农民甚至市民眼中羡慕的人，农民征地意愿也出现了明显的分异化(Chen et al.，2009)。

(二)地方政府的"矛盾"行为

前面提到的年度新增建设用地指标，就类似一种稀缺的资源。若获得指标，就类似于获得了发展的机会，每个地方政府都尽可能多地申请新增建设用地指标。但奇怪的是，地方政府往往在获得了这些指标后却大量闲置或粗放利用土地。最直接的证据就是全国各类开发区遍地开花，无论有无项目需求，地方政府都热衷于各类开发区的建设，造成了开发区的低效利用，甚至闲置。中央政府为此从 2003 年起就开始对全国的开发区进行清理整顿，截至 2006 年年底完成对全国各类开发区的清理，数量由 6 866 个核减至 1 568 个，规划面积由 3.86 万平方千米压缩到 9 949 平方千米，减少 74％(国家发展和改革委员会等，2007)。

这样就造成了地方政府一方面面对着稀缺的用地指标花费大量的人力、物力和财力去争取更多的用地指标，而另一方面却让土地闲置，这种不按需而取的行为，是地方政府行为的第一个"矛盾"。

第二个明显的"矛盾"行为是，地方政府在完成土地非农化后，一方面希望提

---

① 2012 年 5 月 10 日 CCTV 二套的《经济信息联播》。

高土地市场中的土地价格，来获取更多的地方可支配收入，但是另一方面往往用低价来出让工业用地、甚至大量无偿使用国有建设用地来进行所谓的"基础设施"建设。例如，对沿海和中部地区一些县（市、区）政府广场用地的调查表明，一个县政府的广场用地可以超过 2 平方千米，浪费情况十分严重（谭荣，2014）。又如，在南京以下约 300 千米的长江沿岸，建成或正在建设的万吨级码头有 110 个，最密段为江阴以下 40 多千米，平均每千米有一个码头；某市货运港设计的年吞吐量为 248 万吨，实际上 1997 年以来年均仅完成 10 多万吨[1]。这些基础设施的综合布局不协调和重复建设，造成土地和资金的巨大浪费。

（三）中央政府的"矛盾"行为

中央政府第一个"矛盾"的行为是，即使一些研究已经证明了耕地的减少对粮食安全的问题不构成影响（Yu and Hu，2003），或者最起码现阶段再减少几亿亩的耕地，并不会造成中国粮食无法自给自足的问题（Tianze Institute of Economics，2008），但是中央政府依然不遗余力地要求严格地执行耕地保护政策，保障耕地的总量不能低于"18 亿亩耕地红线"。这造成了很多国际学者的疑问（Lichtenberg and Ding，2008）。这些学者认为这种"18 亿亩耕地红线"不仅不是最佳的实现粮食自给自足的工具，还进一步地导致了当前的制度和政策结构实际上诱致了不充分的农地保护和过度的土地非农化，最终导致了土地的低效利用。

而第二个"矛盾"的行为，则是一方面要求耕地保护；另一方面还对地方的违法等行为默许，或者说惩罚不严。国家土地副总督察在 2007 年 7 月 12 日的国务院新闻办公室的新闻发布会上曾经给过两组数据[2]。第一组数据是非法占地的案件，占所有违法案件宗数的 80%，非法批地的案件占 20%；第二组数据是从涉及违法的用地面积来看，非法批地的案件，占用涉及土地面积的 80%。

很明显，非法批地的案件主体一定是地方政府。这样，根据第二组数据我们很容易判断，地方政府为违法主体的案件所涉及的用地面积占总的违法面积的 80%，实际上说明现阶段土地违法多与地方政府的行为有关。这个结论，实际上很早就已经得到国土管理部门的承认。早在 2006 年国土资源部在通报河北赞皇、安徽休宁两地严重违法使用土地案件时，国土资源部执法监察局局长张新宝就指出，在当下的土地违法案件中，地方政府成为主导因素[3]。而从 2008 年之后每年的《国家土地督察公告》中都经常提及地方政府实际上是土地违法的主体，只是

---

① http://finance.sina.com.cn/g/20050803/12071859637.shtml。

② http://www.mlr.gov.cn/tdzt/tdgl/tudiducha/ldjh/200711/t20071121_662836.htm。

③ http://news.sina.com.cn/c/2006-04-18/02368720525s.shtml。

近年来该公告在阐述该问题时开始比较隐晦，如只是说"部分地方政府主导的违法违规问题仍时有发生"。这说明中央政府已经指导了地方政府的违规行为，但并没有非常严厉地去惩治。

（四）国有土地各类用地者的选择

土地非农化后的城市土地的各类使用者，包括工业用地者、商住用地者、基础设施用地者、公益事业用地者等，也表现出各自特征的行为选择。

公共设施、公益事业类型的用地者往往粗放使用土地，在很多县、镇级别的小城镇涌现了不协调的大广场、大马路、大办公楼房等。例如，引起媒体广泛关注的河南省信阳市明港镇政府办公楼的建筑面积为 8 000 多平方米，总投资 3 000 多万元，实际上只有 200 多人在使用。这远远超出了国家规定的省部级党政机关办公用房标准。而面对质疑，该镇一位工作人员说，"超前规划才是最大的节约"[①]。

商住用地的使用者对土地价格似乎不敏感。在过去的十几年中，土地市场上所谓的"地王"频现。中国的土地价格，从 2000 年到 2010 年平均上涨了 10 倍以上。但是作为开发商的企业购地，无论利润有没有那么明显，但他们也还是在借钱、融资来购买地产或者房产。当然，直接的结果是，只要房地产价格是一直上升的，这些企业总是获益的。这是表面上解释他们疯狂行为的原因。

而工业用地的使用者却表现出和商住用地使用者不一样的行为。首先，他们大多可以从政府的手中买到低价的土地；其次，有很多时候这些公司买来后不（急于）投产或低规模投产，因为他们在获得土地一段时期后可以再转租出去，坐享土地的升值和租金的升值。

三、土地非农化制度的作用：解释"矛盾"的行为

究竟资源使用者的行为是否"矛盾"呢？实际上，如果理解了在这个过程中起作用的制度，将能够理解这些主体的行为。下面仅从解释这些"矛盾"行为的角度来简单介绍相应的制度，对土地非农化制度体系的系统介绍见第六章。

（一）农民产权的实际缺失和缺乏保护

作为农地的主人，农民表面上拥有土地的产权，实际上他们的产权是一种受限的产权。这种产权上的受限导致了农民不注意保护地力且耗竭性地使用土地，同时也对政府的征收持一种复杂的态度。

---

① http://news.xinhuanet.com/comments/2012-09/05/c_112960393.htm。

首先，土地产权的设置从一开始就对农民不利。因为农民是没有完整的农地产权的。土地的所有权属于农民集体，而土地使用权（承包权）是通过村集体根据家庭劳动力的多寡来进行分配的。农民没有单独处置承包权的权利，如不能随意买卖（只能出租）给外来农民、不能改变农业用途等。这些就已经限定了农民的土地产权是一种受歧视的产权。

其次，农民的土地产权如果受到了损害（尤其是在征地拆迁过程中），没有一个合适的渠道来进行维权。因为《土地管理法》规定"土地所有权和使用权争议，由当事人协商解决；协商不成的，由人民政府处理"，"当事人对有关人民政府的处理决定不服的，可以自接到处理决定通知之日起三十日内，向人民法院起诉"。这实际上给出了土地产权争议的主要裁决机关是人民政府。虽然法律给予了农民向法院起诉的机会，但是前提条件是在政府处理之后仍有争议的情况下，而一旦诉诸到法院，就意味着农民是在与政府进行"较劲"。关键是，如果涉及的是与农地征收有关的问题，那么农民的弱势地位就进一步显现出来。因为，纵观《土地管理法》，没有赋予农民或者农村集体说"不"的权利。也就是说，农民只有服从，没有反对的机会。当然，农民可以对补偿有异议。

在这种制度背景下，农民不会觉得自己拥有土地长久的产权，那么不顾及地力保护的短期耕作行为，就能够理解了。没有人能预计若干年后产权的变化，正因为此，农民心里非常反对自己的利益在征收过程中受到损害，但又没有任何说不的权利，在这个过程中只能自我揣摩一下征收补偿和利益分配是否满意。因此，农民反对就代表征收乃至后续的增值收益在分配上不满意，而希望被征收是因为对未来可能不再属于自己的土地市价的分享的愿望。

（二）地方政府竞争的背后

地方政府的指标之争中的矛盾，实际上反映了这种共有的指标实际上就是一种"公共池塘资源"引发的"公地悲剧"。因为每年全国指标总量一定，这些指标从权属上属于全国人民，每个地方政府都代表其中的一分子，面临着一种排他性低、竞争性高的指标分配。别人获得了收益，而自己却承担了相应的成本，那么每个地方政府的决策就必然是能申请多少就申请多少。

而地方政府在获得了稀缺的指标后，却没有最大化指标的收益，出现低价供地、闲置土地和低效利用等情况，实际上也是"公地悲剧"。在当前以 GDP 为考核标准的条件下，对于现任的地方政府来说有两个决策：第一，是否粗放利用、低价出让建设用地来与其他地方政府竞争以吸引更多的外部投资；第二，是否尽可能多出让土地来满足当届政府的"土地财政"需要，而不考虑是否有利于下届政府的发展需要。

答案基本上很明显，每个地方政府都会尽可能通过土地上的"优惠"待遇来与其他地方竞争以获得 GDP 上的竞争优势，而且大多数在土地财政上都会倾向于本届政府的需要。这实际上就是"公地悲剧"引起的。土地是属于国家的、属于全体人民的，一个地方政府的粗放使用行为，获益的是该地方，而粗放带来的相关成本是全国人民一起承担的（如粮食安全问题引发的成本）。同理，虽然下届政府也拥有土地使用的权利，但一般决策者很难准确考虑长期利益。

（三）中央政府的管理权衡

为什么中央政府一直不遗余力地主张要进行耕地保护？这里我们不从耕地的损失是否真的影响到了粮食安全这个角度来看，因为即使我们证明农业技术进步、国际粮食市场的贸易等其他因素能够代替耕地来确保我们的粮食产量，但我们确实无法证明一旦耕地损失过快，会给我们造成什么样的影响。因此，即使有的人不赞成我们因为粮食安全的隐患而需要保护耕地，但我们可以这样认为，粮食安全只是中央政府号召保护耕地的一种政策工具，即使这种政策工具在学术上不是最好的、甚至可能是低效率的，但它确实是能够引起广泛关注的、警示性的，因此，它只要能实现保护耕地的目的，我们就应该认可这种政策工具本身的作用。

因此，这里面的逻辑就是中央政府是耕地（作为一种公有资源）的最后一道防线。既然农民、企业、地方政府都没有动力去保护耕地，那么如果中央政府再不保护，可能耕地减少的速度会远远超出当前的水平。而耕地损失过快的经济、社会和生态环境后果可能是无法估计和度量的。中央政府作为土地所有权的实际代表者，理应承担起这份保护的责任。

为什么中央政府在耕地保护上还对地方的违法行为默许，或者说惩罚不严？这实际上是中央政府在权衡"双保"的矛盾（保护耕地和保障经济发展），以及自身在行政管理上对地方政府必要的妥协。理论上看，也可以从公有产权的实际管理的角度进行解释。

在土地管理实践中，国务院委托各级地方政府行使辖区内的土地所有权。土地公共产权性质和实际的地方政府代理的治理结构，使得国有土地产权存在"灰色空间"。中央政府不得不依靠地方政府实行最符合当地经济社会要求的土地非农化策略。

中央政府和地方政府之间的信息不对称、一定意义上的委托—代理关系，以及双方之间的机会主义倾向，都使得两者之间在产权界定和收益分配上的边界不是十分清晰，而且存在一个明显的"灰色空间"。在这个"灰色空间"里，中央政府没有明确与地方政府的分工，同样也没有明确规定收益的归属。这样，地方政府有可能为了获得更多的收益，而采取一些违反中央政府本意的行为。而中央政府可以进行惩罚或者不惩罚，主要是根据中央政府在不同目标上的权衡。

忽视或惩罚，其实就是中央政府对"灰色空间"控制的表现，本质上也是为了实现国有土地收益得到地方较好地管理而采取的一种手段。只要地方政府实现了经济增长、基本农田保护、符合土地利用规划，则地方政府即使在这个"灰色空间"中获得更多利益，甚至造成某些社会利益的损害，中央政府也会默许。所以，"灰色空间"是一种激励。但是，只要地方政府出现明显的错误，如违反土地利用规划、引发社会剧烈矛盾等，中央政府的约束力会立刻显现出来。所以，"灰色空间"同时也是一种约束。忽视或惩罚反映了激励与约束上的权衡，而这是集权与分权或者委托—代理关系中最核心的权衡。

(四)垄断者不要垄断利润

当土地非农化成为国有城市建设用地以后，为什么政府、工业、商住业和公益事业等不同行业的用地者表现出不同的行为？虽然从最大化个人利益的角度能够理解每种行为人的选择策略，但通过土地的单一供应方的行为选择可能更容易解释，也就是城市土地市场中唯一的供给者——地方政府的行为选择来解释。

因为地方政府是土地市场所有类型用地的唯一供给者，表面上是该地土地市场的"垄断供应商"，然而土地市场的实际竞争程度却因不同用地类型而不同。如果是供应公益性用地，则只有当地的地方政府一家供给者，这样供给者就是垄断者，不存在竞争，此时供给者可以根据自己的"偏好"选择零地价的方式供应给公益性用地者；如果是工业用地，因为工业用地是为了吸引外来的投资，且这种投资的最终产品的消费人群不局限于该地方，因此，该地方的政府作为供给者，担心投资者被其他地方政府吸引，所以实际上形成了不同地方政府之间较强的竞争性；如果是商住用地，因为购买该类用地的目的是让当地的居民或者单位消费，与其他地方的商住用地不构成竞争，也就是该类用地的需求者高度依赖当地的消费。也就是说，当地的地方政府仍然有着很强的市场垄断性，不担心其他地方政府的竞争。

这样，地方政府在面临竞争的场合下，一般会采取低价策略来吸引外来投资。而在没有面临竞争的场合下，地方政府根据消费者的不同而采取不同的策略。对于公益事业，因为政策规定是无偿获取，而且大多数公益事业用地者就是政府及其附属机构，那么在无偿的前提下多会采取所谓的"超前规划"来粗放利用土地(价格人为降低导致需求过度)。对于商住用地，政府是致力于获取垄断利润的，因此，地价一般是尽可能地被提升。而地价上升后仍有开发商跟进，这与房地产开发的制度有关，最主要的是房地产开发商的融资制度和预售制度(Ding，2006)，以及在房地产市场中的投资、投机炒作等行为(Liang and Gao，2006)。

四、总结：一个现实的 SES 问题

可以看出，中国的土地非农化从土地利用的变化已经引发一系列经济、社会和环境效应，这使得土地非农化具备了 SES 的基本特征，适应于第四章中的框架。更明确的是，无论是经济的、社会的还是环境的效应，都是非常复杂的。如果将土地非农化看做一个交易，那么必然是一种内部复杂、外部关联的交易，进而需要用第四章中整合和局部的制度分析框架来研究。

另外，当前的土地非农化制度似乎是有缺陷的，因为直观地看，无论是土地非农化本身的政策，还是与土地非农化不同环节相关的其他政策，都是属于局部的政策，进而导致了很多负面的问题和成本。这种局部的政策，说明没有处于图 4-1 中可接受的制度区间中，这样就给了我们研究的空间和方向。这些将在后面的各个章节中详细讨论。

值得一提的是，上面的分析揭示了与土地非农化相关的后续影响过于复杂，而本章并不准备系统地、全面地阐述，实际上本章中我们也没有很清晰地介绍问题的来龙去脉。例如，为什么房地产开发商愿意不断接受炒高的"地王"、为什么农民不关注农地地力的保护等，因为这些问题不是本章核心的目标。如何为土地非农化这一资源利用的本身选择合适的管理制度，才是我们关注的重点。

第六章

中国土地非农化的治理规则总览

面对现阶段中国土地非农化所体现出来的速度快、空间不均衡、生态环境恶化以及城乡差距进一步扩大等现象，我们不禁反思当前的土地资源利用的规则究竟出现了什么问题。因此，本章的目标是对当前中国土地非农化的制度安排进行系统的了解，为解释和解决后续的土地非农化相关问题提供基础。

一、土地非农化治理颇受关注

很长时间以来土地非农化都是世界各国的决策者和公众关注的焦点，因为它的规模、类型乃至效率等直接关系到经济社会的发展水平和人们的生活福利水平，如土地非农化可能造成城市蔓延（Johnson，2001；Freeman，2001；Wei，1993）、城郊环境质量恶化（Wang，2004；Zhang et al.，2007）、开放空间的损失（Wasilewski and Krukowski，2004）和粮食安全（Yang and Li，2000）等负面影响。这些问题使得土地非农化成为包括中国在内的世界上很多国家普遍关注的一项重要的议题。而对于中国来说更为特殊的是，近几十年来持续增长的人口压力和城市化占地的压力与耕地逐年减少之间的矛盾，使得中央政府对粮食安全的忧虑一直挥之不去（Yang and Li，2000；Lichtenberg and Ding，2008）。中国政府从20世纪80年代中期以来就尝试进行一系列的土地资源管理改革，同时也专门针对耕地保护出台了若干管控措施，但是似乎中国政府仍在疲于应付如何有效管理土地利用、如何为土地非农化建立一套适宜的市场机制，以及如何控制非法的土地非农化等（Lin and Ho，2005）。

应该说，土地非农化问题已经引起了中国的决策者和理论研究者的广泛关注。土地非农化被视为近几十年来中国耕地面积减少的主要驱动因素之一，同时也是造成政府担忧国家粮食安全的主要原因（Tan et al.，2005；Chen，2011a）。同时，政府对农村土地强制征收的本质以及相对较低的征地补偿被视为目前一些社会阶层紧张与利益冲突现象的主要原因（Ding，2007）。地方政府对农民土地征收的相对低廉的成本与后来地方政府以明显更高的价格出让给房地产商或以相对低的价格（但比征收补偿高）出让给工业企业，这种前后的差价被视为中国目前工业出现的大规模的低水平重复投资以及房地产业出现的"泡沫"迹象的本质原因（Cao et al.，2008）。

近年来，中国政府努力尝试对现有的土地非农化的管理机制进行改革，主要的方向就是从传统的完全计划经济形式的管制向基于市场经济的机制转变。这实际上造成了一种所谓的混合制的管理体制：政府一方面控制着土地非农化后的土地供应；另一方面又通过建立城市土地使用权的交易市场来提升土地配置的效率，即使目前城市内部的土地市场面临很多内在的问题（Lin and Ho，2005；Cao et al.，2008；Ding and Lichtenberg，2011）。这些问题如果得不到有效的应对，很可能会降低整个土地非农化管制体系的绩效，并吞噬着中国来之不易的快速发展的成果。

因此，本章的主要目的是介绍当前中国土地非农化的制度环境和治理结构安排，尤其是着重介绍制度的特征和变化的过程，进而能够为后续的研究提供必要的基础。为了达到这个目标，本章的内容安排如下。

第一，我们将系统介绍土地非农化的正式制度，包括土地所有权及其权利束的内容；第二，我们将深入土地非农化的每一个步骤来详细解释相关的具体实施规则；第三，为了让中国的规则能够更好地被不熟悉中国国情的读者理解，我们还将中国的土地非农化规则与德国的土地非农化规则进行对比，在比较分析的基础上进一步揭示中国土地非农化治理具体规则上的特征。这些都将为后续章节的分析奠定基础。

二、中国土地非农化的正式制度

（一）土地所有权及其权利束

《土地管理法》及其实施条例组成了中国土地非农化正式制度的基础[1]。《土地管理法》给出了中国土地产权制度的基本规则。一般来说，城市市区的土地属于国家所有。农村和城市郊区的土地，除由法律规定属于国家所有的以外，属于农民集体所有；宅基地和自留地、自留山，属于农民集体所有[2]。实际上，虽然

---

[1]　此处的实施条例是指国务院颁布的《中华人民共和国土地管理法实施条例》以及由国土资源部颁布的相关条例和政策。如果土地非农化涉及森林、草场或渔业用地等，《中华人民共和国森林法》《中华人民共和国草原法》《中华人民共和国渔业法》等法律将是需要参照的正式法律制度。

[2]　中国土地产权、土地市场和相关土地利用政策，可以参见 Ho（2005）、Lin 和 Ho（2003，2005）、Lichtenberg 和 Ding（2009）。

法律上已经对土地产权有了明确的界定，但是无论是国家所有还是集体所有，现实中都无法找到明确的产权主体，也就是一些研究认为中国的土地产权实际上是一种模糊的产权（Ho，2005）。实践中，农民个体和城市土地使用者可以获得土地使用权[1]。另外，《土地管理法》还规定了土地利用规划的法律地位。后面可以看到，土地利用规划是政府管控土地非农化的一种非常重要的手段。

在 20 世纪 70 年代末之前，绝大多数情况下土地是由中央集权的行政命令方式在不同用途和不同使用者之间进行分配，同时对于所有的使用者来说也是无偿使用的。然而，随着外商投资的日益增加和国有企业改制过程中土地资产处置问题的逐渐增多，中国政府意识到以行政命令为分配方式和土地的无偿使用制度对建立市场经济的战略影响很明显，同时也认识到当时的计划性配置的低效率造成了大量的国有资产的流失。这些问题的本质在于土地所有权制度，即全民所有制和集体所有制导致了土地的资产属性与市场经济之间的格格不入。中国的宪法虽然界定了所有权，然而并没有对所有权中的各种权利束进行明确的界定，这被认为是造成产权模糊的主要原因（Furubotn and Richter，2005）。因为所有权的权利束中的具体产权都没有得到清晰的界定，造成了一定意义上产权的失效。具体包括使用土地的权利（使用权）、从土地的回报中获益的权利（收益权）、对土地的形态和实体进行改变的权利（处分权）、对他人限制的权利（排他权）、将土地的产权转让给他人或继承给子女的权利（转让权）等。

在实践中，国务院（中央政府）代表全民行使城市土地所有人的权利，也就是说，国务院拥有所有权权利束中所有的权利。相对应的，农村的集体经济组织或者村民委员会除了农业用地对外转让的权利（即卖给村集体以外的人或组织）之外拥有农村土地所有权的权利束中几乎全部的权利。当然，在农村土地上修建建筑物还需要得到政府的许可，否则也是禁止的。一般来说，政府允许集体内部为了集体经济需要而进行非农产业投资使用本集体土地进行非农建设，或者允许农民在批准后的宅基地上建房。如果是非集体成员需要使用集体土地进行非农建设的，需要通过政府征收途径，即将集体所有权转变为国有土地所有权之后再通过

---

[1]　农地使用权（一般称为承包权）是由农民集体经济组织（或村民委员会）通过家庭承包责任制（household responsibility system）分配给本集体的农户使用。承包合同期限是 30 年。2007 年颁布的《中华人民共和国物权法》中规定农民的承包权到期后可以根据相关的法律和政策进行续期。而 2008 年的《十七届三中全会公报》中继续强调农民的承包权关系长久不变。另外，对于城市土地使用来说，《土地管理法》和《中华人民共和国城市房地产管理法》都对其使用期限进行了界定。如果是划拨类的土地使用权是没有期限限定的，而出让类的土地使用权根据土地用途的不同而不同。《中华人民共和国城镇国有土地使用权出让和转让暂行条例》中规定居住用地使用权年限是 70 年，工业用地使用权年限是 50 年，私营的教育、科研、文化、医疗和体育类用地的使用权年限是 50 年，商业、办公、旅游和娱乐类用地使用权年限是 40 年，其他或商住混合类用地的使用权年限是 50 年。《中华人民共和国物权法》中进一步明确指出住宅类用地年限到期自动续期，而其他类型的土地使用权到期的续期根据相关的法规执行。

政府的转让国有土地使用权的方式来实现。这实际上就是后面要讨论的与征地相关的城乡割裂的市场、政府强势主导土地非农化以及与之对应的各类社会问题的根源（Ding，2007）。

为了适应城镇土地市场建立的需要，中国的宪法在 1988 年对土地所有权进行了进一步的细分，明确了土地使用权和土地所有权之间的区别。从那时起，土地使用权可以被分配或者出让给农村和城市的土地使用者使用，才真正奠定了土地非农化及其土地市场运行的法律基础。

在农村，农户从集体那里获得了农地的使用权，即农地承包权（Tan et al.，2006）。不过，农户的承包权不仅具有时间上的限制，同时还要强制性地上交一定的粮食或者其他农产品作为使用农地的代价（Brandt et al.，2002）。当然，2006 年之后，随着农业税的取消，农民不再需要为使用农地进行耕种而付出成本，同时正如前面提到过的承包权期限上的限制也被取消。

具体来看，当前农村的土地使用权权利束主要包括使用权和收益权，即承包权主体可以自由使用土地进行农业生产并获益。农户仅拥有部分处置权，因为承包权被限定在农业和农村使用。排他权在一定意义上是受限的产权，因为个体农民不能拒绝村集体统一对土地进行重新调配的要求，同时也不能拒绝政府对农地的征收。即使近年来非农就业的机会使得农户之间的土地租赁现象十分普遍，直到十七届三中全会之前农民也不拥有正式的转让权。2008 年 10 月的十七届三中全会提出了对促进农村土地流转市场建立的要求，这时农民的土地转让权才逐渐得到重视。

在城镇，大部分的土地由地方政府掌控，因为它们是上级政府监管下的国有土地所有权的实际代表（Ding and Lichtenberg，2011）。正如上面提到的，土地使用者可以根据用途的不同而从地方政府那里获得不同期限的土地使用权，如商业用地 40 年、工业用地 50 年、住宅用地 70 年等。一般来说，若要获得城镇土地使用权需要向政府支付一笔出让金，当然在有些情况下，外商也可以通过支付年租金的方式获得城镇土地使用权①。

城镇土地使用权主要包括使用权、收益权、处分权、排他权和转让权。当然，这些权利的使用大都受到具体的限制。使用权因为存在具体的使用时限而受限，处分权因为土地用途需要遵循土地利用规划而受限，排他权因为无法对抗政府因公共利益的征收而受限。当然，如果城镇土地使用权被政府征收，一般能够获得与市场价值相当的补偿（与农民土地被征收的低补偿形成了鲜明的对比）。除了二次转让或者租赁需要遵循土地使用权初次出让合同中的相关约束，转让权

①　例如，土地使用权由原划拨土地转为经营性用地，但是目标用途与土地规划不相符，那么此种土地使用权可以通过支付年租金的方式获得。

（包括租赁权）可以视为完整的权利。

（二）层级制的土地利用规划：一个配额体系

在1988年宪法对土地所有权和使用权修订后的二十几年时间内，中国逐渐形成了一个由层级制管控和市场制配置组成的混合制的土地非农化的管制体系，包括政府对土地非农化的审批和计划控制，以及通过市场竞价方式对非农化后的土地使用权的出让（Cao et al.，2008；Tan and Beckmann，2010）。正如《土地管理法》中明确规定的，土地利用和土地非农化必须服从土地利用总体规划及其中的各种配额的限制。配额体系包括三类主要的配额，由政府各行政级别的土地利用规划进行详细界定[①]：第一，规划期内批准的建设用地总量配额；第二，规划期内批准的耕地保有量配额；第三，规划期内由中央根据实际情况批准的年度新增建设用地配额。

这些配额按照"从上往下"的方式由上级政府分配给各自辖区内的下级政府，直至最基层的镇级政府。对于土地非农化尤为关键的是第三个指标，即每年特定行政辖区所能够获得的配额用于城市化占地或者农村的基础设施建设。配额的数量一般是根据当地的经济、社会条件，以及国家的产业政策等由上级政府决定。

（三）未成熟的土地市场体系

土地非农化过程中的四个不同类型的市场组成了当前中国土地市场体系，如图6-1所示。

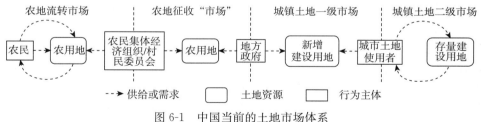

图6-1　中国当前的土地市场体系

资料来源：曲福田和谭荣（2010）

农地流转市场中，农户可以租赁、转租或者交换本集体内部的农地承包权。一般是本集体的农户之间的交易，当然若经过2/3以上的村委会成员或者2/3以上的村民同意后也可以出租给外来的农户。一般来说，这个农地流转市场对土地非农化没有直接的影响。因为农地流转市场中的土地用途被限制在农业用途，同

---

① 中国政府的行政组织结构由以下五个层次组成：中央政府（国务院）、省级政府（省、自治区、直辖市等）、地市级政府（地级市、自治州、自治盟等）、县区级政府（县、区等）和镇级政府（镇、乡等）。

时农民没有反对政府征收农地的权利。

农地征收"市场"中[①]，地方政府作为唯一的需求者，通过征收农民的土地将集体所有权转变为国有土地所有权。这个过程是目前为城市化提供新增建设用地唯一合法的途径[②]。土地所有者(实际上是失地农民以及相应的村民委员会)将获得一定的补偿[③]。补偿由地方政府(如县级政府或者乡镇级政府)与村民委员会的代表进行协商谈判而定。根据《土地管理法》的规定，补偿一般包括三部分，即土地补偿费、失地农民的安置补偿费，以及青苗补偿费(Ding，2003)。根据目前的标准，补偿的总额不能超过被征收地块前三年平均产出的30倍。

《土地管理法》并没有具体给出征地补偿的标准，这样地方政府在征地补偿上就有很大的灵活性和自由度。因为地方政府在征收中具有强制性的公权力(eminent domain)，同时因为土地出让收益是当前地方可支配收入的主要来源之一，因此，地方政府一般都会将征地补偿的标准定得尽可能低，远远低于城市土地市场中通过竞价方式出让的土地价格(Ding，2007；Lichtenberg and Ding，2009；Ding and Lichtenberg，2011)。另外，地方政府还会根据自己的实际需求来确定征地的数量和区位。尽管地方政府的征地受到上级政府的配额以及审批的约束，但地方政府在一定范围内还是有很大的自主权，尤其是在决定征收数量和地块区位上的自主权。因为上级的配额仅仅是对规划期内上限的约束，并没有对征地的数量、区位或时序进行详细规定。更为严重的是，地方政府还有很多"对策"来应对上级配额的约束(Cao et al.，2008；Ding and Lichtenberg，2011)。这造成很多地方政府对土地财政的过度依赖，并导致大量的土地被非农化后却被闲置，因为城市市场中并不一定存在充足的土地需求，尤其是中西部地区(Qu et al.，2004；唐健等，2014)。

在城市土地一级市场中，地方政府将新增建设用地(已经转为国有土地)的使用权分配或者出让给不同的城市土地使用者。分配或出让的定价机制根据土地用途的不同而不同。因为土地用途包括营利目的和非营利目的，前者包括工业和商业等产业用地，后者包括政府机构用地、公益事业单位用地等，政府对这些用途的出让形式和收费标准是不同的，如表6-1所示。

---

① 征收实际上不能称作市场行为，只是这里为了表述上的方便，将这个过程定义为"市场"。很明显，这个征收的过程中，政府具有超出垄断者的权利，既能定价又能定量，这已经超出了市场的范畴。

② 当然，实践中确实存在不经过政府征收就占用农地进行非农建设的现象(Lin and Ho，2005)。这些做法是违反当前的法律法规的，不过比例相对较小(Qu et al.，2004)。因为这种类型的土地非农化对总体土地非农化的情形影响不大，故下面的分析中就不再专门讨论。

③ 在一些情况下，补偿是在全村的农民之间进行分配。而村集体会将全村的土地进行重新调配，那些失地的农民会从村集体那里获得另外的土地上的承包权。

表 6-1　城市土地一级市场中土地出让方式及其对应的用途

出让方式	对应的土地用途
划拨	国家机关和军事用地；城市基础设施用地和公益事业用地；国家重点扶持的能源、交通、水利等基础设施用地；法律、行政法规规定的其他用地
协议	供应商业、旅游、娱乐和商品住宅等各类经营性用地以外用途的土地，其供地计划公布后同一宗地只有一个意向用地者的；原划拨、承租土地使用权人申请办理协议出让；划拨土地使用权转让申请办理协议出让；出让土地使用权人申请续期；法律、法规、行政规定明确可以协议出让的其他情形
招标拍卖挂牌	供应商业、旅游、娱乐和商品住宅等各类经营性用地以及有竞争要求的工业用地；其他土地供地计划公布后同一宗地有两个或者两个以上意向用地者的划拨土地使用权改变用途；划拨土地使用权转让；出让土地使用权改变用途；法律、法规、行政规定明确应当招标拍卖挂牌出让的其他情形

资料来源：曲福田和谭荣（2010）

划拨是指地方政府将土地使用权无偿、无期限地分配给特定的土地使用者使用的行为。协议、招标、拍卖和挂牌是有偿地、以市场竞价为导向的土地出让方式，目的是提升土地的配置效率和收益（Ministry of Land and Resources of China，2006a，2006b）。

协议出让是指地方政府与相应的城市土地需求者在对土地出让金等内容进行协商的基础上将土地使用权在一定期限内出让给需求者的行为。一般情况下，地方政府为了吸引投资，往往通过协议的方式为潜在的用地者提供较低的土地价格来与其他地方政府竞争，这使得协议的价格都比招拍挂方式的出让价格来得更低（Cao et al.，2008）。

招标出让是指地方政府通过组织公共投标或者邀请特定主体（包括个人、群体或单位）参与投标的行为。最终的土地使用权获得者由招投标的结果来决定。这个过程中不仅投标人的出价很重要，在很多时候投标人的声誉、能力和对土地利用的方式与政府预期的一致性等，都对招投标的结果产生影响（Cao et al.，2008）。

拍卖出让是指地方政府通过组织公共拍卖的方式将土地使用权拍卖的行为。一般情况下，最终的土地使用权获得者是拍卖中出价最高的主体。

挂牌出让实际上是拍卖出让方式的一种变化，是指地方政府首先声明一块待出让地块的挂牌消息，有意向购买的需求者在挂牌的期限内可以出价或者更新自己的出价，挂牌的期限一般是 20～30 天。在挂牌期限内最后出价的人（也是出价最高者）将获得这块土地的使用权。因此，挂牌出让是一种相对于拍卖更加灵活的出让方式，因为至少每位有意向购买土地使用权的主体的决策时间增加了。

在城市土地二级市场中，原土地使用权人可以通过转让、出租或者抵押等方式将土地使用权转移给新的使用权人。在这个过程中，新使用权人必须遵循相关的法律法规以及继续履行原土地一级市场中的土地使用权出让合同的相关内容。当然，二级市场的存在为城市土地需求者提供了获得土地使用权的更多的选择。例如，当在一级市场中没有新增建设用地时，或者一级市场中没有合适的新增建设用地时，土地需求者还可以从二级市场中购买到"二手的"土地使用权。目前在大多数城市都形成了相对完善和成熟的土地二级市场。当然，需要强调的是，一级市场中通过划拨方式获得使用权的那部分土地是不能直接进入二级市场进行转让、出租或者抵押的。若这些使用权人希望进入二级市场，则他们必须按照一级市场中各种竞价的方式（包括招标、拍卖或挂牌）来补交相应的出让金进而获得进入二级市场的资格。这是因为政府为了避免这些划拨土地使用权人因为之前是免费使用土地而不当得利（windfall gains）。

（四）正式制度的总体特征

由上面的阐述可以看出，中国土地非农化正式制度最明显的特征之一就是层级制的新增建设用地供应管理模式。在这种层级制的管理下，土地非农化的过程分为两个不同的"市场"。一个是土地征收市场，在这个市场中政府是唯一的需求者，同时也拥有超出垄断的权力，即可以同时决定征收的数量和设定给农民的补偿标准。另一个是城市土地一级市场，在这个市场中政府是唯一的供应者，可是也不按照垄断者的定价方式来最大化自己的利润（仅指土地出让的利润）。换句话说，政府是否行使垄断的权力取决于土地的用途（Cao et al.，2008）。若是诸如住宅用途或其他三产用途（包括商店、宾馆等），这些地块将越来越被按照竞争性出价的方式出售。若土地用途落入第二产业的范畴，则这些地块将通过偏向于协议的方式进行定价[①]。协议方式定价往往很低，不仅达不到一般垄断定价的水平，甚至低于完全竞争市场的定价（Tan et al.，2009）。

地方政府针对不同需求者采用不同出让策略的本质原因在于地方政府自身面临的供地竞争的强弱。对于第二产业的用地者来说，他们的投资往往不是区位专用的（location non-specific），也就是这些用地者不依赖特定的区位来实现自己产品的市场价值（即他们可以相对容易地搬迁至其他地区继续进行生产），或者这些产品不是为了本地人而生产的而是卖给其他地区市场（即能否进入本地市场不重要），这使得这些用地者能够在与地方政府进行的供地谈判中占据优势地位。换

---

① 虽然从 2006 年 9 月 30 日起所有的工业用地出让必须采用招拍挂的方式而不能采用协议的方式，但实际中招拍挂多流于形式，地方政府为了吸引外来投资往往将招拍挂的门槛进行"量身定做"以达到降低价格的目的。

言之，地方政府之间形成了较强的竞争关系。这样，地方政府不得不向用地者提供有吸引力的价格或服务，如在投资的前几年减免税收，或者以低地价或零地价的方式降低投资者的成本（往往是一对一的不公开的协商方式）。当然，地方政府在土地收益上的损失可以（或者部分可以）通过投资者所带来的增值税而获得补偿。更重要的是，外来投资有利于地方 GDP 的增长和地方就业率的提升，这是当前地方政府政绩考核的主要标准，在一定程度上也决定了相关行政官员升迁的可能性。

对于第三产业的用地者来说，相反，他们的投资往往是高区位专用性的(location specific)。他们的投资依赖于本地消费者的消费，因此，他们不能够脱离特定城市而又希望将产品提供给该城市的居民，如住宅的投资、办公楼的投资等必然依赖于在特定城市内购买土地。因此，利益最大化取向的政府往往会很好地利用垄断权力缩紧这类土地的供应，并通过充分竞价的方式让自己的收益尽可能地提高，满足所谓的土地财政的需要。

这种情况，也就是第二产业用地者通过协议的方式获得土地使用权，第三产业用地者通过招标、拍卖或挂牌的方式获得土地使用权，一直持续到 2006 年的 9 月。从那以后，为了避免国有土地资产的流失，国务院出台《关于加强土地调控有关问题的通知》，规定所有的第二产业用地都必须通过招拍挂的方式进行出让。然而，这只是中央政府期望加强城市土地一级市场的竞争程度的一种信号。这种强制实施竞价方式的效果可能还需要很长的时间才能取得所期望的绩效，不过可以肯定的是，工业用地的竞价程度永远达不到商住用地的市场竞价程度，这是工业投资较低的区位专用性的特征所决定的。地方政府间的吸引投资的竞争将继续造成工业用地以一种低地价的方式出让给使用者，尽管这个过程采用的是市场竞价的招拍挂的出让方式(Cao et al.，2008)。

三、中国土地非农化的详细过程

中国土地非农化的治理结构特征是土地利用规划中从上向下的配额体系以及个人（或私营主体）无法参与土地非农化的过程，这是与欧美其他国家土地非农化的最主要的区别[①]。

（一）土地利用规划：土地非农化的制度基础

正如前面介绍过的，中国政府行政级别有五级，上级对下级有完全的行政权力。每个级别的政府负责编制各自级别的土地利用总体规划。规划的有效期（周

① 本部分及以下的部分内容曾发表在 *Land Use Policy*，2009 年第 4 期上(Tan et al.，2009)。

期)一般是 15 年,也就是说,每隔 10 年左右就要根据经济社会条件的变化来筹划土地利用总体规划的修编工作。

正如前面所提,土地利用总体规划中包含一套配额约束着土地非农化,这意味着土地非农化项目实施的前提是获得相应的配额。配额受到上级规划中配额的约束,主要包含以下三个,即年度新增建设用地指标、耕地保有量指标、耕地占补平衡指标①。土地利用规划的审批权限集中在国务院或者省级政府的手中。例如,省级的土地利用总体规划必须由国务院批准。省会城市、人口超过 100 万人的城市,或者其他由国务院指定的必须上报到国务院审批的城市的土地利用总体规划必须由国务院批准。其他级别的土地利用规划必须上报到所在省(自治区、直辖市)的政府批准。当然,在省级政府的授权下,一些地市级政府可以审核并批准乡镇级别的土地利用总体规划。可以看出,规划的审批是一种集权的审批模式,尤其是规划编制过程中公众参与程度很低,这可以从第三轮规划修编中有一项试验性的要求可以看出,即各级规划在修编的过程中要注意公众参与的作用——这反映了现实中公众参与程度较低的事实。

(二)具体的土地非农化的计划编制

具体的土地非农化计划是为了对城市化过程中的非农建设用地供应进行管理。一般来说,地方政府的土地管理部门发布国有土地开发及出让计划编制预报公告,让有意向使用国有土地的单位和个人向相应管理部门提交用地申请。土地管理部门根据土地利用总体规划、年度新增建设用地计划等提出拟出让的国有土地使用权计划,向其他相关管理部门征询意见,修改后,报对应的人民政府批准,最后由国土管理部门启动土地征收和出让程序②。

(三)农地产权变为国有产权

当土地非农化项目批准以后,将农地产权变为国有产权是地方政府的首要工

---

① 耕地占补平衡指标是指如果耕地被城镇化或其他非农建设占用,需要在其他地区补充相同数量的耕地来保证耕地总量不减少。一般来说,这种耕地的占补平衡需要在一个省级的行政范围内实现。该政策最早于 1996 年开始实施,当然在实施过程中引起了很多争议和质疑,如耕地占补后的质量下降问题、耕地占补引起的生态环境恶化等。

② 当然,除了这种法定的途径外,一种所谓的"自城镇化"(self-urbanization)现象经常在世界各地(包括中国)出现,也就是城镇化是由地方政府和农民之间的"合作"来规避上级政府的审批以达到转让更多非农化土地的目的。这种"自城镇化"的方式,实际上形成了在法定途径之外的一种新的模式。例如,在中国,一些地方的乡镇政府和农民集体进行协商,通过一些诸如反租倒包等违法违规的形式来规避政府的审批以开发成更多的工业用地或其他建设用地。当然,这种做法可以给当地的经济带来很显著的经济效益,同时也给农民本身提供相对于政府征收更多的补偿。工业投资后也增加了地方的就业。因为上下级政府信息的不对称和监管上的困难性,现阶段这种"自城镇化"的现象经常出现并还可能维持一段时间。当然,不能否认的是这种模式在当前仍然是非法的模式,所以我们后面不会详细阐释这种治理结构。

作。地方政府需要与农村土地所有者的代表进行协商（一般是村民委员会的代表或者村集体经济合作组织的代表）。《土地管理法》规定土地所有者可以按照原来农地收益的标准得到相应的征地补偿，包括农地本身的价值、农民的安置费用和地上的附着物（构筑物）及青苗补偿等。农地本身的价值补偿由村集体享有，安置费用归失地农民所有（或者全体村民间平均分配，前提是失地农民能够从集体那里获得其他位置上的土地补偿）。地上附着物（构筑物）及青苗补偿等属于相应的失地农民。如果农民对补偿有异议，首先由县级政府或者地市级政府与农民进行友好协商。如果这种友好协商不奏效，争议的原因将被提交给征地项目相应的批准者（即省级政府或者国务院）。值得一提的是，无论争议最终是否妥善解决，争议的存在不影响征地项目的实施。即一旦政府批准了征地项目，农民的土地必然会被征收，后续只是对补偿的谈判。

（四）土地的整理储备

在土地的所有权从农民集体所有转变为国家所有之后，政府会对这些土地进行初步的整理投入，如所谓的"三通一平"，即通路、通电和通自来水，以及路面的整平。经过整理改良后的土地可以进入政府的土地储备库，等待后期进入城市土地一级市场进行交易或者通过行政划拨的方式分配给相应的土地使用者。另外，获得土地使用权后相应的土地使用者会对土地进行进一步的改良，如所谓的"七通一平"，即除了"三通一平"外，还要提供下水系统、煤气管道系统、通信系统和供热系统。一般来看，地方政府投入土地整理改良的成本相对较低，只有征地费用的 20%～50%，因此，对于政府的整理改良投入不存在很高的风险（改良成本过高，如荷兰的土地改良因为地基条件的不同，可能成本远远高于征地的费用，造成政府土地非农化项目在财务上的亏损）。另外，出让土地之外的其他的公共设施（如公园、绿地、广场和其他设施等）的投入则由政府承担。

（五）国有建设用地使用权的转让

正如前面对土地市场体系的介绍，非农化后土地出让的环节是由地方政府来掌控的。在城市土地一级市场中，城镇土地使用者不仅包括营利性质的企事业单位，也包括非营利性质的组织，包括政府机关和公益性团体等。根据土地使用者性质的不同，地方政府无偿划拨或者采取不同的定价方式将土地使用权出让给相应的使用者。划拨只适用于政府机关和公益性团体。协议适用于其他非营利组织或者没有竞争的工业用地者（2006 年 9 月底之前）。招标、拍卖和挂牌适用于营利性质的用地者或者两个及两个以上的竞争者的用地需求。其中，挂牌与拍卖在本质上类似，只是挂牌比拍卖更为灵活和更能促进竞争。形象地说，挂牌和拍卖都是重复博弈（在拍卖或挂牌期限内可以重复出价，挂牌的期限更长，一般 20～

30 天)，而招标只是一次性博弈。

招拍挂出让方式的采用目的是促进土地市场中的竞争性。在 2003 年的土地使用权交易中，划拨、协议、招标、拍卖和挂牌的面积比例分别是 25％、54％、3％、4％和 14％(国土资源部，2004)。

这可以看出当时土地市场的竞争性还比较弱，政府干预市场的程度还比较高。到了 2012 年，招标、拍卖、挂牌出让土地面积占出让总面积的 90.8％，从土地出让市场的角度看，其竞争性比例明显提高。不能忽视的是 2012 年有偿使用比例仅为 54.5％，也就是划拨土地的面积为 45.5％。这说明虽然一级市场中招拍挂的市场竞价方式作用愈发明显，但政府对土地资源配置依然有很大的影响。在这种局面下，土地非农化大部分的增值收益被政府获得，另外受到政府青睐的部分工业企业也能够分享一部分增值收益。

作为对一级市场的补充，城镇土地二级市场用来对土地使用权进行再次转让、转租或者抵押等。这些二级市场的土地交易必须遵循相应的法律以及一级市场中对土地使用权出让协议中的相应约定。也就是说，如果在一级市场中土地使用者无法找到满意的地块，他们可以在二级市场中购买区位等条件更好的地块。现阶段中国大多数城市已经形成了成熟的土地二级市场，这为提升土地资源配置效率提供了条件。

除了上述的土地使用权出让机制外，中国的大多数城市已经建立了一套基准地价体系，用来为政府在一级市场中对各类土地的出让底价的定价提供参考，也可以用来为二级市场交易提供参考(如果交易缺少临近的市场案例信息)。基准地价由土地用途、容积率、土地级别、土地投入等因素共同确定(Ding，2001)。一般来说，基准地价只是实际交易的参考，实际交易价格会高于基准地价。

为了对上述不同的出让方式的土地价格有着直观的展示，我们根据自己的一项调研的结果整理出来了一些数据：在调研地区的一级市场中，农地征收补偿的价格大约在 28 元/ 平方米，协议出让的价格是 237 元/ 平方米，拍卖出让的价格是 369 元/ 平方米，而挂牌出让的价格则达到 577 元/ 平方米。在二级市场中，土地的均价达到了 635 元/ 平方米。因此，这些数据明显反映出中国土地非农化是一个增值的过程，政府获得了大多数的增值收益，工业用地者也在该过程中分享了一杯羹。

四、与德国土地非农化过程的对比

如果将中国的土地非农化过程及其制度约束与西方国家进行对比，尤其是与那些和中国具有类似自然资源和社会禀赋的国家进行对比，对理解中国的土地非农化有进一步的帮助。为了这个目的，我们选择德国作为比较的对象来帮助理解中国土地非农化的特征。德国同样拥有较高的人口密度，如 2005 年德国的人口密度达到了 231 人/ 平方千米（Statistisches Bundesamt，2007），这甚至超过了同时期中国的人口密度（2005 年中国的人口密度是 136 人/ 平方千米）。同样类似的是德国也存在一套规划体系来管控城市化和土地非农化。这样看来，德国可以作为与中国进行对比的合适的案例，尤其是中国虽然具有规划体系，但没有相仿的绩效。当然，这不是说德国的土地非农化制度是完美的，可以为中国提供绝对的借鉴。相反，德国联邦政府最近刚提出一个降低土地非农化速度的管控目标，即在 2020 年之前将当前农地转变为居住和交通用地的速率由每天 114 公顷降为 30 公顷。这种所谓的"30 公顷"的目标，如果正式制度化后，将与中国的规划体系中的配额管控非常类似。那就是说，中国的现行制度也可以为德国提供一定的借鉴。

为了比较的目的，我们还需要建立一个对比的分析框架来辨析和比较中德双方土地非农化制度上的不同。这个框架包括对比土地产权、土地利用规划、土地市场的作用、政府的作用及直观的绩效等。在对德国土地非农化详细步骤进行介绍之前，我们先总体上把握一下德国和中国在土地非农化治理上的异同。

中国和德国的土地非农化治理有着两个明显类似的地方。一是土地非农化都可以分解成三个阶段，从左至右分别是农村的土地市场、土地非农化的过程和城市土地市场；二是每个国家都存在一个土地利用规划体系，作为对纯土地市场机制的补充（或管控）。同时，两个国家在管制上也有明显的不同，包括土地购买和销售的治理结构、地方政府与私人投资者在土地非农化过程中的关系和互动等。这些相似和不同之处将在下面详细进行描述。

（一）德国土地非农化的详细过程

1. 德国土地利用规划：土地非农化的制度基础

《联邦区域规划法案》（Raumordnungsgesetz，ROG）和《联邦建筑法典》（Baugesetzbuch，BauGB）是土地规划和开发的最基础的两部法律。德国是一个联邦制的国家，从上向下包含三个主要行政级别，即联邦政府、州政府和市政府。对应的空间规划（基于 ROG）包含三个级别，分别是联邦土地利用规划（联邦政府负责编制）、区域土地利用和州土地利用规划（州政府负责编制）、详细的土地开发和建筑规划（基于 BauGB，由市政府负责编制）。州土地利用规划的目标有两个，一是它必须与欧盟的空间开发远景规划相衔接（European spatial development perspective，ESDP）；二是它需要能够有效地指导和安排德国内部的土地可持续利用以满足经济可持续发展的要求。联邦政府的空间规划实际上是说明性的规划，没有明确具体地块的用途。同样，州土地利用规划也是一种指令性规划而不涉及具体土地利用。而最核心的或最具有管控效力的规划是市级空间规划。市级的规划虽然要在原则上遵循上级政府规划的指导性要求，更重要的是要能够根据地方的自然和社会条件对土地利用和开发进行详细的规划设计(一定意义上与中国城市规划中的总规和控规相似)。实际上,ROG 对市级规划没有直接的影响效力,而 BauGB 才是城市土地开发的法律基础。这使得地方政府在编制地方土地利用规划上有着非常明显的自主权,这也是德国的宪法赋予的权力。值得一提的是,德国各个级别的土地利用规划需要保证有足够的公众参与,这是规划审批的必要条件。

2. 德国土地非农化开发的详细计划

在土地开发之前市级政府需要编制两种规划。一种是准备性规划(即所谓的F 规划,Flächennutzungsplan);另一种是详细的建设规划,被称为 B 规划(Bebauungsplan),有时也称为分区条例(zoning ordinance)。F 规划,类似于总规,其目标是提升地区的公共物品的供给、维持不同土地利用诉求的平衡、实现可持续的城镇化、为人居环境提供保障,同时保护人类必需的自然环境(Wiegandt,2004)。F 规划通过界定市级政府辖区内不同区位地块的用途来为 B 规划提供编制的基础。F 规划一般有效期是 10 年,比例尺一般在 1:10 000(Dransfeld,2001)。B 规划则是城市开发的详细计划,类似于地方法律一样对每一个土地利用主体都有约束力。B 规划的比例尺一般是 1:500 或 1:1 000,而且一般来说B 规划的有效期是永久的,只要地方自然经济社会环境不发生明显的变化(Dransfeld,2001)。所有的居民都可以参与 B 规划的编制,在编制过程中提出意见和建议。同时,只要 B 规划批准实施了,所有的主体(包括政府或者私人)都可以主动实施相应的规划。地方政府此时对 B 规划内容上的改变不再有任意修改的权力。因此,在 B 规划批准和正式公布之前,市级政府一般都会对规划的内容进行审慎权衡,因为这是它们对空间开发产生影响的唯一的机会。

3. 德国的农地购买或征收阶段

1)政府的直接购买、私人购买或两者的合作

德国政府为了实施土地非农化项目,也需要购买农民的土地。直接购买包括友好协商式购买和强制性征收。强制性征收只能由政府执行,且现阶段政府强制性行使征收的权力的案例非常少。友好协商式购买包括两种形式,一是开发者(可以是政府、私营主体或者两者的合作)与所有的产权主体协商一致后购买项目区内所有的地块;二是开发者(一般是政府)只购买足够的土地用于公共设施(道路、绿地、排水等)的建设,而土地所有者依然保有其剩余的土地。第一种模式的目标必然是为了盈利,而第二种模式一般不是为了盈利。

友好协商式购买又可以根据实施者的不同再分为三种组织方式,如政府购买型、私人购买型和合作购买型。政府购买可以适用于商业和住房开发。私人购买从 20 世纪 90 年代后期开始增加,主要是地方政府的财政预算面临着制约

（Dransfeld，2001）。当然，私人购买的前提是必须服从 B 规划对具体地块的要求①。合作购买是指政府和私人一起合资合作进行土地购买和开发，一般都是因为开发项目规模过大，这样一种"公私合作"（public-private partnerships）的关系有利于降低风险和实现效益。

政府公权力下的强制性征收一般都有非常严格的条件，如为了公共利益但通过友好协商的方式无法实现的时候。强制性征收的补偿在德国不同州之间标准是不同的。在一些州，地方政府只需要支付相对较低的土地补偿费用，不用考虑非农化后的土地的增值收益是否也要与农民分享（Müller-Jökel，2002）；而在另外一些州却需要将土地的增值收益（一部分）也补偿给农民（Devy，1999）。政府的强制性征收大多数都是为了公共基础设施的建设。尽管这个过程中地方政府可能有机会在土地购买和后期出售中盈利，但因为它们还要承担所有的改良费用，同时因为大多数的公共设施用地无法销售，因此，大多数情况下政府的收入仅能弥补相应的（甚至是部分的）成本。另外，如果农民对补偿有异议，不仅可以直接向法院进行诉讼，也同时暂停了土地非农化项目的实施。而且，因为法律诉讼时间往往会很长，土地非农化项目进程会受到明显的耽搁。因此，无论是地方政府还是农民都不喜欢采取强制性征收的方式，现实中强制征收的案例很少。

2）农地所有者与城市开发商之间的合作：土地置换

尽管在欧洲其他国家也有土地置换（umlegung：land readjustment）或者土地整理，德国的土地置换一直是德国引以为豪的城乡土地开发的模式（Müller-Jökel，2002）。土地置换是与传统的农村土地整理（即 flurbereinigung）不同的土地交换方式，尽管它们在一些方面有很多相同之处。德国土地置换的基本的思路如下：首先，将所有的项目区的土地都看做一个整体。政府的责任是将这个整体地块中的一部分地块用于土地改良以提供必要的公共设施，如道路、排水和绿地等。政府投入改良的相应地块是免费从原土地所有者那里获得的。其次，初始整体的剩余部分将根据原土地所有者贡献的土地面积和其他成本在原土地所有者之间重新分配。政府对土地的改良和土地用途的改变会极大地提升土地的市场价格，因此，政府会与原土地所有者进行谈判来确定原土地所有者如何对这个潜在的土地增值做贡献。一般来说，原土地所有者会将自己的一部分土地免费供应给政府作为基础设施用地。尽管土地所有者土地面积减少了，但土地置换有一个根本原则是土地所有者重新分配到的地块的市值不低于原土地的市值②。因为现阶段公共预算的

① 对于德国市级政府而言，在购买农民土地以贯彻 B 规划上有着所谓的优先购买权（pre-emption right）。但是，德国政府并不刻意地掌控这个过程，主要就是因为财政预算的限制。因此，市级政府一般不会刻意实施优先购买权，这使得私营部门的投资者有动力参与土地开发的过程。

② 当然，在实际情况中也有农地所有者接受现金补偿，或者在项目区之外的其他地区获得等值的土地补偿，这些情况比较少。

逐渐紧缺，一些市级政府会要求原土地所有者再额外支付一些现金来弥补政府对公共设施投入的成本。

因此，这种土地置换的过程并不需要政府真的去购买项目区的任何土地，所有土地置换只需要基于两次土地估价并保障农地所有者拥有的土地价值在前后平衡（或有一定的盈利）即可。此时，政府根据土地置换前后的土地估价结果的差异在原农地所有者之间进行土地分配。土地估价服务可以由公共土地估价机构，如土地价格评估委员会（Land Assessment Board），或者私人的土地估价公司来提供①。为了保障农地所有者的权益，他们的土地价值在土地置换中至少是不减少。同时，市级政府一般可以弥补90%的成本投入，有些时候甚至可能有一些盈利，因为政府可以多留一些升值后的土地作为政府资产（Müller-Jökel，2002）。因此，土地置换也可以由以盈利为目的的私人投资者来实施或者进行公私合作。

根据Dransfeld（2001）的研究，尽管因为政府的财政预算的短缺使得私人在土地非农化中很活跃，但由政府主导的土地非农化在2000年的时候仍然占据大部分。在商业和住宅开发案例中政府主导购买型的比例占60%，私人购买型的比例是20%，公私合作的案例占5%，土地置换案例的比例为15%。

4. 德国的土地改良阶段

与其他欧美国家类似，德国的土地改良主要包括公共设施的建设，如道路、排水、交通和照明等。从20世纪70年代以来，联邦、州和市级政府平均分担了这些土地改良的成本，因为这个时期土地改良是政府的责任（Wiegandt，2004）。然而，近年来改良的成本已经成为地方财政越来越重的负担，使得地方政府不断寻找更为合适的方法来与农民一起分享土地非农化的增值收益。如果是由私人承担了土地改良的任务，那么所有的改良成本将由私人承担。如果土地改良是由政府和私人合作实施，那么改良的成本将在政府和私人之间进行共担，当然这些需要在合作之初就已协商好（Wiegandt，2004；Dransfeld，2001）。

5. 德国土地非农化后的产权交易过程

在德国，根据买地方式的不同，政府对改良后的土地的出售方式也是不同的。一般来说，无论是政府、私人还是两者之间的合作，售地的目的都是弥补成本并盈利。整个卖地的过程由买卖双方根据自愿的市场原则来定价，因此，政府或私人如果作为售地的主体，都自行承担相应的风险。如果是通过土地置换的方式进行的土地非农化，则售地的过程可以省略，因为地块的权属仍然属于原土地所有者，只是土地所有者需要考虑合适的方式来实现自己的土地在非农化后的增

---

① 土地估价在德国已经非常成熟。无论是公共的还是私人的估价机构，土地估价报告都能够得到交易双方和法院等的认可。

值收益，如是自己投资建设还是在市场上出售。

Devy(1999)为我们展示了德国土地非农化中土地增值的过程：远郊区的农地的价格一般是 3 欧元/平方米，近郊区的存在非农化可能性的农地价格一般是 7~8 欧元/平方米，如果土地已经落入了 F 规划则价格会达到 20~100 欧元/平方米，如果土地已经落入了 B 规划则价格会上升到 135 欧元/平方米，如果再经过改良后土地的价格可以达到 150 欧元/平方米。可以看出，这个过程中土地价格增长了 50 倍。在德国，大部分的土地增值收益由原农地所有者获得，一部分与中间的交易主体共享。

由于日益紧缩的地方财政，市级政府也在寻找一些农地所有者能够接受的方式来进一步分享土地的增值收益。不同区域的地方政府有着不同的策略。一些城市，尤其是一些已经出现经济劣势的城市(如西部的鲁尔工业区或东部的地区)，很难从土地增值收益中分享更多的收益，因为它们也面临着吸引外来投资或者吸引居民定居的压力(Devy，1999)。而在另外一些城市，特别是在德国南部经济繁荣的地区(如慕尼黑)，不仅可以使用传统的分享增值收益的手段，如作为中间购买者，同时，也会主动与土地所有者进行协商来直接要求分享更多的增值收益，如政府会要求土地所有者承担一部分公共设施的成本。慕尼黑的地方法就直接规定土地增值收益的 2/3 应该由政府获得(Dransfeld，2001)。当然，这种"看得见"的利益分享手段不是土地所有者所乐意接受的。因此，一些地方政府会使用"无声的"手段，如要求进行开发建设的个人或组织要对生态破坏支付一定的补偿费用，而这种要求是受到《联邦自然保护法案》的支持和保护的(Devy，1999)。土地非农化不可避免地对自然环境造成损害，对这种产生损害的行为进行征税是政府分享增值收益的能够被接受的方式。

(二)中国和德国的对比

可以看出，在中国和德国土地非农化过程中诸多不同之处中有五个方面是最明显的，即土地产权、土地规划、市场作用、政府作用和绩效。下面我们对这五个方面做详细的论述(表 6-2)。

表 6-2　中国和德国土地非农化治理制度的对比

国家	德国	中国
土地产权	(1)所有权但受到一定的限制 (2)农民的私人产权受到独立于政府的司法体系的保护 (3)征地完整的价值补偿(包含协商后的增值收益共享)	(1)使用权且有时间、用途等方面的限制 (2)农民的私人产权有独立于政府的司法体系的保护 (3)受限的征地补偿(且不包含增值收益)

续表

国家	德国	中国
土地规划	(1)三个级别的规划 (2)追求人类社会与生态环境之间的平衡 (3)分权特征的规划 (4)信息对公众的充分公开 (5)充裕的公众参与制度	(1)整体上也是三个级别(具体到乡镇共五个级别) (2)更关注土地非农化造成的耕地的损失 (3)集权特征的规划 (4)信息没有充分公开 (5)缺乏公众参与且也没有合适的激励机制来促进公众参与
市场作用	(1)城市和农村都充分发育的土地市场 (2)市场定价且具有完善的价格公开机制	(1)城市和农村的土地市场都没有完全发育 (2)价格受到政府的控制,信息共享机制也很弱
政府作用	(1)不强制干预,积极与私营部门合作 (2)与原农地所有者共享增值收益且追求自己的盈利,同时政府也主动承担公共设施投入的成本	(1)强制性地控制了土地非农化 (2)捕获了完整的土地增值收益,然后用一部分支持了城市的工业企业
绩效	(1)非农化速度:114公顷/天(2006年) (2)非常耗时 (3)根据市场原则来分配收益	(1)非农化速度:802公顷/天(2004年) (2)不耗时 (3)收益分配由政府的规则来决定

1. 土地产权的设置

土地产权决定了土地买和卖的方式,同时也影响着土地非农化收益的最终分配。德国农地的产权是私有的,但即使私有产权人对自己的土地进行非农开发,也需要向政府申请许可。

在中国,农地是集体所有,但是农地本身并没有明确的产权主体来行使这个共有的权利。农民只是从集体获得了承包权,并且只能从事农业生产活动。农民只能在村集体内部进行土地承包权的转让,对集体以外的人只能够通过出租的方式进行流转(van den Berg et al.,2006)。

德国的城市土地是私有的(私人的房地产、住宅等)或者政府所有(公共土地利用,如公园和街道等),但是中国几乎所有的城市土地都属于国家所有,城市用地者只通过划拨或者出让的形式获得土地使用权。不过,在城市内部,两个国家有一个方面是一致的,即土地所有者(德国)或土地使用者(中国)可以转让、出租或者抵押相应的土地权利,当然他们也必须遵循土地规划和其他相关法律的约束。

另外,在德国,如果政府需要行使强制性征收的权力,那么完全的土地价值补偿再加上一定的土地增值收益分享是行使征收的前提。同时,政府的强制性征收是在非常严格的条件下才能够实施,如充分的公共利益的界定和必要的公共参与程序等。而中国的模糊产权实际上导致了频繁的强制性征收,同时征收的补偿相对更低——德国的农地所有者能够得到大部分土地增值收益，但中国的农民在补偿中几乎无法获得任何增值收益。还有一个很关键的问题是，德国具有独立的司法体系来保障农地所有者的利益必须得到公正的对待，但是在中国如果农民对征地补偿不满意，他们只能与批准征地的政府机关去协商谈判。实际上这种谈判的权利非常小，因为农民本身在政治地位上就比较低。更严重的是，中国的土地所有者没有权利反对或者暂停非农化项目的实施。这种在产权上缺少独立司法体系的保护很可能会造成地方政府对土地征收的"贪婪"和随意。

2. 土地利用规划的作用

中国和德国两个国家的土地利用规划表面上看非常相似：第一，土地规划都有三个级别，即中央（联邦）、省（州）和地方（市级）；第二，土地利用规划都有法律基础，即使中国的法律基础相对薄弱；第三，三个级别的土地利用规划都有明确的分工和合作。

但是，两个国家土地利用规划更多的是本质上的不同。第一个明显的不同是土地利用规划总体目标的不同。当前德国土地规划的目标关注的是如何实现人类社会和自然环境之间的协调发展（Ulmer et al.，2007），促进城乡之间的统筹（Bruns and Schmidt，1997），以及如何进一步提高土地规划分权状态下的土地利用效率（Magel，2003）。在中国，尽管规划也追求类似的目标，但当前更紧要的任务是通过加强土地利用规划的职能来控制过快的耕地非农化。这实际上预示着土地利用规划常常被忽视或者被地方政府随意改动——规划的总体目标只是嘴上说说①。

第二个明显的不同是每个层次土地利用规划之间的关系不同。德国的特征是上级规划（州级或者联邦级）要么是指导性规划，要么是为了提供地方政府无法提供的公共设施而编制的规划，同时，城市土地开发详细规划由地方政府负责编制和实施。尽管地方规划要符合上级规划，但地方政府实际上拥有非常明显的优势来编制以地方发展目标为导向的规划。而且，一旦土地规划批准以后，任何级别的政府，无论是地方还是联邦，都没有随意修改的权力。在中国，土地利用规划更是一种配额规划，而且是从上向下式的配额。配额由上级政府决定，然后在下级政府间进行分配和调配。问题是，上级政府一般很难获得基层政府土地非农化的实际需求的准确信息，造成上级配额和下级需求上的矛盾。因此，地方政府经常会违反规划。这也反映了中国的规划在法律地位上的缺失②。

---

① 有一个证据是国务院曾经两次紧急叫停了新增建设用地的审批，一次是 1997～1999 年，另一次是 2004～2005 年（State Council，1997；Administrative Office of the State Council，2004）。

② 中国的规划体系主要分两大块，一块是土地利用规划，另一块是城市规划。前者致力于形成土地资源的有效配置，后者致力于对城市增长的理性控制和布局。但问题是，这两个规划是由两个行政部门编制和管理的，一个是国土管理部门，另一个是城乡建设部门，且这两个部门在行政级别上是平级的。这就可能造成项目实施过程中部门间规划的矛盾，进而造成对规划的忽视或随意修改。

第三个明显的不同是中国和德国在编制和实施规划过程中信息的公开程度。在德国，土地利用规划由专家设计但需要充足的公众参与，这使得德国的规划在后续实施过程中几乎不会出现公众违规和抵制的现象。在编制、审批和实施阶段所有的信息都是对公众公开的。然而，在中国，即使规划也同样是由专家编制，但公众参与却是缺失的。很多重要的土地利用规划信息都不对公民公开，而且公民似乎对规划的本身也不关心。这使得在实践中由私人主动实施或参与土地开发非常困难，同时也造成规划实施中有意或无意的违规行为缺乏公众监督的可能。

3. 土地市场的作用

德国已经形成了成熟的城乡土地市场。除了因公共利益而需要补贴的土地利用，如社会福利住房，其他所有的土地都需要经过市场的方式进行交易。交易时土地价格不仅能够从公立或私立的估价机构的评估服务中得到参考，同时交易的双方是基于自由竞争的原则进行交易。公立的估价部门和遍布全国的私营土地估价机构的评估服务奠定了土地市场价格的基础，这些服务为各类土地交易提供了能够得到法律认可和双方公认的评估价格，且所有评估后的信息都对公众公开。

但是在中国土地非农化过程中的三个细分的市场中，只有城市土地二级市场满足一定意义上的竞争的条件，即买卖双方透明的土地评估和竞争过程。农地征收和城市土地一级市场由政府强势地控制。尽管中国也有很多私营的土地估价公司，同时政府也声称要提高土地市场的竞争程度，但土地估价本身仍然主要由政府控制或者影响（如征收或者一级市场上土地价格的底价都是由政府确定的），同时土地交易方式中偏向竞争的方式，如招标、拍卖和挂牌等，仍然仅适用于土地出让中的小部分。

4. 政府在土地非农化过程中的作用

政府在土地非农化过程中的作用可以考察三个方面，即政府的职能、政府分享增值收益的手段，以及政府参与土地非农化的动机。

在德国，尽管政府自己多会积极参与和影响土地开发的过程，但政府不会限制私营部门参与土地非农化，甚至政府会鼓励私人的自愿投入。政府经常直接购买项目区的土地，然后积极寻找与私营部门甚至与农地所有者之间的合作，如前面专门介绍的土地置换。在中国，政府会控制土地非农化的所有步骤，政府充当征收市场中唯一的需求者和一级市场中唯一的供给者，同时也操控市场中的价格。在这个过程中私营部门基本上没有任何机会主动去实施非农化的任何阶段。

政府参与非农化的过程也决定了土地增值收益的分配结果。在德国，农地所有者获得了绝大多数的增值收益。地方政府也不是绝对不参与增值收益的分配，相反，它们会通过不同的手段来分享，如通过与原农地所有者直接商议让农地所有者承担部分土地改良的成本，或者通过增值税收或生态补偿等"无声的"手段来分享增值收益。在中国，土地非农化增值收益更多地被政府所获取。政府完全主导了土地所有权或使用权的买和卖的过程，通过定价和定量"双管齐下"获得土地的增值并进一步与工业用地者分享相关的增值收益。这种方式因此也决定了中国政府目前并没有关注通过土地税的方式来分享增值收益，即土地税收的作用在中国并不是非常明显。

除了政府干预市场的总体的目标，如所谓的避免市场失灵，政府参与非农化的动机还与分享增值收益和解决社会问题有关。在德国，在 20 世纪下半叶曾经出现过一段时期的住房短缺，政府为了解决这个社会问题而采取了很多手段。例如，政府鼓励私营部门参与住房的供应。而在中国，传统的计划经济体制使得政府一直尝试捕获大部分的土地增值收益，并将增值收益用于促进国民经济的增长，即所谓的农业支持工业和农村支持城市，通过土地非农化增值收益的获取，中国政府在短期内有了必要的资本积累来促进中国的工业化进程。

5. 土地非农化治理的绩效

直接对不同国家的制度进行孰优孰劣的评价是不科学的，因为每个国家所面临的包括自然和社会等条件的外部环境是不一样的。即使数据上的直接证据其实也没有实际意义。例如，2006 年德国土地非农化速度大约是 114 公顷/天（Ulmer et al.，2007），而中国 2004 年土地非农化速度大约是 802 公顷/天（Ministry of Land and Resources of China，2004）。但这两个数字上的差异实际上不能让我们得出德国的土地非农化治理就优于中国的土地非农化治理，因为中国和德国当前面临的经济发展阶段和对土地的需求不同。当然，在理性看待数字含义的前提下，我们还是可以通过三个方面的证据来定性地评判一下中德两个国家的管理绩效，即管理的成本、土地资源的效率和社会福利的分配。

第一个可参考的指标是政府关注的焦点。德国政府当前更加关注的是土地非农化的外部性（Ulmer et al.，2007），而中国政府目前更关注的是如何应对配额体系所面临的问题，如控制土地非法的非农化[①]（曲福田和谭荣，2010）。在德国土地非法的非农化现象非常少，这可以反映出中国之所以土地非法的非农化现象多主要是因为缺乏足够的地方监管和公众参与。第二个可参考的指标是土地非农化项目的建设时间。中国土地非农化建设项目基本上比德国的建设要节省很多时间，因为在德国，项目的实施更多的时间耗费在不同利益主体的协商过程中，而中国政府却可以通过行政权力来推进项目的实施。时间成本本身是交易费用的一种，所以在一定程度上反馈了管理的绩效。第三个可参考的指标是收益的分配。

[①] 现阶段中国土地非农化的非法案例主要包括三种形式。第一，地方政府超标非农化。第二，通过隐瞒实际的非农化数量，并通过分解项目、瞒报项目等方法获得上级的审批。第三，村集体通过农村集体建设用地直接流转给非农经济使用，如小产权房等。但大多数的非法或违规案例多是地方政府的行为。

土地所有者、政府和私营部门都可以参与土地非农化增值收益的分享，但中国的情形却是政府捕获了大部分的增值收益。当然我们还应该考虑到中国农民现在的牺牲，当中国政府转变其发展的战略进入反哺农村和反哺农业的阶段后，谁能够说农民不会分享更多的收益呢？那现阶段农民的牺牲，是否可以看做农民的一种长期投资呢？

五、中国土地非农化治理规则的特征

这一章介绍了中国土地非农化的制度环境和治理结构。作为土地非农化的具体规则，中国的管理方式有一些明显的特征。

第一，中国的土地非农化仍然被政府主导和强制性控制。其主要的手段是土地利用规划和配额体系。尽管政府的管控对于避免不必要的土地非农化的非市场价值的损失有帮助，但这种方式也带来了很多潜在的问题，如中央如何能够准确地计算出从上往下的配额的数量、如何在不同的区域进行分配，以及如何决定失地农民的合理的补偿。如果考虑到信息必然的不对称性，包括土地区位、土地开发环境和相关利益主体的观点等，中央政府的决策很可能是有偏的决策。尤其是，如果再考虑到地方政府在土地投入上的"饥渴"行为，土地非农化在地方层次上将受到更为严重的威胁。这些具体现象在第五章中已有详细的论述。

第二，尽管中国政府非常关注土地非农化的管制，但它最主要的目的是保障粮食安全。因此，这种目的与西方国家关注的生态环境方面的考虑本质上是不同的。因此，中国所谓的一元的管控政策（即单纯保护耕地的目的）造成了生态环境的退化。例如，从边际土地开垦而来的新补充的耕地仅仅是数量上满足了耕地占补平衡，但从质量和周围的生态环境的变化来讲，远远没有达到平衡的要求。而这种非平衡的占补平衡，造成了长期耕地保护效果的下降和粮食安全受损。

第三，实际上增值收益的分配是政府更为看重的目标，尽管没有任何组织和个人公开表达过这个目标。中国土地非农化的利益相关者包括农民、中央政府、地方政府和城市土地使用者。在当前的管理体制下，地方政府和一些工业投资者享有了大部分的增值收益。农民在一定程度上被歧视了，因为农民在权利地位上相对处于弱势地位，同时也没有正式的渠道来表达自己的利益诉求。更严重的是，他们的土地权利在一定程度上被先天性地束缚了。另外，尽管中央政府对土地收益的分享也不看重，但对保持生态环境效益非常看重，然而在所谓的地方政治锦标赛下，中央政府的目标在一定程度上也被地方政府所忽视。

中国土地非农化治理的主要特征和上述的各种利益冲突揭示了当前管理制度的缺陷，而这些缺陷在中德两个国家的对比中得到了更为清晰的展现。相对于中国，德国的管理有一些潜在的优势。例如，德国的农地所有者拥有更强的产权地位。中国的农地所有者既没有得到足够的补偿，也无法参与土地非农化的过程，更严重的是，他们没有权利向司法机构诉诸自己遭遇的利益纠纷。如果农民的权利无法得到保障，那么他们最基本的利益都将无法得到保障。这很容易造成社会群体间的紧张关系和社会稳定问题。如果没有充分的信息共享机制，土地配置的效率也难以实现，不仅可能使土地无法分配给最能够有效利用该块土地的使用者，在分配的过程中还可能出现一些政府官员的寻租和腐败行为。

第七章

土地非农化规则的实施： 行政管理体系的一些困惑

因为资源禀赋的压力和政治体制的转轨，中国的土地制度一直吸引着世界范围的学者和决策者的关注。但是，文献中对中国土地制度的执行过程，即土地行政管理的关注并不多。第五章我们详细地介绍了当前土地非农化治理的制度，揭示了一些制度的缺陷，但还没有系统地梳理制度实施过程中遇到的问题。本章的目的是从现阶段中国土地制度的实际执行中所面临的困惑来揭示和评价中国土地行政管理的"黑匣子"，并反馈相应土地管理正式制度的绩效。

本章着重介绍近年来中国土地行政管理体系的新进展和出现的新问题，并通过集权和分权的视角来分析这些问题的原因，最后指出未来可能改进的途径。本章既揭示了中国土地非农化治理的治理结构新的进展，也发展了一条从治理结构反馈来评价正式制度绩效的分析思路，还为中国当前土地管理面临的困惑进行释疑和建议[①]。

一、未受重视的现象引发的思考

中国的土地利用政策一直吸引着理论学者和实际决策者的关注，不仅因为中国土地面积广阔、人地矛盾突出，更是因为中国的土地管理结构是集权式的计划配置和分权式的市场配置的混合体制。在转型的背景下，中国土地利用政策的制定、实施和评价能够为理论研究和实践经验提供难得的案例。从土地产权中所有权与使用权分离但依旧保持产权主体抽象化改革（Ho and Spoor，2006），到土地规划仅通过从上向下的集权式管控而忽视公众参与以及无法满足市场主体实际需求（Tan et al.，2009），到土地市场的建立仍然是一种政府管控的城市一级市场，包含了政府的强势储备和供应垄断等（Lin and Ho，2005），再到各种土地制度包括征地、耕地保护等变迁和评价（W. Li et al.，2009；Ho，2005；Ding，2003）等，

---

① 感谢浙江大学吴次芳教授对本章的贡献，当然本书作者文责自负。

中国土地制度逐步被揭开了神秘的面纱，并且总体上都被学者以褒扬的态度来评价。

但是，在中国实际的土地行政管理中，却出现了诸如"土地产权的界定已经超过了半个世纪，但是农地的登记还没有完成并且政府也不重视该进程"（Ho，2005）；"土地规划的基础数据缺失，甚至地方政府杜撰数据，但土地规划依旧得到制定、审批和执行"（Wu and Tan，2010）；"一方面强调建立和发挥土地市场的作用，一方面政府一直对市场的需求和供给进行直接干预"（Tian and Ma，2009）；"在现阶段的土地制度执行中，出现了有法不依、违法不究、法不责众的怪现象"（Xu，2007）等的冲突和矛盾。这些不仅让一些理论研究者感到不理解，就是一些中国的政府官员也都常常感到困惑。

这些困惑说明，中国的土地制度在执行的过程中可能出现了问题。土地的相关制度，现有的研究已经有很多，但是土地制度的执行，即土地行政管理体系，从文献的角度看，依旧是一个"黑匣子"，没有准确的总结和描述（W. Li et al.，2009；Qu et al.，1995）。实际上，为了解释和解决中国土地利用过程中遇到的种种困惑，对中国土地行政管理体系的把握也是非常重要的。

因此，本章的安排如下：首先，揭开中国土地行政管理体系的"黑匣子"，即在第二部分着重揭示中国土地行政部门的结构、职能及其运行；其次，在第三部分着重介绍现阶段中国的土地行政管理所面临的几个重大困惑，或者说是制度的现实冲突；再次，在第四部分对这些困惑进行集权和分权视角的制度分析，解释这些困惑产生的原因和探讨可能的解决路径；最后，第五部分是结论和对中国土地行政管理体系的评论和展望。

二、中国土地行政管理的"黑匣子"

揭开中国土地行政管理的"黑匣子"，需要从土地行政管理的规则基础（即产权、法律和政体）、土地行政管理的机构和职能、土地行政管理日常运转来分别阐述。虽然土地产权等基础规则在前面已经进行了详细阐述，但为了论述的系统性，这里还会简单提及。

（一）土地行政的基础：产权与法律

有很多的研究已经非常清晰地介绍了中国土地产权、法律及其变迁过程等（Ho，2005；Lin and Ho，2005），这里就不再重复已有研究，只简单扼要地总结一下这些土地行政管理的基础。中国的土地产权只有两种，即国家所有（由国务院代为行使）和集体所有（由行政村委会或集体经济组织代为行使）。城市居民、企业、农民等只拥有土地使用权。取得不同的使用权是有时间和成本的区别的。

这种独立出来的使用权，实际上奠定了公有制国家土地资源市场配置的基础。

中国第一部《土地管理法》颁布于 1986 年，在 1998 年有过一次修订，1988 年、2004 年各有过一次修正。《土地管理法》主要界定了土地的所有权和使用权，明确了土地利用总体规划的地位和作用，强调了耕地保护的重要性和举措，建立了建设用地扩张的审批制度和城镇国有土地的使用制度，明确了监督检查的义务和相关的法律责任(Tan et al.，2009)。

(二)土地行政的核心：土地规划控制和土地垄断供给

国土资源部前部长孙文盛对中国现阶段土地行政管理的主要业务做了总结："我国改革开放以来的土地管理制度一直是围绕保护耕地和保障经济发展展开的。"(汤小俊等，2008)保护耕地就是通过土地利用总体规划和农地非农转用的审批权来控制耕地被占为城市建设用地[①]。保障经济发展就是为工商业发展在土地市场上提供必要的国有土地使用权，并收取土地出让金作为地方政府发展城市和公共基础设施的基金[②]。除了城市内部存量建设用地出让外，国家还可以通过对农村集体土地的征收，将集体用地变为国有土地后出让给城市用地者(即城市开发的过程)[③]。所以，中国土地行政管理的各项业务也是围绕这两个主要目的展开的。

(三)土地行政的结构：各级部门的设立和新的变化

中国的政府有五级，分别是国务院、省级、市级、县级和乡镇级。在每一级别的政府里面均有相应的土地行政管理部门。在国家级别专门管理土地资源的国家土地管理局成立于 1986 年，1998 年升格成国土资源部，是国务院的组成部门。其他级别政府也有相应的国土资源厅(或局)。可以说，中国的土地行政管理从 1986 年起，经过十几年的演变，初具规范化的行政管理体系(图 7-1)。近年来，随着经济社会发展新的变化，土地行政管理结构也发生了三处主要变化，即"省以下垂直管理"、"国家土地督察制度"和"土地出让金'收支两条线'"。

1. 省以下垂直管理

2005 年以前，土地行政管理部门都作为相应级别政府的组成部门，其人事权、财权、物权等都由同级人民政府完全管理，这种由地方政府完全负责的行政结构对土地行政管理业务(政策执行等)造成了一定的影响，即地方政府可能会因为地方利益而忽视中央政府的决策和土地资源的法律法规。因此，为了避免地方

---

① 详细的规划控制治理结构参见 Tan 等(2009)、Tan 和 Beckmann(2010)。

② 详见 Lin 和 Ho(2005)。

③ 详见 Tan 等(2009)。

政府对国土资源管理的干预，尤其是为了发展地方经济而违规审批农转用等，到2005年全国范围内实行了省以下国土资源系统垂直管理，即省级以下基层土地部门的用地审批权和领导干部的人事权由地方政府管辖改为由上级国土部门管理为主，但是省到中央并不垂直管理；而财政预算、其他人事权依旧由相应地方政府管理。如图7-1所示，市县的国土管理部门有两个直接领导，一个是地方政府，其对财权、物权和内部职工的人事权进行管理；另一个是上级土地管理部门，其对审批权、领导的人事权、业务规范等方面进行管理。

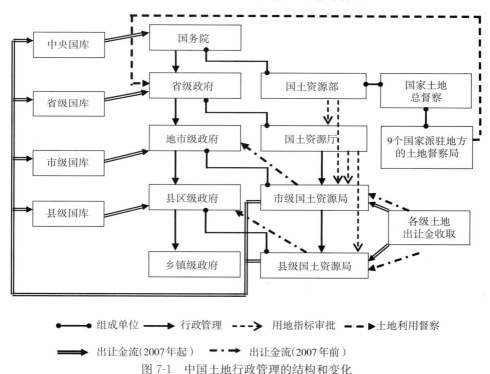

图 7-1　中国土地行政管理的结构和变化

2. 国家土地督察制度

实际上，上述"双头领导"的"半垂直管理"体系对控制地方政府违规和变相执行中央政策并没有起到非常明显的抑制作用。为此，2006年国务院进一步授权国土资源部代表国务院对各省（自治区、直辖市），以及计划单列市人民政府土地利用和管理情况进行监督检查。即如图7-1中土地督察的虚线箭头所示，在上述国土行政管理体系之外（含本身的执法监察机构），重新建立了一条新的监督检察机制，设立国家土地总督察（由国土资源部部长兼），向地方派驻土地督察局（共9个，分别督察31个省级行政单位和5个计划单列市，不含港澳台），代表国家土地总督察履行监督检查职责。其主要职责如下：监督检查耕地保护、核查土地利用和管理的合法性和真实性，监督检查土地管理审批事项和土地管理法定职责履行情况等。目前来看，督察采用的是年度抽查的方式，选择几个市级政府进行详查，对监督检查中发现的问题，向相关省级和计划单列市人民政府提出整改意见。对整改不力的，由国家土地总督察依照有关规定责令限期整改。整改期间，暂停被责令限期整改地区的农用地转用和土地征收的受理和审批。当然，土地督察不改变、不取代各级地方人民政府及其土地主管部门的行政许可、行政处罚等管理职权。同时，各派驻地方的土地督察局不直接查处案件，对发现的问题，由国家土地总督察按照有关规定通报监察部等部门依法处理。

3. 土地出让金"收支两条线"

2007年以前国土管理部门在收取土地出让金后，其收入直接由市、县政府进行利用，不经过地方财政管理部门(各级国库)的管理，即以前的土地出让收入不在政府预算内，地方政府使用随意性大，造成土地出让收入的监管存在很大漏洞。从2007年起，国务院规定将土地出让收支纳入地方预算，实行"收支两条线"管理，即土地出让金可以由土地部门负责代收，财政部门、人民银行和地方国库负责实际的收入和支出的管理，即土地收取的部门不能直接使用出让收益，必须由地方国库统一安排支出。支出的范围也有明确规定，包括：①征地和拆迁补偿支出；②土地开发支出；③支农支出，包括计提农业土地开发资金、补助被征地农民社会保障支出、保持被征地农民原有生活水平补贴支出和农村基础设施建设支出；④城市建设支出，包括完善国有土地使用功能的配套设施建设支出及城市基础设施建设支出；⑤其他支出，包括土地出让业务费、缴纳新增建设用地土地有偿使用费、计提国有土地收益基金、城镇廉租住房保障支出及支付破产或改制国有企业职工安置费支出等。这种"收支两条线"的新制度，有利于纠正地方在土地开发上的短期行为，使土地出让金的运用更加透明规范，同时有效确保相关利益群体的合法权益。

三、中国土地行政管理的困惑

中国的经济和房地产业在近20年来都得到了举世瞩目的发展，理论研究上对土地产权、市场、规制等制度的评价也是肯定性的居多，即使也有一些批评，如土地违法的存在(Ho and Lin，2003)，"蛙跳式"城市化与"两栖现象"的伪城镇化(Zhang，2008)，城市增长的管理受地方经济目的、房地产市场等的影响(Han，2010；Zhao，2011)。然而，对中国土地制度下的土地日常行政管理的执行问题，并没有得到研究者的关注。用 Williamson(2000)或者 Ostrom(2005)的分类方法看，实际中所产生的问题都属于治理结构上的问题，理论上治理结构如果出了问题，也应该对正式制度产生反馈，长期内促使正式制度的进一步优化。

所以，我们有必要研究一下在转型过程中中国的所谓的进步性的土地制度在治理结构层面出现了什么问题。本章并不尝试罗列所有的问题，而是把目光锁定在现阶段中国矛盾最为突出的四个方面，即产权登记、规划制定和执行、市场管理及行政体系本身存在的困惑。

（一）土地产权登记的困惑

将土地使用权从所有权中分离，并允许市场对使用权进行配置，是中国在维持所有权公有制的前提下，提高土地资源配置效率的公认的成功举措。现实中，政府对城市土地使用权的确权登记和发证工作开展非常迅速，从1989年开始，到2001年完成了58%，到目前已经基本完成。然而，对于集体土地所有权登记的进度一直比较缓慢，从新中国成立初期就确立了集体土地所有权，但到2001年年初只完成确权和颁证16%，最近政府加快了速度，但到2009年也仅完成66%；而基于所有权的集体土地使用权、农民宅基地登记和农村农业建设用地的登记确权颁证比例就更小（Xu，2009a；Ho，2005）。

产权的明确和登记的完备，是土地资源利用秩序和效率的前提，这已经是理论认可的，但是在中国农地产权的确权登记一直进展缓慢（困境i，记为i，以下类推）。各级政府对农村土地的登记和确权工作不重视，至今未形成覆盖全国的土地地籍体系，是国土管理部门实际执行官员感到的首要困惑。因为，作为土地管理基础工作，土地的确权和登记关系到规划、市场等其他土地利用制度的基础。

（二）土地规划制定和执行的困惑

不像荷兰和德国等国家的空间规划，中国的土地规划不重视地块在空间上的定位，主要是在数量上通过层级制的指标分配来控制土地在不同用途、不同时间和不同区位上的分配。其主要内容是从上向下逐级分解的三大指标体系（Tan and Beckmann，2010），即建设用地总量的配额、耕地保有量的配额、土地利用年度计划的配额。建设用地总量的配额是指地方各级人民政府编制的土地利用总体规划中的建设用地总量不得超过上一级土地利用总体规划确定的控制指标。耕地保有量的配额是指耕地保有量不得低于上一级土地利用总体规划确定的控制指标。土地利用年度计划的配额是指根据国民经济和社会发展计划、国家产业政策、土地利用总体规划以及建设用地和土地利用的实际状况，国家编制每年每个地区的建设用地可增加数量。

土地规划在编制过程中的困惑就是层级制的指标分配，如果地方政府的指标是由中央政府分配的，那么中央政府的指标是谁分配的，即指标总量如何来的。中央政府在信息不对称的约束下所作的指标计划配置，很可能违背了市场经济的原则，但是中央却一直不愿意采取由下向上的分权制指标制定模式，这是中国土地规划制定的困惑之一(ii)。如果中央的指标没有科学依据，那么基于中央指标的分配，也不存在科学依据。

同时，规划制定过程中还有一个困惑就是地方各级政府不得不在辖区内满足上级分配的耕地总量、基本农田、建设用地等指标，但在全覆盖的地籍数据缺失的情况下，地方的规划完全成了官员"拍脑袋"——臆造出来的数据。中国的土地基础数据一直是学术界和实践界诟病的地方，国土管理官员手上往往有十套以上的数据，用于不同的场合和目的。即使是全国范围的基础性的第一次和第二次土地资源大调查，也没有给出公认的、权威发布的基础数据。这在规划制定过程中，彰显了制定者和审核者杜撰数据的必然性(iii)。

在土地规划执行过程中，规划修改的随意性也是土地行政的困惑之一(iv)。规划执行中因为国家、省政府的所谓公共项目的需要，对规划重新进行调整，随意将不能开发的基本农田改变区位。在没有指标的情况下地方政府可以用未来的指标，即先用地后审批；或者为了避免高级别的审批机关的审批，把一个项目所需的大块土地分解成若干的小块土地进行审批[审批权限不同，小面积用地指标审批只需要省政府审批，而超过一定规模的审批就需要到国务院(Tan et al.，2009)]。这使得土地规划的权威性受到质疑。

现阶段在土地规划第二轮修编(2006~2020年)中还出现"跑指标"(v)、"省部协议"(vi)、"审批流于形式"(vii)等怪现象。

"跑指标"是指第二轮修编中有些省政府在分配指标的时候，给予地市政府很少的指标，但允许地市政府在规划执行期根据实际需要向省政府再额外申请指标，如山东一个地方初始指标只有30公顷的非农专用指标，但经过"跑指标"，最终获得了超高200公顷的非农转用指标，这彰显了规划指标设定的局限性，不是规划弹性和动态能够合理解释的。

"省部协议"是指2007年后国土资源部先后与25个省(自治区、直辖市)签订了合作协议，在农村土地整治、规划动态管理、农村土地管理、节约集约用地、建设用地审批、地质工作服务等方面加强业务指导和政策支持。表面上，这种省部协议有利于地方政府根据地区的经济社会特征，采用相应的因地制宜的土地审批政策，但实质上，这种"省部协议"，是在规划指标之外的额外协定，给各省在严格执行指标分配和审批上留出了一定的自由空间，这是对土地指标体系的严肃性的一种挑战。

"审批流于形式"指的是各地上报国务院审批的规划一般无法实现内容的有效审核，仅仅是程序上必须经过国土资源部、国务院的逐级审批，甚至审批规划的人本身不懂规划(临时抽调的工作人员等)，造成了成本的浪费。

(三)土地市场管理的困惑

中国建立了包含农地承包流转市场、征地市场、城市出让一级市场和二级市场等明显分割但又相互联系的市场体系(Tan et al.，2009)。政府监管农地承包流转市场(村委会或集体经济组织负责集体内部的承包权分配和转让，政府监管其农业用途维持不变)、垄断征地市场(政府是唯一需求者)和一级市场(政府是唯一供给者)、放开二级市场(由城市用地者自由买卖使用权)，是现阶段中国土地市场的主要特征。对于产业和经济增长最为重要的新增建设用地供应，即一级市场土地出让，政府根据用途的不同和用地对象的不同，可以采用划拨、协议、招拍挂的不同形式进行出让(详见第六章)。划拨是无偿供应的方式，主要是公共利益需要；协议是非公开的方式，由政府和单一的用地者协商土地价格；招拍挂是公开的采用竞争原则的供地方式。

为了实现土地资源的市场配置、提高土地利用效率和减少政府干预，中央政府近年来大力推广城市建设用地的招拍挂出让，并从 2007 年 9 月 30 日起摒弃工业用地的协议出让方式。工业用地一律招拍挂的规定使工业用地市场的竞争性加强，呈现出较激烈的竞价现象，提高了国家所有的土地的收益。但是仅仅两年后(即 2009 年)，全国各地就出现了对招拍挂的质疑，很多地方政府官员声称传统的协议出让在一些情况下比招拍挂更合适。因为工业用地一律招拍挂之后，有意愿的或者符合政府发展目标的项目在竞价过程中能不能拿到土地不知道(因为价高者得，而真正符合产业规划、环保条件等的企业项目可能因为资金问题而无法竞得)、土地成本多少不知道(拍卖前没有人知道)、什么时候能开工不知道(审批时间过长)，这既减弱工业企业投资的意愿，也无法适应项目对市场快速反应的要求。因此，土地出让方式究竟哪种是合适的，实际该如何操作，给基层的政策执行人员造成了困惑(viii)。

另外，1994 年中央实行分税制后，地方财政赤字状况日趋严重。土地出让金成为地方政府在短期内解决财政问题的一剂良方，如个别城市的土地出让金收入分别超过其财政收入的 30%(如北京、上海等)、50%(如沈阳、南京等)，甚至一倍以上(如杭州、厦门等)(甘藏春，2009)。而且，2007 年前土地出让金不属于国库系统管理，这样地方政府在使用出让金上更加灵活，也造成了潜在的违规、违法甚至个人贪污等。因此，中国在 2007 年开始执行土地出让金的"收支两条线"政策，即出让金收取可以是国土管理部门收，但要统一上缴到地方国库，然后由地方国库按照每年年初的财政预算进行使用的支配，避免地方政府的随意使用。但在实际执行过程中，2007 年至今，土地出让金并没有如中央政府所愿得到很好的管理，因为地方政府依旧可以找出很多方式来分享土地出让金的部分利益。例如，有的地区土地出让收支未全额纳入地方基金预算管理；有的地区已收缴的土地出让收入在非税收入汇缴专户滞留时间过长，未按规定及时缴入地方国库；有的地区存在拖欠土地出让收入问题，未能做到应收尽收；有的地区越权减免缓缴或变相减免土地出让收入，造成土地出让收入流失；还有的地区未按规定编制土地出让收支预算；等等。更夸张的是，大多数地方国土管理部门的官员和实际操作者都说不清楚土地出让金的流程，因为每个地方政府的对策很多，为了继续分享土地出让收益，实际操作变化实在太大。土地出让金依旧没有改变地方财政依赖之源的特征，更甚的是土地出让金的违规使用隐藏更深、更不易察觉。这也是土地市场建立后在土地收益分配和使用上的一个困惑(ix)。

(四)土地行政体系的困惑

土地管理行政面临着"单兵作战"和运动式管理的困惑(x)，即近年来土地管理部门出台的政策总是受到其他行政部门的不配合甚至抵制。例如，挂钩政策(Tan and Beckmann，2010)一直受到中央农村工作办公室的批评和质疑(Chen，2011b)。农村结构调整占用耕地造成耕地隐性减少，但负责的农业部门不愿意与土地管理部门相互配合管理好农业发展和农地利用问题(Zhang et al.，2010)。在规划指标审批、执行等过程中，土地部门的政策往往被地方政府多部门的对策所化解，地方政府总是可以利用信息不对称，规避土地政策的规制。因此，土地管理部门经常是"头痛医头，脚痛医脚"，发挥着"消防队"的作用，干预不得不以"运动式"的方式进行。经常性的整顿和清查，难免耗资巨大，且见效甚微。更有一位省级政府土地管理部门的官员向笔者抱怨：现在中央的政策文件多且繁杂，其中70%无效(下级没有呼应)、20%有效(上下呼应)、10%有害(下级理解错误)，这也彰显了土地行政业务的困惑。

2006年国家土地督察制度建立，是在现有的土地行政体制外又建立了一个单独的监督体系，旨在加强国务院对地方政府用地和管理行为的监督、纠正。这也带来了督察的困惑：就监督的职能看，国土行政体系中已经有了监察执法职能部门，额外再建立一个监督体系与原监察执法部门的职能有一定的重叠(xi)，也有对各级执法监察部门的不信任之嫌；就督察的隶属看，现在的督察仍旧隶属于国土资源部，其总督察和副总督察都是国土资源部的正副部长，这并没有赋予督察一个完全独立的身份(xii)，也无法避免督察职能的独立性和不受干扰性。

另外，就督察权力设置看，督察是一种对土地利用审批和地方政府用地的事后检查，是一种事后权，而传统的规划指标的审批权是一种事前权。假设集权或者分权的变化诉求维持不变，或处于分权的趋势中，中央政府的事前权和事后权应该是一种替代均衡，否则会造成制度制定和执行上的浪费。因此，在现阶段市场经济转轨的背景下，当督察权设立后，中央的审批权应该有所弱化或地方化。但是，目前审批权不仅没有地方化，反而集权化很明显(xiii)，如一年只有一次的新增建设用地的集中审批，审批周期过长且复杂（一般都在1年以上，长的达2~3年）。当然，如果说现的审批权还不足以满足土地管理集权的诉求，则督察权不是对审批权的替代，而是一种补充。但这与现阶段市场经济转轨的大背景相悖，同时与国土资源部的"形式审批"相矛盾，即实际中国土资源部根本没有足够的人力、物力和财力来详细认真审核每个项目用地的审批工作，更多的是履行程序进行形式上的审批，虽然有四级政府审批，但从来没有见到高级政府的官员到现场去踏勘过（Wu and Tan，2010）。这造成了审批制度整体绩效的低下，各种用地申请不能及时满足或严重滞后于市场的需求。也其实反映了现阶段审批更应该是过度集权，而不是审批权还不够集中以满足规范管理的需要。

综上所述，现有土地行政管理在治理结构层次的困惑主要分为四大类，13个小类，如表7-1所示。

表 7-1　现阶段中国土地行政管理结构的困惑

大类	小类
土地产权	i. 农地产权的确权登记一直进展缓慢
土地规划	ii. 对于规划指标，地方由中央分配，中央的指标谁来分配、如何计算
	iii. 规划制定过程中杜撰数据的必然性
	iv. 规划修改的随意性
	v. "跑指标"
	vi. "省部协议"
	vii. "审批流于形式"
土地市场	viii. 土地出让方式反复
	ix. 土地出让金表面规范，但违规使用隐藏更深
土地行政体系	x. "单兵作战"和运动式管理的困惑
	xi. 督察的监督职能与原有职能重叠
	xii. 督察未独立出土地行政体系
	xiii. 督察权建立后审批权没有放松、集权化明显

四、土地行政管理困惑的解释：一个集权与分权的视角

现阶段中国土地行政管理在实践中出现的各种困惑，不同于在土地利用结果上表征出来的问题，如城市蔓延或土地浪费，也不同于制度本身设计上的问题，如产权缺失或市场缺失，而是一种在制度执行中出现的矛盾，这种矛盾有可能是最初制度设计缺陷的反映，也有可能是外部环境变化后引起制度执行的问题。

（一）对制度的简单理解

新制度经济学揭示了制度存在的本质，即制度是人类自己设计用于约束人类之间的相互联系和影响的规则。它们构建了社会、经济和政治交互激励的博弈规则（North，1990）。当然，人为设定的制度永远都是不完美的（Eggertsson，2005），必然会导致制度实施后的冲突。建立制度需要投入事前成本，执行或后续冲突也耗费事后成本。事前投入成本多，可以相对降低事后冲突发生，反之亦然。因此，从理论上说制度的建立是一种事前成本和事后成本的权衡，目的是在实现某种人类行为秩序的同时尽可能降低制度本身的成本。这种观点本质上与尽可能减少租值耗散的含义（Cheung，1974）或者交易费用经济学中最小化交易费用的理念（Williamson，1998）是一致的。

制度作为规则在约束人类行为的时候，还受到自然禀赋、社区特征、外部规则、执行人和受约束人的特征等因素的影响，造成即使是相同制度在不同地方、不同时间执行的效果也是不一样的（Ostrom，2005）。这其实揭示了治理结构（即将成文制度转化为实际执行制度的人类行为的组织形式）对于制度的实际效果影响明显。例如，对于大区域范围的制度执行，集权与分权的选择是需要着重考虑的内容。

如果不存在信息不对称和交易费用经济学中的交易费用，区分集权和分权的治理结构是不必要的，但实际中的信息和交易费用造成集权和分权互为优劣势（Ostrom，1990，2005）。集权能够全盘考虑经济效益和社会公平，解决区域间的协作，避免地方的短视；分权有利于准确把握当地的知识和"共享的心智模型"（shared mental model）（Denzau and North，1994），有利于降低制度设计和执行成本，也有利于将集权政策过于集中的风险分散掉。

（二）中国土地行政困惑的解释：集权与分权的动态均衡

上述中国土地行政管理的困惑（i～xiii），涉及土地产权、土地规划、土地市场和土地行政体系四个方面，虽然具体内容不一样，但它们存在的原因都可以从集权和分权的角度予以一定的阐释，即使这种解释不能包含所有方面的原因。

1. 土地产权登记的困惑（i）

农地产权登记作为土地行政管理的基础却进展缓慢（困惑 i），有些人认为是需要大量成本投入、地方冲突很多、情况非常复杂，导致登记确权的周期非常长（Cai，2009）；还有些人认为农地产权登记是一种不涉及权力分配、无法体现明显政绩的工作，从这个角度看，农地确权登记工作自然不会受到急于在任期内（一般是 4～8 年）得到升迁的各级土地行政管理官员的重视（Liu，2010）。

其实还可以从集权与分权的角度进行解释。如果是集权化的农地产权管理，需要相关的登记确权。但实际上，中国农地利用采取的是充分的分权形式，即农地的所有权是以行政村为单位进行配置，由集体行使所有权，由农户行使承包权，所以农地确权登记和颁证在法律程序上的缺失并没有影响到实际的农业生产，这类似于以村为单位的小范围的自组织治理（Ostrom，1990）。另外，城市扩张需要占用农地时，国家在这个过程中有严格的土地规划进行控制，避免了集体产权确权缺失造成耕地无法得到有效保护被城市扩张随意占用的可能。所以这种本质上是分权治理的格局决定了短期内确权不会是工作重点，也不必要成为工作重点。毕竟确权的成本超出了确权后带来农地利用秩序上的成本节省。这个观点类似于政府是故意地模糊农地产权的论点（Ho，2005）。而对于城市建设用地，因为是由国务院代表全民所有的完全的集权管理，是一种典型的"公地悲剧"型的物品，因此，为了满足管理需要，确权和颁证很快得到了完成。

2. 土地规划制定和执行的困惑（ii～vii）

从上到下的指标分配，表面上中央政府存在信息不对称的局限，其指标的设定和分配很可能不适应地方经济的实际要求（困惑 ii），从规划的科学性角度看，中央政府的过度集权确实存在效率低下的地方，但如果理解中央的集权其实是为了维护规划存在的本质——土地利用的一种秩序，就可以理解集权的原因。

中国土地规划制度的现状是在集权式和分权式指标设定及分配，以及准确规划和非准确规划之间权衡后的结果。中国土地规划的目的就是严格保护耕地，规范城市建设用地的使用。在地方政府短期视角和地方竞争激烈的背景下，只有将规划中各类指标设定的权力和用地审批的权力都集中到中央政府，才能全盘考虑经济效益和社会公平，解决区域间的协作，避免地方的短视。虽然这样做有很多事前设定、协调成本和事后冲突调解、违规惩罚等成本，但比起土地利用失控的成本要小得多。

而规划的指标总量是否准确或者制定是否科学，受到制度事前成本和事后成本的影响，非常准确的规划成本太高而不可能，只要中央政府根据社会经济发展能够较合理地给出每年建设用地指标增量部分，而农地总量、建设用地总量等指标是否准确，对于保护耕地、合理控制建设用地等目标来说不是非常重要。所以，这也解释了第 iii 个困惑，即为什么基础数据不准确规划还可以有作用，而且中央政府也认可。因为增量控制好了，存量即使没有准确数据影响也不大。同样，也解释了第 vii 个困惑，即审批即使是一种形式，但也要审批，这是集权必需的步骤，而且即使是形式审批，也在一定程度上威慑着地方政府不能随意制定相应的地方规划（否则很可能上报的规划不予通过）。

但是对于实际中随意修改规划的做法（困惑 iv），虽然有些情况下为国家大型的公共设施建设（如高铁等）提供了条件，但从其负面作用看也给地方政府轻视规划的权威性带来了影响，这从规划设计上是个缺陷，应该在制定规划之初就为国家的公共建设留下空间。

而新一轮规划修编中出现的地方"跑指标"获取超过原指标若干倍的情况(困惑 v),表面上是允许地方政府根据特别需要的项目可以再向省级政府申请更多指标,但省级政府预留如此多的指标,其实已经造成了指标配置的浪费,在实际中"跑指标"已经不再单纯是规划指标灵活的目的,而是省级政府的一种集权的愿望和寻租的空间,导致不同地方政府在时间、金钱、精力等方面的竞争。这其实是省级政府一种过度集权的体现,不利于制度的有效性。

2007 年起的"省部协议"(困惑 vi),其实是国土资源部的一次分权行为,在原来指标体系外允许签订协议的省级政府在适当的范围内在指标配额、审批权力等方面有一定的自由空间。这与规划最初的完全集权是一个矛盾,可能是尝试在中央集权和地方分权上找到一个更好的结合点,但更可能的解释是国土资源部想改变与地方省级单位和其他部门之间日益摩擦的关系(见困惑 x),期望通过省部协议得到地方的支持,更好地开展国土管理工作。但这种做法实际上违背了最初的指标和审批权的权威性,实际上害处大于益处,这从 2010 年国家土地督察过程中可以看出,地方的土地违法使用,更多的是地方政府的违规,而且可以从省部协议中得到相关的支持条件,而难以处罚,最终导致了规划本意的失效。

3. 土地市场管理的困惑(viii～ix)

土地出让"以价高者得"的招拍挂在现实中又遇到了困境,彰显了土地出让本身就应该是一种需要因地制宜的交易行为,完全要求按照招拍挂等以价格竞争为原则来配置土地资源在现实中遇到了市场失灵的境况。表面上看这种土地政策是一个不明智的决策,然而如果从集权与分权的角度看,其实该决策又体现着一种效率。只采用招拍挂等以竞价为原则的出让方式,其实是剥夺了地方政府自由决定地价的权力,这有利于市场体系形成过程中国有建设用地使用权价值的实现。如果允许地方政府以协议的方式出让土地,则其实是赋予了地方政府决定建设用地使用权价值的权力。在为了发挥市场配置手段、体现土地有偿使用的背景下,统一采用招拍挂是一种制度上的最优选择。当然,在现阶段出现了产业转型升级的新要求下,价格可能不再适宜作为唯一的出让标准,这需要一定的放权,由地方政府增加一定新的标准出让土地。这需要中央政府从长远和短期目标上进行权衡。

土地出让金的"收支两条线"就更体现了集权的过程。"收支两条线"就是为了加强中央对出让金的管理,避免地方政府过度自由地使用出让金,而对地方权力的收回。现实中土地出让金不规范依然存在,也彰显了集权是不可能完整的,总是有一定空间可以被地方政府所占有,类似于巴泽尔的产权公共域(Barzel,1989)。随着中央政策的改进或补充,集权的效果会更加明显,不过这种集权有利于规范土地出让金的使用。虽然现在的违规使用隐藏越来越深,但总体上还是应该向着集权的方向发展。

4. 土地行政体系的困惑（x～xiii）

"单兵作战"的原因可能是土地政策确实存在问题，得不到其他部门或者下级政府的响应和支持，现在的挂钩可能出现这种情况，中央的农村工作领导小组一直认为这种挂钩政策本质是"拆除农民房屋，节约出来土地，变成建设用地指标，然后再转变到城市中使用"，忽视了农民土地权益，牺牲农民土地开发权而发展城市，同时剥夺了大部分的经济补偿。但更可能的解释是国土管理部门过度集权引致其他部门不需要配合，当然也有抵触情绪的可能。正如最初环保部门经常受到其他部门的抵制一样，因为环保影响了其他部门的政绩，国土管理部门的审批集权和用地指标同样影响到其他部门的政绩。因此，地方政府总是会尽可能地通过适当的对策来缓解土地指标的束缚。这是中央集权的必然后果。运动式的管理方式从一定程度上讲，也是中央集权的成本，是中央或者国土资源部在受到地方抵制时不得不采取的应对措施，只能通过再度集权的方式来执行新的政策。

土地督察本身也是为了应对集权导致地方政府不配合和土地违规利用的行为，尝试通过另外一条不再受制于地方政府的集权方式来监督和约束地方政府的用地行为。这从理论上应该完全独立于被监督部门。但现在的国家督察局依旧属于国土管理部门，主要是从业务熟悉等角度考虑的，因为重新建立新的公务员队伍，成本很大，短期内不可能实现，因此，通过抽调其他地方的国土管理部门人员，可以在节省成本的同时起到一定的监督作用。但是，审批权没有因此而放松，确实是存在一定的人力物力等浪费，但考虑到督察本身的新兴性，可能需要一定的时间才能真正实现监督的作用，因此，暂时中央对审批权依然不放松也可以理解。但未来的趋势一定是一种分权的趋势，因为事后的督察权可以弥补一定的事前审批权的放松。

以上通过集权与分权来阐释了相关内容，不是说集权与分权就可以解释所有现象，一是这里为了简化分析的逻辑，二是突出行政管理的重点。这些困惑肯定还有其他方面的原因，只是在本章中不再讨论。

五、管理上的困惑是系统的问题

本章揭示了中国土地行政管理的"黑匣子"，并尝试通过集权和分权动态均衡的理论视角分析现阶段行政管理的困惑。本章发现中国的土地行政管理总体上还是以短期目标为主。短期目标为主是指土地行政管理不注重建立和发展土地管理的基础工作和保障，如土地产权的确权登记、地籍工作等，这与官员任期内升迁的愿望关系明显。这种困境其实是集权化的层级制政府管理中的必然结果。中央政府不能以经济利益来激励地方官员的忠诚和努力，只能通过升迁来激励官员，所以短期目标是地方政府最优的选择。

为了杜绝地方官员因短期政绩而过度开发土地，中央政府不得不采取集权的规划指标管理模式。但面对中国地区差异明显、基础数据工作不足的限制，中央政府只谨慎地控制增量，不精确地考虑存量。谨慎的做法，避免了过度损失的风险，当然也造成了与市场经济的脱节。为此，现实中出现了"跑指标""省部协议""随意修改规划"等有悖集权的做法。一方面，这些做法对灵活执行规划、体现市场效率起到了支持作用，是一种适当分权的行为；但另一方面，这些做法实质上却损害了集权式的权威，从长远角度看，有损中央制度和政策的可信度。

土地市场作为土地行政管理的第二个重要内容，其出让方式的变化和出让金收取的变化也反映了地方政府短期目标和中央政府集权分权权衡的特征。为了短期政绩，地方财政过度依赖土地财政，导致耕地被建设用地过度占用。因此，中央不得不规范土地出让和出让金的收取，这是中央政府调和层级管理下激励缺失矛盾的选择，是一种集权与分权的均衡。

土地督察制度的建立也是加强或补充现有集权模式的举措，只是因为督察制度建立的成本导致现有的督察体系还处于国土行政管理体系内部，没有独立出来，同时其职能与现有执法监察等职能有一定的重叠，另外因为督察权还处于起步阶段，前期的审批权的集权特征还未能得到有效放松。从长远来看，独立的督察体系、放松的审批权是该体系集权分权均衡的方向和结果。现阶段的"单兵作战"其实是政治活动的一个负面反应，是土地管理集权的必然结果。运动式的中央政策是过度集权后的无奈选择，运动式是政策贯彻成本最小化的必然途径。解决的办法只能是在提高监督的效果的前提下适当分权。既然已经建立了督察体系，适当的审批权的分权是未来选择的较优途径。

更基础的问题是，现阶段中国的土地登记和地籍管理等工作进展缓慢，这其实是导致现在土地行政管理困惑的最根本原因。虽然这些基础工作不符合短期利益，但从长远角度看中央政府还是应该加强建设，但这需要一种集权式的管理模式来推进。

第八章

现行土地非农化规则的治理后果

目前土地非农化治理体系的特征是政府强势和市场弱势。治理规则决定了土地资源配置结果和收益在不同主体间的分配。本章我们通过一个局部均衡模型来考察这种混合制治理结构造成的土地过度非农化以及不同利益主体福利的变化。通过具体案例研究发现，在现有的治理体系下即使提高现有的城市土地一级市场中出让的竞争程度，如扩大招拍挂的比例，也无法有效地解决当前土地过度非农化的问题，因为过度非农化的根本原因无法在现有的治理体系下得到回应。这给了我们新的思考：是否需要对现有的政府强势和市场弱势的治理体系进行根本上的变革[①]。

一、研究上可能的空白

不同的土地出让方式对土地非农化过程中资源配置效率有着直接的影响。理想的出让方式，不仅要能够满足城镇化和工业化对土地的需求，还要能够顾及国家粮食安全和缩小城乡收入差距的目标。现有的一些关于当前土地非农化治理体系影响的研究，如 Ding(2007)、Cao 等(2008)、Ding 和 Lichtenberg(2011)等，通过实际发生的非农化与政府公布的非农化指标进行比较，或者通过实际的非法土地流转(或非农占用)与非农化后大量土地处于闲置的比较等，论证了当前中国土地非农化存在明显的过度非农化的特征。

同时，这些研究也通过农民征地补偿和地方政府出让土地价格存在明显差距的证据来强调当前土地非农化的治理规则造成农民利益受到损害。其中，Ding 和 Lichtenberg(2011)对城市 GDP 增长构建了一种计量分析模型，进一步为上述判断提供了定量化的证据。在这些证据的基础上，Ding(2007)提出必须给农民提供市场化的补偿才能够真正反映出现实中土地非农化的供需关系，进而实现更

---

① 本章的主要内容曾经发表在 *China Economic Review*，2011 年第 4 期上(Tan et al.，2011)。

有效的资源配置。Cao 等(2008)进一步主张政府应该将农地征收的过程市场化，即让失地农民直接与城市土地使用者进行谈判来确定补偿和土地非农化的数量。Lichtenberg 和 Ding(2008)也呼吁可以考虑允许农村集体经济组织直接通过竞争性的市场谈判将集体土地直接出租给城镇用地者以实现土地资源配置的效率。

据我们有限的知识，目前还没有研究专门考察如果土地非农化在完全竞争性市场下将会出现何种配置结果，也还没有研究考察当前混合制的土地非农化治理体系对社会总体福利的影响，如所造成的农民、城市用地者和政府之间的福利分配结果。因此，本章的目的就是尝试弥补这个缺失。我们通过建立一个局部均衡模型，考察与竞争性的市场条件相比，当前的混合制特征的治理体系所造成的土地过度非农化的数量，以及其背后造成的不同利益主体的福利变化和相应的社会福利的净损失。我们还将通过江西省鹰潭市的农地征收的数据和城市土地市场出让的数据，进一步将这个理论模型运用到实证研究中，通过案例具体估计土地过度非农化的程度及其相应的福利变化。

本章的结构如下：第二部分是对局部均衡模型的详细阐述；第三部分是将这个局部均衡模型运用到江西省鹰潭市土地非农化的实证研究中，估计当地过度非农化的程度和各利益主体间的福利变化；第四部分是结论性评述。

二、局部均衡：治理体系配置效率和福利效应的评价

我们可以用图示的方式来分析与完全竞争市场条件相比，当前混合制的治理结构对土地过度非农化的影响及其背后的社会福利分配的变化。如图 8-1 所示，D 和 S 代表着竞争性市场中土地的需求和供给曲线。尽管理论上因为土地本身的不可移动、政府的直接制约等原因，一般都将土地的市场供应视为没有弹性的(Slangen et al.，2008)，但我们认为在局部的竞争性市场上土地的供应却明显受到土地价格、土地的生产能力(质量)、非农就业的机会和其他农户层面各异的因素的影响，这使得土地供应在一定时期、一定区域的土地市场中是有弹性的。因此，我们在图 8-1 中假定土地供应是有价格弹性的。曲线 D 反映的是城市用地者对新增建设用地的需求。

如图 8-1 所示，市场在 E 处达到均衡，Q^* 和 P^* 分别代表的是均衡时土地非农化的数量和相应的价格。根据现实中的情况，政府以一种近似于"土地饥渴"的态度干预土地非农化的过程，以 P_A 的价格征收农民 Q_S 数量的土地用于城市化和工业化，Q_S 甚至可能超过上级政府分配的新增建设用地指标。

根据图 8-1，我们可以对当前农地征收市场中的配置结果和福利变化先进行一些理论上的分析。和完全竞争市场条件相比，首先能够明确的就是土地被过度非农化的数量是 $Q_S - Q^*$；其次，农民的福利变化是 $(P_A KO - KFH) - P^* EO =$

$-P^*EFHP_A$；第三，城市用地者(可以由地方政府代表)的福利变化是 $JGHP_A-$ $JEP^*=P^*EGHP_A$。因此，社会福利的净损失就是 $P^*EGHP_A-P^*EFHP_A=$ $-EFG$。

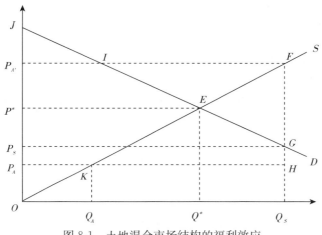

图 8-1　土地混合市场结构的福利效应

接着，地方政府有三种不同的选择将 Q_s 数量的土地使用权在城市土地一级市场中进行转让。因为分析的需要，我们假定所有的土地都出让给同一种类型的用地者，这样三种不同出让方式的福利变化就可以进行相互比较[1]。

政府部门和其他的公益事业用地者可以通过划拨的方式无偿获得土地使用权。我们假定这类用地者同样对价格敏感，因为如果一旦要对该类用地进行收费，用地者必然会对用地规模做出反应，因此，他们的需求曲线也可以用图 8-1 中的 D 来表示。这类用地者[2]的福利变化是 $JGQ_sO-JEP^*=P^*EGQ_sO$，而他们获得土地的成本是 P_AHQ_sO。因此，总体上该类用地者的福利净变化是 P^*EGHP_A。换句话说，虽然政府通过征收土地再划拨给公益部门使用使得该类用地者的福利增加，然而代价却是农民福利、政府收益和社会净福利的损失。

第二产业中的用地者如果通过协议(或表象上的招拍挂实际也是低价出让)的方式获得土地使用权的话(价格为 P_s，比 P_A 高，比 P^* 低)，与竞争市场情况相比(即均衡为 E)，这类用地者的福利变化是梯形 P^*EGP_s，而此时政府收益的变化是 P_sGHP_A。因此，此时农民的福利实际上是转移给了第二产业的用地者和政府，同时也有一部分的社会福利净损失。

---

①　为简化分析的原因，政府进行的道路、排水等基础设施的投资成本和相应的交易费用都忽略了。
②　我们对这类公益事业用地者的收益和成本与私营部门的收益和成本进行同样的假定，即忽略所有可能的公共服务产生的外部性的收益。

第三产业中的用地者通过更为竞争的方式来获得土地使用权。我们假定地方政府也采用一种竞争性的供地者的身份来供应土地[1]，这样第三产业用地者需要支付 P^* 来获得相应的土地使用权。这种情况下的结果是将有部分非农化的土地处于闲置的状态（即 $Q_S - Q^*$）。此时，第三产业用地者福利与竞争性市场下的福利一致，而农民的福利变化仍然是 $-P^*EFHP_A$。地方政府的收益是 $P^*EQ^*O - P_AHQ_SO$。这样，此时的社会福利总体的变化是 $P^*EQ^*O - P_AHQ_SO - P^*EFHP_A = -EFQ_SQ^*$。换句话说，如果征收规则不变，即使政府在一级市场中通过完全竞争的方式来出让土地，其结果是造成一部分非农化后的土地闲置，进而使得社会福利净损失进一步增加，其比例就是图 8-1 中梯形 EGQ_SQ^* 的大小。

上述分析实际上展示了三种极端的情形，即所有的土地都出让给同一种类型的城市用地者。在实际中，大多数的土地非农化后都是出让给不同类型的用地者。这种用地者类型的具体结构（以及相应的出让方式）与地方政府官员的政策目标有关系。土地出让给工业用地者，被认为对地方的 GDP 和就业率的提升有好处，而土地出让给房地产开发商或者其他商业用地者，可以直接产生更多的地方财政收入（即土地财政）。而如果将土地划拨给公益事业的用地者，虽然很明显也降低了地方政府的财政收入，但增加了公共服务的供给。如果考虑到当前地方政府官员的政绩考核最主要的标准是 GDP 的增长率和就业率，那么就能够理解为什么即使工业用地的收益远远低于商住用地的收益，当前在城市土地一级市场中仍有很大比例的土地通过协议（或者表象上的招拍挂）形式出让给工业用地者。这也进一步解释了为什么近年来在全国各地出现的低水平、过剩的工业项目投资屡禁不止，以及在房地产市场中显现的"泡沫"迹象（Cao et al.，2008）。上述的局部均衡模型可以用于实证研究来分析土地非农化过程中出现的过度非农化的程度，同时可以用来估计这个过程中各利益主体福利水平的变化。下面我们将这个模型应用到一个具体的土地非农化的案例中，来展示如何计算过度非农化和估计福利变化。这个案例的来源是我们在 2005 年和 2006 年在江西省鹰潭市做的一个关于征地和城市土地一级市场交易的样本调查。

三、局部模型的应用：一个具体的案例

（一）数据收集

鹰潭市是江西省东北部的一个地级市，坐落于连接江西省省会南昌和浙江省

---

[1] 如果地方政府以一种垄断者的方式供应土地，则土地价格更高，但结果是第三产业的用地者将有福利损失（与竞争市场相比），同时也会有更多的非农化后的土地被闲置。

省会杭州的铁路和公路上，被誉为一个重要的枢纽城市。鹰潭市在 2007 年有 110 万人口，人均收入达到了 18 744 元，比当前全国平均水平高 36％（National Bureau of Statistics，2008）。虽然它的城市化速度比不上中国沿海地区的城市，但高于西部的很多城市。

我们收集的数据包括 1999～2003 年 240 例农地征收的案例（该期间内所有的征收案例）、2002～2005 年 131 例城市土地一级市场案例（该期间内 90％以上的交易案例）和 2001～2005 年 127 例城市土地二级市场案例（该期间内 90％以上的交易案例）。对于每一个案例，我们都详细调查了土地的面积、交易（或补偿）价格、土地用途、土地质量和其他信息。我们还获得了一张电子化的地图，每个案例的位置都在这张电子地图上进行了标示①。这样，每个案例的空间信息，如距离最近的商业中心、火车站、汽车站、绿地等，都能够在图上进行测量。

表 8-1 中报告了我们分析中将用到的主要变量的均值和相应土地交易的总体数量。我们将这些数据根据不同的市场进行了分类。从这些数据中可以看出，在 1999～2003 年农村土地被非农开发的总面积为 543.9 公顷，而调查的案例在相应年份的土地一级市场中的交易面积为 279.3 公顷（2002～2005 年），二级市场中的交易面积为 453.8 公顷（2001～2005 年）。

表 8-1　调查的各种市场案例的变量和交易特征的均值

变量		农地征收案例	城市土地一级市场案例				城市土地二级市场案例
			划拨	协议	拍卖	挂牌	
土地面积/平方米		22 663	8 739	18 004	13 252	38 374	35 733
价格/元/平方米		23	0	71	204	337	296
土地等级[1]		4.61	3.53	3.50	3.50	3.70	3.22
案例距离/千米	汽车站	2.27	2.03	1.38	1.61	1.86	2.05
	商业中心	2.67	2.49	1.37	1.51	2.10	1.98
	绿地	0.24	2.44	0.40	0.51	0.29	0.39
	主要道路	0.37	0.13	0.19	0.04	0.24	0.12
	铁轨	1.42	0.49	0.44	0.37	0.47	0.65
	火车站	2.19	0.68	1.40	1.64	1.84	2.06
交易的数量		240	15	78	8	30	127

---

①　鹰潭市国土资源局的一位具有 10 年以上工龄的工作人员和两位土地评估公司（承担了这些案例的地价评估任务）的工作人员一起将上述土地交易（或征收）案例在图上进行了标示。

续表

变量		农地征收案例	城市土地一级市场案例				城市土地二级市场案例
			划拨	协议	拍卖	挂牌	
按用地类型分	公益事业用地		15				
	第二产业用者			78			
	第三产业用地				8	30	

1)土地等级是指在土地分等定级评估工作中确定的土地级别,是基准地价体系的一部分。基准地价体系是20世纪80年代末开始在城市内部建立的一种为土地交易提供价格参考的价格标准体系,如基准地价体系可以作为招标、拍卖、挂牌或者在二级市场中转让时的价格参考(Ding, 2001)。一般来说,土地使用权的实际价格都会比基准地价高很多。土地的级别分为1~5级不等,1级代表级别最优(如区位等),5级代表级别最差。

资料来源:根据调查数据整理

市政府征收农地的平均补偿是23元/平方米,远远低于城市土地市场中各种交易的价格。在城市土地一级市场中最高的价格是挂牌方式下的价格,然后是拍卖方式下的价格。在2002~2005年土地一级市场中的均价是153元/平方米,从绝对数量上看是1999~2003年农地征收补偿的6.67倍。

(二)方法

根据图8-1的局部均衡模型,我们能够直接搜集的数据只包括 Q_S(实际非农化的数量)、P_A(农地征收的补偿价格)和 P_S(一级市场上协议出让的价格)。因此,我们还需要估计供给曲线 S、需求曲线 D、竞争市场均衡时的价格(P^*)和数量(Q^*)。正如前面第六章中讨论过的,协议出让的方式往往受到非市场因素的影响(如政府直接干预),而拍卖和挂牌的价格往往可以看做竞争性的价格。因此,我们将通过调查到的城市土地一级市场中以拍卖和挂牌方式出让的案例来估计所谓的竞争性市场条件下的 D 曲线和 S 曲线。另外,农地征收价格和二级市场中的交易价格作为独立变量可以用于识别联立的 D 和 S 供需曲线方程组,征收价格用于识别 S,二级价格用于识别 D,因此,我们还需要尽可能找到每个拍卖和挂牌交易案例的征收信息和二级市场交易信息。

然而,这让我们马上面临着一个困难:我们无法从实际调查中获知一级市场中以拍卖或挂牌的方式交易的地块在二级市场中若再次被交易的价格,我们也无法得知这些地块在征地过程中的补偿大小等信息。因为不仅有的案例还没有后续交易,或者即使发生了后续交易,但地块可能已经被分成更多的小块进行了交易,这使得在收集可比较的数据上出现了困难。为了解决这个问题,我们用每个子市场中的交易数据事先估计了该子市场的土地价格函数,这样就可以在统计意义上估计每个现实交易相应其他市场的对应价格。例如,我们可以通过估计农地征收过程中土地补偿价格函数(用收集到的农地征收的案例的相关信息来估计,如质量、区位等),再代入一级土地市场中交易地块的相应信息(如质量、区位等)来计算一级土地市场交易地块在征收过程中可能的价格(估计价格)。

在获得竞争性市场条件下的 D 和 S 后,我们将每一个农地征收的案例的相关信息代入 D 和 S 来计算如果这些农地是在一个竞争的市场中被征收,那么相应的均衡是什么。将这些均衡的数量进行加总,就得到了该征收在竞争市场条件下的均衡数量(Q^*),而相应案例的平均价格则是竞争市场条件下的均衡价格(P^*)。此时,将 Q_S 与 Q^* 进行比较,就能够获得所谓的过度非农化的数量(即1999~2003 年鹰潭市的过度非农化数量)。在该期间内农民福利的损失可以根据 D 和 S 的函数、均衡的 Q^* 和 P^*,以及政府征收时所支付的补偿(即 P_A)计算出来。

接着,按照类似的方式,我们可以通过一级市场中土地交易的数据来计算出2002~2005 年鹰潭市城市土地一级市场中交易主体的福利变化。对于每一个划拨和协议的案例,相应的竞争性的市场价格可以通过土地市场招拍挂的供需函数进行估计,而相应的农地征收补偿价格可以通过征收的供需函数进行估计。最后,通过实际中公益部门用地情况、第二产业用地情况与估计出来的竞争性市场条件下的用地情况进行比较,鹰潭市相应年份的以划拨或不同方式出让的土地交易案例中各利益主体的福利变化、政府的收益变化等都可以根据图 8-1 所示的局部均衡模型的思路进行计算得到。

(三)实证的结果

1. 三类土地价格方程的估计

正如三、(二)部分解释的,我们无法获得实际的拍卖和挂牌交易案例的征收价格和二级市场价格,这导致我们无法直接估计以拍卖和挂牌交易为样本案例的竞争性的供给和需求曲线。因此,首先我们需要通过间接的方式来估计这些拍卖和挂牌交易案例的征收价格和二级市场价格。另外,我们也还需要对划拨土地的协议价格(P_S)进行估计。

表 8-2 报告了农地征收、协议出让、二级市场三种类型土地市场价格的方程。可以看出,这些方程都是土地等级、区位等特征的函数。因为地块的大小也显著影响土地价格,我们也将地块面积作为解释变量放进方程。为了避免异常值的影响,我们采用双对数模型进行价格函数的回归。我们预计所有的解释变量应该对土地价格都是负相关关系(除了距离铁轨的距离因噪声影响可能会存在正相关关系),为此我们进行了单边检验。估计的结果显示,在三类市场交易(或征收)案例中地块的大小和地块的等级与土地价格呈现显著的负相关关系。区位变量也对地块价格有显著影响,但区位的影响在不同类型的市场交易中作用不一致。

表 8-2　三类土地价格方程的估计结果

解释变量	农地征收	协议出让	二级市场
	系数(t-检验)	系数(t-检验)	系数(t-检验)
常数项	4.04 *** (11.4)	8.61 *** (15.61)	6.95 *** (21.93)
面积/千米	−0.06 ** (−3.01)	−0.28 *** (−3.89)	−0.04 * (−1.43)
土地级别	−0.29 * (−1.38)	−1.00 ** (−2.25)	−1.13 *** (−7.19)
距汽车站距离/千米	—	−0.57 * (−1.82)	−0.25 *** (−2.65)
距商业中心距离/千米			
距最近绿地距离/千米	—	—	—
距最近的公路距离/千米	−0.11 *** (−3.28)	—	−0.19 *** (−3.40)
距最近的铁路距离/千米		0.32 *** (2.75)	
距火车站距离/千米	−0.26 *** (−3.07)	—	—
R^2	0.21	0.60	0.65
F	12.4	26.8	56.9

*** 表示 1% 显著；** 表示 5% 显著；* 表示 10% 显著

资料来源：根据调查数据计算

2. 土地非农化竞争性的供需曲线的估计

表 8-3 给出了鹰潭市 2002～2005 年城市土地一级市场中以拍卖和挂牌为出让方式的供给和需求曲线的估计结果。前述步骤中估计得到的二级市场的价格和征收补偿价格(即拍卖和挂牌案例在二级市场上的价格和在征收中的补偿价格)被分别用来识别需求曲线和供给曲线。为了消除因变量减少而造成的联立性偏误，我们用广义矩估计方法(generalized method of moments，GMM)来回归估计拍卖和挂牌出让方式的联立供需方程组的参数[①]。

---

①　GMM 估计通过选择特定的系数来使得工具变量与扰动项之间的相关性尽可能接近零。因此，GMM 是一种可靠的估计方法，它不需要知道扰动项确切的分布。很多标准的联立方程估计可以看做 GMM 的特例(Pindyck and Rubinfeld，1998)。需求曲线估计时选择的工具变量包括土地价格、二级市场价格和区位变量。供给曲线估计时选择的工具变量包括土地级别、距城市中心距离、农地征收价格、商业用途的虚拟变量和挂牌方式的虚拟变量。

表 8-3　城市土地一级市场的供需曲线（以拍卖和挂牌为例）

需求	系数（t-检验）	供给	系数（t-系数）
常数项	14.93 *** （11.31）	常数项	13.59 *** （9.72）
价格	−0.34 *** （−3.18）	价格	0.60 ** （2.10）
二级市场价格（估计数）	−0.61 *** （−3.03）	征收补偿价格（估计数）	−2.27 *** （−4.01）
J 统计量	0.38		

*** 表示 1% 显著；** 表示 5% 显著；* 表示 10% 显著

资料来源：根据调查数据计算

　　所有估计出的系数都在 5% 及以上水平显著。估计的价格弹性在需求和供给曲线中都符合预期，同时供给弹性比需求弹性更大。这个结果与我们先验的判断是吻合的，即如果地方政府在以竞争市场的方式供地时如果收益降低则会显著地降低土地供应，转而让土地闲置（以期待在土地市场更好的时候再出让）。二级市场价格对需求的影响同样符合先验的判断，即与一级市场的价格是反向相关，即双方可能是替代性的市场。

3. 土地过度非农化和福利变化的计算

　　根据上述估计的结果和在三、（二）部分中介绍的方法，我们现在可以计算鹰潭市 1999～2003 年 240 例农地征收案例中土地过度非农化的数量、农民的福利变化和社会福利净损失。结果如表 8-4 所示。

表 8-4　鹰潭市 1999～2003 年土地过度非农化和福利变化

非农化情况	实际非农化量/公顷	竞争市场条件下的非农化量/公顷	过度非农化量/公顷	过度非农化比例/%	农民福利损失/万元	社会福利净损失/万元
数据	543.9	361.9	182.0	33.5	138 430	27 050

资料来源：计算所得

　　结果显示，鹰潭市在 1999～2003 年实际非农化的数量比竞争市场条件下的非农化数量超出 182 公顷，即过度非农化的比例是 33.5%。正是因为土地被过度非农化，同时政府的征地补偿偏低，农民福利相比完全竞争市场条件时降低了138 430 万元。此时社会福利净损失是 27 050 万元。

　　我们没有办法准确调查 1999～2003 年的具体征收地块在后续的城市一级市场的出让信息，如具体地块的后续出让面积和价格，因为大多数的地块被分割储备和出让，而且其出让次序也不同。因此，我们无法计算上述543.9公顷的被非农化的土地在一级市场交易中所造成的利益主体之间的福利变化。但是，我们可以通过所收集到的2002～2005年城市土地一级市场的案例来分析不同出让方式所造成的利益主体之间的收益分配。这在一定程度上也可以展示农民的福利损失是如何在一级市场中不同利益主体间进行分配的。

如果与完全竞争市场条件相比，表8-5为我们揭示了三种不同的出让方式造成的收益分配的变化（我们将拍卖和挂牌视为一种竞争性的出让方式）。结果显示，地方政府从土地出让过程中获得了大部分的增值收益：政府不仅从第三产业用地出让过程中获得了38 000万元的卖地收益（以竞争性方式出让，其价格远高于支付给农民的补偿），还从第二产业用地出让过程中获得了7 100万元的卖地收益（仅略高于支付给农民的补偿）。仅仅有5%的土地是无偿划拨给公益事业部门使用的，若与竞争性市场条件相比，相应的收益损失仅在400万元左右。

表8-5　鹰潭市2002～2005年土地一级市场交易的收益分配变化（单位：万元）

土地使用者类型	划拨案例	协议案例	竞争性案例（拍卖和挂牌）	总计
政府收益	-380	7 070	38 000	44 690
公益事业部门	4 130			4 130
第二产业部门		27 960		27 960
第三产业部门			0	0

资料来源：计算所得

第二产业部门是在这种治理体系下明显获益的另一类利益主体。我们的估计结果显示，这些工业部门获得了大约28 000万元的收益增加，因为它们能够以远低于竞争性市场条件下的价格购买到相应的土地。

综上所述，表8-5清晰地告诉我们，城市土地一级市场中不同主体福利变化取决于各种出让方式的比例。竞争性的出让方式越高（拍卖或挂牌），政府收益则越高，而第二产业和公益事业部门的收益则越小。如果工业企业只能以竞争性的方式获得土地使用权（这样他们就需要支付更高的用地成本），它们对购买新增建设用地的兴趣会大大降低，进而会更加集约和高效地使用土地（如果不考虑企业可以到其他地方投资，或者假设所有的地方政府都采用同样的竞争性出让的策略）。

这其实就是为什么中央政府在2006年9月宣布从那以后所有的地方政府在出让工业用地时都必须采用招拍挂的竞争性出让方式出让工业用地。当然，现实的情况并不像中央政府设想的那样乐观，地方政府多采用表象的招拍挂的方式，实际中仍以尽可能的低价来吸引外来投资（具体在第五章中有介绍）。因此，我们想进一步强调的是，即使"全国一盘棋"地实施了工业用地都必须招拍挂出让的政策规定，也不能必然避免地方政府分享大部分的土地非农化的增值收益，这实际上就没有解决土地过度非农化的本质问题。

四、结论及反思

近年来很多研究都指出当前土地非农化的制度导致了明显的过度非农化，以及这个过程中农民获得的补偿过低的问题。但是，土地非农化究竟在多大程度上超过了竞争性市场条件下的非农化数量，以及当前的治理结构对不同利益主体福利变化究竟有什么影响，这些问题的系统性的研究仍然比较欠缺。本章尝试建立了一个局部均衡模型来给出一个对过度非农化数量和收益分配影响的系统的和定量的分析。通过在江西省鹰潭市收集具体的征地案例和城市土地一级市场的案例，我们具体应用了这个局部均衡模型来进行实证分析。

我们的估计结果显示，如果和竞争性市场条件相比，鹰潭市 1999~2003 年实际发生的土地过度非农化比例大约是 33.5%。土地的过度非农化和政府对失地农民过低的补偿导致了两个直接的结果：农民福利损失大约在 13.8 亿元，而社会福利净损失大约在 2.71 亿元。我们继续用鹰潭市 2002~2005 年城市土地一级市场的不同出让方式的案例分析了土地非农化增值收益的分配情况。我们发现，若与竞争性市场条件下的情况相比，地方政府额外获得了 38 000 万元的第三产业用地的卖地收益，额外获得了 7 100 万元的第二产业用地的卖地收益。两者差异的原因是政府出让给相应用地者时采用的定价策略不同。因此，第二产业用地者实际上在这个过程中额外获得了约 28 000 万元的收益，而第三产业用地者在这个过程中并没有获得更多的收益。通过划拨的方式获得土地的公益事业用地者在这个过程中实际上额外获得了 4 130 万元的收益。这些都反映了当前土地非农化治理体系导致的增值收益分配的结果。

我们的结果还揭示了鹰潭市土地非农化过程面临着一些制度上的挑战。当前的混合制的治理结构，即政府控制的非农化的配额与基于市场制的城市土地交易的结合，实际上并没有很好地实现政府的主要目标——保护耕地和避免土地过度非农化。这可能是因为上级政府没有充分地考虑配额本身是否是合理的，也可能是当前的层级制的结构不能有效地避免在政绩考核体制下地方政府的"土地饥渴"偏好。更为讽刺的是，本章的研究在一定程度上可以得出，如果鹰潭市政府在 1999~2003 年放开对土地非农化的管制，由市场自发地去配置土地资源，土地征收数量很可能就下降 33.5%，这样有大约 182 公顷的城市土地可以继续保留为农业用地。

我们对鹰潭市的实证研究结果进一步印证了早前针对中国土地过度非农化的其他研究的论点(Ding，2007；Cao et al.，2008；Ding and Lichtenberg，2011)。

原则上有两种方式可以帮助政府解决过度非农化的问题。一种是继续保持当前的治理体系，但增加城市土地一级市场中的竞争性出让方式的比重；另一种是彻底改变当前的城乡割裂的土地市场，摒弃政府对征收和一级市场的垄断①。当然，这两种原则的最大区别就是后续的收益分配的不同。第一种原则下，农民的福利（或者说土地的增值收益）将由政府享有而公益事业和工业用地者不再享有。而第二种原则下，则会让农民的福利大为增加（即分享更多的土地增值收益）。第一种原则在实际中可能不容易实施，因为当前中国面临着非常激烈的地区发展的竞争。加上工业用地者的投资更多的是区位专用性很低的投资（不依赖于具体的区位，可以"用脚投票"），这使得认为地方政府能够在扩大竞争性出让方式比例中进行不遗余力的"集体行动"只是一种"一厢情愿"。地方政府会表面上采取招拍挂的竞争性出让方式，但实际上通过其他的方式隐性的低地价吸引投资——这是所谓的"政治锦标赛"使然。另外，如果政府更多地依赖土地财政来发展地方经济，那么即使竞争性的出让方式全面实行，也只能继续增加地方政府对土地投入的依赖，而无法避免地方政府对扩大土地非农化规模的偏好，这实际上也就无法解决土地过度非农化的问题。因此，我们认为如果中央政府要致力于解决耕地保护和保障国家粮食安全的难题，让一种完全竞争的市场机制来代替当前的混合制的土地非农化治理体系，似乎是一种更为合理的选择。

---

① 第二种原则本质上与Slangen等(2008)所建议的方式是一致的：赋予农民私有产权，如果政府要征收他们的土地，必须给予他们完全的补偿；同时，即使是全额的补偿（包括土地增值收益），农民也有权利接受或拒绝。此时，土地非农化的数量和农民的福利将与完全竞争市场条件下保持一致，而此时城市土地用地者的福利变化就取决于所采取的不同的出让方式。

第九章

土地非农化规则设计的影响因素：
以配额手段的多样性为例

既然现行土地非农化的治理规则出现了改进的需求，进一步的问题是如何改进。遵循第四章中的分析框架，本章的目的是从一种"局部视角"——仅关注土地利用本身而暂时不考虑其他相关的影响，来探寻土地非农化治理规则选择的影响因素。对这些影响因素的分析，虽然不足以全面回答如何改进当前的土地非农化治理规则，但可以为其奠定基础。

土地非农化是一个世界性的现象，不同国家都为其设计了复杂的制度体系。在这些复杂的制度体系中，政府对土地非农化的直接控制也是一种普遍的现象。例如，很多国家都通过配额的方式限制土地的非农化，无论土地私有与否，政府都通过规定总量的方式对非农化进行强制管理。我们这里不尝试去关注制度设计在形式上的不同，而是从化繁为简的目的出发，仅选择某一具体的管控手段，如配额制度，来帮助分析不同管控方式的影响因素。因此，本章致力于通过对不同国家的配额政策的比较来探究土地非农化管控制度多样性的原因，为中国土地非农化治理规则的改进提供一定的参考①。

一、配额作为政府管控的一种手段

从前面对土地非农化的现状和对现行规则的评价可以看出，当前中国土地非农化治理过程中政府的直接干预非常明显，这在避免市场失灵的同时，也带来了一些现实的问题。例如，因为缺乏充足的信息和受主观决策的影响，造成了土地的过度非农化。政府推动的开发区建设造成大量的土地因没有市场需求而闲置。这种低效决策造成了一系列生态和社会问题：近郊区的环境受到污染，影响了耕地的生产力，进而影响了粮食安全；占补平衡政策又进一步降低了耕地的平均质

---

① 本章部分内容曾发表在 *Environment and Planning C*，2010 年第 2 期上（Tan and Beckmann，2010）。

量，影响了边际土地的生态系统服务价值；征地补偿过低，影响了农民的利益，不仅导致潜在社会冲突的增多，也影响了城乡的统筹发展；等等。例如，现阶段出现的"两栖"农民和"伪城镇化"现象，是因为快速城市化发展提供了更多的非农就业的机会，但却无法提供永久市民化的机会。一方面既让农民成功脱离对农业的依赖，但另一方面也造成耕地撂荒等利用低效的现象，也进一步造成对农村生产、生活和生态环境更为复杂的影响。这一切问题的原因都指向政府的过度干预，因此，需要考虑如何改进当前的治理体系。

然而，对于决策者来说，如何改进可能是更加困难的问题。土地非农化是一种内部复杂、外部关联的资源利用行为，涉及土地利用的经济、生态和社会等不同方面的含义。不仅仅是满足粮食、纤维、能源等方面生产的需要，还包括对环境、文化、社会等方面服务的需求（Vandermeulen et al.，2009）。这些复杂的约束和诉求造成现实中的制度改进只能是一种"局部的"且渐进式的改革过程。

不同国家为了实现对土地非农化的有效管控，采用了包括市场类和规划类的不同的治理手段。例如，欧美国家采用的主要是空间规划结合市场配置的方式。相比较欧美国家的管理方式，中国的土地市场刚刚形成，还未能在管控中起很大的作用，中国所采取的管控方式主要是一套政府主导的配额体系。

配额对于政府来说，是调控经济的一种手段。相对于自由的市场，配额可以调整商品交易收益在消费者、生产者和政府之间的重新分配，如大多数国家的政府对汽油等能源的供应进行配额管理等。另外，配额还可以用于提高资源利用或环境保护的经济和社会的总体效益，如对渔业捕捞、森林砍伐和污染排放的限制等。目前来看，配额手段已经在世界范围内成为政府调控市场的重要工具。

然而，在土地非农化的治理上，西方国家并没有通过传统的配额方式进行直接控制，更多的还是通过规划的方式将土地用途落实到每块土地上，实现控制土地用途的目的，然后再结合成熟的市场机制允许土地在不同使用者和规划用途间进行交易或变化来提高土地的利用效率。当然，虽然西方国家没有大范围地运用配额的工具，但并不意味着配额工具在土地非农化治理上的作用不显著。单从近年来不同国家逐渐出现的或正在尝试的各种类似于配额制度的用地政策方面，说明配额体系已经得到了广泛的关注。

例如，以空间规划而闻名的德国，现阶段因为农业用地被交通或居住类用地占用速度过快，联邦可持续发展委员会提出了要将全国耕地被建设占用的速度从2006 年每天 114 公顷降低到 2020 年每天 30 公顷的目标（Henger and Bizer，2008）。这种所谓的"30 公顷"目标，本质上也是一种配额的思路。问题是，德国政府该如何在现行空间规划的基础上来设计这种"30 公顷"的配额手段？另外，美国的土地发展权交易制度也存在了近半个世纪（Kaplowitz et al.，2008）。对土地发展权进行限定和交易，实质上也是一种对区域内土地开发的配额制度，所不同的是这种配额是允许交易的。虽然土地开发权交易结合了政府配额限制和市场配置两种手段，进而具有两种手段的优点，但是，这种方式也存在很多问题。例如，发展权配额的初始数量和价值如何设计？通过市场的交易，是否总是优于政府的直接控制？

所有这些，都是欧美国家的政府正在关注的问题。中国土地非农化的配额制度，作为一种政府主动对土地发展权配置的形式，经过多年的发展，应该能够为欧美国家耕地保护和可持续管理提供相关的经验，同时欧美国家已经发展多年的空间规划和土地市场体制，也必然能够为中国的配额制度的改革提供相应的参考。

另外，为什么上述国家所选择的配额手段在内容上不一致呢？分析和总结可能的原因及其背后共性的规律对于中国土地非农化治理体系的改进有着重要的参考价值。正如 Williamson（2000）指出的，当涉及解释治理结构的选择时，交易费用经济学是一个适宜的理论基础。交易费用经济学从优化交易费用的角度来判断交易与治理结构之间的匹配与否，可以用来解释不同配额手段选择的原因和规律。

因此，本章的目的和安排如下：第一，系统总结中国在土地非农化管控上的配额体系，同时介绍近年来该体系的新进展；第二，从制度比较分析的视角，将中国的配额制度与国际上流行的其他几种耕地保护和可持续管理制度进行直接的对比，包括荷兰的土地区划（land zoning）、美国的可交易的土地发展权等；第三，基于交易费用经济学的理论建立评价配额体系绩效的分析模型，评价和对比四个国家配额体系的绩效，重点分析不同国家自然社会等方面的因素如何影响配额体系的设计；第四，在比较的基础上给出双方之间可能的启示和经验，为中国和其他国家在经济社会环境不断变化过程中的配额政策设计提供理论参考。

二、中国土地非农化管控中的配额手段

（一）土地利用规划中的配额

过去的三十几年里，中国的经济增长令世人瞩目，但是耕地资源的大量损失也引起了中央政府的高度重视。中央政府从粮食自给自足的目标出发，多年来一直将保护耕地作为一项基本国策。对于如何实现对耕地非农开发的控制，中国政府主要是通过采用一个从上往下的土地利用规划体系加上一个不成熟的土地市场体系来实现的（Tan et al.，2009）。虽然中国政府正通过引入市场机制来提高城市建设用地或者农村内部农业生产用地的配置效率，但对于土地非农化开发的过程，政府依然采用了高度集权的计划分配体制。这种计划分配体制就是配额

体系。

如前面章节中提及的，中国土地非农化管控的配额体系主要包括三个配额，即建设用地总量的配额、耕地保有量的配额和土地利用年度计划的配额。除了这三个主要配额外，还有一种占用耕地的补偿配额制度，即所谓的耕地占补平衡。具体是指，非农业建设经批准占用耕地的，按照"占多少，垦多少"的原则，由占用耕地的单位负责开垦与所占用耕地的数量和质量相当的耕地；没有条件开垦或者开垦的耕地不符合要求的，应当按照省级政府的规定缴纳耕地开垦费，专款用于开垦新的耕地。省级政府应当确保本行政区域内耕地总量不减少。个别省市确因土地后备资源匮乏的，可以进行易地开垦。

综上所述，建设用地总量和耕地保有量是当轮土地规划时期内土地利用的配额体系，而土地利用年度计划，实际上就是建设占用耕地量的年度配额体系，同时也就规定了当年的耕地补充量。所以，三个配额一旦确定，一个地区未来新增建设用地总量、空间布局和每年度新增的建设用地量就被确定下来。可以看出，这是以耕地保护为主要目标的配额体系。

（二）配额管制的进展：城乡建设用地增减挂钩

虽然中国实行了耕地占补平衡政策，但是由于生态退耕、灾毁和农业结构调整等因素，中国耕地资源数量一直处于下降的趋势。以 2008 年为例，2008 年全国的耕地面积为 1.22 亿公顷，相对于 2007 年净减少 1.93 万公顷。当年建设用地占用耕地数量为 19.16 万公顷，虽然当年土地整理复垦开发补充耕地 22.96 万公顷，但由于灾毁耕地 2.48 万公顷、生态退耕 0.76 万公顷、农业结构调整减少耕地 2.49 万公顷，以上四项共减少耕地 24.89 万公顷，所以耕地总量仍净减少 1.93 万公顷（国土资源部，2009）。

面对着耕地总量和部分地区耕地质量的不断下降，以及近年来世界市场粮价的巨大变动，国家粮食安全与经济安全受到了潜在的威胁。在农业科技没有重大突破的情况下，为了保障中国有限的耕地资源能够同时解决"吃饭问题"与"能源问题"，中国政府在《全国土地利用总体规划纲要（2006—2020 年）》中要求全国耕地保有量到 2010 年和 2020 年分别保持在 18.18 亿亩和 18.05 亿亩，也就是所谓的"18 亿亩耕地红线"。

然而，经济增长和城市扩张对占用耕地的需求与保护耕地"18 亿亩耕地红线"之间的矛盾，随着经济快速增长而日益显现出来，尤其在东部沿海发达城市，这些城市土地复垦潜力非常有限，而经济增长又需要投入更多的土地。如何既满足经济增长的需要，又不违背耕地总量动态平衡的政策，同时还不引起社会公平和生态安全过度的损失，一种新的被称为挂钩的配额体系自 2006 年起在全国各地开展试点，2009 年起中央政府开始大力推行这种配额体系(徐绍史，2009)[①]。

挂钩是指依据土地利用总体规划(制度的前提)，在城市近郊区将若干拟整理复垦为耕地的农村建设用地地块(即拆旧地块)和拟用于城镇建设的地块(即建新地块)等面积共同组成建新拆旧项目区(简称项目区)，通过建新拆旧和土地整理复垦等措施，既增加了一定面积的土地用于城镇建设用地，又保证项目区内耕地有效面积的增加和耕地质量的提高，实现了节约集约利用建设用地、城乡用地布局更合理的目标。

挂钩项目的执行是通过城乡建设用地增减挂钩周转配额(简称挂钩周转配额)进行的。挂钩周转配额专项用于控制项目区内建新地块的规模，同时作为拆旧地块整理复垦耕地面积的标准，但不得作为年度新增建设用地计划配额使用。挂钩周转配额应在规定时间内用拆旧地块整理复垦的耕地面积归还，面积不得少于下达的挂钩周转配额。项目区内拆旧地块整理的耕地面积，大于建新占用的耕地的，可用于建设占用耕地占补平衡。从这点上看，挂钩周转配额独立于上文提到的三个主要的配额(尤其是不能作为新增建设用地计划配额使用)，但是又与三个配额有一定联系：首先，提供了一条途径在项目区新增建设用地(即使没有年度新增建设用地配额)；其次，整理出多余的耕地，可以用于建设占用耕地的占补平衡。

挂钩项目的本质，实际上就是对现阶段耕地资源保护和经济发展需要占用耕地两者矛盾日益激烈的一种缓解。在特定阶段城市范围内的建设用地总量配额是一定的。如果经济发展、工业化、城市化等需要更多的建设用地，只能从农村来挖掘。由于土地利用规划和年度各种土地利用配额的限制，城市新增建设用地占用耕地的供给压力已经越来越大。同时，由于农村传统宅基地和公共设施的粗放建设，农村集体建设用地的利用效率不高，土地的集约度还有很大的提升潜力。在这种背景下，挂钩作为一种制度创新应运而生。

挂钩实现了土地利用空间布局优化，缓解了资源稀缺的压力，既满足了城市建设的需要，也没有减少和降低耕地数量和质量，在一定程度上还提高了农民的生活生产的环境。它没有违背现有的土地法律法规，既满足了耕地占补平衡的要求，也满足了土地集约节约利用的战略，还遵循了农用地转用、征地等相关程序。所以，这种制度创新促进了建设用地流量的增加，使农村一部分富余的建设用地配额调剂到城镇使用，同时农村因分享了土地增值收益得到反哺，改善农村

---

① 2006 年起，国土资源部先后在 21 个省份实施了 600 多个试点项目，面积将近 40 万亩。截至 2008 年 9 月底，实际完成了 158 个项目，农村居民点人均用地下降 100 平方米左右。一些地方还带动耕地整理建成了集中连片的高标准农田。通过对农村散乱、废弃、闲置的建设用地(包括宅基地)进行整理复垦，集中建设居民点，配套建设公共服务设施，净增耕地 13% 左右，促进了这些项目地区农村的土地节约集约利用，改善了农民生产生活条件，改变了村容村貌。

生产生活条件。值得说明的是，挂钩政策的思路奠定了后来更多的地方性的配额制度创新，如重庆和成都地区的"地票"制度、福建地区"山海协作"的"旧村复垦"省级平台交易、成都地区在汶川地震后的"城乡联建"等。

三、多样化的土地非农化管控的配额体系

(一)荷兰的土地区划也是一种配额

荷兰在耕地保护或者说是开放空间的保护上的政策，最核心的制度就是土地区划，如 Randstad 周围的"绿心"(green heart)区划。荷兰国土面积大约为 400 万公顷，拥有超过 1 600 万的人口，城市化压力非常大。尤其是西部的 Randstad 地区，其人口密度可以说是欧洲最密集的地区之一。但正是有了土地区划，即使荷兰的城市化压力非常大，但其耕地和自然用地得到了很好的保护(Koomen et al.，2008)。自从 1958 年荷兰第一份空间规划报告实施以来，荷兰的土地利用在最大可能的程度上维持原状(Kühn，2003)。

具体来看，农用地规划，作为土地区划中专门设计的用途管制空间规划，非常严格地限制了规划区内的土地只能用做农业生产或者自然生态保护区。以"绿心"区划为例，其目的是为荷兰西部几个重要城市(阿姆斯特丹、海牙、鹿特丹等)提供一个户外休憩的天然场所。规划的特点是在既有城镇的基础上，把城市和开放空间的布局进行成簇状分布，这样既满足了城市休憩用地和农用地的需求，也通过规划限制了任何外延式的扩张。当然，不是说该区域大半个世纪以来就不曾发生过任何城市化的土地利用——荷兰政府为了保障这些受限城市能够提供更好的就业和居住条件，在 1998 年后放开了地方政府在这些区域城市内部进行土地非农化的约束。同时，《荷兰空间规划法案》中的第 19 条规定，如果规划与居民人权等重要权利相矛盾，地方政府可以对规划进行相应的修编。虽然有的学者担心这种权力可能会被地方政府滥用，但总体上看并没有影响到"绿心"整体的保护效果(Needham，2007)。

如果从理论上比较中国和荷兰的耕地保护政策，中国的配额体系应该比荷兰的农业区划更为灵活。因为只注重总量控制的配额相比较每块土地用途都事前设定的农业区划，其好处是节省了制定成本，同时具有从上向下的控制力。可是，中国的配额体系在实际中却没有实现与荷兰的区划相似的功效，出现了大量非法的土地非农化行为(Tan et al.，2009)。

造成这种结果的主要原因可能与中国规划设计和配额建立的巨大的交易费用有关。首先，中国国土的面积过于庞大，人口众多，耕地保护的配额配置体系面临着极其复杂的经济社会环境和空间区位差异。这样，即使不是直接对耕地保护

进行区划设计，而是通过配额体系的方法，其成本也将增加很多。其次，中国地方政府的规划自主权没有荷兰地方政府那么大，造成了不同地方政府向上级申请配额的竞争性，从而造成了公地的悲剧，即申请配额上的恶性竞争。同时，也造成中央政府在信息、执行、监督等成本上花费了大量的成本。

当然，中国的配额也具有一些优势。中国的配额制度更有利于中央集权化的控制。因为只需要通过调整下一年度的配额分配，就可以立即对土地的空间分布产生影响，这是区划所不能做到的，而且区划在这种灵活度上的劣势造成了所谓的"政府的限制实质上就是财富的再分配"（Koomen et al.，2008）——因限制区不能进行开发，必然造成限制区周边地区城市化压力的增大，强迫社会资本向外围转移，造成城市规划理论中的"蛙跳增长"或"外溢效应"。此外，荷兰的区划还有可能激化地方政府和中央政府的目标分歧。地方政府一般有着共同的目标，如增加就业和税收等，所以当区划苛刻地限制了发展时，中央和地方政府间的分歧可能扩大。

（二）德国正在讨论的"30 公顷"配额的交易模式

德国在保护耕地上的措施，主要也是空间规划体系，这与荷兰的规划及耕地区划非常相似，如柏林周边的绿带（Bruns and Schmidt，1997；Kühn，2003）。但是，随着联邦政府在 2002 年提出日均"30 公顷"土地非农化的控制目标（Henger and Bizer，2008），德国政府将面临的是通过什么手段实现这种"配额"的制度（Maier-Rigaud，1994；Bizer，1996）。由于具有详细和完善的空间规划体系和土地市场制度（Devy，1999），同时又有准确的配额目标和时间跨度，所以德国引入配额交易体系来既控制非农开发数量，又提高配额本身的配置效率，这在理论上不存在大的问题。因此，当前德国内部争论的焦点就是配额体系的具体设计问题，究竟是采取无差异配额交易制度、还是配额按比率进行交易的制度，或是分区的配额交易制度（Tietenberg，2006；Henger and Bizer，2009；Lehmann and Schröter-Schlaack，2008）。

无差异配额交易制度是指配额对于任何区位的土地来说在单位上是同质的，如果拥有或通过交易获得一单位的配额，就可以在任意区位上开发一单位的土地。这种制度安排的优点是能够以最小的成本来实现"30 公顷"的目标，同时实现配置效率的优化，但缺点是这种无差异的配额忽视了土地本身的空间差异性，可能造成土地空间价值和生态价值的损失（Lehmann and Schröter-Schlaack，2008）。

配额按比率进行交易是指土地非农开发对于不同区位的土地来说是不同质的，这样配额在交易时并不能按照 1：1 的比例进行等额交易。例如，非农开发对经济社会生态损害后果严重的地区在购买损害相对轻的地区的一个单位配额时，并不能让自己拥有一个单位的非农开发配额，而是小于一个单位，具体比率根据实际损害的差异而定。这种制度安排的优点是空间的差异得到了体现，但缺点也很明显，这种配额交易制度与无差异配额交易制度相比，需要投入更多的前期成本，如损害评估的费用等（Henger and Bizer，2009）。

分区的配额交易是指针对在土地非农开发的空间异质性明显的地区设立的一种只能在特定区域内进行非农开发配额交易而不能进行跨区交易的模式。该制度安排的优点是可以解决总体污染过度集聚（hot spot）的问题，当然缺点是初始区划的成本很高（Henger and Bizer，2009），而且，如果区域划分过小，也可能带来交易的"薄市场"（thin market）或政府的过度干预问题（Cheshire and Sheppard，2002）。

德国政府提出"30 公顷"的目标，虽然不能说明德国的空间规划出现了大问题，但反映出在国土面积相对更大的国家实施空间规划时（与荷兰相比），其效果也会受到限制。德国正在讨论的配额交易机制，一方面使得空间规划能够更灵活地实施、监管和评价，同时也因为德国成熟的市场体制而大大增加了配额的效率。对比中国和德国的配额制度，德国配额制度所面临的问题是采取什么样的配额形式。因为土地不像废气污染那样具有很高的同质性，不同区位的土地即使数量和质量上都一样，其价值也是不同的。所以，中国通过土地利用规划控制下的、小范围的城乡挂钩模式，是一种值得德国参考的配额交易模式。因为大范围的配额虽然可能提高了局部的配额配置效率，但是存在诸如生态污染转移、发展机会剥夺等社会不公平问题，这从中国叫停大范围省域交易可以看出。中国的城乡挂钩配额模式，既考虑了从上到下的计划配置方式的控制力，也体现了市场在配置小区域土地资源上的优势，是大面积国家解决保护和发展矛盾的一种可行的方法。

（三）美国的可转让的土地发展权

美国政府从 20 世纪 60 年代就开始重视对耕地的保护（Bunce，1998）。虽然对保护耕地的目的先后有不同的争论，而且最初的控制城市的无序蔓延和避免粮食生产能力降低的主张现在已经淡出了公众的视野，但保护耕地对保护环境、维持美观、稳定农村社区的生活方式等的贡献还是得到了现阶段城市规划者的认同（McCallum，1994；Bunce，1998）。采取什么方式来保护耕地，在美国不同地区也有着不同的尝试（Nelson，1992）。近年来，TDR 不仅在美国颇为流行，也越来越受到世界其他国家的关注（Pruetz，1997，2003；Johnston and Madison，1997）。

TDR 是指土地所有人将可发展权让渡，让渡的发展权在转让地块上作废，而可以在受让地块上与其现有的发展权相加存在（Kaplowitz et al.，2008）。所以，TDR 的基础是对土地权利束中发展权的认可，这是法学的概念。TDR 的基本框架如下：两个区域被设计成项目的组成部分，第一区域是发送区域，此区域内土地的未来发展被限制，但土地的发展权从现有的总的权利束中分离出来，同时该权利将在市场上进行销售。那么，谁是买家？这就是第二区域，即接受区域。这样，接受区域在拥有了土地和足够的发展权后才能开始建设相应规模的项目。这种 TDR 的模式具有两个优点：第一，将开发从保护区内转向需要对土地进行集约利用的其他区域；第二，保护区内的土地所有者能够出售其发展权，并因此补偿其由于对土地使用的限制而丧失的未来收入。

美国的 TDR 不仅仅因为发挥了市场的配置作用，更重要的优势是它避免了私人产权和公共利益的冲突，避免了法律上一系列可能的不完善的地方，这些都引起了包括中国、西欧等很多国家和地区的关注。因为直接通过配额的控制模式，首要面临的问题就是配额实际上就是对私有产权的干预。如果宪法规定了私有产权不受任何第三方的干预，那么需考虑如何让民众接受这种配额体系，尤其在自由程度很高的美国。所以，TDR 从产权的视角解决了民众接受的问题，这是中国的配额制度所没有考虑的。虽然，中国近年来开始增加对农民权益的重视，尤其在《中华人民共和国物权法》中明确规定了农民的用益物权，但是农民在面对政府征用上依然不得不妥协，造成了很多失地农民和地方政府的矛盾。

但是，对于美国的 TDR，其面临的重要问题就是配额需要多少、初始配额怎么设定、如何考虑配额的公平性和外部性等。如果说理论上通过土地区划就可以解决初始配额、应该保护哪些农业区、土地发展权可以转让到哪里等问题，但仍有几个无法解决的问题。第一，市场无法实现对耕地非市场价值的内化，即如何合理评估具体地块的土地发展权的价值以进行交易。第二，在 TDR 的模式下，耕地的数量还是在减少。如果不是美国的自然资源禀赋和人口的压力不大，并不一定能够判断 TDR 取得了成功。试想，如果美国面临与中国同样的人口压力、城市化压力和粮食安全压力，那么 TDR 在保护耕地上的努力是不够的。第三，TDR 与荷兰的土地区划和中国的配额分配相比较，交易费用孰重孰轻？这是一个不同制度环境下自然资源的治理结构选择问题。在一个没有从上向下控制性规划的美国实行发展权的交易，如果资源禀赋压力变大，则城市的无序蔓延、耕地的过度损失所造成的负面后果可能更为严重，这样，其建立、执行、监管等成本将是无法估计的。中国分区的配额市场，既容易解决配额初始的总量设定和初始分配，也很容易控制市场本身的可能的无序和外部性控制。这是美国的 TDR 所不具备的。

四、配额制度多样性的原因：一个交易费用分析模型

（一）土地非农化配额可视为"污染控制"的手段

实际上，从"命令与控制"（command-and-control，CAC）类型的配额制度设计向允许配额交易的设计转变，以此来提高污染控制的效率在经济学和政治学领域已经得到了广泛的讨论（Tietenberg，1995）。从 20 世纪 60 年代起，针对不同配额制度设计的研究涌现出来，包括所谓的无差异配额交易（Baumol and Oates，1971）、按比例配额交易（Woodward，2001）、分区配额交易（Tietenberg，2006），还有其他各种限制条件下的配额交易，如污染补偿制度［pollution offsets（Krupnick et al.，1983）］、修正的污染补偿制度［modified pollution offsets（Mc-Gartland and Oates，1985）］、不恶化的补偿制度［non-degradation offsets（Atkinson and Tietenberg，1982）］等。

但是，不同的配额制度设计并不必然出现一种万能的（one-size-fits-all）解决方案——要么是可能产生所谓的市场中的热点（hot spot，即过度污染的集中），要么是出现政府的过度控制（Tietenberg，2008）。理论上的配额制度与实际污染问题相适应上的困难，印证了交易费用经济学的核心逻辑：特定的交易只有与特定的治理结构相适应才能尽可能地减少交易费用（Williamson，2000）。一种合适的配额制度的设计（即一种治理结构）取决于特定污染的属性特征，如空间专用性、不确定性和频率等。

与污染类似，土地非农化可以看做一种有负面作用的经济活动，如一方面带来投资、增加就业和促进经济增长，但另一方面也造成生态环境的破坏和社会生活的改变，包括开放空间减少（Burchell et al.，2002）、近郊区的生态恶化（Nuissl et al.，2009），以及所谓的城市蔓延（Ewing，1994）。因此，对土地非农化进行控制，类似于对污染进行控制，也成为一个工业化和城镇化过程中的热门话题（Johnson，2001；Henger and Bizer，2009）。

实际上，现在不同国家实施的各种土地非农化的管控措施，都可以对应到各种类型的污染控制手段上。例如，荷兰和德国的空间规划以及中国从上向下的配额制度，都可以认为是所谓的 CAC 类型的配额制度（Tietenberg，1995）。而美国的 TDR 则可以视为一种排污配额的交易制度（Thomas and Hamlin，2000）。

（二）配额手段多样化的 TCE 分析模型

我们关注的问题是，为什么不同国家设计出了不同的土地非农化配额制度，

它们设计的背后是否有某种共性。交易费用经济学给我们提供了一种分析的思路：如果我们能够分析土地非农化不同制度设计背后所管理的特定非农化的特征，并从制度设计是为了降低非农化过程中的交易费用的角度来分析交易与治理结构的匹配，那么我们应该能够解释为什么出现了配额制度的多样性。

经过大半个世纪的发展，从最初只简单地定义市场、混合和层级治理结构来匹配具有不同交易属性（如专用性、不确定性和频率）的交易，发展到以市场和层级作为两个极端、中间包含了无数种形式的混合制治理结构的光谱，探讨如何针对不同交易的属性在该光谱上选择合适的治理结构，交易费用经济学已经形成了相对规范的分析体系（Williamson，1991，1999；Ruiter，2005）。治理结构选择的主要评价标准是降低交易费用，也包括其他一些标准，如治理结构的激励效果、控制效果，以及随着外部环境变化的自我调整能力等。

因为交易费用是交易的属性（如传统的专用性、不确定性和频率等）和治理结构属性（如激励效果、控制效果、上下级的忠诚等）的函数（Williamson，1996），所以将交易费用经济学的理论拓展到土地非农化配额制度选择的逻辑如下：首先，判断不同国家土地非农化"交易行为"的各种属性，即专用性、不确定性、频率的程度等。其次，判断不同的配额制度，如无差别配额交易、有比率配额交易、配额的分层监管、分区配额交易、受限交易、分区和命令与控制等在降低交易费用、实现激励和控制等方面的效果。

这两步如表 9-1 和表 9-2 所示。表 9-1 揭示了不同的自然和社会特征反映出土地非农化在属性上的特征。例如，一个国家面积越大，其土地开发的空间异质性造成土地开发的专用性越高，进而其所产生的交易费用，包括事前设计费用和事后执行费用等就越大。此时，随着空间异质性的程度由小变大，偏向层级制一端的治理结构就越适合降低交易费用，即表 9-2 中空间异质性从弱变强，层级制的绩效就由弱变强，而市场制的绩效就由强变弱。

表 9-1　自然和社会特征与土地非农化"交易属性"之间的相关关系

自然和社会特征	专用性		不确定性	频率
	空间异质性	时间影响性	生态环境受影响	土地开发的频率
面积	+		+	
人均资源禀赋压力		+	+	+
经济发展和城市化速度		+	+	+

注：＋ 表示正相关关系

表 9-2　不同土地非农化配额制度设计的绩效比较[①]

属性	市场制 无差异配额 交易制度	混合制 受限的配额交易制度（有比率、分层监管或分区交易等）	层级制 土地区划 CAC 型
1 交易属性的变化			
1.1 空间异质性(0 → ＋＋)	＋＋ → 0	＋	0 → ＋＋
1.2 时间影响性(0 → ＋＋)	＋＋ → 0	＋	0 → ＋＋
1.3 生态环境受影响(0 → ＋＋)	＋＋ → 0	＋	0 →＋＋
1.4 土地开发的频率(0 → ＋＋)	0 → ＋＋	＋	＋＋ →0
2 激励效果			
2.1 行为人的自我激励效果	＋＋	＋	0
2.2 避免过度控制	＋＋	＋	0
3 控制效果			
3.1 上下级的利益目标一致性	0	＋	＋＋
3.2 避免开发的"热点"现象	0	＋	＋＋

注：＋＋ 表示程度强；＋表示程度次强；0 表示程度弱；→表示变化的方向

　　同理，对于人均资源禀赋和经济发展速度引起的土地开发时间上的重要性、因生态环境受影响的不确定性的增加，所产生的交易费用也由小变大，此时也偏向层级制的选择。相反，土地开发频率属性恰恰是随着频率的增大，市场制逐渐替代层级制成为更优的选择。

　　另外，在激励效果上，如增加微观主体的激励性、避免因信息不对称所造成的信息成本、避免过度控制造成资源配置效率降低等方面，则是偏向市场制的治理结构效果更好；在控制效果上，如在避免"热点"上和保障上下级利益目标一致性上，偏向层级制的治理结构效果更好。

　　可以看出，理论上可以对不同治理结构可能的绩效进行相应的评价，但给出何种治理结构是最优的，仍然是不可能的，因为大多数情况下备选方案之间都有一个权衡。唯一的途径就是根据具体的土地非农化案例来判断合适的治理结构。

　　另外，如果考虑到制度的变迁过程，那么不同治理结构的变迁还需要考虑到制度环境和社会基础的影响（Williamson，2000），如公众的认可度、制度环境的

---

　　① 所列的治理结构也会因各自具体的设置的不同而在相应的属性表现上不同，这里只是大致在三个基本的治理结构上进行分类，没有进一步详细分析各种治理结构的不同，在后面的实例研究中会进一步详细分析。

完善程度等，虽然这超出了交易费用经济学的分析范畴，但这对现实中的土地非农化配额制度的改革与路径选择也可能起作用。

五、不同配额制度的 TCE 比较分析：模型的应用

荷兰的土地区划本质上就是 CAC 的模式，虽然没有确切的配额的分配，但其实是通过命令的形式规定了配额的总额和具体的地块分配信息。

美国的 TDR 经过三个时期的发展，具体的形式可以说多种多样，如果考虑到其主流形式(第三代)，可以把 TDR 看做一种所谓的分区交易配额和有比率交易配额的综合形式①。

中国最初的三个指标是完全的 CAC 形式。后来的挂钩形式是一种分区交易配额和污染补偿相结合的制度。前者有县域范围的控制，后者要求不降低农地数量和质量。德国目前在讨论的三种配额的交易模式因没有实施，只能按照理论上的无差异、有比率和分区配额交易进行讨论。

这样，上述四个国家所采用的或准备采用的土地非农化配额制度可以按照靠近市场或是靠近层级的顺序，从左至右列在表 9-3 中。

表 9-3　现实中不同配额制度的绩效比较

现实的绩效评价指标	无限制的配额交易	受限的配额交易				CAC 型的配额	
	德国方案 1：无差别	德国方案 2：有比率	美国 TDR	德国方案 3：分区	中国挂钩	中国传统配额	荷兰土地区划
降低空间异质影响	0	+	+	++	++	+++	+++
降低开发时序影响	0	+	+	++	++	+++	+++
降低生态环境风险	0	+	+	++	++	+++	+++
适应土地发展速度	+++	++	++	+	+	0	0
提升自我激励效果	+++	++	++	+	+	0	0
避免过度控制	+++	++	++	+	+	0	0

注：＋＋＋表示程度非常强；＋＋表示程度强；＋表示程度次强；0表示程度弱

(一)制度多样性的解释

对于荷兰来说，土地区划作为一种 CAC 型的配额制度对空间异质性、开发

---

① 不可否认的是，TDR 在实际中可能会在不同的州或地区有其他的设计方式，如无差别的交易配额、分区之间也可以交易的分层监管等形式。这里不再展开比较。

时序造成的专用性、生态环境影响的不确定性等方面的控制效果比纯粹的市场制好很多。另外，因为荷兰国土面积相对较小，土地区划的建立成本相对于大面积的德国、美国或中国来说小得多，因此，土地区划被采用且绩效良好。当然，区划手段在适应土地开发速度、经济激励和避免过度控制上，绩效没有那些偏向市场制的治理结构好。但是，荷兰在以下两个方面弥补了这个缺陷：首先，地方政府在制定地方规划的时候有很大的自主权（Eijgelaar，1988；Tan et al.，2009），这极大地提高了地方政府和利益主体在土地区划设计、执行、遵守上的积极性，同时也避免了中央政府的过度干预。其次，荷兰政府对自然用地保护和空间保护等方面理念的宣传，如所谓的"绿心"区，以及中央对地方政府在保护政策上从上级限制转向自我激励的做法，使得从民众到地方官员都对土地区划表示认可和服从，保证了区划制度的有效实施（Koomen et al.，2008）。所以，即使对土地非农化的需求逐渐增加，至少从现阶段看土地区划在荷兰依然是最佳的治理结构。

对于美国来说，最初也只采用了土地区划的管制手段。但因为整个国土面积相对较大，区划的建立成本相对于荷兰来说增加很明显，所以随着土地开发频率明显加快，TDR 作为一种混合制的管理结构出现了——既体现了区划的控制效果（控制异质性、时间因素和生态环境影响等造成的交易费用），又体现了市场制配置资源的效率，以及对利益主体的经济激励效果和避免区划带来的过度控制。经过几十年的尝试和发展，TDR 可以说是一个成功的制度安排。很显然，美国的市场经济体制基础、完善的产权体系，以及公众意识作为制度环境和社会基础，保障了 TDR 的成功（Kaplowitz et al.，2008）。因此，TDR 适合了美国现阶段的自然和经济社会属性，可以说是现阶段合适的治理结构。

对于中国来说，理论上中国采用了相对区划更为灵活的 CAC 型配额体系。这样的好处是节省了中央政府在区划上的建立成本，同时配额同样具有从上向下的控制力。可是，在实际中中国既出现了农地保护与经济发展的冲突，又出现了明显的违规和违法的用地行为，造成 CAC 型配额体系的事后成本很大（Tan et al.，2009）。这反映出规划设计和配额体系在中国面临着巨大的交易费用（制度费用）。

首先，中国国土的面积过于庞大，人口众多，人均资源压力很大，耕地保护的配额指标配置体系面临着极其复杂的经济社会环境和空间区位差异。这样，即使不是直接对农地保护进行区划控制，而是通过理论上费用可能更低的指标体系的方法，其指标的准确性和合理性也将大打折扣，造成交易费用的升高。

其次，正如前面提到的，中国地方政府的规划自主权没有荷兰地方政府那么大，造成了地方和中央政府之间的目标可能出现分歧，如不同地方政府在申请指标上的"公地悲剧"，也造成了中央政府在信息、执行、监督等成本上花费了大量的成本（即配额制度没有体现 CAC 应有的控制能力，却也无法体现市场的配置效率）。这也是中国近年来开始在规划和配额体系上尝试更多的改革的原因，如增加土地规划的公众参与程度、重申农地产权、提升市场配置程度等。所以，三个传统配额在最初可能是最佳的治理结构，但随着经济发展对土地需求的增加（土地开发频率增加），以及配额分配和实施过程中效率提升的要求，具有分区交易和污染补偿相结合特征的挂钩及其各种"变体"的出现也在情理之中了。

对于德国来说，其空间规划体系与荷兰非常相似，理论上说德国的绩效应该与荷兰相仿。然而，即使在人口出现负增长的情况下，德国的城市化速度依然很快（即土地开发频率加快），这造成了德国联邦政府对可持续发展的担忧（即未来不确定性的增加），所以提出了"30 公顷"的配额概念。这当然不能说明德国的空间规划不合适，我们也不否认一些已经形成的深入人心的自然景观保护区划，如柏林的"绿心"，在这些地区无论开发的压力多大，其自然保护执行得非常好。但是，"30 公顷"的配额目标，在一定程度上揭示了现有的空间规划在保护农地上的效果受到了限制——对于大面积的国家来说，相关的交易费用的增加可能会使得区划的手段变得愈发困难。

"30 公顷"的目标和潜在的配额交易体系，一方面可以使得空间规划能够更灵活地实施、监管和评价，同时也因为成熟的市场体制而大大提升管理的效率，这在德国生态补偿的配额体系中可以得到体现（如当前在德国逐渐开展的生态指标的交易制度）。所以从制度成本的角度看，德国"30 公顷"的提出，印证了区划控制在面积较小的国家的优势，而对于大面积国家却可能成为劣势。但究竟德国应该采取何种配额交易制度，是偏向层级制还是偏向市场制，取决于表 9-3 中空间异质性、时序和环境不确定性等土地非农化属性程度。如果这些属性很强，那么采用分区交易或者类似中国的分区交易和污染补偿相结合的方式比较适宜。反之，则采用有比率、TDR 或无差异配额交易的形式，可以节省更多的制度成本。

（二）TCE 比较分析的启示

1. 一般性的启示

上面对四个国家配额制度多样性的原因分析揭示了配额制度选择的一般性的原则。一般来讲，对于土地非农化这种空间异质性、时序专用性和生态影响不确定性都很大的"交易"来说，政府最初都尝试通过 CAC 型或者偏向 CAC 型的配额进行治理——无论是荷兰、德国、美国，还是中国，土地区划或 CAC 型的配额制度都是最初的制度选择。当经济快速发展，或人均土地利用压力增大，或对土地配置效率有进一步提高的要求后，国土面积大的国家开始实行偏向市场制的配额制度，如美国的 TDR、中国的分区交易和近期的各种挂钩设计。但明显的是，这些国家都没有放弃政府的干预，都采用的是属于受限条件下的可交易配额制度。这其实也是给其他有改革需求的国家的一个参考（如德国），虽然无差异的设计成本相对低，但因为不确定性等事后成本的存在，一个受限的方案似乎更能保证不确定性等带来的事后风险[①]。

2. 四个国家之间的相互启示

1) 荷兰对外和对内的启示

荷兰农地保护成功的原因，首先是有一个从上向下的强有力的指导性的农地保护规划。即使对于具有很大规划自主权的地方政府来说，这也是一个无法回避的力量。地方政府在制定地方规划的时候必须充分考虑中央政策对农地保护的限制。这体现了 CAC 配额的第一个优点：与允许配额交易的制度相比，虽然交易能够促进边际效率的实现，但 CAC 配额在对污染控制的能力上优于后者。如何选择，取决于对控制程度的要求(Tietenberg，1995)。

其次，荷兰规划中把自然与农业混合的概念也促进了农地保护的成功，这相对于中国甚至美国最初农地保护只注重农业生产功能的保护来看，保护的效果更为明显(Alterman，1997)。因为如果仅仅把农地保护的目的局限在农业生产上，当农地数量的损失被农业生产技术、资金等其他要素投入所替代的时候，农地保护的紧迫性必然会受到质疑。

最后，如果 CAC 配额的缺陷在不严重的情况下，可以通过一些附加手段进行弥补。荷兰政府对农地保护和空间保护理念的宣传，以及中央对地方政府在保护政策上从限制转向激励的做法，使得虽然保护农地的理念经过 50 多年的变化，但从民众到地方官员都对这种区划表示认可和服从。

当然，目前来看，荷兰的体系也存在一些缺陷。第一，区划制度后期的执行、监督和惩罚成本升高(Koomen et al.，2008)。当然，在荷兰面积不大的背景下，这种制度的成本缺陷不是非常明显。第二，在土地资源空间布局的调整上的灵活性，是区划制度本质的缺陷，而且区划在这种灵活度上的劣势造成了所谓的"限制实质上就是再分配"——如果限制区不能进行发展，必然造成限制区周边地区城市化压力的增大，强迫社会资本向外围转移，造成城市规划理论中的"蛙跳增长"或"外溢效应"。此外，荷兰的区划还有可能激化地方政府和中央政府的目标的分离(Needham，2007)。为此，荷兰可以考虑借鉴中国和美国的一些做法，如当土地保护限制了相应的发展时，无法调整的区划相比较可以调整的数量配额，后者更具有灵活性。

2) 美国对外和对内的启示

美国的 TDR 作为一种受限的配额交易模式，除了发挥市场配置作用以外，还具有以下三个优点：第一，交易的限制条件减少了交易双方可能的"风落

---

① Henger 和 Bizer(2009)对德国研究的最终建议是实行无差异配额的方式。他们认为无差异配额的事前和事后成本优于有比率(ratio)和分区(zonal)的方式。但作者没有给出证明。

(windfall)收益和成本"(Schwartz and Hansen，1975)；第二，它避免了私人产权和公共利益的冲突，避免了区划制度设计上可能不完善的地方而造成对私人产权的损害(Thomas and Hamlin，2000)；第三，TDR 也可以体现出有比率交易的配额制度在保障环境效果上的优势。

当然，作为一种有比率的配额交易，TDR 的一个重要的问题就是初始配额需要多少、初始赔额怎么分配、如何考虑配额的公平性和外部性等。更理论的问题是，市场无法对交易的非市场价值进行判断，进而对发展权市场交易存在必要性的疑问。中国的挂钩制度，既相对容易地解决了配额的初始总量设定和初始分配的问题(如直接基于已有的新增建设用地年度配额进行设定)，也很容易控制市场本身的可能的无序和对交易的外部性的控制。这些都是美国的 TDR 所不具备的，当然中国的这种优势只对资源禀赋压力很大的国家有借鉴意义，对于美国可能只是一种未来发展的参考——基于未来可能出现的交易费用上的权衡。

3)中国对外和对内的启示

中国给出的第一个启示是，在农地保护上采用了从上向下式的强控制性的 CAC 配额体系。这种形式是为了适应现阶段中国巨大的农地保护压力，有利于中央政府直接对整个国家的土地利用进行宏观调控。相对于直接的农地保护分区，总体的指标体系的优点是由于没有指定土地保护的空间位置，为地方政府的土地规划的灵活性提供了条件。同时，指标的灵活性(一定程度上也是"随意"性)也避免了农地保护分区方式可能造成的"蛙跳"型城市化——因为指标的设定、分配等比较容易形成一种弹性和刚性并存、静态和动态协调的土地利用规划和控制体系。这种相对灵活的配额的形式，还有利于进一步引入市场配置机制。类似于污染权、捕捞权等许可证制度，配额的存在直接为其通过市场转移提供了前提条件。

中国给出的第二个启示是，当配额的设定与实际需要产生矛盾时，合理的再分配或者配额转让是可行的解决方案。中国从 1996 年的耕地占补平衡制度形成后，配额转让的思想就开始形成(即一种分区交易)。目前的分区交易是在 31 个省(自治区、直辖市，不包括港澳台地区)范围内部进行，禁止跨省域的配额转让。但是，即使是限定在省域内部的动态平衡，也引起了中央政府的担忧，主要是中国有的省域面积较大，在省域的内部依然可能出现开发集聚的"热点"现象。因此，挂钩是为了弥补上述大范围指标转让而出现的政策。将这种指标的转移限定在县域，不涉及两个行政区域，有利于管理协调，也有利于根据当地的土地市场来合理评价指标转移的价值。县域范围的转让解决了跨区域交易可能带来的不公平和生态问题。

同时，城市建设用地增加是建立在耕地面积也增加的基础上的，两者的来源都是集体建设用地的重新整理规划复垦，既解决了指标落到实处的问题，也提高了土地利用的效率，改变了农村地区建设用地粗放的局面。而且，挂钩的配额制度，有利于避免中央和地方在配额需求上的信息不对称问题。以前的年度计划申请中地方政府都是尽量多申报，中央政府无法准确把握。现在这种挂钩的指标申报，建立在复垦更多面积的农地的基础上，因此，地方政府多会量力而行，其通过制度设计解决了信息不对称所可能造成的道德风险问题。

当然，中国的CAC配额无法发挥市场在配置资源中的主导作用，更无法减少交换区域之间的"风落收益和成本"，更重要的是它无法避免私人产权和公共利益的冲突。因为直接对占用农地进行指标配额的配置模式，实际上就是对私有产权的干预。虽然，中国近年来开始增加对农民权益的重视，尤其在《中华人民共和国物权法》中明确规定了农民的相应用益物权，但是在面对政府征用上依然不得不对政府的行政命令妥协，造成了社会上很多失地农民和地方政府的矛盾（Tan et al.，2009）。另外，以省内耕地占补平衡的交易制度，仍然存在一般分区交易的普遍问题：分区过大，没办法体现异质性的控制效果；分区过小，区域内部的"薄市场"、过度干预等问题将依然存在。因此，挂钩的出现可能只能暂时解决分区交易的问题。

4）德国对外和对内的启示

德国给出的最大的启示就是"30公顷"目标的提出，证明了当国土面积比较大时，即使公认的且长期存续的土地区划类管控也会因为自然和社会因素的变化而产生制度改变的需求（Müller-Jökel，2002），这揭示了治理结构的动态性，有利于其他发达和发展中国家的自我审视。

当然，通过与其他三个国家的对比，更多的是德国自己得到的启示。德国的面积相对较大，单纯的区划不再适应土地开发速度加快的要求，因为分区造成资源配置的低效率，如"薄市场"问题等。此时，可以根据表9-3来判断是采用无差别的配额交易还是有限制的配额体系，如果德国的空间异质性、时序、环境不确定性等程度不大，则无差别是最适宜的。借鉴美国或者中国的受限的配额交易制度，可能是更加适宜的。

六、从规则的影响因素看治理改进的方向

本章首先系统介绍了中国和国外典型的控制土地非农化的配额制度，包括中国土地规划中的三个配额和挂钩、美国的TDR、荷兰的土地区划，以及德国正在讨论的三种形式的配额交易制度。借鉴传统的污染排放许可的交易制度理论，我们对这些土地非农化的配额制度进行了相应的分类：荷兰的土地区划和中国传统的三个配额是CAC型的配额制度，中国的挂钩和美国的TDR是受限条件下的配额交易，而德国正在争论的正是三种经典的无差异、有比率和分区交易配

额。为了解释配额设计的多样性，我们建立了一个交易费用经济学的制度比较分析模型，对不同国家制度设计和变迁的原因进行了解释。最后，在四个国家之间进行了对比，得出了土地非农化配额制度设计的一般性原则和制度启示。

研究发现，交易费用经济学的理论可以很好地拓展到土地非农化配额制度的多样性解释中，同时土地非农化的配额与污染控制配额设计有很多相似之处，这样现有的对污染配额的研究也可以应用到土地非农化控制中来。这两种理论思路的结合对土地非农化规划理论和相应的实施手段等都有很好的借鉴作用。土地区划作为一种 CAC 型配额制度，TDR 作为一种分区交易和有比率交易相结合的配额制度，挂钩作为一种分区和污染补偿相结合的配额制度，不仅为德国"30 公顷"目标的政策选择提供了有价值的参考，同时也对世界上其他国家的土地非农化管控在应对经济和社会环境快速变化的挑战时提供了参考。

更为重要的是，本章的分析揭示了决定选择不同配额制度的影响因素。直观上看，这些因素包括地理面积、人均资源的禀赋压力、经济发展的速度等，实际上这些因素决定了土地非农化作为一种资源使用（也可看做环境污染）的空间异质性、时间专用性（temporal specificity）和对生态环境影响的不确定性、土地开发本身的频率等。同时，也对土地非农化治理的效果产生了诉求，包括提高土地资源配置的效率、避免政府的过度干预、降低管制过程中的信息不对称的影响、降低市场化可能会出现的"热点"问题。从理论上和不同国家比较的结果看，空间异质性（开发选址问题）、时间专用性（开发时序问题）、生态环境影响的不确定性（生态环境保护问题）和土地开发的频率越高，层级制的管理方式越可能被采用，以降低管理过程中的社会成本。但是，这种选择又受到层级制本身的制约，因为层级制的程度越高，可能就会出现因决策的失误而导致的配置低效率（即政府过度干预等情况），这又需要对层级制有所放松。

这些为中国土地非农化治理的改进提供了清晰的脉络。中国的现实情况是，空间异质性、时间专用性（temporal specificity）和生态环境影响的不确定性等程度都很明显，这要求在管理土地非农化上还需要采用的是一种政府管控的方式。但事实的情况是，中国一直以来已经采用了非常集权化的政府层级管控的方式，那么当面临土地资源配置效率低下、政府决策出现失误的风险、信息不对称等影响，以及面临相关利益主体的冲突问题时，对当前高度集权的政府层级管控进行改进，寻找所谓的市场和政府之间的有效配合，发挥自组织的能力，让政府"退出"直接干预，转为一种"监管者"。既发挥层级制在管控异质性和专用性等方面的优势，又避免层级制在信息对称、过度干预等方面的劣势。这至少从概念上给出了中国当前土地非农化治理的改进方向。

第十章

土地非农化规则选择的逻辑：
比较治理过程的交易费用

上一章治理规则的影响因素给我们提供了判断的"抓手"，但实践中治理规则的选择，仍然需要更为直接的标准来权衡。比较不同治理结构（体系）的交易费用，是一种直观的标准。土地非农化可以看做一系列"交易"组成的土地开发活动，这为比较交易费用提供了适宜的视角——可以将交易费用的比较细化到每一个"交易"，这有利于解决衡量土地非农化整体交易费用时面临的一些难题，如定量化模型估计中样本数量不足的困难。本章以交易费用经济学中的离散匹配假说（discrete alignment hypothesis）为理论基础，借鉴已有的与土地开发和规划相关的交易费用研究，系统地构建一个涵盖土地非农化不同阶段的交易、交易属性、治理结构和交易费用比较的理论分析模型。接着，借鉴交易费用经济学在私人经济领域的实证进展，我们建立一个定量的交易费用比较模型。然后，我们将这个定量模型应用到一个具体的土地非农化的案例中，既验证了理论分析中的各种推断，也展示了如何为实践中的土地非农化治理规则选择提供定量化的决策参考①。

一、从配置效率到过程效率

土地非农化的效率问题从 20 世纪 30 年代以来就吸引了新古典经济学和规划理论的关注（Plaut，1980）。然而，诸如庇古学派等新古典经济学理论忽视了政府在解决土地非农化过程中市场失灵的若干重要前提，如交易费用的存在、产权稳定的影响、政策执行过程中的效率问题等（Webster，1998）。庇古学派的这类缺陷，造成这个理论分支在尝试寻找土地非农化最优配置时遇到了理论与实际脱节的困难——如果不考虑如何执行和执行过程中的成本，最优配置实际上是"空中楼阁"。

---

① 本章主要内容曾发表在*Urban Studies*，2012 年第 4 期上（Tan et al.，2012）。

因此，在 20 世纪 90 年代前后出现了对土地非农化过程效率的研究，这些研究将土地非农化的定义从土地资源城乡两部门间的配置视角转变为一系列"交易"的过程，在这些过程中不仅土地的物理性状发生了变化，与其相关的权利束以及相应物质和非物质价值等都发生了变化（Alexander，1992，2001b；Buitelaar，2004a）。这样，对土地非农化治理结构（体系）的考察就显得尤为重要。

交易费用经济学为研究过程效率提供了一种新的视角，也逐渐对上述土地非农化效率的争论产生了越来越明显的影响。尽管交易费用经济学在私人经济领域得到了长足的发展，如对组织结构、市场（企业）的合约本质等的讨论（Williamson，1985；Cheung，1983），但该理论在公共经济领域的关注仍然处于初期阶段（Williamson，1999；Ruiter，2005）。Buitelaar（2004a，2004b，2007）对土地非农化和土地开发中交易费用的研究进展进行了综述，发现如果将交易费用经济学拓展应用到土地非农化领域依然有很多悬而未决的问题，特别是对治理结构的效率评价的研究。

如果说理论上已经有很多研究尝试对土地非农化的交易属性和交易费用之间的关系进行分析，如对相互依赖性、不确定性、时间维度（Alexander，2001b）、空间异质性、时间效应、外部性（Tan and Beckmann，2010）等与交易费用之间的关系进行论述，但是尝试建立一种系统的交易费用理论分析框架，同时通过定量的方式进行治理结构选择的实证研究还相对少见，这在一定程度上反映出这种理论进展的缺陷。

所以，本章的目的就是沿着过程效率和交易费用的视角，建立一个系统的土地非农化的交易费用经济学分析框架，揭示如果将土地非农化看成交易，什么因素决定了不同的治理结构的选择。同时，通过建立定量化的交易费用函数模型并应用到一个具体的案例研究来验证前述的理论框架。

为此，本章的安排如下：第二部分从过程效率的视角将交易费用经济学的理论应用到土地非农化的交易属性和交易费用之间关系的分析上；第三部分建立一个交易费用的计量经济学模型，作为验证理论分析假说的定量方法；第四部分是一个具体的中国土地非农化的案例实证；第五部分是全章的总结。

二、土地非农化的交易费用经济学分析框架

交易费用经济学最核心的逻辑："属性不同的交易需要选择特定的治理结构（才能）满足交易费用最小化（作为一种主要的标准）的治理效果，而治理结构的本身具有不同的初始成本和效果。"[①]（Williamson，1996）所以，将交易费用经济学

---

① 原文是"Transactions，which differ in their attributes，are aligned with governance structures，which differ in their cost and competence，so as to effect a discriminating—mainly a transaction cost-economizing—result"，笔者译。

应用到土地非农化的分析中时，需要从交易、交易属性、治理结构和交易费用的定义和相互联系的角度，建立一套系统的与土地非农化相适应的分析框架。

(一)把土地非农化过程看做一系列的交易

土地非农化是一个复杂的过程，不仅土地的物理性状发生了变化，与其相关的权利、物质和非物质的价值都发生了变化。在物理性状层面，原来用于农业生产的土地的表面变成了道路或者房屋；在法律制度层面，土地上允许或禁止的人类活动(乃至与之相关的权利和义务)发生了改变，这种在物理性状和法律制度两个层面上的变化共同决定着土地的市场和非市场价值的变化。

上述复杂的变化的实现，必然引致一系列所谓的相互联系的"交易"。当一个物品、一项产权、一种服务或者一条信息等在技术上能够分辨的界限上被转移时，那么一个"交易"就发生了(Williamson，1985；Beckmann，2000)。因此，土地非农化在整体上可以视为一种活动，改变了土地的性状和用途，同时，它也可以看做很多不同的但相互联系的"交易"组合的过程。

对于后一种视角，"交易"就是指权利、服务或者信息等的转移，如土地评估是一种服务从评估公司向委托人转移，而政府对一个具体的土地非农化项目审批后则是一种权利从政府向相应的利益主体转移。值得说明的是，这里讨论的一些概念，也就是活动、步骤、任务或者交易，直观上容易理解，但它们之间的联系或区别仍没有进行清晰的界定。在本章中，我们进行如下界定：土地非农化是一种包含很多步骤或任务的活动，如果一个特定的步骤或者任务包含了物品、权利、服务或信息在技术上可分辨的界限上的转移，那么这个步骤或者任务就可以称为一种交易。因此，虽然土地非农化作为一个整体可以被视为一个"交易"，但我们更倾向于将其定义为包含很多交易的活动。

这带来了一个非常重要的问题——一个任务可能可以无限制地细分下去，即一个交易本身又是由另外更多的交易所构成的。例如，"购买或征收农地"作为土地非农化活动中的一个交易，又可以分为"信息公开""买家付钱""卖家转移所有权"等一系列的交易；而"信息公开"作为"购买或征收土地"的交易的构成，又可以分为"寻找媒体做广告""付钱""登广告"等；而"寻找媒体做广告"又可以继续向下分……这样我们面临着一种无限循环。

对于这个问题，解决的思路有两个。第一个取决于研究需要。正如 Ostrom (2005)所说的那样，"没有一种最优的比例尺可以满足所有人使用地图的需要"——过大或过小都是不必要或不充分的，所以在对土地非农化具体的交易进行划分时，必须根据特定的研究来定。第二个是在确定研究"比例尺"的基础上，需要明确主导的交易，即作为代表或组成特定步骤或任务的交易。例如，某人通过一个中介来购买土地，中介寻找到合适的土地，将该信息提供给该人，他付钱给中介，这涉及信息转移和金钱转移两个基本交易，但此时中介的信息转移是主导的交易，金钱的转移只是一个被动的交易，因为只有信息的转移成功了，金钱的转移才有必要（反过来，即使金钱转移了，也不能保证信息一定会转移），所以此时信息转移就是主导的交易——我们在划分"中介购买土地"这个交易时，就不需要更详细的"比例尺"，即只需要明确"中介将信息转移给需求者"这个交易就代表了"中介购买土地"这个"交易"的主导内容，而不需要把"将金钱转移给中介"的交易也明确出来。这既体现了划分交易时划分级别（比例尺）的要求，也避免了划分过多和无谓的交易对研究的扰乱。

（二）土地非农化的交易属性

影响交易费用大小的主要因素之一是造成交易双方相互依赖或相互影响进而对双方利益（投资安全）有影响的所谓的交易属性（attributes、dimensions、properties等）。对于交易费用经济学来说，交易有三种基本的属性，即资产专用性、不确定性和频率（Williamson，1985）。正如 Alexander（2001a）进一步分析的，与利益主体间的相互依赖、不确定性和时间等相关的属性都是决定土地非农化产生的各种风险的来源。当然，Williamson 和 Alexander 都没有进一步划分这些基本属性在土地非农化上可能存在的区别。当把交易费用分析与具体的土地非农化过程效率结合在一起时，进一步划分土地非农化特有的交易属性就很必要。而这正是本章框架要解决的首要问题。

无论是遵循过程效率视角将土地发展过程分成若干个阶段（Alexander，2001b；Buitelaar，2007），还是针对若干国家土地开发的治理结构的比较（Tan et al.，2009），已有研究都揭示虽然土地开发在不同国家过程是不尽相同的，但基本上都可以分为土地规划设计和批准、项目选址、土地购买、土地改良、房屋建设、房地产销售、推倒重建（二次开发）等几个阶段。因此，本部分将按照这几个主要阶段对土地非农化的交易属性进行总结。在不同的实证研究中，可以根据实际情况划分为更为详细的阶段。

1. 土地规划设计和批准

无论是土地公有制还是私有制国家，都有一定的土地利用规则，而且多通过土地规划来实现（Tan and Beckmann，2010）。土地利用规划涉及规划方案的设计和规划的批准等。大多数情况下规划的设计由政府委托相关规划单位和专家进行设计。规划的批准大多是在（公开）征求意见或利益相关方协商后，由政府最终批准。因此，该过程最主要的交易是规划专家服务的提供、利益相关者意见（信息）的反馈、政府对规划（权限）的批准、将批准后的土地开发权赋予相应地块的权利主体。

首先，对于"规划的设计"，无论规划是由政府内部专家还是外单位专家来设计，此时专家的人力资本的投入就是一种类似于资产专用性的属性。从事这些职业的人拥有着较高的专业化的技能，但是为了拥有这些专业化的技能，他们失去了学习和掌握其他潜在工作的技能的机会（即掌握专业化的技能存在着机会成本）。因此，这些规划从业者的人力资本的价值就高度依赖于能否得到这些项目，如果没有项目，他们的人力资本就毫无价值。换句话说，规划设计作为土地非农化的一个步骤（交易），其人力资本专用性非常明显。

其次，对于"规划的批准"这个交易，需要满足两个条件：一个是利益相关方的共同认可；另一个是政府的批准。达成一致意见所需的时间长短受到信息不对称的影响，对交易费用有显著影响。一般情况下，土地规划一致意见达成的时间都很长。政府在批准规划的时候，不仅考虑公众意见是否达成一致，或尽可能满足大多数人的选择，同时还要考虑农业用地和自然用地资源的相对稀缺性和非农建设后恢复成原用途的困难性和高成本，这使得规划的批准还涉及一些重要的交易，如为土地非农化选择合适的开发地点和开发的时序，这就会导致这类交易具有高的地点专用性和时间专用性。因为政府在考虑土地规划是否符合社会发展的需要时，要考虑当前利益和长远利益、经济利益和生态利益等的平衡。这些都反映出土地利用规划设计和批准具有很强的位置专用性和时间专用性。

另外，政府在规划制定、审批过程中既是一个监督者，也是一个被监督者。在该过程中也存在信息不对称的现象，但因为规划的设计和批准的结果可观察，所以该过程中信息不对称的程度对交易费用的影响不是很大。但是，对于外包的专家、政府公务员等的"忠诚度"[probity（Williamson，2000）]来说，如果这些行为主体能够积极、客观、有效地履行自己的职责，将会节省可观的成本或避免执行中的冲突。但是，人的忠诚度高低在交易最初是一个不确定的（事后才能观察的）因素。所以，我们把忠诚度视为不确定性的一个方面，作为土地规划交易的一个很重要的属性①。另外，如果将忠诚度放在重复委托的条件下，委托双方可能建立起信任，从而影响到交易费用，这样频率也可以成为一个属性。

2. 项目选址

土地规划设计和批准只是给出了一个国家或地区可行的土地利用方向，但是具体的开发项目基本上还是由企业或地方政府根据市场环境自己来确定。对于具体的开发项目的选择，需要考虑到区位的影响，不仅对项目本身有影响，也包括非农开发对周边的影响，因此，地点专用性很重要。而政府在根据规划批准项目

---

① 对于忠诚度是独立于不确定性的交易属性（Williamson，1999），还是一个治理结构的属性（Ruiter，2005），理论上还没有一致的意见。笔者认为既然忠诚度代表着执行者的忠诚度对交易费用的影响，而忠诚度是一个不对称的信息，所以理应能够包括进不确定性中。

选址时，还要考虑开发时序上的利益最优，这造成时间专用性也影响到项目选址。另外，对于企业来说，能够获知政府的规划或者选址偏好，也有利于准确判断选址的收益大小，因此，政府信息的透明度，反映到理论上就是信息的不确定性也决定了交易费用的大小。另外，项目选址中规划执行者或监督者的忠诚度对于规划的良好执行也有影响。

3. 土地购买

因为选址已经完成，所以此时的土地购买就是指土地需求者向土地所有者购买土地所有权或使用权。无论是政府或私人作为交易的双方，土地买卖过程中人的因素影响也很大，有经验的买家或卖家，可以有效地判断土地的潜在价值，进而降低交易费用(土地投机的存在可以证明这个判断)，这样人力资本专用性这种属性在该过程中比较明显。如果是委托中介来购买，就更体现了人力资源专用性的影响。同时，中介的忠诚度(可信度)也很重要。另外，土地购买如果涉及的范围较大，还会因为搬迁、整合等事宜而导致时间较长，那么时间越长越可能造成交易双方机会主义行为和信息不对称，增加额外的交易成本。如果经常从事购买行为，那么频率的增加可以增加买者或卖者的经验，所以一定意义上频率也是一个属性。

4. 土地改良

土地改良，涉及对土地质地、平整、必要的公共设施提供等方面的服务，在一般情况下与土地本身的价值无关，这样与上面提到的区位、时间等专用性没有太大关系，但往往与工程时间的长短、工程开展的频率等密切相关(Alexander，2001b)。工期如果较长，有可能导致施工方、委托方之间信息不对称而产生不确定性。对于施工方而言，如果工程开展频率较大，自己的熟练程度，以及与特定委托方建立信任或协作关系(进而涉及忠诚或信任)，将能够降低土地改良过程中的交易费用。然而，技术熟练化和工作设备的更新还可能进一步对一个企业的人力资本专用性或企业品牌(资质)的专用性产生显著的影响，因为如果无法找到后续项目，那么这些工艺和设备的投入就无用武之地。

5. 房屋建设

土地经过改良后就开始进行房屋的建设，该过程与土地改良过程类似。主要是工期的长短影响到施工方和委托方之间的信息不对称，进而产生承包合同履行的不确定性。同样，作为建设单位，对建筑工艺、建筑设备等及时的应用和更新，会造成施工方的人力资本专用性和企业品牌的专用性。如果发包方和承包方频繁合作，信任或长期合作关系有可能产生，这说明频率和忠诚度(信任)也是房屋建设过程的交易属性。

6. 房地产销售

当建设完成后，如果是工业用途，则会自己投产（或一定年限后转让给其他企业）；如果是商业和住宅用途的房地产，还会再次卖给或出租给其他需求者。如果是前者，土地非农化的过程就可以视为结束；如果是后者，就还涉及产权再次转让，即销售的过程。销售与购买的过程是类似的。但此时因为不涉及改变土地位置、用途和周边环境，这个过程一般信息比较充分，也就是与前面的购买和销售比，信息更加明晰，因此，相关位置专用性和对周边的影响较低，不过这种影响依然存在——因为对于购买者来说，购买房产涉及自己资产投资的专用性，土地投资收益的未来升值受到土地区位的影响和周边用途的影响。此阶段的交易更重要的是受到人力资本专用性的影响——销售人员的技巧和经验的影响。一个能说会道和对售房有经验的销售者能够降低销售成本和增加销售业绩。另外，销售频率的增加对销售人员的熟练有影响。销售的时间长短也很重要，如果时间过长，容易受到市场变化的影响，从而影响销售业绩或增加销售成本。买卖双方的信息不对称始终存在，因此也是该交易的属性。但购房者一般会根据开发商的声誉来选择或判断房子的质量等，此时开发商声誉也就是可信度（忠诚度）也是销售的一个属性。同时，售房团队是否尽心尽力等也体现了一定意义上的忠诚度的影响。

7. 推倒重建（二次开发）

一般情况下，一宗土地非农化项目在房地产销售后非农化的过程也就结束了。当然，如果将销售后的再次转让或者是城市化的过程中的旧城改造也考虑进来，土地非农化过程可以划分得更细。本部分就不再将这些后续的任务纳入考察的重点，主要是因为如果是再次转让，属性与房地产销售基本一样；如果是旧城改造中的房地产推倒重建，就类似于重复最初土地购买到建设和再销售阶段的过程。但此时政府城市规划和旧城改造规划基本已经明确，购买者的投资效益主要受到规划信息公开程度的影响。位置专用性、对周边的影响等不是主要的交易属性。其他的属性基本与第一轮的购买、改良、销售等步骤类似，因此不再重复叙述。

总的来看，如果将土地非农化看成一系列的交易，每个步骤涉及的交易属性的大小如表 10-1 所示。

表 10-1　土地非农化的交易属性及其程度判断

土地非农化的步骤	专用性			时间		不确定性	
	空间	时间	人力	周期	频率	信息	忠诚度
规划阶段	++	++	++	+	+	+	+
选址阶段	++	+				-+	+

续表

土地非农化的步骤	专用性			时间		不确定性	
	空间	时间	人力	周期	频率	信息	忠诚度
购买阶段			++	++	+	++	++
改良阶段			+	++	++		++
建设阶段			+	++	++	+	++
销售阶段	+		++	++	++	++	++
……							

注：++ 表示程度强；+ 表示程度次强；空白表示程度弱或没有影响

（三）土地非农化的治理结构

影响交易费用大小的因素之二是治理结构。除了交易属性，交易费用经济学也分辨了三种基本的治理结构，即市场制、混合制和层级制（Williamson，1996）①。然而，现实中判断土地非农化采用的是何种治理结构是一件非常困难的事情，因为市场制和层级制都是极端的类型（Ruiter，2005），在现实中很难找到完全由市场制或层级制对土地非农化进行治理的例子。相反，它们总是在某种程度上进行融合，形成了形式各异的所谓的混合制②——这给我们描述治理结构的具体形式带来了困难。换句话说，我们实际上无法准确地给出现实中的治理结构。幸运的是，现实中已经给理论上都是混合制的治理结构进行了一定的简化区分，如企业组织纵向一体化中的"购买或制造"（buy or make）的区分、政府服务的"内包或外包"（contract out or not）的区分，这些是现实中能够观测同时能够区分的不同的治理结构。我们可以遵循这样的方式来分辨土地非农化的治理结构。

本章采用的判断土地非农化治理结构的原则：在确立研究的"比例尺"的前提下（包括划分步骤和确定每步骤主导的交易），对于构成土地非农化的一个交易来说，如果政府是该交易的发起者，如土地利用规划的批准，政府将生效的权利赋予给相应的土地规划（和下级政府），这种权利的赋予是由政府来发起的，则把该交易的治理结构称为内包（in-sourcing）；相反，对于一个交易来说，如果其他非政府组织或企业是发起者，如土地利用规划的最初设计，是相关单位或者专家把自身的服务转移给了相应的政府规划部门，这种服务的转移是由相关单位或专家

---

① 尽管理论上还有对其他类型治理结构的讨论，包括关系合约、网络关系和基于信任和互惠的关系。

② 必须强调的是，混合制不是市场与层级的组合，而是存在一些不同于层级和市场的特征，如交易各方具有共同的利益、投入了共同的成本、独立承担义务和风险、相互间存在竞争但又一致对外形成一种利益联合体等（Ménard，2004）。

来行使的，则把该交易的治理结构称为外包（outsourcing）。这样，对于土地非农化来说，其治理结构（从政府的视角）可以分为两种，即内包和外包。

当然，我们所定义的内包和外包，并不能完全对应到交易费用经济学理论上的层级制和市场制，实际上内包和外包无论是从信息流、资金流来说，还是从权利流来说，都是典型的混合制（Ménard，2004）。但是这种站在政府视角的划分方法，最容易理解和与现实对应，同时也非常有利于下文对交易费用的判断，以及交易费用实证数据的搜集。

根据交易费用经济学的理论，在正式制度等制度环境不变的情况下，如果各种交易属性发生变化，对应的土地非农化治理内包和外包的绩效评价如表 10-2 所示。

表 10-2　土地非农化治理内包和外包的绩效评价

土地非农化的交易属性	治理绩效	
	外包治理	内包治理
1 专用性/依赖性		
1.1 空间（0→＋＋）	＋＋ → 0	0 → ＋＋
1.2 时间（0→＋＋）	＋＋ → 0	0 → ＋＋
1.3 人力资本（0→＋＋）	＋＋ → 0	0 → ＋＋
2 时间		
2.1 周期（0→＋＋）	＋＋ → 0	0 → ＋＋
2.2 频率（0→＋＋）	0 → ＋＋	＋＋ → 0
3 不确定性		
3.1 信息（0→＋＋）	＋＋ → 0	0 → ＋＋
3.2 忠诚度/信任度（0→＋＋）	＋＋ → 0	0 → ＋＋
4 激励效果	＋＋	0
5 控制效果	0	＋＋

注：＋＋表示程度强；0表示程度弱；→表示变化的方向

空间专用性越高，层级制的治理结构的绩效越好，也就是应该由政府自己管理相应的事务，即所谓的内包治理；相反，则应该由市场或者社会承包的方式来管理，即所谓的外包治理。例如，各个国家会采用政府制定的规划来控制因空间专用性而造成的交易费用的升高。类似的观点在 Alexander（2001b）、Tan 和 Beckmann（2010）中也有阐述。类似的，当时间专用性升高时，也需要一种政府直接调控的方式来避免决策的短视或者新古典经济学上所说的外部性。

人力资本专用性是一个很有意思的影响属性。主流的交易费用经济学认为高的人力资本专用性带来"被套牢风险"(hold-up risk)，进而需要额外的投入(属于交易费用的一类)以保障人力资本的价值，且组织或政府内部支持(administrative support)效果比市场支持(market support)更好。例如，在 Williamson(1999)中讨论的外交事务中，公务员将自己的人力资本投入掌握和履行国家外交事务各种固化的协议和程序中，对于这些公务员来说，一旦选择了外交工作，他们的人力资本的价值就高度依赖于他们公务员的角色，因为他们所投入的人力资本在其他就业选择中几乎没有直接的价值。所以，为了保证这种人力资本的价值，需要政府提供固定的职位和高额的薪水等来保障这种人力资本的专用性，这也就是内包治理被选择的原因。然而，在 Masten 等(1991)的造军舰的生产活动中，市场支持也出现了很好的绩效。他们讨论的人力资本专用性是因为军舰设计和制造行业需求本身不大，可能出现除了设计军舰或制造等本职工作外，此类人力资本在其他行业的价值会很小，所以也需要军用造船厂提供较好的职位来保障这些人力资本的投入(如实践中多采用延长式的学徒制，即 extended apprenticeships)，而这是一种行业内的市场支持的方式。

此时我们的问题就是，对于土地非农化来说，究竟需要政府内部支持还是市场支持，才能够有效地降低上述为了保障人力资本价值而进行的额外投入？实际上，对于人力资本来说，专业化的知识并不一定必然导致人力资本的专用性。例如，制定城市规划是一种很专业化的知识，学习了这种知识后除非获得相应的规划工作，否则一文不值。但即使这样，城市规划从业者的人力资本专用性不必然相同。Webster(2009)讨论的规划设计中不同的"套牢"风险就展示了不同层次规划的人力资本专用性的不同(如区域规划、市级规划和详细规划中人力资本专用性就依次升高)。另外，不同内容的规划，如区划许可制度(zoning permits system)、区域规划纲要(regional planning guidance)、开发控制的自由裁量(discretionary development control)等对地方化的知识和人际关系的需求不同，造成相应人力资本专用性的不同。

这本质上说明，即使是专业化的知识，如果市场需求或竞争程度不同，相应的人力资本专用性也会有差异。例如，在中国，即使是专门从事乡镇规划的从业人员，人力资本专用性也不是很明显。因为中国有超过 4 万个乡镇，每 15 年就要做总体规划和很多专项规划，这样规划设计的市场需求量很大，从事规划的从业者不需要担心自己找不到工作。同时，他们之间的竞争也很明显，所以地方政府也不担心他们不对规划质量进行保证。因此，中国的规划设计从业者，一般都不是政府职员。另外，这些规划设计者也没有完全通过成立专门的规划公司来避免竞争过程中的各种风险，甚至有的以个体为单元的大学教授或科研机构的研究者就可以提供规划项目服务。这说明中国土地非农化的规划从业者，表面上人力资本具有专用性，但现实中不一定需要严格的政府内部治理，也不一定需要完全的市场治理。

周期和频率是时间因素的两个属性。交易费用经济学的理论认为周期的增加，会引起交易双方的信息不对称的程度和投机行为，因此，需要更多的额外投入来保证交易的安全。如果周期很长，在私人领域，公司会尝试自己生产原料来替代向外部购买（即 make 代替 buy），防止提供商的故意拖延来要挟——因为只要原料供应商知道供应的拖延会对整个生产项目产生巨大的影响，那么供应商就可能会采取一种"威胁"的机会主义行为来分享更多的收益（Masten et al.，1991）。在公共领域，对于类似于外交事务的纯政府工作，周期对整个交易的影响不大（Williamson，1999），无论周期的长短，政府还是会采用层级制的方式治理。

但是，对于类似于城市规划设计、征地拆迁安置等周期很长的交易，因为周期长可能会引发其他问题，如任务执行者的忠诚度下降、执行力降低，甚至贪污出现等，所以为了提高效率，政府会把这些交易"承包"出去，由市场竞争和监督来提高效率。这也就是理论上广为讨论的公共服务外包的问题（Brown and Poto-ski，2003）。所以，当交易的周期增加时，从政府的角度看，不必然导致内包治理或外包治理的出现。换句话说，现实中因为交易内容的不同而不必然选择内包治理或外包治理。如果实证中周期长短与内包的治理结构的选择是正向关系，不是说明周期长必然需要内包，而是说明此种交易的周期属性所引致的交易费用适合用内包来降低（而对于其他交易则不一定）。

频率（与周期相反），即同一个交易在一段时间内重复出现的次数的多寡，也会对交易费用产生影响——最明显的结果就是对信任和熟练的影响。信任可以降低交易费用，熟练也可以降低交易费用。进而在治理结构选择上有分权化或者由内包向外包转变的趋势。另外，对于政府事务来说，如果某些交易频率高，如审批不同的土地非农化项目是否符合规划选择等，工作人员的厌烦情绪和形式化审查可能会出现，这样会导致错误和低效的出现。当然，即使频率升高会有诸多的负面作用，政府审批这种交易会保持内包治理来满足其他目的，但对于诸如土地评估这类交易来说，政府则会选择外包治理来提高效率，这一点类似于周期过长导致的执行力的低效。总体上看，频率与内包治理的选择是反向的关系。

对于信息的不确定性来说，很多理论和实证都主张不确定的增加，需要市场支持或者政府支持来降低所引致的交易费用。然而对于政府来说，不确定性的变化与内包治理或外包治理的选择没有固定的相关关系。类似于前面对周期属性的分析，也就是当信息不确定性升高的时候，对于土地非农化来说，不一定必然导致内包治理和外包治理的选择。若实证中某种正向相关关系出现，只是说明对于土地非农化涉及的交易来说，相应的治理结构更容易降低此种交易的相关费用。

忠诚度（信赖度），是另一个非常有意思的影响属性。尽管忠诚度仍然是一个富有争议的概念(Williamson，1999；Ruiter，2005；Webster，2009)，尽管我们大多能接受当忠诚度不确定性增加时需要一种合作化的组织方式(集权的方式)来降低相应的忠诚风险(Williamson，1999)，但是就土地非农化来说，政府的内包治理和外包治理的选择依然没有直接的答案。Webster(2009)从纵向和横向两个方向讨论了不同城市规划在协调和实施中的忠诚度的问题，简单的总结是：纵向的忠诚一般需要内包治理的方式，而横向的忠诚(信赖)可能需要内包治理，也可能需要外包治理。

所以我们认为，忠诚度在所有的交易中都存在，同时它因事、因人、因地、因时而异。对于同一个交易，如果交易双方、交易地点或交易时间发生变化，其过程中的忠诚度都会发生变化。因此，它可以看做不确定性的一种。如果要减少忠诚度引致的交易费用，需要交易双方或某方根据不确定性的程度来决定投入多少额外费用或设定何种治理结构来降低影响。如果能够通过金钱的激励和惩罚来解决忠诚度不确定性的问题，则可以通过建立契约、第三方监督、事后审查、多次合作关系等外包治理范畴的治理结构来解决；如果是金钱的激励和惩罚所不能解决的问题，但可以通过升迁、社会(道德、声誉等)约束等内包治理范畴的治理结构来解决的，就采用内包治理的方式。需要强调的是，实证中若忠诚度与某治理结构之间出现正相关关系，只是说明在特定的实证研究中忠诚度的升高会导致某种治理结构的选择。也就是说，实证的结果不必然对应于一般性的含义。

另外，表10-2还考察了治理结构的两个属性，即激励的效果和控制的效果。考察治理结构属性的原因是，对于比较交易费用来讲，治理结构也是交易费用的决定因素之一。Webster(2009)认为城市规划的编制是由政府内包治理还是外包治理更合适，取决于规划的两个目的——确定性和灵活性，如果规划的确定性是目的，则需要内包治理；如果规划的灵活性是目的，则需要外包治理。所以，我们认为在考察土地非农化治理结构选择时，激励和控制也应该是两个重要的标准。外包治理可以提高激励的强度，内包治理可以提高控制的效果。如果政府想主导某些交易，如权利批准，则内包治理的控制作用会好一些；相反，如果政府想通过市场来增加竞争，则外包治理的激励作用会好一些。所以管理的目的决定了治理结构的选择和相应交易费用的大小。

上述对表10-2的分析，只是展示了交易属性变化对不同治理结构绩效的影响，实际中究竟选择何种治理结构，上述定性的判断需要在不同因素(属性)上进行权衡，这有时无法提供准确的结论。所以，更准确的治理结构选择的判断还是要通过交易费用的比较来实现。

（四）土地非农化的交易费用

比较不同治理结构下的交易费用，是交易费用经济学离散匹配假说的核心逻辑，也是实践中选择治理结构的基础。然而，交易费用是一个非常宽泛的概念，这使得我们必须对交易费用的范畴进行一个界定。

在理论进展中我们基本接受这种理解：交易费用不同于传统的生产成本，是为了改善交易双方信息对称的程度和降低不确定性而投入的额外的费用（Williamson，1985，1996，1999，2000）。因此，Buitelaar（2004a）尝试从生产成本和交易成本的区别出发，把交易成本定义成信息成本和制度成本，然后他专注于制度成本来评价过程效率："只有与制度的建立和实施有关的成本，才应该看做制度成本而在观察过程效率时加以考虑。"信息的对称程度在某种程度上不是人为规则所能够改变的或缓解的，因此不是改进土地开发的过程效率的重点，所以 Buitelaar（2004a）没有考虑，但是他强调如果是为了获得与制定和实施制度的相关信息而产生的成本则属于制度成本的范畴，因为这些费用可以被看做制度使用中产生的成本。

所以，本章的分析框架认为交易费用的范畴（内涵）如下：如果某种交易是由内包治理的，则此时的交易费用主要为日常行政费用，具体包括制度设计和实施、监督和惩罚费用等；如果某种交易是由外包治理的，则此时的交易费用包括制定契约、监督和惩罚费用等。这种对交易费用的划分方法，为实际中尝试衡量或比较交易费用提供了一个便捷且可行的方法。

在对交易费用进行衡量或比较后，就可以确定更适合的治理结构。即从政府的视角看，如果内包治理的交易费用大于外包治理的交易费用，则政府会将该任务承包出去，反之亦然。

综上所述，本章第二部分为土地非农化的交易费用分析建立了一个系统的分析框架：从定义土地非农化的交易，到辨析交易的属性，再到辨别实践中能够观察的治理结构，最后到如何判断交易费用。我们相信这个分析框架能够有较强的应用性。本章第四部分将把该框架应用到中国的一个非农化案例中，既用于分析中国的情况，也是对该框架的一个验证。当然，在案例应用之前，还需要建立一个具体的交易费用和治理结构选择的计量经济模型，为定量分析奠定基础，即本章第三部分的内容。

三、"外包"还是"内包"：一个计量模型

交易费用经济学实证研究进展可以分为两个主要阶段（Yvrande-Billon and Saussier，2004）。第一个阶段是通过以交易属性为自变量和以治理结构选择为

因变量的简化式的方程来判断治理结构的选择的影响因素。模型估计采用的是 Probit 或 Logit 回归方法。这种方法能够解决交易费用实际上无法衡量的问题——通过该方法不是直接比较交易费用，而是通过交易属性和治理结构被选择的概率来判断两种（或以上）的治理结构在降低交易费用上的"优胜者"。

第二个阶段是直接通过以交易费用为因变量和以交易属性等为自变量的交易费用函数方程估计来检验理论分析。模型采用一些特殊的计量方法来解决样本选择有偏（sample selection bias）的问题（Heckman，1979；Lee，1979）和删失数据或者断尾数据①的问题（Maddala，1983；Masten et al.，1991）。

这样，交易费用经济学发展出了一套标准的实证方法用于微观领域的研究，而这些方法也为土地非农化的实证模型提供了参考。

（一）属性决定治理结构：第一阶段的回归

$$G^* = \begin{cases} G_1 = \alpha X + e_1, & \text{if } G_1 < G_2 \quad (10.1) \\ G_2 = \beta X + e_2, & \text{if } G_1 \geqslant G_2 \quad (10.2) \end{cases}$$

在式（10.1）、式（10.2）两式中，G^* 表示被选择的治理结构；G_1 和 G_2 分别代表不同治理结构并可以被表示为含有一定变量的函数关系式，其中，X 为自变量向量，α、β 为各自变量系数向量，e_1、e_2 为符合正态分布的残差项。此时，即使实际中无法准确衡量交易费用，但如果只是为了判断何种因素对治理结构的选择起作用以及作用大小如何，通过判断 G_1 被选择的概率受什么因素影响以及影响力的大小就可以实现目的，即判断 $\Pr(G_1 < G_2) = \Pr(e_1 - e_2 < (\beta - \alpha)X)$，此时，$X$ 的影响方向和作用大小取决于 $(\beta - \alpha)$ 的符号和大小。Probit 或者 Logit 模型可以完成这个任务。这也就是交易费用经济学实证研究第一阶段的主要方法。

（二）交易费用函数：第二阶段的验证

然而，第一阶段的实证方法存在一些缺陷。第一，Probit 或 Logit 模型的系数是基于 $(\beta - \alpha)/\sigma$ 的（σ 是残差项的标准差），如果决策人对事情的判断的准确性越低（即 σ 越大），那么在对应样本上进行回归得到的系数就越低（表示对应自变量对决策的影响力越弱），而实际上该变量的影响力可能很大。所以，还需要额外的方法来对该方法进行检验。第二，因为不是对交易费用直接的函数估计，所以通过 Probit 或 Logit 模型回归后尽管验证 $\beta - \alpha > 0$ 的假说是可能的，但我们仍然无法拒绝（证伪）β 和 α 都是非负的这种假说。因此，尽管第一阶段的实证方

---

① 删失数据是指数据有一部分样本无法观测到，但可以把握这部分数据的一些整体特征，如小于某个值等；断尾数据是指这部分样本的所有数据彻底无法观测到。在计量经济学和统计学中，有的研究将两者视为相同的概念，其实是不正确的。具体的区别可以参考 Maddala（1983）等。

法能够验证交易费用经济学的一些理论推断，但在一定程度上这种验证的效果是相对薄弱的。为了解决这些问题，实证方法很快就发展进入了第二阶段。

$$G^* = \begin{cases} G_1 = \alpha X + e, & \text{if } G_1 < G_2 \quad (10.3) \\ G_2 = \text{N. A.}, & \text{if } G_1 \geqslant G_2 \quad (10.4) \end{cases}$$

第二阶段实证研究的目的是通过一些新的计量分析技巧来对第一阶段验证方法或整个交易费用经济学理论验证进行有力的补充。一般情况下，对交易费用的调查都存在样本观察有偏的问题。即当考察到特定交易的治理结构时，只能观察到某种治理结构选择时的情况，而被比较的治理结构对应的情况是无法观察的，因此，需要矫正这种样本估计时的有偏性。例如，一种被称作反米尔斯指数（Inverse Mill's Ratio，常用 λ 表示）的变量常被引入交易费用方程中作为一个自变量来解决样本选择有偏的问题。这种方法也被称为 Heckman 选择模型［Heckman selection model（Heckman，1979；Lee，1979）］，同时也可以作为对 Probit 模型估计结果的检验（Masten et al.，1991）。反米尔斯指数 $\lambda = f(z)/F(z)$，z 是 Probit 模型估计值，而 f 和 F 分别是标准正态密度函数和分布函数。甚至，当数据出现如式（10.3）和式（10.4）所示的删失数据或者断尾数据时，即无法观察到 G_2 的信息，但此时只要能够观察到 G_1 和 X，则 G_1 的无偏的交易费用函数还可以通过两步回归估计出来。同时，G_2 关系式的系数在一定的假设前提下也可以根据 G_1 的结果推算出来，具体的方法在 Maddala（1983）中有详细的介绍。该方法已被用于一些颇具影响的研究中（Masten et al.，1991）。当然，交易费用无法准确衡量的问题还是没能解决。其实，第二阶段的意义不在于交易费用具体数值的大小，只要能够直观地比较，就已实现了衡量交易费用的目的。更重要的是，该步骤的本质是对第一阶段的估计结果进行了验证。本章以下部分就尝试用中国的一个土地非农化案例来检验上述交易费用经济学的分析框架，以及交易属性和交易费用比较的实证分析模型。

四、一个实证案例分析

（一）数据准备

我们在浙江省杭州市做了一个案例调研。当前中国合法的土地非农化在不同地方的过程基本类似（Tan et al.，2009），因此，对杭州的案例研究可以为中国其他城市的土地非农化的治理提供有价值的参考。案例是以一个住宅用地的土地非农化过程为例，考察从土地利用规划编制和批准到在城市土地一级市场出让土地使用权为止的过程，涵盖 96 个具体的交易（见附件 10-1）。我们搜集了与治理结构、交易属性和交易费用相关的数据。需要强调的是，我们所列的交易是与当前主流的土地非农化过程相吻合的(参见第六章)。当然，现在有一些地方性的治理结构创新甚至是违法违规操作，但正如前面章节中提过的，这些非主流的方式不是本书关注的重点。当然，如果对主流和其他地方性创新的治理结构进行绩效上的对比分析，也将是一个很有意思的课题(Arruñada，2007)。

首先，调查之前项目组对被访者进行了集体培训，让被访者了解什么是专用性、不确定性、频率及其他概念，同时跟他们聊了土地非农化过程中的过程效率问题，让他们对项目调查和问卷主要问题有一些感性的认识。其次，我们通过圆桌会议的方式与被访者进行互动，让他们共同完成调查问卷(见附件10-2)。被访者由土地非农化过程中涉及的各政府职能机构的工作人员的代表组成，包括发展与改革委员会、规划局、国土资源局、建设局和其他一些机构。受访者能够进行讨论，并在协商后针对每一个问题给出一个具体的分值。分值是序数的数值，从1到10，代表各种指标的重要程度(1是最轻，10是最重)，在各个任务之间进行比较。

除了让受访者对交易的相应属性程度进行打分外，我们还尝试收集了能够代表交易费用的数据。根据上面的分析框架和实证模型，我们只收集和比较政府视角的交易费用即可(因为对于中国的土地非农化来说，内包治理还是外包治理是由政府决定的，相当于我们站在政府的角度来选择治理结构)。当然，实际中针对土地非农化的每一个步骤，让相关的受访者辨析上述费用还是非常困难的，原因就是很多费用是糅合在一起的。例如，"制度的设计和实施"与"监督和惩罚"有一些重合。因此，在项目调查中我们用政府的日常行政费用来代替交易费用的概念。也就是说，我们假定行政费用占据制度费用的主要比例。而且，行政费用也容易让受访者理解。具体的行政费用的衡量标准如下：行政费用 ＝ 该任务完成工作日×(参与工作人数×日均工资 ＋日均其他行政支出)。这里的其他行政支出是指办公过程中的其他日常费用，如组织小型会议费、专家咨询费用、额外支出等。

我们承认这种衡量的方法存在很多问题，但只要坚持一种原则，即交易费用的比较是一种序数上的比较，那么不精确的交易费用数据衡量可以满足研究分析的需要。例如，对于两种待比较的治理结构的交易费用，我们只要能够定量地排序即可，而不需要知道准确的交易费用的绝对值。

(二)"外包"或"内包"的原因

因为我们只调查了政府部门管理的交易，这样我们所收集的样本是一种有偏的样本，故我们将采用前述的两阶段回归模型来估计相应的交易费用函数。在第一阶段，Probit 模型用来辨析影响治理结构选择的因素，即为什么选择内包治理而不是外包治理(政府官员的视角)。然后，为了验证这个阶段的估计结果，第二阶段通过估计交易费用函数来验证第一阶段的结果。

1. 交易费用的影响因素：第一阶段的检验

表 10-3 是第一阶段 Probit 模型的估计结果。我们展示了五组不同的自变量的估计结果，目的是判断可能的共线性的影响。变量的名称基本上都容易理解。**CONSTANT** 是常数项；**SPATIAL**、**TEMPORAL**、**HUMAN** 分别代表空间专用性、时间专用性和人力资本专用性。**DURATION** 和 **FREQUENCY** 代表着两种时间因素，即周期和频率；**INFORMATION** 和 **PROBITY** 代表着不确定性的因素，即信息不对称和忠诚度不确定性；**INCENTIVE** 是激励强度；**CONTROL** 表示的是控制的效果。激励和控制是治理结构的相关属性。从表 10-3 可以看出，每组的估计结果单独来看效果都很好，同时存在于五组中的因素的符号也统一，这也说明了估计的稳定性。

表 10-3　治理结构简化式方程的估计结果

变量	(1)	(2)	(3)	(4)	(5)
SPATIAL	1.005 *** (2.77)	0.716 ** (2.34)	0.588 ** (2.44)		0.771 *** (2.60)
TEMPORAL	0.729 ** (2.24)			0.230 * (1.73)	
HUMAN		0.574 *** (3.01)	0.714 *** (3.31)		0.491 *** (2.61)
DURATION	−1.509 *** (−2.84)		−0.648 ** (−2.17)	−0.648 *** (−2.72)	−1.102 *** (−2.56)
FREQUENCY		−0.290 ** (−2.08)		−0.278 ** (−2.00)	
INFORMATION		0.652 *** (2.81)	0.492 *** (2.50)	0.424 ** (2.20)	
PROBITY	0.735 ** (2.40)	0.560 ** (2.27)		0.375 *** (2.54)	0.561 ** (2.25)
INCENTIVE	−0.612 ** (−2.18)	−0.491 * (−1.82)			−0.497 ** (−2.11)
CONTROL			0.299 ** (1.95)		0.342 * (1.77)
CONSTANT	−5.197 * (−1.86)	−5.902 *** (−2.68)	−6.763 *** (−3.05)	−1.695 (−1.19)	−3.400 ** (−1.98)
伪 R^2	0.82	0.82	0.79	0.74	0.81

*** 表示 1% 显著；** 表示 5% 显著；* 表示 10% 显著

注：括号中的数字是 Z 统计量，伪 R^2 是麦克法顿(McFadden)R^2

资料来源：根据调研数据计算获得

SPATIAL 的系数在几组模型中都是正的，表明对于土地非农化交易来说，如果空间专用性越高，政府越倾向于采用内包治理的方式，即由政府自己掌控。例如，对于规划的审批、非农化项目的选择等都具有很高的空间专用性，因此，这些交易都由政府自己来完成。这与第二部分分析框架中的分析判断一致。

TEMPORAL 的系数也是正的，类似于 SPATIAL 系数的解释，作为专用性的另外一种因素，如果时间专用性越高，政府越倾向于采用内部治理的方式。这验证了框架中的理论分析，不再重复相关解释。

框架分析显示，人力资本专用性的升高会导致政府采用市场支持或者政府支持的方式来治理相关交易。表 10-3 中 HUMAN 的系数是正的，表明对于中国土地非农化来说，如果人力资本专用性升高，需要通过政府支持（内包）的形式来治理。值得注意的是，从调查中还发现，对于土地规划等需要专业知识的交易，因为中国的市场需求大，这部分交易的人力资本专用性不是特别高，因此，这类交易多是外包治理。相反，对于土地规划审批等纯政府事务，人力资本专用性显得特别高，因此，需要用内包治理的方式来保障这些从业人员的人力资本投入的安全，也就是有提供稳定待遇的公务员岗位。

框架中分析，交易的周期属性升高，需要市场或政府支持的方式来保证交易安全。表 10-3 中 DURATION 在两组回归中都是负值，说明中国土地非农化的交易更适宜外包治理，即市场支持更为合适。现实来看，中国的土地非农化通过一些契约或者非正式制度就可以较好地治理周期长带来的交易费用，而不需要完全由政府通过层级制来完成。例如，土地利用规划设计一般都需要很长的时间来完成，最初是由政府内部完成的。但是，现阶段的土地规划设计已经被政府外包给了竞争性的专业化企业或公共的服务提供机构，甚至由大学或科研院所的研究者完成。在实践中，虽然这些企业、公共服务机构或者独立研究者之间存在着竞争的关系，但每个个体都尝试建立和发展自己与政府之间的关系，这样就可以在政府外包任务时获得更好的竞争优势以获利。当然，政府也希望在这种外包的过程中与固定的合作者进行合作，如为了减少工作量和因信任等而减少的额外投入等。因此，对于政府来说，尽管这些交易是通过外包治理的，但实际上他们是一种混合制或者长期的契约关系。在这种关系下，承包方不仅能够高效地完成任务，同时正如受访者所言，这种方式下的外包确实节省了政府很多人力物力财力来监管，也避免了所谓的官僚作风和腐败。

在前述框架分析中，交易的频率属性与内包治理的选择呈反向关系，表 10-3 的结果证明了这一点（即 FREQUENCY）。当中国土地非农化某些交易的频率增高时，政府会将这些交易通过外包治理来降低相应的交易费用。最明显的例子就是土地评估和土地测绘的外包。随着中国城市化的加速，土地市场供应的规模扩大，土地评估和土地测绘频率越来越高，为了降低政府寻租、提高办事效率、增加行业竞争等，即减少频率升高带来的额外的交易费用，政府通过外包的方式来治理这些交易。

信息不对称作为不确定性的一个因素，需要市场或政府支持来保障交易安全。表 10-3 中的 **INFORMATION** 系数为正，说明中国土地非农化过程中交易更适合通过政府支持的方式来保障，即外包治理。

忠诚度(信任度)作为不确定性的第二个因素，也需要市场或政府支持来保障交易安全。表 10-3 中的 **PROBITY** 系数都为正数，说明降低忠诚度的影响需要政府的支持，即政府通过内包治理来降低土地非农化过程中忠诚度不确定的影响。这对于那些权利批准类的交易尤为明显。

不同治理结构在激励和控制两个方面的绩效推断也得到了实证的验证。**INCENTIVE** 为负，说明外包治理对激励任务执行者的积极性进而保障交易安全来说效果更好。**CONTROL** 为正(不是非常显著，仅达到 10% 的显著)，也说明内包治理的控制作用更好些。

2. 交易费用函数：第二阶段的再检验

表 10-4 汇报了外包治理和内包治理两种治理结构下交易费用函数的估计结果，即市场支持(G_m)和政府支持(G_h)。表 10-4 中的列(1)和列(4)是内部治理的交易费用函数估计结果。它是通过调研搜集的内包治理的样本数据，以交易费用为因变量，交易属性为自变量(变量含义与表 10-3 中相同)估计而来的。其中，还包括一个用于校正样本选择偏误的变量 λ(即反米尔斯指数)，其是由第一阶段的 Probit 模型结果计算而来的[由表 10-3 中的列(4)和列(5)分别计算]。汇报两组不同自变量组成函数的目的是在克服共线性的影响的前提下能够将表 10-3 中出现的所有变量都进行第二阶段的验证。

表 10-4 "外包"和"内包"治理交易费用函数的估计结果

变量	函数组合(Ⅰ)			函数组合(Ⅱ)		
	(1)	(2)	(3)	(4)	(5)	(6)
	Log(G_h)	Log(G_m)	$G_h - G_m$	Log(G_h)	Log(G_m)	$G_h - G_m$
SPATIAL				0.022 *** (2.77)	0.140 *** (9.116)	—
TEMPORAL	0.029 (0.93)	0.129 *** (5.900)	—			
HUMAN				0.038 *** (3.65)	0.114 *** (13.832)	
DURATION	0.295 *** (10.05)	0.015 ** (0.337)	+	0.251 *** (13.27)	0.082 *** (6.662)	+

续表

变量	函数组合（Ⅰ）			函数组合（Ⅱ）		
	（1）	（2）	（3）	（4）	（5）	（6）
	Log (G_h)	Log (G_m)	G_h-G_m	Log (G_h)	Log (G_m)	G_h-G_m
FREQUENCY	0.023** (2.05)	−0.097*** (−2.846)	+			
INFORMATION	0.031** (2.48)	0.214*** (4.178)	−			
PROBITY	0.061*** (4.67)	0.223*** (4.914)	−	0.038*** (3.47)	0.124*** (21.588)	−
INCENTIVE				0.019** (2.39)	−0.057*** (−6.727)	+
CONTROL				0.021*** (3.62)	0.074*** (6.402)	−
CONSTANT	11.665*** (38.11)	10.933		11.769*** (111.45)	11.248	
λ	−0.041 (−0.33)	0.391*** (7.986)		0.067 (0.76)	0.087*** (8.254)	

*** 表示 1% 显著；** 表示 5% 显著；* 表示 10% 显著

注：λ 是反米尔斯指数；括号中的数值是 t 统计量（G_m 栏的常数项的 t 检验因无观察样本数据而无法推导出）

资料来源：根据调查数据计算

  表 10-4 中列（2）和列（4）则汇报了外包治理的交易费用函数的变量系数。当然，这两列的系数不是估计得来的，而是通过内包治理函数［log(G_h)］的系数、两个残差项（e_1、e_2），以及三个标准差（σ_1、σ_2、σ_{12}）在给定两组残差项之间完全独立（即 $\sigma_{12}=0$）的假设下推导出来的。推导的方法遵循 Maddala（1983）中处理删失数据的方法。

  表 10-4 的实际作用很多，如代入各自变量的数据可以用做交易费用的计算。当然，根据本章的研究目的，这里主要是为了验证表 10-3 中的估计结果是否稳定。可以看出，首先，几乎所有的估计参数都达到了 5% 甚至更高的显著水平，只有第一列中 TEMPORAL 的系数显著性较差。这说明表 10-3 中所判断的因素确实对交易费用有很大的影响，同时其符号的正负方向也说明了该因素对总交易费用的影响方向。可以看出，这些符号与表 10-3 的结果完全一致，符合相应理论的预期，即各种因素对内包或者外包治理下的交易费用的作用方向。这里不再赘述。

  其次，如果把表 10-4 中列（1）的各自变量的系数与列（2）进行相减，如果为负值，就说明对于本章研究的土地非农化案例，内包治理更有利于降低这种因素造成的交易费用，相反就是外包治理更适宜降低该因素造成的交易费用。即表 10-4 的列(3)显示的比较结果，如果为负值，预示着内包应该被选择；否则，外包应该被选择。可以发现，这与表 10-3 中列(4)的判断结果一致。

同理，将表 10-4 中列(4)的自变量系数与列(5)中相应系数相减，如果为负值，则说明内包治理更有利于降低该因素引起的交易费用，相反就是外包治理更有利于降低该因素引起的交易费用。可以发现，表 10-4 的列(6)的结果与表 10-3 的列(5)的判断结果一致。综上所述，第二阶段(表 10-4)的估计结果进一步验证了表 10-3 中对土地非农化交易费用的影响因素的作用，以及相应治理结构选择的判断。这避免了第一阶段 Probit 模型的估计可能存在的缺陷。即残差项的标准差 σ 可能过大，进而导致估计结果失真；也解决了 β 和 α 存在负数的可能而导致估计结果失真的问题。从结果看，本章 Probit 模型中对 $\beta-\alpha>0$ 的判断没有失真。换句话说，表 10-4 消除了对表 10-3 中可能的质疑，进一步验证了第二部分的理论推断。

五、土地非农化规则选择的逻辑

本章通过理论分析判断出土地非农化治理过程中的交易费用主要来源于三大主要因素，即交易双方的相互依赖性(表现为资产专用性)、交易的不确定性和时间属性。具体来看，土地非农化的空间专用性、时间专用性、人力资本专用性、交易周期、交易频率、信息不确定性、执行者的忠诚不确定性、不同治理结构的激励和控制效果等，决定了土地非农化的过程中交易费用的大小，进而影响着治理的过程效率。若位置、时间和人力资本专用性提高，政府通过内包治理的方式绩效更好；若交易周期增加，必然需要额外的投入以保障交易，即交易费用的增加，但不必然导致内包还是外包的选择，这与交易周期的长短程度以及其他交易属性有关。一般来说，频率与内包治理方式被选择是负相关关系。信息的不确定和执行过程中上下级之间的忠诚、同事之间的信任和诚实等的不确定性，会导致交易费用的增加，即需要额外的市场或者政府方式来保障交易安全，但对于土地非农化来说，不必然导致某一种方式更优。另外，内包的治理结构在对土地非农化的控制效果上比较明显，而外包在激励效果上作用更为突出。

通过杭州的一项土地非农化案例的实证研究，验证了上述理论分析得出的结论，同时进一步揭示了中国土地非农化治理结构的选择(只考虑目前全国统一的、合法的土地非农化治理结构)，即是内包治理还是外包治理是由上述九个要素决定的。具体来看，空间专用性、时间专用性、人力资本专用性、信息和忠诚的不确定性以及对控制效果的追求等决定了中国土地非农化过程中内包的绩效更优，而周期和激励强度则决定了外包应该被选择。这详细解释了在案例中的 96 个土地非农化交易步骤不同治理结构的选择原因。

本章从交易费用的角度来分析土地非农化的过程效率，有三点可能的贡献。第一，在现有的研究基础上，建立了一个系统的过程效率视角下的土地非农化交易属性、治理结构和交易费用的分析框架。这既有别于 Alexander(2001b) 对土地开发的交易属性和作为土地开发治理结构的土地利用规划的分析，因为本章进一步细化且系统化了土地开发每一步的交易属性及其与不同治理结构绩效的关系，同时将土地开发过程的治理结构拓展出土地规划本身，这是一个理论上可能的贡献。第二，Webster(1998) 从公共选择理论、新古典经济学和交易费用经济学的角度对作为治理结构的城市规划进行了三个角度的分析，本章则进一步从交易费用经济学的角度细化了土地非农化的治理结构的分析。第三，Buitelaar(2004a) 专注于对土地开发过程中交易费用如何界定和判断，Tan 和 Beckmann(2010) 做了土地非农化不同治理结构的比较分析，Tan 等(2009) 做了土地非农化不同过程的比较分析，本章的研究是在这些研究的基础上给出了定量的实证研究。

本章所建立的交易费用经济学的分析框架和定量化的实证模型，可以很容易地借鉴到对其他国家的相关研究中，如欧美等具有不同制度环境的国家和地区，这样不仅能够分析和解释这些国家土地非农化交易费用的影响因素和治理结构选择的原因，同时也为不同制度环境对土地非农化过程效率的影响提供了可能，这应该是未来研究的一个很有吸引力的选题。

本章附件：

附件 10-1 现阶段中国土地非农化的主要程序

序号	具体任务	序号	具体任务
1	土地利用现状及趋势分析、用地需求预测	49	编报开发整理项目规划投资预算设计
2	拟订土地利用总体规划初步的方案	50	审查和批准投资预算
3	土地利用总体规划方案的论证	51	设计具体的项目实施方案
4	土地利用总体规划方案的确定	52	具体实施方案的公告
5	土地利用总体规划方案的公示与听证	53	招投标选择施工单位
6	向上级报批土地利用总体规划	54	招投标选择施工监理
7	土地利用总体规划批准后的公告	55	相关单位进行土地的开发整理
8	向省争取农转用指标	56	开发整理工程竣工验收
9	项目自主选择(招商引资)	57	土地储备中心接受土地的前期准备工作
10	市、区(包括开发区)落实具体项目	58	土地储备中心进行权属变更登记

序号	具体任务	序号	具体任务
11	建设项目初步设计文件	59	招投标选择施工单位
12	发改委立项或社会性固定资产投资项目登记	60	招投标选择施工监理
13	市规划局给予立项前规划选址意见	61	相关单位进行前期开发施工
14	国土局立项前土地预审	62	办理建设用地批准书等
15	环保局立项前环评批复	63	编制使用国有土地方案、供地方案
16	水利局立项前水土保持方案的批复	64	使用国有土地方案、供地方案的上报审批
17	银行提供贷款意向书	65	进行土地评估
18	建设项目的可行性研究	66	确定出让底价
19	发改委立项批复	67	发布划拨、出让公告
20	规划局在项目立项后选址及规划设计审核	68	选择划拨方式出让
21	设计单位编制项目建设设计方案	69	选择协议方式出让
22	日照分析	70	协议价格确定
23	景观分析	71	选择招标、拍卖、挂牌方式出让
24	项目建设前公示	72	招拍挂价格确定
25	规划局建设项目方案设计审查批复	73	签订国有土地使用权出让合同
26	项目单位提供所有必需信息	74	国有土地使用权初始登记
27	规划局建设用地规划许可	75	向建设用地单位核发《建设用地批准书》
28	测绘单位进行土地测绘	76	项目建设的前期准备
29	建委对测绘进行成果鉴定和使用审批	77	设计单位设计的全套建施图、结施图等
30	征地前的准备工作(冻结公告)	78	有资质单位对施工图审查
31	农用地转用、补充耕地、征地方案的制订	79	规划局建设工程规划许可
32	上报国务院审批	80	施工单位的招标
33	批准后对被征用土地所在地予以公告	81	监理单位的招标
34	征地补偿登记	82	建设工程质监站建设工程质量安全监督书
35	召开村民代表大会对征地意愿进行表决	83	建委提供安全生产许可证
36	协调、裁决争议,对征地方案进行修改、报批	84	建委核发建筑工程施工许可证
37	被征用土地者规定时间内搬迁交地	85	建设单位进行项目施工和监理
38	制定征地补偿安置费用的标准	86	建委进行建筑工程项目审批
39	公布征地的补偿费用的收支状况	87	建设单位提供竣工后文件材料
40	对补偿费用使用的年度审计	88	上级单位证明的房屋建造情况具结书

序号	具体任务	序号	具体任务
41	对失地农民货币安置	89	规划分局对项目批准后进行跟踪监督
42	对失地农民招工安置	90	规划局批准建设工程规划验收
43	对失地农民开发性安置	91	建委综合各部门意见对建设工程进行验收
44	土地开发整理前期准备	92	规划局核发建设工程规划许可证（正本）
45	土地开发整理可行性研究	93	土地房产的登记
46	量算开发整理土地的地籍面积	94	二级市场自由交易
47	村级集体对开发整理的意见	95	二级市场监管
48	上级政府对开发整理立项审查和批复	96	对权属进行变更登记

附件 10-2　土地非农化交易属性调查问卷（简化版）

指标	问题
1 治理结构	该任务的执行是"内包"还是"外包"
2 专用性	
2.1 空间	区位的选择对于该项任务的影响程度
2.2 时间	时序的决策对于该项任务的影响程度
2.3 人力资本	执行人的知识和能力的价值对该项工作的依赖程度
3 时间属性	
3.1 频率	单位时间内交易发生的次数
3.2 周期	任务执行完毕所需的时间长短
4 不确定性	
4.1 信息	任务执行过程中信息的可衡量或可观察的程度
4.2 忠诚	任务执行过程中执行者的忠诚度的可观察程度
5 激励强度	任务执行过程中执行者的积极性能够被激励的程度
6 控制效果	任务本身的可控度，如任务的过程、结果和执行者的行为

第十一章

人类认知的局限对规则实施的影响：
以土地节约集约利用为例

从第五章到第十章我们评价了中国土地非农化制度的现状和实施过程中的问题，在此基础上探讨了制度改进的影响因素及方向。似乎我们应该基于上述的分析开始着手讨论如何进行土地非农化制度的创新以实现土地非农化治理效率的提升。然而，若我们将已做的理论分析与实践进行对应会发现，问题似乎仍然很多。例如，第九章中对中国土地管控配额制度的建议、第十章中对土地非农化各环节管理方式的建议等，理论上的推断和结论在实践中的实现过程，还有很多问题没有考虑。这既反映了制度设计面临制度总是不完美的困境（Eggertsson，2005），更揭示了制度设计的复杂性。总是有很多因素没有考虑，而行为人的认知，可以说是制度创新设计和实施过程中的主要局限之一。再完美的制度设计，再正确的政策导向，如果不能得到管理者和被管理者的准确认知，制度只能是一种"空制度"。

对于土地非农化来说，既然其主要目的之一是保护耕地和提升土地资源的使用效率，那么土地的节约集约利用可以说是土地非农化管控制度中重要的政策。虽然自"九五"以来国家就十分重视土地节约集约利用，但在内涵上却一直存在认知误区，收效也甚微。这不仅表现在理论上没有发展出能够被广泛接受的节约集约利用的概念，管理实践中也经常出现偏差甚至误区，其原因就是对节约集约的理解一直局限在传统的投入产出率上。实际上，土地节约集约利用已经不是一个单纯的资源利用问题，而是一个需要全社会集体行动的公共管理问题。本章的目的就是以土地节约集约利用为例来说明认知对制度创新设计的重要性。全章从公共管理的视角出发，建立包含资源配置、治理结构、制度环境和社会基础四个层次的分析框架，探讨中国当前经济社会背景下土地节约集约利用的内涵，并在此基础上给出土地节约集约利用的战略管理框架①。

---

① 感谢浙江大学吴次芳教授对本章的贡献，当然本书作者文责自负。

一、"现实怪圈"引发的思考

土地提供了发展所必需的承载空间。当对这种承载空间的需求日益增强时，节约集约利用在逻辑上就成为必然（吴敬琏，1995）。现阶段我国已进入只有加快转变经济发展方式才能实现可持续发展的关键时期，旨在提高土地利用效益的制度改革是该时期的关键诉求之一（蒋省三等，2007）。然而，土地节约集约利用不可能自发存在。我国自"九五"以来就十分强调经济增长方式的根本转变，但现实问题与理论困境一直困扰着土地节约集约利用的实现。土地粗放利用，尤其是建设用地粗放利用并没有得到根本性的转变。近年来国土资源管理部门在全国开展开发区土地集约利用评价，其核心是设计一套包括土地利用效益和管理绩效的集约利用程度评价指标体系，用以评价和实现土地的节约集约利用。但是，依赖于"地均 GDP""地均投资强度"等指标的评判在实践中造成了很多"怪圈"：实际用地行为没有改变，仅因为 GDP 的增长就带来了地均 GDP（即集约度）的增长；甚至有些地方存在通过调集可移动的固定资产来提高投资强度以应付上级检查等现象（吴次芳和谭荣，2010）。

现实中的"怪圈"彰显了土地节约集约利用理论的匮乏。什么是土地的节约集约利用？新古典经济学的回答很简单：它只是一个微分问题——土地边际净收益在各种用途间实现等值替代。这种回答因为数学上的严密性，得到了广泛认同。然而，一个很重要的问题是，现实中实现土地节约集约利用真的如此简单吗？很显然，只关注土地边际净收益在用途间的等值替代忽视了很多因素的影响，如土地的产权制度、治理结构、利用者个体特征和自然社会禀赋特征等。

在公有制、任期制和绩效考核等制度约束下，地方政府有动机只考虑短期收益而忽视长期的生态环境及社会成本。在使用权的获得方式、期限、用途等制约下，农民、厂商等微观主体也同样存在短视的行为。这样，土地节约集约利用具有了公共物品的特征——土地利用者享受了全部的收益但没有承担全部的成本。或者说，从全社会的角度看土地节约集约利用有利于社会效益最大化，但从私人利益看，土地的非节约集约利用可能成为私人的内在选择。这种私人成本和社会成本的分歧深刻地揭示了现阶段中国的土地节约集约利用是一个公共物品。

由此可见，无论是现实对土地节约集约利用的评价和管理，还是现阶段理论对土地节约集约利用的内涵和理论把握，都存在不完善甚至谬误之处。当涉及公共产权、经济的持续发展、社会的公平稳定和生态环境保护时，土地节约集约利用理论就不能仅仅停留在传统经济学的范畴，经济学、政治学和社会学等理论也应该在促进土地节约集约利用这一全社会的集体行动中承担相应的指导作用。土地节约集约利用也就不再是单纯的市场配置问题，而是一个公共管理的问题，需要从公共管理的视角来进行系统分析。

因此，本章的目的就是尝试从公共管理视角对现有的土地（主要是建设用地）节约集约利用问题进行误区梳理、概念修正，并讨论相关管理政策的选择，从而更好地为经济发展方式转型背景下的土地节约集约利用提供理论支撑。本章接下来的内容安排如下：第二部分对现阶段土地节约集约利用的误区进行解读；第三部分构建了一个公共管理视角的土地节约集约利用分析框架；第四部分在分析框架基础上阐释土地节约集约利用的内涵；第五部分在内涵阐释的基础上探讨现阶段中国土地节约集约利用的战略管理取向。

二、土地节约集约利用人为理解的误区

受以前的土地集约利用就是在土地上增加资本与劳动力投入的传统思想的影响（Ely and Morehouse，1924），国内外理论研究多以投入或产出强度为标准来判断土地节约集约水平。在投入强度方面，有的采用固定资产投入（田党生，2010；吴郁玲和曲福田，2007），有的关注基础设施投资（蔡为民和薛岩松，2007；Lau et al.，2005），还有的基于人口或从业人员密度等（Wheston，1998；曹银贵等，2009）。在产出水平方面，有的选取地均 GDP（王中亚等，2010；黎一畅等，2006），有的选取地均产值（常青等，2007；李景刚等，2006）；等等。

上述研究都是遵循劳动、资本等传统的经济增长要素的投入产出分析框架，把土地也作为一种类似的要素进行考虑。但实质上土地不同于劳动力或资本，土地是一个空间异质性很强的要素，即不同土地上的投入和产出，在理论上不具有直接比较的条件。例如，将相同的劳动力和资本投入不同位置的相同面积的土地上，其产出绝大多数情况下是不一样的，但如果从投入角度评价，两者的集约水平应该是相同的。同理，如果把土地节约集约按照单位面积土地的产出标准来比较，相同的地均产出代表相同的集约水平，则西部永远滞后于东部沿海。即使同时考虑投入和产出，因为所处的经济社会环境不一样，不同区位不同时间的土地利用不具有可比性。例如，在相同的投入下，中国东部 1 公顷的土地的经济收益很可能高于西部 1 公顷的土地，但这不能代表东部的节约集约利用水平高，有可能是东部地理区位优越、经济活动频繁等造成收益高于西部，而土地节约集约利用方式可能等同甚至低于西部。同理，不同时期的投入相同，受市场供需影响，后期的产品价格可能上涨导致产出总值增加，但实际利用方式未变，这也不能代表后期的节约集约利用水平提高了。

因此，土地的节约集约水平，如果仅依靠投入和产出来衡量，很可能存在问题。这些问题的根源实际上是因为土地集约利用的概念模糊，现阶段无论是实践中的评价还是理论上的分析，都可能出现主观的，甚至有偏误的指标选择，造成

对土地集约利用的理解陷入误区。

那么，土地节约集约利用该如何定义，尤其是城市建设用地节约集约利用如何定义？其实，近两个多世纪的理论发展都未能给出合适的答案，操作层面上更不可能给出一个普遍适用的定义，因为其中涉及的因素实在太多，如区位、利用者、制度、文化等。类似于"可持续发展"的内涵和概念的区别，土地节约集约利用从内涵上看，不该只停留在操作层面的概念（实践中也不必要刻意地衡量它），更应该将节约集约利用视为一种资源利用的准则和指引，实际中通过公共管理的手段来促进全社会的集体行动，实现公共物品的供给和存续。

三、公共管理视角的分析框架

从一般意义上看，公共管理是由政府、非政府公共组织和民众所组成的管理体系，为了公共利益而共同管理社会公共事务的活动。公共管理视角，有别于单一的经济学、政治学或社会学视角，它更倾向于通过不同理论的融合来解释涵盖经济、政治和社会因素的复杂管理问题。因此，对诸如土地节约集约利用等复杂的资源利用问题，需要从四个层次来考察，这四个层次从上到下依次为社会基础、制度环境、治理结构和资源配置（Williamson，2000）。这四个层次从上向下依次决定下一层次的外部规则，同时各层次也从下向上依次产生反作用力而促使上一层次规则的改变（详见第二章对治理效率内涵的界定）。换句话说，若要解决公共问题（集体行动问题），需要对这四个层次进行系统的分析。

首先，资源配置层次是土地节约集约利用最活跃的层次。在这个层次上，人根据实际的土地投入产出变化不断调整决策来追求尽可能多的收益，因此是最活跃的。此时，治理结构、制度环境和社会基础作为外部规则是给定的。这些外部规则是否符合效率并不是该层次决策者需要考虑的，其只需要关注诸如投入产出等指标所反映的土地收益的情况，这也是现实中仍需要新古典范畴的传统土地经济学方法的原因。其次，治理结构层次作为最直接的外部规则，其符合效率与否，决定了土地节约集约利用的结果。所以如果治理结构束缚了土地节约集约利用，就需要对治理结构进行改进。这个层次可以采用交易费用经济学的方法来分析如何选择合适的治理结构。再次，正式制度作为治理结构层次的外部规则，其符合效率与否，直接决定了治理结构的效率，也间接决定了土地节约集约利用的结果。如果正式制度的改变更利于治理结构层次的选择进而实现资源配置层次收益的提高，则正式制度的改变是必要的。可以采用产权经济学、政治经济学、公共选择理论等方法来分析。最后，社会基础层次对其他三个层次都会产生影响，但是由于它主要是自发形成的，而且变化的周期很长，所以我们只考虑如何发挥其对土地节约集约利用的正面作用并降低其负面影响，而不主动改变它。社会学是这个层次的主要分析方法。

综上所述，土地节约集约利用的内涵需要从资源配置、治理结构、制度环境和社会基础四个层次来把握，同时这四个层次间的逻辑关系已构成一个公共管理视角的分析框架。

四、土地节约集约利用的内涵

从四个层次来审视土地节约集约利用的内涵，既有利于解决传统定义的缺陷，也可以提供实现土地节约集约利用的现实路径，更揭示了公共管理视角下土地节约集约利用内涵从资源配置结果的效率（allocation efficiency）向配置过程的效率（process efficiency）的转变。

（一）效益最大化的追求：资源配置层次的内涵

土地节约集约利用，是耕地保护基本国策的现实解读。1978～2008 年，耕地被建设占用年均 30 万公顷（曲福田和谭荣，2010）；2000～2006 年城镇建成区面积年均增长 10.89％（吴次芳和谭荣，2010）；与发达国家城市用地结构平均水平相比，中国工业用地比例偏高 15％左右（王华春和唐任伍，2004）；截至 2006 年年底，全国各类开发区达到 6 866 个，后来虽然核减至 1 568 个，规划面积由 3.86 万平方千米压缩至 9 949 平方千米，减少 74％（国家发展和改革委员会等，2007），但是实际上很多地方只是将开发区管理委员会的牌子换成工程指挥部，实际的减少并不是预期的那样令人满意。在耕地减少严重、城镇扩张迅速、产业布局不合理和用地规模粗放的格局下，土地节约集约利用的重要性和迫切性不言而喻。

由于经济社会环境的变化，土地节约集约利用的内涵也在不断被拓展，集约已成为土地利用优化配置、高效合理、可持续利用、三效益统一、最佳状态等的代名词（王爱民，2010）。因此，土地投入的提高、土地利用结构与布局优化、土地产出率与收益提高、土地利用率与利用强度提高等，在现实评价中都成为土地节约集约利用的内涵。虽然有学者批评这种过于泛化的概念（王爱民，2010），但应该能够理解这种泛化其实是土地资源稀缺导致需要协调各种竞争性利益冲突的必然结果。

因此，在资源配置层次上，我们还必须坚持认为土地节约集约利用的标准是综合考虑土地利用成本收益后的结果。更直观来说，它是指在不影响经济社会发展、不降低人类生活水平和不带来生态环境损害的前提下，节省土地的耗费、增加要素的投入、优化空间结构，使土地利用效率达到一种合理的水平。具体到实践中，资源配置层次土地节约集约利用的内涵应包括以下几个方面：第一，在各项建设和生产中尽可能节省土地资源的消耗——技术经济的要求。第二，在空间和时间上要综合考虑区域间和阶段性的效率，以满足经济建设和社会发展的可持续性——动态经济的要求。第三，土地节约集约利用不仅仅是物质利益的范畴，还应该包括生态环境和社会利益的范畴——社会经济的要求。只是在具体评价或者政策设计时，应根据当地实际需求选取一种更为适用的方法，实现短期目标和长远目标、局部目标和整体目标的有机结合。

所以，在资源配置层次上更应该将节约集约利用看做一种决策理念、一种公共追求，实际上是一种很难量化的终极标杆，因为在很多情况下成本和收益是无法准确测算的。在资源配置层次上人们只能根据有限的信息进行有限理性的决策，这也更加揭示了对于土地节约集约利用的追求，治理结构和制度环境更加重要——降低信息不对称和有限理性的影响。

（二）注重治理的过程：治理结构层次的内涵

2008年全国新增建设用地38.35万公顷，而出让土地16.31万公顷，只占全部新增建设用地的42.53%（国土资源部，2009）。可见，无偿划拨土地仍然是现阶段我国土地供应的主要方式。例如，笔者对沿海和中部地区一些县（市）政府广场用地的调查表明，一个县政府的广场用地可以超过两平方千米，浪费情况十分严重。又如，在南京以下约300千米的长江沿岸，建成或正在建设的万吨级码头有110个，最密段为江阴以下40多千米处，平均每千米有一个码头；某市货运港设计的年吞吐量为248万吨，实际1997年以来年均仅完成10万多吨（薛志伟，2006）。这些基础设施的综合布局不协调和重复建设，造成土地和资金的巨大浪费。

这其实彰显了治理结构对土地节约集约利用的影响作用。虽然2000年以来中国城市土地一级市场发展迅速，工业用地在2006年9月30日后都要求实行招拍挂的竞争性出让形式，但对于那些采用无偿划拨方式的所谓公共基础设施用地，粗放现象和重复建设现象依然严重，而且没有引起重视。这不是资源配置层次的内涵能够反映出来的，因为现阶段国家没有对划拨用地进行集约评价，而仅仅是对于开发区的工业用地进行评价。这是实际治理结构起作用后的结果。

目前中国土地节约集约利用的治理结构主要有两类，一类是隶属于从上向下式的行政命令式的土地规划范畴，如政府强制暂停农用地转为建设用地的审批来调控新增建设用地规模、通过年度土地利用计划实现不同部门不同区域不同时期的用地配置等；另一类是隶属于政府垄断供给的土地市场范畴，如土地市场竞争性价格机制使新增建设用地能够在不同产业、不同用途间得到更为有效的配置等。

近年来，中国政府不断根据实际的经济社会发展需要和土地供需情况（即资源配置层次的节约集约结果)进行土地宏观调控(即治理结构层次上的调整)。为了响应土地节约集约利用和经济发展方式转变的要求,政府通过行政命令对鼓励型的产业优先供地,对限制和淘汰型的产业限制供地或不供地,即所谓的土地差别化供应政策;通过提高新增建设用地的供地门槛和闲置土地的保有成本,形成一种"倒逼"的机制来促进存量建设用地的节约集约利用,促成了"零地招商""腾笼换鸟"等土地节约集约利用方式的出现。另外,政府通过对土地市场中出让方式的改革,如从最初单纯地采用招拍挂的竞争性价格机制转变为最近为了加快某种产业升级或加快保障性住房建设等而采取的所谓"综合评标""限地价、竞保障性住房面积"的招拍挂模式,实现了产业结构转型升级,保障了社会公平。

因此,我们认为在治理结构层次上,土地节约集约利用的内涵注重的是实现土地节约集约利用过程的效率。同样的投入产出结果,管理的方式和成本可能大不相同,或者不同的投入产出结果可能是因为管理方式的不同造成的,进而带来了治理结构的优劣。只有尽可能选择最佳的治理结构来实现交易费用的降低,才能满足治理结构层次上土地节约集约利用的内涵规定。对应到实际中,不论政府的决策是否是最优的,但只要其变化有利于提高土地的节约集约利用水平,则可以说该治理结构的变化符合土地节约集约利用在治理结构层次上内涵的要求。

另外还有一点值得注意的是,政府和市场作为两种不同的治理结构,现实中存在所谓的政府和市场的边界问题,这一直是理论和实践中探索的难题。虽然现有研究已经开始尝试对边界进行定量的判断(谭荣和曲福田,2009),但在信息不对称和交易费用的制约下,边界的确定只能根据具体情况具体分析,没有万能的判断方法,也没有人能够断言判断正确与否。这更加揭示了治理结构层次上的土地节约集约利用内涵,应该立足于不断更新的信息,不断比较和寻找更适宜的边界,细化更有利于节省交易费用的规划类和市场类的治理结构。

(三)规则的公平与效率:制度环境层次的内涵

中国政府对土地节约集约的管理决策,有的时候会出现反复,如1997年和2004年两年都出现了暂停农转用审批,即停止新增建设用地供应的情况,这种中央政府强制性的暂停土地供应的反复(治理结构的反复),说明很有可能是正式制度出现了问题。最直接的解释是地方政府在唯GDP论的政绩考核制度下,依赖土地财政换取城市发展资金和依靠低地价或零地价来吸引工业投资等,造成了严重的土地粗放利用,降低了土地规划和土地市场在促进土地节约集约利用上的绩效。而政绩的考核是政体制度的体现,土地财政是土地公有产权的结果,都是制度环境层次的规则出现了问题。

我国现阶段的土地产权是公有制。这是一个"人人所有"与"无人所有"的悖论及其异化过程。人们知道土地节约集约利用作为一种公共行为,其成本完全内部化是很困难的，因此，人们自愿、自律地爱惜、节约使用和保护土地资源的行为就会缺乏应有的制度激励。类似于德姆塞茨（Demsetz，1967）的观点，当代人土地利用决策的权重较大，后代无法向当代支付足够的补偿来改变现在的决策。在这种制度框架下，人们普遍缺乏对土地资源节约集约利用的内在动力。

另外，我国1994年推行的中央和地方财政分税制和在这期间实行的政府政绩考核制，导致了地方政府作为利益集团的事实。同时，在现有的行政体系中，政府并不是单一的主体，各个层级的政府都平行存在着不同的政府部门。于是，中央政府以部门出台的土地节约集约利用的监管政策，面对的是具有多部门职能的地方政府。实践一再表明，如果不改善基础制度安排，土地政策经常管不住地方对策，地方政府总是可以利用信息不对称来规避土地政策的规制。因此，土地管理部门经常是"头痛医头，脚痛医脚"，发挥着"消防队"的作用，中央不得不以"运动式"的方式进行干预。经常性的整顿和清查，难免耗资巨大，且见效甚微。

因此，我们认为，在制度环境层次上，土地节约集约利用的内涵注重的是正式制度是否起到了为高效利用土地资源营造出稳定公平透明的外部规则，既有利于人们自发形成高效的治理结构，又有效地遏制人们的投机、欺骗等行为，促进人们土地节约集约利用共同行动的实现。

（四）意识形态的引导：社会基础层次的内涵

如果制度环境层次的正式制度改变不容易立刻实现，现实中可以考虑利用社会基础来弥补正式制度的不足，进而促进土地的节约集约利用。中国普通民众长期以来形成了对统治者的敬畏和对中央集权的服从，进而也习惯了中央号召的"运动式"的集体行动。例如，近年来开展的国土资源节约集约模范县（市）创建活动，就是通过号召和舆论来促进土地节约集约利用制度能够得到地方政府的贯彻和普通民众的响应。

我国有珍惜、爱护和节约使用土地的传统文化。人们在结婚时，首先要"拜天地"，就是对土地的尊敬。随着历史的变迁，这种传统文化逐步消失了。相反，在草根文化里，人们挣钱和存钱是为了买房和结婚，而且把拥有房子看做身份和财富的象征。目前我国的住房自有率是全世界最高的，达到了82％，美国只有68％，英国只有56％，欧洲其他国家只有30％～50％（束克欣，2006）。一些富起来的农民，除了在农村有住房，还在城里买住房，存在着显著的"两栖"占地现象。据统计估算（傅超，2007），全国"两栖"占地总面积近两万平方千米。这种对房子的文化意识，加剧了住房用地粗放的矛盾。另外，沿袭两千多年的封建专制统治，造成了我国更倾向于集权性的中央计划管理和预算申请制度。然而这种意识形态，对土地节约集约利用有一定的负面影响，尤其是在用地指标的申请和分配上，造成各地形成了一种习惯，即必定要多争取指标，而且要把争取到的指标用完。2004 年年底的一项统计表明（楼忆，2005），全国闲置、空闲和批而未供土地总量为 395.61 万亩，占城镇建设用地总量 5 100 万亩的 7.8%。

因此，我们认为，在社会基础层次上，土地节约集约利用的内涵注重的是如何利用长期形成且短期难以变化的社会基础来促进土地节约集约利用，同时避免根深蒂固的风俗习惯影响土地节约集约利用。上述种种现象，说明土地利用与特有的文化基础上建立起来的社会组织方式和民众的意识有密切的联系。因此，土地的节约集约利用仍然会面临来自社会基础层次的压力和挑战。如何应对和利用社会基础层次的压力和挑战，构成社会基础层次土地节约集约利用的内涵。

五、土地节约集约利用的战略选择

对上述四个层次内涵的把握，给出了现实中土地节约集约利用管理的战略选择方向。根据内涵，土地节约集约利用的战略管理应该从四个层次分别辨析，同时把握四个层次之间的作用力与反作用力。

（一）资源配置层次的战略选择

首先，完善土地价格机制和土地出让的定价行为。价格决定了生产要素投入的比例，低地价很可能导致土地的粗放利用。从实际中看，工业用地价格低，导致工业用地较之商业和住宅用地就更为粗放。一些基础设施和公共设施用地通过划拨获得，利用上则更为粗放。相反，城市内部的土地利用，如房地产，即使政府不明确要求节约集约利用，所有开发商也会尽可能地提高土地的节约集约利用水平，这就是价格和市场的作用。因此，如何形成竞争性地价来促进工业用地的节约集约利用，如何通过合理的定价来促进基础设施和公共设施用地的节约集约利用，是解决现阶段土地节约集约利用的关键问题。所以，提高土地节约集约利用的核心是要完善土地的价格机制，充分发挥土地价格在促进土地节约集约利用过程中的基础性作用，是资源配置层次战略管理的一个重要内容。

其次，重构土地节约集约度量指标。目前试行的单位面积投资强度等土地节约集约利用指标体系，总体上缺乏基础理论支撑，也容易受到信息不对称的影响，造成集约评价有偏。韩国开发区土地节约集约利用的管理，主要就是通过容积率和已开发的土地是否还有 20% 未售出两项指标进行的，实践证明既简明又有效。因此，可以参照国际上的通行做法，考虑采用以下指标度量土地的节约集约利用水平：一是容积率、建蔽率和建筑体量等，通过规划可测量的技术经济指标来约束土地的粗放利用（Berke et al.，2006）；二是地价，按照土地与资本的替代关系，通过适当提高地价来促进土地节约集约利用（丁成日，2009）；三是就业密度或技术强度，用单位土地面积所提供的就业人数或技术先进水平来表征土地的节约集约利用程度(吴次芳和叶艳妹，1995)。通过这些指标对土地节约和集约利用进行度量，是资源配置层次战略管理的另一个重要内容。

(二)治理结构层次的战略选择

首先，推进规划模式创新和实施的铁腕化。一方面，规划是推进土地节约集约利用的重要工具。耦合技术的规划和作为制度的规划，将物质性空间规划、经济性空间规划、社会性空间规划和生态性空间规划进行深度结合，将现实中的土地利用规划、城市规划、交通规划、环保规划等进行结合，将分区土地利用规划和混合土地利用规划进行结合，将总体规划、详细规划、特别区域管制规划和建筑单体设计进行结合，从政策维度、类型维度和技术维度推进规划模式创新。另一方面，规划的有效实施比规划模式创新更为重要。目前由于规划失控所导致的土地粗放利用，以及由土地粗放利用所引致的大量优质耕地损耗和环境退化，事实上已构成现代版的"公地悲剧"。解决"公地灾难"问题一定程度上需要"铁腕政府"(Heilbroner，1974)。因此，根据现阶段我国的发展国情，设立"土地法庭"和"土地公安"等专门的公检法机构，有其必要性和迫切性，国际上澳大利亚等国家也有类似的先例。

其次，建立"红利"制度，从惩罚制转向激励制。土地节约集约利用存在着惩罚与激励的双重选择。我国土地利用的行政管理更多地偏向于惩罚制。但是实践中很多例子(如农村的家庭承包责任制)很好地支撑了激励比惩罚能取得更好的绩效这一观点。本质上，土地节约集约利用机制是着眼于当下的节制和更多的投入，可以带来预期的"利息"或"红利"，并且将来的"利息"或"红利"的效用一定不小于现在节制带来的损失，这样土地节约集约利用才会自发地产生。目前，我国土地节约集约利用的要求显然不具有这样的经济激励功能。因此，应当根据不同区域和不同发展阶段的特点，合理评价优化产业用地结构的效益，评价用地规模化和集聚化的红利等，建立土地节约集约利用的"红利获取"制度，提升地方政府节约和集约利用土地的内在激励。

最后，探索公共事务管理的全社会合作机制。对于中国土地节约集约利用，不仅仅也不应该是政府自己的事情。国外有很多"民力"优于"官力"的例子，如美国早期的西部大开发和欧洲大城市内部的私人承租的绿地花园所带来绿化景观等费用的大幅减少等。探索市场能够提供的激励和便利，诸如私人或私企承担经营管理工作、非政府组织承担监督等，是新时期公共管理发展的趋势。

(三)制度环境层次的战略选择

首先，建立土地资源核算体系和综合审计制度。土地的公有制使地方政府实际上成为土地产权的执行者，具有经营土地并获利的权利但没有承担相应风险的责任。这种机制容易造成土地的粗放利用，加大耕地保护和土地调控的难度。当然改变产权成本较高，因此，当前制度环境层次的战略管理可以尝试通过建立土地资源核算体系、强化风险责任机制和综合审计机制等来弥补产权设置上的不足。按照公共管理理论，可通过平等的谈判来形成不同层级政府用地配额与诚信同步交换的氛围，分担用地配额的效率风险，并进行资源核算和综合审计，强化履约守法的社会责任。那些因为管理不善或其他未能预料的因素而不遵守契约的地方政府，不仅市场风险自负，而且要受到国家制度的惩罚。因此，借用综合环境经济核算（system of environmental and economic accounts，SEEA）的理论与方法，开展土地资源的实物核算，建立土地资源核算体系和综合审计制度，促进土地资源的节约集约利用是制度环境层次上战略管理的可行途径之一。

其次，明确不同主体的角色定位及利益协调机制。土地节约集约利用是一个多维主体的多重动态博弈过程。中央政府、地方政府、政府的各职能部门、开发商和普通公众的行为都直接影响到土地节约集约利用的绩效。如果不能协调土地节约集约利用过程中各方参与主体的利益取向和行为准则，就很难取得预期的综合目标。在这些不同主体中，地方政府的角色定位具有至关重要的作用，它是承上启下、协调内部、解决实际土地利用冲突的平台。因此，首先要给予地方政府适当的裁量权，明确地方政府是促进土地节约集约利用的第一主体。例如，对存量闲置土地的利用，如何适时地出台相关价格或者税费的优惠政策，以及政府提供基础设施或者直接补贴的政策，来引导土地的二次开发，而避免向增量土地寻找开发空间等，在这些方面地方政府需要有更多的自由裁量权。另外，为了防止地方政府对市场干扰过度和自由裁量权行使过度的问题，中央政府需要加强过程监控和综合审计，适时实施纠偏，促进中央政府、地方政府、开发商和普通公众等主体的相互博弈的动态均衡。这同时也是解决地方土地行政管理部门"单兵种作战"问题的出路。

最后，消除公共产权在利益分配上的模糊性，可以考虑如何在国家行政管理体制层面建立完全一体化、网络化和适应性强的"联合部队"，将规划、土地、交通、财税和干部升迁等政策因素进行统筹安排，以真正满足土地节约集约利用在制度环境层次内涵的要求。更重要的是，通过推进土地使用权或衍生地权的改革，明晰土地使用者的用益物权和担保物权，提高土地节约集约利用的内在自觉。同时未来的改革要在运行机制中赋予单位监督者或个人对土地节约集约利用合理的"剩余价值索取权"，使其成为超脱于双方"契约"的中立者，并支付土地收益中的部分利润来激励"职业监督者"履行其职责。通过提升公众的监督激励，弥补中央政府在土地利用督察、监察等制度上因信息不对称而存在的劣势。

（四）社会基础层次的战略选择

首先，改变土地资源的开发理念。美国经济产业布局模式的特点是产业分工度高、区域布局均衡且高度分散，这样就导致土地利用的分散，进而造成严重依赖私人交通工具和高速公路运输，森林和农田等自然资源破坏严重。而日本土地利用模式的基本特点是产业、人口大部分集中在都市圈，都市圈内部交流紧密，而都市圈之间的交流较少。结果是用地和经济活动集中，公共交通也得以在人口密集的都市圈内建立，森林和农田等自然资源保护相对较好，可持续性较好。我国土地资源禀赋与日本相似。但是，我国土地开发的模式是类美国式的，土地浪费粗放利用比重仍然较大。因此，改变"日本国情，美国开发模式"的战略怪圈，将经济、社会和人文背景因素纳入土地资源价格和价值的内涵，同时考虑土地开发的循环利用问题，是社会基础层次战略管理的一个重要内容。

其次，修复土地节约集约利用的社会基础。由于我国促进土地节约集约利用的工作起步较晚，包含土地生态意识的节约集约模式在许多人的头脑中还几乎是空白。这就决定了要进行广泛的宣传，用土地生态意识去抗争一切非生态意识的利己主义、拜金主义的土地利用行为，把人们从非生态意识的桎梏中解脱出来。这就需要加强全社会的土地利用文明教育，宣传土地粗放模式对生产活动、经济发展的制约作用，引导公民关心公共利益和长远利益，克服急功近利的实用主义；宣传非生态意识的实践危害性，以事实为根据，用粗放和环境污染产生的后果来教育人们非生态意识是一种背离人类文明、妨碍社会进步的丑恶意识；宣传法律化的土地环境意识和土地生态意识，使人们认识到破坏土地环境是一种犯罪行为；还要宣传土地节约集约利用的成就，用已有的成果激励广大公民治理土地、建设土地、合理利用土地资源的信心和决心，以提升土地保护和生态文明建设的韧性。

六、认知的局限对规则实施的影响

土地节约集约利用，其实更应该看成是类似于可持续发展那样的发展理念。长期的理论和实践已经证明，因为土地利用涉及的因素广泛，不仅定量的评价局限性很多，即使给出了相应的指标，在实行过程中也面临很多上层制度或者制度执行者的问题。为此，真正理解土地节约集约利用，只能将其看做一种现代经济社会背景下需要全社会共同参与的集体行动。实现这种集体行动，需要各种制度的保障和公民合作的意识。

本章从传统资源配置层次对土地节约集约利用的理解出发，将其内涵的理解拓展到土地节约集约利用的实现上来，考察了治理结构、制度环境和社会基础对土地节约集约利用的作用，这三个层次注重的是实现土地节约集约利用过程的效率。即在比较的基础上，为土地节约集约利用寻找一种更利于降低交易费用的治理结构，一种既有利于人们自发形成高效的治理结构，又有效地遏制人们的投机欺骗行为的公平透明的正式制度，一种能够利用社会文化、习俗等意识形态来促进土地节约集约利用的过程。

为此，现阶段中国的土地节约集约利用应该分别从各个层次的土地节约集约利用的内涵来选择管理战略。具体的战略包括资源配置层次的合理的评价指标的选择、土地价格配置土地资源机制的完善；治理结构层次的规划模式创新和实施的铁腕化、"红利"制度和公共事务管理的全社会合作机制的探索；制度环境层次的土地资源核算体系和综合审计制度、不同主体的角色定位及利益协调机制、公共产权利益分配模糊的消除机制、公众监督机制；社会基础层次的开发理念重塑和土地节约集约利用的社会基础修复等。中国的土地节约集约利用只有在把握上述内涵和选择相应的管理战略后，才有可能真正实现资源的有效节约和高效利用，实现经济发展方式的根本转变。

回过头来看，本章对土地节约集约利用的认知误区和现实对策的研究，揭示了与第二、三章治理效率的理念和第四章 SES 的分析框架相吻合的制度创新逻辑：基于土地节约集约利用的系统化的内涵，它不仅仅需要考虑"最优"或适宜的制度选择，还要考虑如何解决制度能够让行为人理解以及如何理解的问题，解决方法同样需要基于渐进式和局部的制度设计逻辑。

第十二章

治理规则的渐进性本质： 以土地产权和出让制度的演变为例

除了认知的局限影响制度的绩效外，制度的局部性本质以及局部性制度改进的渐进性，也对我们土地非农化治理规则的创新产生影响。换句话说，无论前面的章节提出何种土地非农化制度改进的建议，我们必须理解制度的改进是无法一蹴而就的，甚至改革还未开始改革的方向就可能应该调整了。这是制度局部性的本质(详见第四章中对局部性和整体性制度的辨析)，或者说制度总是不完美的。理解这种局部性的动态过程(也就是渐进性)的影响因素，为我们理解实践中制度的改进提供了一种视角。本章将以新中国成立以来土地产权的演变过程和城市土地一级市场中出让制度的演变过程来展示这种局部性和渐进性。

产权制度的改革一直是土地非农化治理的重点和难点。Williamson 的四个层次的分析框架为分析新中国成立以来农村和城市土地产权的变迁过程提供了一种渐进性的视角。可以看到，文化、法律、治理、行为四个不同层面因素对产权改革产生了系统的动态影响，这揭示了制度环境层次上治理规则的局部性和渐进性。而为了提高土地资源市场配置效率而建立的城市土地一级市场中的出让制度及其演变，则进一步揭示了治理结构层次上治理规则的局部性和渐进性。

一、正式制度和治理结构的变化总是很复杂

中国土地产权改革的问题一直是中国政府和学术界讨论的热点。可是为什么中国的土地产权改革得到广泛关注和讨论，却迟迟无法找到公认的改革路径？

虽然现有法律已经清楚地规定"城市市区的土地属于国家所有；农村和城市郊区的土地，除由法律规定属于国家所有的以外，属于农民集体所有；宅基地和自留地、自留山，属于农民集体所有"，但是，正是国家所有和集体所有这种共有产权的性质，造成土地产权在实际执行过程中因为产权主体的不明确引发了诸多的冲突(Ho，2001)。尤其是当国家为了公共利益需要进行土地征用的时候，

处于弱势地位的农民或城市居民往往可能会为公共利益而损失自己的利益，一些处于强势地位的利益集团可能会从中牟利。

不同角度的研究都尝试给出答案。从社会学角度看，传统的价值观念可能导致农民从来不曾考虑产权对自己的意义（Ho，2001）。从法学的角度看，中国对私人产权的承认，也只是在2004年宪法修正后才正式得到确认，而在此之前，宪法回避了私有财产的界定和保护（Li，2004）。从经济学的角度看，中国正是因为产权制度的长期缺失造成了诸如"关系""政绩为先"等"潜规则"对公有产权的不断侵蚀（Yang，2002；Guthrie，1998）。中国将农地的承包权和城市土地的使用权从各自的所有权分离后，极大地提高了农业生产和城市土地配置的绩效（姚洋，2000；蒋省三等，2007），虽然这反映了现有产权改革的绩效在一定程度上令人满意，但当新的经济和社会问题出现时，产权改革的压力依然很大（张曙光等，2007）。

类似的，作为治理结构的一种，中国土地出让制度是在经济体制由计划经济转向市场经济的背景下产生的，是国家行使土地所有权的经济实现形式。在改革开放初期，中国到处可见一句十分响亮的口号：人民城市人民建。但遗憾的是，人民没有钱。如何解决城市建设资金的短缺问题，是中国政府面临的最大难题之一。20世纪80年代后期，政府的主要决策者提出，能否向国外一样，通过"让渡"土地筹集城市建设资金。因为在当时的环境下，人们不敢提买卖土地，也不敢提地价或地租，因为这可能与意识形态产生矛盾：一讲起土地作为资产，就会想起资产阶级；一说到土地作为资本，就会想起资本主义。于是，最终的决策是采用"土地出让"一词代替"土地买卖"，采用"土地出让金"一词代替"地价款"，这是土地出让名称的由来。

从缘起和本义来看，中国土地出让制度是指城市土地使用者为了获取相应的土地使用权而向土地所有权的代表（政府）支付一定数额价款（即出让金）的制度。具体的价款如何确定、竞争与非竞争条件下使用者如何确定、土地使用权允许的用途和时限等都属于该制度的内涵。因此，本质上土地出让金是城市地租的体现，是若干年地租的贴现，是地价的表现形式。而这些都揭示了土地出让作为治理结构层次的规则，对土地资源配置的绩效以及对土地收益分配的绩效。

因此，无论是对土地产权的讨论，还是土地出让的缘起，可以看出正式制度（formal rules）和治理结构层次的治理规则的变迁都是复杂的。对于产权制度来说，如果单方面看产权改革的问题则必然造成解释的偏颇或疑惑，正如North（1990）对制度变迁所描述的分析框架指出的，正式制度和非正式制度应该同时对制度的变迁起作用，两者是相辅相成、相互制约的。对于出让规则来说，如果仅将土地出让制度看做静态的、割裂的土地市场价值实现的途径，则必然出现后面讨论的各种出让过程中的困境。这说明土地出让过程中市场价值的实现必然需要治理结构规则和资源配置目标进行有效的结合。

所以，如果能够对产权和出让等制度的变迁逻辑进行辨析，将能够进一步揭示正式制度和治理结构的渐进性本质，同时为中国土地非农化治理规则改革提供必要的理论支撑。因此，本章的目的在于通过一个分析框架将不同理论的研究联系起来，找准文化、法律、治理和经济行为之间的逻辑。产权包含在"法律"的内涵中，而出让则包含在"治理"的内涵中。同时，本章试图以这种逻辑为基础，回答土地产权改革和土地出让制度改革的路径选择问题。

二、土地产权制度：制度环境层次治理规则的渐进性

土地产权制度的改革过程，反映了制度环境层次规则的变化规律。新中国的土地产权改革，是分别在城市和农村两个系统的内部进行的。这既是城市和农村两个系统在不同经济发展阶段的要求不同导致的，也是受到了城乡"二元格局"、法律法规、行政体系等客观因素的影响造成的[①]。

（一）农村土地产权及其制度变迁的过程

新中国农村土地产权的变迁过程主要分为四个阶段，即土地改革的产权私有化阶段（1952 年前）、互助合作和人民公社下的产权公有化阶段（1953～1978 年）、集体所有权和农户承包权分离的阶段（1978～2003 年）、农地承包权可依法流转的阶段（2003 年至今）。新中国农村土地产权变化的较高频率有悖于理论上对产权稳定的预期，但是，体现出来的绩效又可以否定对其的质疑。Williamson 的四个层次的分析框架（详见第二章）可以有利于把握其中的本质。

第一阶段的土地改革，是从第二层次政体制度的变化开始的，而第一层次的社会基础也促进了土地产权的改革。首先，新中国社会主义经济体制和共产党领导的人民民主专政的政体结构的建立，势必要求没收资本家和地主的土地产权，并分配给农民。这种在第二层次上政体制度的变化，顺理成章地实现了产权的转移。同时，第一层次的"耕者有其田"和"平均主义"的思想（钱忠好，1999），既为产权的大规模转移奠定了社会基础，保障了土地改革能够得到广大民众的支持，也解释了为什么最初的土地改革需要进行平均分配。

然而，由于个人拥有的生产资料、经营能力和知识经验不一样，出现了贫富的两极分化（即第四层次的变化）。为了解决这种生产的低效率，互助合作的治理结构出现了（即第三层次制度的变化）。在经历了 1953～1957 年的"初级社"和"高级社"之后，1958 年"人民公社"制度正式形成。这种治理结构的改变，导致农村

---

① 本部分内容曾发表在《中国土地科学》，2010 年第 5 期上（谭荣，2010）。

土地产权经历了从私有到公有的变化(即第二层次制度的变化)。人民公社制度从根本上废除了农民的土地所有制,实行了农地集体所有、集体经营的制度。而且,农地的所有权流转,成为农地流转的唯一形式。这个阶段,农民并没有因为失去产权而出现大规模的抗议,这又是因为第一层次的社会基础起到了保障的作用。

东方传统中社会民众对中央权力的依赖性、认同感,大大节约了第二层次制度变迁的成本(钱忠好,1999)。中国长期以来形成的中央集权意识,如原始社会的氏族制度、奴隶社会的宗族制度、封建社会的君主制度,乃至辛亥革命后中华民国的政治体制,都为民众对中央集权的依赖感和认同感奠定了历史传统的基础。1958年后的人民公社,也是在中央集权的形式下,通过"共产"、"共和"和"无产阶级光荣"等的号召,平稳地将土地产权从私有转变为公有。

可是,集体产权由于激励机制弱、监督成本高、农业生产效率又逐渐低下(即第四层次的影响),孕育了1978年家庭联产承包责任制(即第三层次的制度变化)。经过几年的发展最终成为国家的正式制度,形成了所有权与承包经营权的分离(即第二层次的制度变化)。农地产权的改革选择集体所有和家庭承包相结合的产权结构,与第一层次的社会基础有关。

所有权和使用权的分离,维护了集体所有的特征,避免了所有权与国家政体的冲突。另外,以家庭为单位,符合中国传统的血缘观念。中国自秦汉以来,家庭就一直是社会经济结构的基本单元,也是政治组织的基础。家庭构成了一个由内向外、由亲及疏、由近及远、由小到大的家庭和家庭网络(钱忠好,1999)。所以,以家庭为单位的承包权制度,在一定程度上满足了家庭的意识形态,这样大大减少了制度安排的成本,节约了农户与政府之间达成合约的交易费用。而且,以家庭为单位,反过来在实际生产过程中能够很好地解决"生产队"体制下对劳动投入监督困难、"按劳分配"的困难等问题(即第二层次对第三层次的影响),促进了农业生产的效率(即第二、三层次对第四层次的影响)。这是因为在家庭生产中,不仅生产规模适宜,更重要的是解决了一般集体行动中的卸责、偷懒、监督、惩罚、利益分配等理论难题。为家庭尽责尽力、牺牲一切的伦理意识,保障了家庭承包的产权的实际效率(即第一层次对第三、四层次的影响)。

随着社会经济格局的变化,家庭承包产权的流转需求受到了农村劳动力的非农转移和农业规模生产的刺激(即第四层次上的改变引起了第三层次制度改变的需要)。虽然2003年《中华人民共和国农村土地承包法》和2007年《中华人民共和国物权法》在正式制度层次规范了农地流转的行为(即第二层次的制度变化),但这种流转受到了用途、区域范围、二次合约等诸多的限制,更重要的是,现阶段不存在农地的市场价格体系,这与现阶段实现农地转让由市场配置的目的相差甚远(即第二层次限制了第三层次,第三层次限制了第四层次)。所以,随着党的十七届三中全会的召开，全覆盖式的农村土地定级估价与土地流转工作的推进，业已成为当前农村土地管理的基础工作之一（即第二层次对第三层次制度改进的要求）。

(二)城市土地产权及其制度变迁的过程

新中国城市土地产权的变迁过程也主要分为四个阶段，即新中国成立初期的国有土地有偿使用阶段（1954 年前）、行政划拨的国有土地无偿使用阶段（1955～1987 年）、现行国有土地有偿使用形成阶段（1988～2005 年）、现行国有土地有偿使用确立阶段（2006 年至今）。新中国城市土地产权的变化，虽在阶段性特征上与农村土地产权变化有相似之处，但其变迁的内容和时序是不同的。通过四个层次的分析框架也有利于把握其中的逻辑。

第一阶段的土地有偿使用，是指无论是全民所有制单位还是集体所有制单位，只要使用城市国有土地，都必须向国家缴纳租金和有关税费。这一时期，从制度上并未否定城市土地具有价值、可以收益的商品属性，是因为在新中国成立之初，在政体、社会经济体制还未健全的情况下，对以前土地产权安排的延续性或依赖性（即第二层次本身的影响）。同时，因为此时农村也继续延续私有产权制度，所以对国有土地实行有偿使用制度也符合整个经济系统的价值体系（第三、四层次因素的影响）。

1954 年后，我国建立了高度统一的计划经济体制，城市土地也完全通过政府无偿划拨来满足使用者的需求（第二层次影响第三、四层次）。无偿划拨的形式，实质上否定了所有权和使用权在经济上的价值，使用权的自由流转也被禁止了。这主要是受到社会主义建设初期的社会基础的影响，包括马克思的劳动价值论引起的对商品价值的判断、共产主义中的共有和按需分配的观念等，所有这些第一层次上的因素决定了第二层次制度的建立。

改革开放以后，国家为了适应市场体制转变的要求，同时为了吸引外资和增加外资的安全感，又不违背社会主义全民公有的原则，实行了城市土地使用权与所有权分离的产权制度。同时，允许使用权根据法律规定和市场规律进行转让（即第三、四层次造成第二层次的改变）。但此阶段（1988～2005 年），受长期形成的土地无偿使用的习惯的影响（第一层次的影响），政府在实际操作过程中更多的还是采用行政色彩更浓的协议出让的方式，土地出让的价格往往受到很多非市场因素的影响。城市土地使用权的价值并没有在市场上表现出来（即第一层次逐步影响第二、三、四层次）。

直到 2006 年 9 月 5 日国务院颁布《国务院关于加强土地调控有关问题的通知》，规定城市所有经营性和生产性用地都必须采用招拍挂等符合市场配置原则的竞争性出让方式，才基本上消除了无偿使用对市场配置的影响（政府机关等公益性事业用地除外)。这是政府在面对土地调控中出现的建设用地总量增长过快、低成本工业用地过度扩张、违法违规用地、滥占耕地现象屡禁不止等现象时采取的措施(本质上是第四层次影响第三层次造成的)。同时,在第三层次上的变化有利于土地市场机制的健全,对第二层次上的市场经济转型也有帮助(即第三层次反馈并促进了第二层次的改革)。

(三)城市和农村的对比及其对产权制度改革的启示

可以看出,农村和城市两个系统内部改革过程的逻辑,能够通过四个层次的分析框架来把握。除了相似之处,两个系统各自变迁的不同之处,如时序和内容的不同,可以为产权及流转制度的进一步改革提供参考。

1. 土地产权变迁的相互借鉴

相对于城市土地产权变迁的频率,农村土地产权的频率更高。这是因为新中国是以解决农业生产、满足粮食自给自足为首要目标,农村系统中土地产权变化的频率受到了农业生产效率提高要求的(第四层次)强烈冲击。这在城市系统中并不是那么明显,直到改革开放以后在经济转型、引进外资和保障投资安全等压力的作用下(也是第四层次),城市土地的产权才开始发生变化。而此时,农村土地的集体所有和家庭承包相分离的产权结构特征,为城市国有土地所有权与使用权的改革提供了有价值的参考。城市土地产权和相应的市场配置机制很顺利地建立起来。

在城市中并没有按照家庭为单位来分配土地使用权,而是以个人为单位(即第二层次本身内部之间的影响)。这一方面不是否定了家庭的传统观念(第一层次),而是因为城市土地的价值体现不需要像农地价值那样经过更多的劳动力投入才能实现,因此,不存在监督成本和使用成本。而且,以个人为单位还有利于产权的确权、流转等。所以,个人相对于家庭,更适合成为城市土地产权的最小单位(第三层次和第四层次)。

相对应的,已经发展相对健全的城市国有土地产权及其配套体系,可以为农村土地产权进一步改革提供参考。虽然农村土地的集体所有权、家庭承包权与城市国有土地产权一样受到法律的保护,但前两者在因公共利益而被侵占时,受到的损失往往更大,在冲突过程中产权主体不明晰的缺陷更为明显。为什么会出现这种情况?主要还是因为农村土地缺少像城市土地那样的具体的土地登记制度、完善的地籍管理体系及独立的法律保障体系。没有细化到农户的土地登记制度[现阶段农村土地登记仅停留在行政村级别(Ho,2005)],不利于产权的明确、流通和保护。缺少地籍管理体系,不利于土地行政、流转等的管理。没有独立于政府的处理土地征用冲突的司法体系(实际征用过程中出现冲突,都是由批准征用的政府进行调解),减弱了法律法规对产权的保障效果。这些都是第二层次要素的影响。

所以，现阶段农地产权改革过程中，对农村土地产权的登记制度、地籍管理体系和法律保障体系是迫切需要解决的问题。

2. 城市土地转让对农村土地流转的借鉴

对于流转，城市土地市场却走在了农村土地市场的前面。在 20 世纪 80 年代末期，因为市场经济转型和外资的要求，城市土地有偿使用和市场机制建立起来（即第四层次对第三层次的要求）。而农地还是在近几年受到劳动力转移（进城或从事非农劳动）、农业生产规模化等影响后，才表现出流转的迫切要求（也是第四层次影响第三层次）。虽然现阶段农地也存在一定程度的流转，但受到用途、地域范围、初始合约等诸多的限制，更重要的是现阶段不存在农地的市场价格体系，这与实现农地转让由市场配置的目标相差甚远（即第二层次限制了第三层次，第三层次限制了第四层次）。城市土地市场的建立和发展，能够为农村土地流转制度的建立提供有价值的借鉴。

经过 20 多年（1989～2009 年）的发展，城市国有土地市场体系已经逐步建立并完善起来。随着工业用地等所有经营性用地必须采用竞争性手段出让以来，城市内部基本实现了通过市场配置土地资源的局面。处于第四层次上的城市内部经济活动对城市土地流转的需要，以及第二层次上经济体制转型和土地登记、地籍、法律等方面的保障，使得城市土地市场机制应运而生并运行良好。城市国有土地市场的一二级市场、基准地价体系、价格评估体系、土地登记体系、司法体系等，为城市国有土地使用权转让提供了必备的条件。

所以，对于现阶段农村土地流转制度的改革，除了第二层次上对流转范围、用途和其他约束相应明确和放松外，对农地的定级问题（第三、四层次的内容）、价格评估体系（第四层次的内容）、农地承包权登记体系（第二、三层次的内容）、独立于政府的司法保障体系（第二层次的内容）都应该进行相应的改革。这些都是建立和完善农村土地流转市场的必要因素。另外，由于农地长期以来受到第一层次的影响，如何改变农民对农地在就业、生存、医疗等方面功能的依赖，是促进农地价值完善、减少土地流转事后冲突的关键。这可以通过改变农民和市民在医疗、养老等社会保险上待遇的差别，降低第一层次因素对流转的影响。

三、土地出让制度：治理结构层次治理规则的渐进性

土地出让制度的改革过程，反映了治理结构层次规则的变化规律[①]。无论当前对土地财政、对地方政府的"过度竞争"等的批判如何激烈，从土地出让制度建

---

① 感谢浙江大学吴次芳教授对本部分的贡献，当然本书作者文责自负。

立之初以及当前来看，其仍然是一种有着明显绩效的制度创新，同时仍然在不断的完善过程中。

（一）效果之一：提升土地资源利用效率

如前所述，土地出让金本质上是地租的贴现，它实现了土地公有制下国家对土地所有权的收益。同时，它也赋予了土地使用权的市场价值，为通过市场手段来配置土地资源奠定了基础。因此，土地出让制度的作用之一就是提升了中国土地资源的利用效率。这一点从 20 世纪 80 年代后期至今的土地市场发展和基于土地要素投入所带来的经济腾飞可以得到充分证明。这里主要讨论土地出让制度促进中国土地资源利用效率提高的本质原因。

第一，土地出让制度的存在，从物质形态上界定了土地所有权和使用权的分离。土地资源的国家所有制没有具体的所有权人，在经济社会环境变化、土地交易频率加剧的情况下，会产生并加剧经济学上所说的"租值耗散"问题。所以，使用权从所有权中分离，是土地资源配置从计划经济向市场经济转变的需要，这种转变可以减少或者抑制"租值耗散"问题，进而在该过程中提高土地资源的利用效率，这是效率的第一次提升。

第二，土地出让制度是一种资源配置的治理结构。它通过界定土地资源的地租，实现了以市场竞争、个人利益决策为主要机制的治理结构，而在目前的社会经济背景下这种治理结构已经在理论上被证实比其他诸如国家直接进行行政计划配置的治理结构有更高的制度效率。因为它可以较有效地节约无谓的无序竞争，若没有市场的价格作为竞争标准，则其他的诸如"排队""论资排辈""走后门"，甚至直接的"暴力争夺"会被用来决定土地资源的使用者，这样相对于市场和直接的价格，后者更能够清晰、低成本地配置相应的土地资源，这是效率的第二次提升。

第三，土地出让金作为一种土地价格的体现，本身有利于市场的运行，也就是奠定了中国的土地市场体系。从这个意义上讲，土地出让金给出了一个信号、一种预期，这种信号和预期为土地配置的数量和价格的及时调整奠定了基础。相对于没有土地出让金，这是效率提升的一种体现。当然，是否还有其他的土地资源定价形式优于土地出让金，这里不能断定，也许可能是存在的。但总体上看，现有的土地出让制度实现了效率的第三次提升。

（二）效果之二：促进整体经济快速增长

土地出让制度，表面上看是对土地资源价格及其配置制度的一种安排。其实在中国的经济转轨过程中，它还有利于解决地方政府发展经济的资本积累，推进城市化和工业化进程，促进市场经济竞争环境的形成，理顺中央政府和地方政府、地方政府与用地者之间的激励与约束关系等。

1. 土地出让为地区经济发展提供"第一桶金"

改革开放之初，资金短缺严重制约地方经济的发展。为了让土地的价值得以实现，推行土地有偿使用制度，是政府解决资金短缺的必然选择。从最初的中外合资企业场地费，到后来的城镇土地使用费（税）和土地使用权出让金等，都为不少的地方政府在促进地区经济发展上积累了"第一桶金"。根据国土资源部相关资料计算，从正式实行土地有偿使用制度的 1987 年年底开始至 2012 年年底，在全国累计收取土地出让金 13.99 万亿元。全国各省土地出让收入占地方财政的比重平均为 13.6%。在沿海的一些地级城市，土地出让收入占地方财政的比重大多在 35% 以上。

即使土地财政在很多方面都存在缺陷，但不可否认的是，从经济发展资本"原始积累"的角度看，土地出让制度对促进工业化和城市化进程，由此带动整个经济增长的确起到了重要的作用和实际绩效。

2. 促进地区间经济发展的竞争

现阶段地方政府在出让土地时，往往根据不同的出让主体采用不同的出让策略。在工业用地的出让地价上，地方政府往往是"赔本赚吆喝"，而在商业用地的出让地价上，往往是尽可能通过竞价形式获取高额的利润。这其实是根据不同用途土地本身的资产专用性的不同而采取的最佳策略——本地区的工业用地在吸引投资上与其他地区有很大的替代关系，所以竞争者是地方政府之间的竞争；本地区的商业用地在吸引投资上与其他地区替代关系较弱或不存在替代关系，所以竞争者是用地者之间的竞争。

对于不需要政府担心就能够获得高额利润的商业用地出让，这里不过多地考虑，它本身就是一种符合竞争的经济行为。对于争议很多的工业用地协议出让，很多学者认为它不利于促进竞争，其实从吸引投资的角度看，它本身就是一种地方政府的竞争行为，而且这种竞争行为不一定造成总体经济的低效率，即使从局部看可能存在资源配置的低效率。事实上，政府作为纯粹的所有者或者是所有者代表，获得的收益只有出让收入，所面临的成本包括征地费、土地开发费、利息支付以及政府得自原土地的税费。然而，作为社会的管理者，其获得的收入还应包括新增的税收收入、新增的就业收入、地区基础设施外溢收益和基础设施的残值。从社会总收益看，只要收益大于成本，工业用地出让行为就可以发生，至于出让方式可能并不重要。

土地协议出让和表象的招拍挂但实际低价的出让，赋予了地方政府参与区域竞争的筹码，有利于地方政府根据实际需要与用地者协商土地的价格。虽然可能造成土地资源价格的扭曲，但如果从吸引投资后带动地区经济发展、就业和税收等角度看，这种人为的压低土地价格，可以看做地方政府将土地所有权收益作为成本投入地方的经济建设中，更何况这种土地所有权收益是从中央政府那里"免费承包"来的。如果地区经济得到发展的"收益"与政府付出的"成本"的净收益符合地方政府的预期，那么这种低价出让，可以说是符合总体的经济效率。这实际上表明了地方政府之间的竞争有利于总体经济的良性发展。土地协议或当前的低价出让制度，在一定程度上也具备了满足地方政府"尽全力"发展地方经济的保障功能。

3. 实现中央与地方政府之间的"合约效率"

在公有制背景下建立市场经济体制，促进市场经济发展，提高地方政府的积极性同时约束其行为，是改革开放以来中央政府面临的最主要困境。其实，中国的中央和地方政府之间的关系可以看做一种"承包"范畴。无论是各种资源的产权，还是具体的公共事务，中央政府作为全体人民的代表行使着相应的管理权限，同时依然依赖地方政府对不同地区具体的事务的管理，即中央政府实际上是把相应事务承包给了地方政府。因此，这种"从上到下"的管理体制需要地方政府对中央政府负责。然而，类似于委托代理或者佃农合约等关系，地方政府很可能存在卸责、偷懒等偏离中央政府意愿的行为。如何规范地方政府的行为，同时激励地方政府"尽责和全力"，关键在于是否能够将执行"承包"的责任与地方政府的目标紧密结合在一起。

现阶段地方政府官员的预期大多与人民的福祉和个人的升迁两个范畴有关。中央政府选择了将经济发展水平作为绩效考核目标，可以说，这个标准在过去的30年里是比较准确（不一定必然是最优）的选择，因为它在促进经济腾飞和人民生活水平提高的同时，也与地方政府的预期紧密联系在一起。

更重要的是，地方政府和中央政府在土地出让金上的分成，加上1994年分税制后国税与地税的分工和分成，实际上正类似于佃农理论中地主为了最大化自己的收益而与佃农在收入分成上进行不断协商的情况（Cheung，1969）。中央政府在出让金和税收上的分成、地方政府在促进税收增长上的动力在边际上有一个理论上的均衡点，在该均衡点上"地主、佃农的利益同时实现最大"。给予地方政府一定的出让金和税收分成、一定的自由处置权和一定的绩效奖励等，是中央政府的"让价"行为，也是实现中央与地方合约效率的重要手段，这对促进不同地区经济的快速发展起到了必要的推动作用。

4. 实现地方政府与用地者之间的"合约效率"

地方政府为了应对GDP的考核，同时应对不同地区间对吸引投资的竞争，将土地等优惠政策（地方政府的成本）和非农产业产值增加（可以转化成政府的税收等，视为收益）进行权衡，做出不同的招商引资决策。正如上面提到的，对于工业用地，地方政府宁愿牺牲一定的土地价值收益，以此来吸引外来的投资；对于商业用地，地方政府会尽量收取高价，以获得更多的利润。而在这个过程中，能显著增加地区 GDP 的途径就是吸引外来投资。因此，土地协议出让或者一定门槛设定下的招拍挂出让是地方政府吸引投资和保障地区经济增长效率的重要手段。

地方政府通过让利来吸引投资的行为类似于"佃农理论"中地主以一定的分成比例来吸引、激励农民租用地主的土地，同时鞭策农民尽可能投入劳动力以增加产出的行为。从理论上看，农民在租用土地上的劳动力投入、地主将土地分成若干块租佃给农民的数量、农民租地的机会成本（劳动力机会成本）、地主和农民之间的分成比例这四者存在一个边际上的最优点（均衡点），达到这个均衡点可以保证农民不卸责、地主收益在竞争下最大、农民收入在竞争下也最大。

将佃农理论应用到上述地方政府和吸引外来投资的关系上，地方政府"牺牲"一定的地价（包括其他各种可能的优惠政策投入），外来投资者投资的力度、地方政府吸引投资的数量等在边际上也有个均衡点，达到了这个均衡点，地方政府和外来投资的收入或者产出效率也最大。当然，这个均衡点只是理论上的一个设想，实际中无法得知是否实现了均衡，但可以肯定的是土地的协议出让，作为政府"让价"的一种方式，在促进这个均衡的过程中是有意义的。

综上所述，土地出让制度形成了一个激励机制，其中包含了两个层次的"承包"关系——中央与地方政府、地方政府与用地者。首先，中央政府通过设立GDP 等考核目标来实现中央和地方政府在促进经济发展上的目标相一致。其次，中央政府通过出让金分成和分税制的手段，来激励地方政府对促进经济发展的努力。最后，土地出让制度中的协议或低价出让方式和其他的一些可能的优惠政策，成为地方政府在吸引投资和促进投资效益最大化上的工具。

总体上，现行土地出让制度是有效率的，现实中所存在的问题可能是在治理结构层面或具体操作层面上的。因此，土地出让制度应该不是改革的问题，而可能只应该是改进或修正的问题。

（三）当前出让制度面临的困境：局部性制度的必然

局部性制度不需要考虑成本和收益都能够"公平地"落到造成成本或贡献收益的行为人的头上，因此，随着外部环境和内部因素的变化，制度的实施总是会面临困境。

1. 行政不适当干预降低出让金制度绩效

在部分地区，现阶段土地出让制度面临的困境之一就是行政的不适当干预，包括出让金制度从前期申请，到出让过程，再到后期分成和监管等各个环节。

前期申请环节主要是地方政府在出出让辖区土地时面临"供需"双方的错位。在需求方面，地方政府通过招商引资等市场手段寻找城市土地的需求方，但在供给方面却受到每年省级或中央政府年度计划的约束，而且每年的计划指标一般在4月才有可能批下来，这不仅造成了供需平衡的滞后，也不能及时捕捉市场信息，造成供需双方的低效率。

出让的环节主要是信息不透明降低了资源配置的效率。以前的协议出让信息不透明这里不再多述，即使是现阶段的招拍挂也因为地方政府的门槛设置和意向性的条件约束造成招拍挂竞争性的减弱。建筑容积率的确定是政府干预过度的一个明显例子。中国容积率的确定都不是根据市场的实际需求进行自发设定，而是完全由政府事前的规划设置，这必然不能体现市场的效率。另外，部分地区出让底价的确定往往是根据基准地价来设定的，但基准地价的设定往往也受政府的过度干预，这影响了出让的竞争效果。

后期的环节主要是出让金的缴纳和使用不够规范。2008年国家审计署公布的一份审计调查结果显示，2004~2006年京津渝穗等11个城市的土地出让管理存在严重问题，土地出让净收益有1 864.11亿元未按规定纳入基金预算管理，占11个城市土地出让净收益总额的71.18%。

2. "低价"出让遭遇用地者的"信任陷阱"

低价出让土地，是地方政府为了吸引投资而付出的成本，地方政府希望通过成本投入来获取外来投资以带动地区经济增长的收益。但是在实际情况中，政府往往面临企业的"信任陷阱"。即很多企业在申报项目和申请土地时所承诺的投资等不能达到项目申报时的要求，甚至因为工业用地取得成本相对较低，而在二级市场转让有较大增值空间，导致企业的目的就是获取土地的增值收益。但此时，政府的土地成本已经投入，造成土地出让制度的低效率——政府既付出了土地收益的成本，又没有实现促进地方经济发展的目标。炒卖工业用地现象已经在一些省市显现，个别地方甚至很突出。一方面用地者通过不规范的渠道从政府获得几万元一亩的低价出让工业用地；另一方面又将其转变用途后，以几十万元甚至上百万元一亩的高价转让，非法占有高额土地增值。

3. 出让年限与产业周期不符降低出让土地的使用效率

不同行业企业的生命周期有差别，以浙江为例，生命周期最长的为电力、燃气及水的生产和供应业，平均为14.04年；其次是文化、体育及娱乐业，平均为8.07年；新兴行业如信息传输、计算机服务和软件业、租赁和商务服务业等企业寿命普遍偏低，基本在2年左右。据初步调查，浙江民营企业平均存续时间仅为7年。而现阶段工业用地出让期限为50年，商业用地出让期限为40年，这大大超过了一般企业的生命周期。

工业企业的生命周期应该与工业用地项目使用权年限相适应。每个产业都要经历一个由成长到衰退的演变过程，在产业进入衰退期后，产业内的企业退出或者转产，工业用地也将被新的产业所利用，新的产业又开始了一轮生命周期。但是在实际中，很多企业灭失后，原土地使用者所拥有的工业用地就闲置，没有重新配置给新的工业项目。虽然现行政策文件对工业用地退出机制有相关规定，但实际操作起来较难。普遍来看，现有的土地出让期限不利于提高出让土地的使用效率。

4. 依赖土地财政引发"上有政策，下有对策"

土地出让制度带来的土地财政，其实是一把"双刃剑"。既能为地方经济发展提供必要的资金支持和资本积累，但也可能造成地方政府对土地财政的依赖。即使是土地出让金实行"收支两条线"之后，土地出让的市场化仍然带来了客观的收益，一直是地方政府生财的重要途径。

土地财政依赖可能导致地方政府盲目地招商引资，如在土地出让中，项目准入门槛偏低，造成一些投资强度比较低、低层次产业占用工业用地。这不利于现阶段国家制定的产业转型升级及建立发展资源节约型和环境友好型的"两型社会"的宗旨。甚至土地财政的依赖还造成地方政府征地行为的"走样"，如以土地收储中心、开发区管理委员会及投资公司的名义经营土地，直接介入经济活动，成为经济活动主体，集裁判员和运动员于一身，其行为更趋公司化。

另外，土地财政依赖使得地方政府有不按中央政府的制度规范行事的激励，从而增加上级政策的实施成本。例如，土地出让金收支管理方面，原则上出让金应该优先用于农业和农民补偿，但实际情况远非如此，土地出让收益仍大部分在体外循环。这彰显了中央政策与地方政府利益产生矛盾时，往往会遭遇地方政府"不抵抗、不配合"的策略，增加了中央政府各项政策的执行成本，降低了政策的实施效果。

（四）土地出让制度改进的理论设计：佃农模式

无论是委托代理还是佃农理论，都指出因为信息的不对称而可能导致不同合约的设计和执行出现问题。两种理论都尝试通过激励机制来促进代理者或者佃农按照既定的合约行事，同时都会明确约定合约双方的权责利。现阶段中国土地出让制度在这两方面都还存在缺陷。即激励机制还不够明确，同时虽然赋予了地方政府和用地者的权利，但是缺少明确的责任。因此，从理论上看，土地出让制度改进应该从以下两方面推进。

1. 明确"分成比率"的可协商机制

佃农理论显示，佃农的分成比率会因为土地的质量与区位不同而有相当大的变化。因此，为了实现效率，需要分成比率是可协商变动的。在充分竞争的条件下，如果地主能自由地与佃农协商，则地主会通过调整分成的比率来促进分成租金制度下的农户的耕耘密度与固定租金制度下的耕耘密度一样，而地主的分成收入会与固定租金相等甚至更多，只要让更多的农民租用土地至土地固定的前提下劳动力投入的最大均衡处。

类似的，为了促进地方政府的合作行为，中央和地方政府在土地出让金的分成上应该建立一种可协商的机制。在一定的前提条件下，允许地方政府根据实际情况与中央政府进行协商来确定分成比例，甚至允许地方政府在完成合约目标后对出让金的自由使用。如果合约的目标与中央政府的目标一致，如经济的可持续发展，那么地方政府在足够的激励机制下会在行使合约权力的时候与中央政府保持一致。

2. 明确地方政府的责任风险：综合审计

佃农理论中的假设前提是默认地主与农户之间的责任是明确的，即农户要耕种土地来获得收益，并分成给地主。现实中，对于土地出让制度来说，地方政府的责任并不是非常明确，尤其是地方政府在获得出让金后如何使用、如何监督等方面还是非常模糊的。这也导致了地方政府并不能目标一致地履行中央和地方的分成合同。事实上，地方政府垄断了土地产权，但没有风险承担责任；它们有收取土地出让金的权利，但没有风险分担责任。换句话说，地方政府有权和有利，但不需要承担责任。更确切地说，不需要承担土地出让金不合理使用的风险责任，不需要承担出让金损失的风险责任，也没有一个机构对这些问题进行严格的审计。这种机制必然导致土地出让制度的低效率。因此，从理论上看应当通过平等的谈判来形成不同层级政府用地配额与诚信同步交换的氛围，分担土地出让金的效率风险，并进行资源核算和综合审计，强化履约守法的社会责任。那些因为管理不善或其他未能预料的因素而不遵守契约的地方政府，不仅市场风险自负，而且要受到国家制度的惩罚。因此，可以考虑借用综合环境经济核算的理论与方法，开展土地资源的实物量核算，建立土地资源核算体系和综合审计制度，提高土地出让金的制度效率，促进土地资源的节约集约利用。

另外，用地者的责任在出让合同中有时也没有明确。例如，合同虽然规定了土地用途、年限、容积率等，但是没有明确与用地相关的用地退出机制、项目生命周期等。分成合同中责任的模糊必然造成实际利用中的不规范和低效率问题。

（五）土地出让制度改进路径的一些讨论

1. 以出让制为主，年租制为辅

从计划经济走向市场经济，这是历史的选择。土地出让制度创设了可转让、可出租、可抵押的出让土地使用权，比较彻底地实现了土地市场化，更好地奠定了土地市场体系的制度基础，也为在市场价格基础上全面改革和完善不动产税制提供了经济基础和技术基础，这是年租制无法实现的功能。因此，应该坚持土地出让制度，并逐步进行改进和完善，使之成为土地市场体系中的基本制度。

当然，对于划拨土地用于经营、出让土地临时改变用途、外资企业的场地使用等可以实行年租制。对于多数普通生产型工业项目用地而言，考虑企业投资运营的特点、生产线的生命周期等因素，短期出让或租赁的方式更有利于提高工业用地利用效率，可以实行年租制。目前，需要对年租制用地的适用范围、出租方式、租赁期限、租金计算与调整、使用限制、主管机关、租约终止的建筑物处理等做出明确规定，以规范年租制的用地行为。

2. 建立土地收益储备金制度

建立土地收益储备金制度，主要包括两个方面：第一，将土地出让收益的一部分建立基金账户，供后任政府使用。当然，这里需要进一步明确后任政府使用该基金的条件。第二，将一部分土地出让收益建立用于耕地保护、复垦、开发和反哺农业农村的另一类基金。该基金可以作为中央政府分成的一部分用于对上述目标的财政投资，既解决出让分成难以上交的问题，也解决出让金使用目标不明确的问题。

这样，既保障了土地出让对资源利用代际公平的考虑，又有利于对土地财政的监督，抑制地方政府对土地财政的依赖性。另外，类似于银行的储备金制度有利于中国人民银行调节金融货币政策，其也有利于中央政府调控相应的土地政策。

3. 建立出让金信息充分披露制度

出让过程中的信息披露是实现出让效率的重要环节。可以尝试通过技术手段，将地方政府所有的出让计划提前公布，同时对相应的出让"门槛"进行公示和公开。这有利于市场能够最大限度地找到合适的用地者和项目用途，同时增强政府宏观调控的信息度和准确度。

在出让过程中尽可能通过市场手段来确定出让价格，改变现有的根据基准地价来确定出让底价的形式，这样有利于减少地方政府对出让的干预，保证出让的竞争性和公平性。未来需要探索基准地价评估方式的改革，使得该地价体系真正发挥作用。

在出让后出让金的使用环节也应该进行信息公开，保证政府使用的透明度。这既可以减少地方政府对土地财政的冲动，也有利于保护土地资源和促进可持续发展。当然，应当允许地方政府在一定前提设定下，可以自由使用出让金是提高地方政府积极性及增加中央和地方合约效率的必要方式。

4. 审慎使用协议出让土地方式

现阶段有很多研究认为，招拍挂出让竞得或中标的标准简化为唯"价高者得"的单一指标，造成了地方政府以获取土地利益最大化为目标的认知偏差。同时，形成了房地产用地只用拍卖和挂牌方式，工业用地只用挂牌方式，在一定程度上排斥招标和协议方式的局面。尤其是在当前房地产偏热的背景下，"价高者得"的拍卖或挂牌方式，对房价的较快上涨起到了推波助澜的作用，不利于国家对土地市场和房地产市场的调控。进而这些研究认为可以通过恢复协议出让的方式，来避免上述简单的招拍挂带来的问题。

诚然，在一些条件下协议确实比简单的招拍挂更能体现政府对土地利用的意愿，如通过协议可以很好地将土地配置给高科技产业，实现产业结构的升级，但现阶段更重要的问题是如果大规模推进协议出让，可能最直接的后果是大幅度增加国土领域腐败的发生。所以，无论是佃农理论中合约分成比率变化的要求，还是现实中协议利于实施"综合条件最优者得"的原则，在没有完善的监督机制和协议出让配套措施的情况下，应该审慎使用协议出让土地的方式。当然，对于工业企业搬迁用地、农地征收后的农户留用地等，考虑到历史的原因和中国产权的现实特点，可以采用协议出让的方式提供土地。

5. 逐步全面推行土地有偿出让

据调查统计，2008 年全国新增建设用地 38.35 万公顷，而出让土地 16.31 万公顷，只占全部新增建设用地的 42.53%。可见，无偿划拨土地仍然是现阶段中国土地供应的主要方式。划拨的无偿性减少了用地单位和政府之间的交易费用，但不可否认的是对公益事业的认定以及公益事业本身需求的判断失误，也造成了土地资源的浪费或者低水平的重复建设。事实上，在一个价值越来越多元化的社会，要提取公共利益是十分困难的。现阶段中国土地的粗放利用，主要发生在以划拨取得的公共设施和基础设施等公益性用地上。例如，很多地方政府热衷于大广场、大马路等形象工程的建设，虽然这些属于公益事业，但往往超出了实际需求，造成了用地的浪费。

因此，应逐步全面推行土地有偿出让，用经济机制约束土地的节约集约利用。虽然全面推行土地有偿出让可能增加相应的交易费用和具体单位的财政负担，但很明显的优势是可以抑制地方政府以公益事业为由的盲目扩张和建设现象，有利于提高土地资源的利用效率。

6. 建立出让金内部控制制度

土地出让金内部控制制度，是指土地出让金的各级管理层为了保护土地出让金的安全、完整，确保合理使用和会计信息的正确可靠，协调经济使用行为，控制经济活动，利用系统内部分工而产生的相互制约、相互联系的关系，形成一系列具有控制职能的方法、措施、程序，并予以规范化、系统化，使之成为一个严密的、较为完整的体系。

该制度的基本目标是确保土地出让金行使的效率性和效果性、资产的安全性、使用信息和财务报告的可靠性。要特别明确土地出让金中用于经济适用房、廉租房等政策性建设的份额，专款专用，为保障低收入群体住房提供资金保障。

四、制度改进的渐进性：土地产权和出让制度的展望

本章的前半部分通过四个层次的分析框架分析了新中国成立以来土地产权制度在农村和城市两个系统内部的变迁过程，探索了变迁的路径和未来的选择，得到以下两个主要结论。

第一，产权的改革，不仅是正式制度改革的问题，还受到其他方面的因素，尤其是文化、法律、政策、行为等多方面的共同作用。在文化层次上，如中国长期以来形成的公平的观念、家族（家庭）的观念、中央集权的观念等，都已经被证明对产权的变化起到影响作用，因此，如何合理利用这些非正式制度的作用来促进第二层次制度的改变，进而促进第三层次和第四层次的绩效，是一个重要的探索方向。在法律、政策两种不同制度的层次上，这是产权及其流转制度本身所处的位置，所以是改革应该关注的重点。这两个层次既受到第一、四层次社会基础的影响，同时也具有反作用力，尤其是对第四层次资源配置的影响，直接影响国民经济的增长效率。而对于行为层次，是社会系统中最活跃的因素。因此，及时关注并积极应对来自最活跃的层次的要求是制度改革及实现整个国民经济增长效率的关键。

第二，现阶段正在进行的农村土地产权改革、土地流转的相关问题，与城市产权、城市土地流转在四个层次变化上的逻辑有一定的相似之处。城市土地产权和市场配置体系，为现阶段农地的产权改革和流转提供了可借鉴的信息。城市土地使用权的确认和流转，在第二层次上的登记、信息管理、法律保障方面，在第三层次上的土地市场结构方面，在第四层次上的基准地价体系、分等定级体系、价值的评估体系、中介体系等方面，对现阶段农地的产权模糊、流转受限等问题起到了有意义的参考价值。未来农村土地产权和流转制度的改革，也应该从这些方面入手。

本章的后半部分对出让制度在提升土地资源利用效率、促进整体经济快速增长上的效果进行了讨论，我们站在褒大于贬的立场上进行了制度的评价。当然，我们也详细讨论了土地出让制度目前面临的一些困境，可以发现当前的困境都是治理结构设计上存在缺陷造成的，而且这种缺陷不是"天然的"，而是随着土地出让的目的和地方政府面临的经济社会条件的变化而产生的。为此，我们针对治理

结构的规则，进行了改进的设计。例如，通过佃农理论的逻辑，从提升地方竞争、缓解中央和地方信息不对称的角度，设计出可协商的"分成比率"的出让金分享模式，这是治理结构层次规则改进的思路。

综上所述，本章通过两个部分分别论述了土地产权制度和土地出让制度，虽然表面上看两者之间的直接联系不明显，但在讨论土地产权和土地出让这两种与土地非农化密切相关的制度绩效和改进方向的基础上，实际上我们是想进一步揭示局部性制度的改进都是渐进性（且动态性）的，这种渐进性涵盖不同层次、不同内部因素和不同外部条件上的系统观，也就是为了给我们后面提出土地非农化治理结构和制度安排改革提供一种必要的视角，符合第四章讨论的局部性和整体性制度分析框架的逻辑。

第十三章

土地非农化治理创新的渐进之路： 设立
发展权， 还是改进治理结构？

　　既然制度具有局部性的本质特征，我们不必要追求理想的完美制度设计。对于土地非农化的治理创新来说，明晰土地权利束、限制政府的不当干预、提升市场的决定性作用等，这些是前面几章研究的主要结论。但是，我们也清楚地看到，制度的创新存在现实的成本的限制，我们不能忽略制度创新引致的各种可能的成本。为此，在一定条件下采用更低成本的制度创新似乎是现实中更合理的选择。这也反映了渐进改革的内涵，"一步到位"不仅可能出错，其成本可能也是巨大的。

　　在中国，土地非农化主要的管控工具之一就是通过政府的规划限制非农开发的权利。因此，理论上很多人都认为应该参考国外的土地发展权及其交易制度来改进政府直接管控的效率。即使我们认为设立发展权并允许市场化配置符合我们前面的研究结论的观点，但是实践中它是否应该也是一种渐进式的过程呢？

一、 不能忽视的发展权的现实成本

　　土地发展权（或称为土地开发权）及其地区间的交易，因为既关系到农地资源、生态环境和农民利益的保护，也关系到区域资源利用效益的最大化，所以无论是在农业经济领域，还是在土地和城市规划领域，或是在生态环境保护领域，都得到了广泛的关注（Pruetz，1997，2003；Tietenberg，2006；Henger and Bizer，2009）。尤其是，在借鉴西方国家土地发展权及交易制度的基础上，很多研究指出在中国建立土地发展权，实现市场配置机制，是缓解现阶段耕地保护与经济发展矛盾的有效途径，同时也是保障农民权益的有效途径（沈守愚，1998；黄祖辉和汪晖，2002；汪晖和陶然，2009）。

　　虽然土地的发展权作为一项产权的设置，在中国还没有得到正式的法律确认，但实践中或多或少已经开始进行类似于建立土地发展权及其交易的尝试。例如，现阶段土地利用总体规划中对建设用地占用农地的指标在全国不同省份的分配，本质上就是一种"从上到下"式的对土地发展权进行初始配置的行为。另外，20世纪90年代中期实施的耕地总量动态平衡政策（现称占补平衡），虽然并没有明确是对发展权的交易，但本质上因为实现了土地非农开发权利在不同地区间的调剂，可以看做中国土地发展权交易的雏形。近年来，中国土地发展权交易越来越频繁，在"基本农田异地代保""耕地占补省际平衡"等被叫停以后，国土资源部在2006年进行试点、在2009年大力推行的挂钩政策，可以看做政府在市级范围内推进土地发展权交易的新的尝试。

然而，因为产权的明晰是保障资源配置的前提，因此，很多研究指出，无论实践中土地发展权及其交易如何得到了发展，如果没有正式的产权制度，其实际的效果必然会受到影响（刘永湘和杨明洪，2003；王永莉，2007）。同时，因为产权的不完整，农地被征用后收益分配有失公平，农民的利益受到严重损害，中国到了需要对农民进行"反哺"的时期（马晓河等，2005；洪银兴，2007）。因此，在正式制度层面上明确土地发展权似乎势在必行。

可是，不能忽视的是，往往理论上有道理的观点，实践中却受到很大的束缚。中国现有的土地产权体系虽然饱受争议，但法律上已很明确："城市市区的土地属于国家所有，农村和城市郊区的土地，除由法律规定属于国家所有的以外，属于农民集体所有"，同时，农地承包权和城市土地使用权可以在一定条件下从所有权分离并可以让渡。现有的土地产权体系是长期演变的结果，具有历史的合理性和进步性（Ho，2005）。因此，要改变现有的产权结构，增加一个所谓的土地发展权，其制度变迁的成本肯定很大（Williamson，2000）。

是否真的需要等到农地资源利用的矛盾激化到一定程度，才有可能产生足够的动力改变现有的产权结构以实现资源利用的效率和保障产权主体的利益呢？如果不是，是否存在替代性的且成本较低的制度安排，来实现与土地发展权改革相仿的绩效？这种成本较低的制度安排，从Williamson（2000）的四个层次的分析框架看，只能是属于治理结构层次的制度安排[①]，而不是属于正式制度层次的安排。

幸运的是，如果把农地发展（即土地的非农开发）看成一种类似于工业生产过程中产生污染的行为，那么理论上已经得到很好发展的排污权交易理论，就可以借鉴到对农地发展控制上来。因为土地发展权其实就是对农地发展的一种限制，

---

① Williamson（2000）在其社会科学研究分类的四个层次中，把治理结构放在第三层，即在第二层正式制度下的"游戏的进行"（play of the game）。所以治理结构可以理解为，在现有的产权、政治、司法等正式制度安排下，具有特定目的的人在相互依赖、相互影响的行动中形成的规范，是一种针对具体行动的具体制度安排，如公司的制度、交易双方的契约、政府根据法律制定的各种短期的行为规范或政策等。

而限制的目的也是避免过度的农地开发造成的生态、环境和社会成本。而排污权交易，一般来讲，并不需要在产权结构上定义所谓的污染权，只需要通过配额、税、费等方式进行控制（正是所谓的治理结构层次上的制度安排），因此，对农地非农开发也可以采用类似的在治理结构上的制度安排来代替产权的改革。

所以，本章的研究目标就是，在排污权交易理论和实践的基础上，分析如何通过在治理结构层次上对中国农地非农开发进行制度设计，来实现与在正式制度层次上建立土地发展权相仿绩效的可能性和途径。这不仅是对土地非农开发制度设计和排污权交易理论的拓展，也为建立旨在提高中国现阶段农地利用效率、协调耕地保护和经济发展矛盾、保障农民利益、促进城乡统筹发展的土地政策体系提供科学参考。

二、排污权交易的发展：对土地发展权有益的参考

从 20 世纪 60 年代开始的对污染排放配额交易的讨论，理论上得到了长足的发展。最初受庇古税的影响（Pigou，1932），大多主张通过直接的排放限额或者统一的税率来进行污染的控制。其中，Baumol 和 Oates（1971）最早给出了统一税率能够实现污染排放边际社会成本与边际私人收益趋同的理论证明。当然，实践中最优的排放限额或者统一的税率如何确定是一个难题，因为污染的社会成本是不容易测算的。另外，排放限额或统一税率的前提是污染物本身必须是均质的，没有空间和时间上的差异。这是一个很强的理论假设，实践中很多污染都会因为地点、时间的差异而造成污染负面效应的不同（Tietenberg，2008）。

为解决如何确定税率的问题，科斯（Coase，1960）建议从明晰产权角度来实现，这为排污权交易奠定了理论基础。因为不同污染源在减排或净化上的边际成本不同，使得排污权的交易在实践中成为可能，在理论上出现了所谓的"总限额＋可交易"（cap-and-trade，CAT）的模式和"最小净化＋可转让余额"（baseline-and-credits，BAC）的模式（Tietenberg，2006）。前者是指设定一个总的限额并分配，允许污染单位之间自行交易；后者是指为每个污染源制定一个最小的减排标准，超出该最小减排标准的额外减排可以作为"余额"卖给其他污染源或留作下年使用。

为了解决污染物本身的异质性造成的统一税率失效的问题，尤其是针对空间异质性和时间专用性，排污权交易的理论得到了进一步的发展，在理论和实践中发展出的排污权交易主要有三种类型，即无差别指标交易模式［undifferentiated tradable quotas，UTQ（Baumol and Oates，1971）］、转换率指标交易模式［trading-ratio quotas，TRQ（Woodward，2001）］、区划内指标交易模式［zonal trading quotas，ZTQ（Tietenberg，2006）］。

"无差别指标交易"是指排污指标对于任何污染源来说在单位上是一致的，进而如果拥有或通过交易获得一单位的指标，就可以排放一单位的污染。这种做法的优点是指标在交易衡量上的简便，节省了很多制度成本，但这种做法的缺点是可能导致污染的过度集聚①。"转换率指标交易"是指排污指标对于不同污染源来说是不同的，这样在交易时并不能按照1∶1的比例进行等额交易。例如，污染后果严重的污染源在购买污染相对轻的污染源的一个单位污染指标时，并不能使自己拥有一个单位的额外排放量，而应该小于一个单位，具体比率根据实际污染差异而定。因此，该模式的优点是保证交易后污染总体水平不恶化（甚至提高），同时也避免了污染的过度集聚问题，但缺点是比率在设定的时候需要耗费大量的测算成本②。"区划内指标交易"是针对在空间异质性明显的污染排放所设立的一种只能在特定区域内进行排污交易的模式。该方案的优点是可以解决总体区域内污染过度集聚的问题，当然，该模式的缺点是初始区划的成本很高，而且如果区域划分过小，也可能带来交易的"薄市场"或政府的过度干预问题。

现有的排污交易理论和实践可以给出两个基本的理论启示。第一，没有任何一种指标交易模式可以解决所有的污染控制问题，要么面临所谓的过度集聚问题，要么面临所谓的过度控制问题，这印证了新制度经济学（交易费用经济学）的中心论点：不同的交易需要特定的治理结构来实现治理的效率——控制污染是一种"交易"，不同的指标交易模式是"治理结构"，所以控制污染也需要根据污染自身的特征（空间差异性、时间专用性等）来选择最合适的指标交易模式。第二，现有的排污权交易的各种模式，为土地发展权交易的模式设计提供了有价值的参考，同时也揭示了不能幻想通过某种单一的制度设计就解决所有的土地发展权交易问题。下面就开始根据现有的排污控制理论，来拓展中国的土地发展权及其交易理论。当然，首先需要辨析土地发展权交易的"排污权"交易本质。

三、土地发展权交易："排污权"交易的本质

（一）农地非农开发具有"污染"特征

农地的非农开发是城市化的基础，同时可以带来投资、就业和经济增长，因

---

① 过度集聚是指通过排污权交易，可能造成污染向同一个地方集中，造成污染在空间上的低效或者不公平。

② "转换率指标交易"在实践中又衍生出更多的模式，如污染补偿型［pollution offset（Krupnick et al.，1983）］、不退化补偿［non-degradation offset（McGartland and Oates，1985）］和修正后的污染补偿［modified pollution offset（Atkinson and Tietenberg，1982）］。

此是具有显著经济效益的自然资源利用行为。但是，同时它也造成了农地生态价值的损失、开放空间的消失、城市的无序蔓延等外部性问题，这在世界范围内都得到了共识（Henger and Bizer，2009）。

对于中国来说，农地非农开发对城市化、工业化和经济快速增长起到了重要的支撑作用（曲福田等，2005），然而一些负面问题也日益显现出来。第一，快速的农地非农开发危及了耕地保护这一基本国策，与之紧密相关的就是国家的粮食安全问题，这是农地非农开发备受政府关注的主要原因之一（陈锡文，2004）。第二，农地的过度损失造成经济的低效增长，即现阶段的经济增长是粗放型的、以牺牲大量农地资源为代价的。这从全国大量重复和闲置的开发区可见一斑。例如，2003 年全国撤并整合各类开发区 2 046 个，撤并率高达 36％（国土资源部，2003）。第三，土地的非农化也导致了城郊结合部的环境污染和优质耕地减少等生态环境问题。环保部（2008）表示，因受到工业污染、城市生活污染，以及旅游污染向农村转移的影响，城郊结合部环境保护形势日趋严峻。国土资源部（2005）经过调研也发现，建设占用耕地多数是居民点周边的优质高产良田，补充的耕地多来自未利用地的开发，占优补劣的现象一直很严重。第四，农地非农开发的土地收益分配和农民安置等社会问题，也是现阶段农地非农开发过程中的重要问题，受到了广泛关注（韩俊，2005）。

因此，农地的非农开发可以看做一种类似于工业生产但同时排放污染的具有正负两面效应的经济行为。当然，农地的非农开发，又因为其空间异质性和时间专用性而具备特殊的"污染"特征。

（二）农地非农开发的空间异质性

污染的空间异质性是指污染对区域内不同位置造成的影响不平均，其最重要的后果就是区域总体的污染成本往往只被部分人承担。例如，一个城市的垃圾污染，垃圾站附近的居民承担得更多。所以此类污染往往造成理论上所谓的污染集聚效应问题，导致污染成本的不公平分配。

农地的非农开发同样具有空间异质性，这主要体现在农地非农开发的地理位置对于非农开发的效益影响显著上。例如，如果位置选择不合理，一方面可能造成资源配置的低效和社会发展的不公平，另一方面也可能导致某些区域虽然经济发展迅速但自然生态环境却遭到过度破坏。

从中国的农地非农开发实践来看，通过土地利用总体规划在全国范围内实现对建设占用耕地指标进行分配，这种指标分配不仅要考虑非农开发的经济效益，还要考虑非农开发的空间异质性。如果指标的分配不符合经济社会生态的综合效率，很可能造成指标在东中西部分配不公平，既可能牺牲中西部的经济发展机会，也可能导致东部地区耕地的数量和质量、城郊地区的开放空间、自然生态景观等的过度损失。

(三)农地非农开发的时间专用性

污染的时间专用性是指污染在一定时期内造成的负面效应不总是相同的,会随着时间的变化而发生变化。例如,上游的污染排放如果发生在下游鱼类繁殖期,与非繁殖期相比,造成的负面效应可能更大。

农地的非农开发同样具有时间的专用性。作为一种自然资源的开发利用,因为农地非农化后重新恢复成可从事农业生产的土地相对困难,对于这样一种近似于不可再生资源的利用,究竟什么时间进行非农化开发,从可持续发展和资源利用效益最大化角度看非常重要。不合时宜的开发活动,可能导致巨大的机会成本。

从中国的农地非农开发时间来看,由于改革开放以来中国的耕地被建设用地占用的速度越来越快,耕地面积减少得越来越多,国家采取了很多土地用途管制措施以控制日益严峻的耕地保护形势。例如,耕地总量动态平衡、基本农田保护,以及近年来提出的耕地保护的"18亿亩耕地红线"等,这些都体现了政府对农地非农开发在时间专用性的忧虑。

(四)农地非农开发治理:不同的发展权交易模式

农地的非农开发,作为一种"污染",根据空间异质性和时间专用性的差异,可以采用直接的限额模式,也可以采用不同的排污权交易模式进行治理,这通过世界上不同国家的实践可以看出。

荷兰和德国的空间规划(Valk,2002;Needham,2007),或者中国的土地利用总体规划(Lin and Ho,2005),通过政府的直接干预对土地开发行为进行控制,限制了特定地区特定时期内农地非农开发的数量和位置等,本质上就是排污权理论上最初的总体限额排放模式(即CAC)。

近年来,因日益严重的建设和交通用地占用农地,德国联邦政府正在考虑如何在空间规划的基础上引进农地非农开发的限额及交易模式(即CAT),提出要在2020年把现在每天平均113公顷的非农开发量减少到30公顷(Tan et al.,2009)。为此,现阶段德国政府和理论界争议最多的就是采用何种限额交易模式,是无差别指标交易模式,还是转换率指标交易模式或者区划内指标交易模式(Henger and Bizer,2009)。

此外,一些国家早已通过引入市场配置的方式来提高农地非农开发的效率,其中最典型的就是美国的TDR(Pruetz,1997,2003;Thomas and Hamlin,2000)。TDR作为一种发展权的交易体系,与排污权交易有着很多相似之处。美国不同州因各自不同的自然社会条件,其土地发展权交易模式往往是不同的,也存在诸如无差别指标交易模式、转换率指标交易模式、区划内指标交易模式等。

从本部分的论述可以看出，无论从理论还是实践的角度，农地非农开发的控制在本质上可以看成是对排污的控制，而土地发展权的交易本质上也就可以看做排污权的交易。

四、中国土地发展权交易：现有的制度基础

在很多研究还在争论土地发展权在中国的可行性或适宜性时，实践中的中国政府已经采用了很多控制手段，如果把这些手段与现有的污染控制和排污权交易理论进行对比，不难发现它们有着惊人的相似之处，这些其实都构成了中国土地发展权交易的制度基础。

（一）土地利用总体规划中的三个配额：CAC 模式

对于土地资源配置，虽然中国政府正尝试通过引入市场机制来提高城市建设用地和农村农业生产用地的配置效率，但对于农地非农开发的过程，政府依然采用了高度集权的计划分配体制[1]。这主要体现在三个配额上，即建设用地总量的配额、耕地保有量的配额和土地利用年度的配额。可以看出，这三个配额直接控制了农地非农开发的总量，本质上就是污染控制理论中的限额排放模式。即政府通过强制性的措施，控制"污染"的数量——限制了一定时期内农地非农开发的总量。

（二）耕地占补平衡：从无差别配额交易到区划配额交易

中国从 20 世纪 90 年代中期开始实行耕地占补平衡制度，即非农业建设经批准占用耕地的，按照"占多少，垦多少"的原则，由占用耕地的单位负责开垦与所占用耕地的数量和质量相当的耕地，省（自治区、直辖市）人民政府应当确保本行政区域内耕地总量不减少。个别省（自治区、直辖市）确因土地后备资源匮乏，新增建设用地后，新开垦耕地的数量不足以补偿所占用耕地的数量的，必须报经国务院批准减免本行政区域内开垦耕地的数量，进行异地开垦。

可以看出，耕地占补平衡如果允许在全国范围内进行异地开垦，那么它就是典型的无差别配额交易模式，即政府限定需要复垦的耕地总量后（等于建设占用耕地数量），允许不同地区之间通过交易实现总量不变。如果不允许在全国范围内进行异地开垦，如现阶段中央已经叫停跨省的异地开垦，那么这种仅允许在省域范围内进行复垦交易的模式，就是污染控制理论上的区划配额交易，即在限定

---

[1]　一篇非常详细的关于中国政府如何控制农地非农化的研究，可以参考 Tan 等（2009）。

的区域内允许配额的交易。

(三)城乡建设用地增减挂钩：区划配额交易＋污染补偿

近年来随着经济增长和城市扩张的速度加快，耕地占用与耕地保护之间的矛盾日益显现出来，尤其在东部沿海发达城市更为突出。如何既满足经济增长的需要，又不违背耕地总量动态平衡的政策，同时又不引起社会公平和生态安全的过度损失，一种新的被称为挂钩的配额体系自 2006 年起在全国各地开展试点，2009 年起开始被大力推行(徐绍史，2009)[①]。

可以看出，因为挂钩总是被限制在城市的近郊区，通过具体项目的形式进行，在城乡之间的建设占用耕地指标上进行转移，所以符合区划配额交易的基本特征。另外，挂钩同时要求建新地块的面积不多于拆旧地块的面积，同时拆旧地块必须复垦为耕地，这样挂钩又具有转换率指标交易中的污染补偿模式(pollution offset)的特征。

(四)现有的经验和挑战

可以看出，虽然还没有正式的产权界定，但实践中中国的农地非农开发已经形成了土地发展权交易的一些模式的雏形，同时也体现了相对于西方国家的创新之处。例如，挂钩就是两种配额交易模式的结合，这也为西方国家的土地发展权交易提供了现实的证据。现有的经验为中国建立土地发展权交易的制度体系奠定了基础。当然，不可否认的是，中国的农地发展还面临着很多挑战。

第一，随着中国经济的增长和城市化的加快，农地的非农开发无论在速度上还是规模上增加都很明显。如果始终坚持现有的 CAC 配额控制模式，这种"从上到下"的制度设计以及执行过程中"从下到上"的逐级申请，使得随着农地非农开发频率的增加而需要承担越来越大的信息成本、执行成本和等待成本，影响了农地非农开发的总体效率。

第二，现有的农地非农开发控制手段带来了很多自然和社会的负面效应。例如，虽然耕地的数量或质量得到了保证，但因为湿地、滩涂等边际土地被开采成耕地以实现耕地总量的动态平衡，使得自然生态环境遭到了破坏。同时，因为农民利益在非农开发中没有得到足够的保障，无论是农民的非农就业，还是农民的社会保障都遭到了损害，加剧了来自农村的社会矛盾，使得社会稳定也面临着威胁。

第三，现有的农地非农开发还完全是由政府主导的开发行为，无论是耕地总量动态平衡还是挂钩中的配额交易，交易的双方都是政府。一方面，这导致市场

---

① 挂钩政策的具体内容可见第九章。

作用的弱化，降低配额交易的效率。例如，农地非农开发的频率和需求在空间上的分布是极为不平均的，东部沿海地区和南方一些地区非农开发的频率和需求明显大于中西部的地区。这造成很多东部的大城市在进一步发展过程中面临着新增建设用地稀缺的影响，而临近的中部城市却有着多余的非农开发配额，但是现有的土地规划和配额体系不允许任何省际的开发配额流转，这就造成现有的制度要么可能阻碍经济的发展，要么可能造成地方政府的违规甚至违法行为。另一方面，政府的主导也很可能束缚配额交易制度的自我创新能力，尤其是当农地非农开发面临新的自然和社会因素的影响时。例如，现阶段农业结构调整的过程中出现了农地非农开发，而农业结构调整在现阶段受到政府鼓励而且不受土地利用总体规划和其他的配额体系约束，这造成政府自身在不同决策上的冲突，进而造成土地规划和配额体系的失效。

因此，中国现有的农地非农开发控制制度不足以应对这些挑战。如果中国也采用类似于西方国家完整的土地发展权体系，可能可以解决这些问题，但前提是，这种正式制度变迁的成本效益是可行的。另外，如果维持现有产权不变，仅仅在类似于土地发展权交易的制度设计上进行治理结构上的创新，是否可行？这其实就是现阶段农地非农开发控制实践中亟须考虑的问题：中国土地发展权之路，是要在产权改革上下工夫，还是注重管理模式（治理结构）上的创新，来实现制度应有的绩效？

五、土地发展权的渐进之路：治理结构改革可以代替产权结构改革

对于诸如宪法、产权等正式制度，作为人类行为最基本的游戏规则，除了偶然的巨变，如战争、革命等，这个层次的制度一般需要 10～100 年的时间才会产生变化（Williamson，2000）。这一方面反映了正式制度变化的频率很低，另一方面也反映了正式制度的改变所面临的成本会非常大。

因此，对于现阶段很多学者所主张的在中国引入土地发展权来提高农地非农开发的效率和促进社会福利分配的公平来说，他们很可能忽视了制度变迁的成本。维持现有产权制度不变，通过治理结构的创新，如果也能实现与产权改革相仿的绩效，那么无疑从成本角度考虑其绩效将优于产权改革的绩效。

（一）治理结构改革可以实现土地发展权的绩效

理论上设置土地发展权及允许不同地块间的交易，主要是为了实现三个主要目标：第一，将非农开发从农地保护区转向允许高密度建设的非保护区，弥补了最初土地区划造成的经济效率的降低；第二，保护区内的土地所有者能够从出售发展权上得到对其土地开发限制的补偿，弥补了最初土地区划造成的社会公平的

损失；第三，允许非保护区内暂时无意开发的农地所有者出售其发展权，而获得当值收益，同时允许该所有者未来向其他人购买发展权来开发自己的农地，这样提高了农地开发在时间上的经济效率。

可以看出，中国现阶段土地利用规划中的 CAC 配额和耕地占补平衡制度部分解决了土地发展权的第一个经济效益和第三个时间效率的目标，但是没有解决第二个社会公平的目标。部分解决第一个和第三个目标，是指现有的 CAC 配额类似于赋予不同地区农地非农开发权在数量上的多少，而且通过耕地总量动态平衡中允许的开发配额调剂，实现了区域上的经济效率（第一个目标），同时因为并没有限制配额调出的地区在未来重新购买配额的可能，也就实现了时间上的效率（第三个目标），但是，现阶段的耕地总量动态平衡完全由政府主导，交易双方是不同区域的政府，因此，与理论上的土地发展权市场还有一定的区别，所以说只是部分实现了设置土地发展权的相应目的。

没有实现第二个目标，是指现有的 CAC 配额和耕地总量动态平衡没有解决因政府的土地开发规划（公共行为）造成只有被征地的农民才能获得相对于农业生产的高额补偿，而没有被征地农民的土地无法体现相应的高价值的问题，即造成了产权上的不公平，这与建立土地发展权的初衷不符。另外，即使被征地的农民获得了相对于农业生产的高额补偿，但大多数情况下这种补偿相对于开发后的建设用地价格来说又很低，造成被征地农民产权上的部分损失，这与土地开发权的初衷也不相符。所以说，现阶段的制度安排没有实现第二个目标。

通过治理结构上的创新，可以解决上述没有完全实现的三个目标。对于第一个和第三目标，采用类似于污染控制理论中的无差别指标交易的模式就能够实现，当然，如果污染具有空间异质性和时间专用性，那么无差别指标交易可能并不是最优的，转换率指标交易模式和区划内指标交易模式可以进一步提高效率。中国现有的 CAC 配额和耕地总量动态平衡，其实是面对具有空间异质性和时间专用性的农地开发所采用的区划内指标交易模式。因此，从目前看，只要能够在保证土地利用规划（区划）设计、执行和监督等制度完善的基础上，让政府退出交易而只作为监督者和裁决者，让市场自动实现配额的交易，就能够在现有的制度框架内完全实现第一个和第三个目标。

对于第二个目标，当前可以通过两步走的方法解决。首先，在经济社会发展到一定条件后（如进入反哺农村的阶段），赋予被征土地更高的补偿，以弥补征地补偿与市地价格的差异，解决第一个不公平。其次，探索征地补偿如何在集体内部分配，如建立村集体内部的农民自己"投票"决定的机制，来决定农地的征用补偿仅分配给失地农民还是在集体内部平均分配。这种分权的模式相对于政府额外提供一个强制性的管理制度（集权的模式），能够节省相应的成本且降低事后冲突的可能性。完成这两步，第二个目标自然也能够实现。

所以可以看出，现阶段可以只通过治理结构上的创新来实现与建立土地发展权相仿的制度绩效。

（二）治理结构改革可以应对现阶段土地非农化面临的问题

本章第四部分指出，现阶段农地非农开发面临着开发频率加快、造成自然和社会的负面效应、政府过度干预等问题。其实，现阶段也可以通过管理上的创新来应对。

第一，农地非农开发频率加快，有些地方非农开发的需求不能得到满足，又受到 CAC 这种计划经济性质的配额的限制，造成政府对农地非农开发控制效率的降低。此时，根据排污权交易的理论，采用更靠近市场机制的转换率指标交易模式或者无差别指标交易模式，可以解决 CAC 配额制度在面临频率增加时制度成本增加的问题。即进一步放开 CAC 配额在不同地区之间转让的限制，允许在得到政府批准后农地开发配额在不同地区之间自由转换。这样可以解决政府最初分配的配额滞后于市场的变化，同时进一步体现市场对资源的配置效果。

第二，农地非农开发造成自然和社会的负面效应，是因为现阶段的非农开发没有把环境成本考虑在开发成本中，或者是仅仅把保障粮食安全纳入开发的成本中（实行耕地总量动态平衡），所以造成了边际土地资源的减少，而最终导致生态环境的破坏。这其实可以通过转换率指标交易模式来解决，如先通过事前调查，评估不同地区单位面积农地开发造成当地的生态环境破坏程度，这样不同地区的农地非农开发配额的交换存在一个"汇率"，生态环境破坏程度大的地区在购买其他地区一个单位面积非农开发配额后，只能折算成低于一个单位面积的非农开发配额，这样就可以保障指标交易过后总体的生态环境没有恶化。这种转换率指标交易，其实就是理论上所指的污染补偿模式。当然，理论上其他的模式，如不退化补偿和修正后的污染补偿等，都可以作为实际中制度设计的理论参考。

第三，政府的过度干预，造成初始配额分配的效率和公平的降低，同时也束缚了制度的自我创造力。这里其实引出了一个很老的话题：如何在市场和政府之间进行抉择。中国正处于传统的计划经济向市场经济的转型期，通过 CAC 配额方式来保护耕地和提高土地利用效率的成本越来越高，因此，在配额交换上的治理结构创新成为必然。根据节省交易费用的逻辑，一种制度的设计，与所治理的交易的特征、自然约束和所处的社会环境密切相关。在中国这样一个大面积的国家，如果依然尝试通过从上到下统一的配额交易模式，必然不是最佳的选择。所以，比较合适的管理制度是，中央政府在完成对土地利用规划设计和对农地开发配额的总体控制后，允许不同地区的地方政府根据自己的实际情况来实行不同的配额交易，交易的效率和公平由交易双方自己协商解决，中央政府此时仅承担监督和冲突裁决的角色。这种集权和分权的均衡，既可以解决政府干预过度，也可以有效防止市场失灵的问题。

综上所述，通过中国土地发展权交易的治理结构改革和创新，来代替对农地产权结构的调整（即明确的土地发展权），能够得到理论的支持，并且部分得到了实践的检验。

（三）治理结构改革没有"万全之策"

可以看出，治理结构改革的作用和绩效非常明显。当然，从排污权交易实践发展的过程看，中国的农地非农开发的治理结构改革也同样不存在一个所谓的"万全之策"（one-size-fits-all solution）。治理结构的具体设计需要根据农地非农开发所面临的自然、社会和人文条件的变化而变化。这其实就是在"集权"与"分权""计划"与"市场"等方面的权衡过程。

如果把世界上已经存在的一些主要的农地非农开发权交易模式按下列顺序进行排列：荷兰的空间区划、中国的三个 CAC 配额、中国的挂钩、中国的省内耕地总量动态平衡（zonal tradable quota）、美国的 TDR 和正在讨论的德国的无差别配额交易，可以发现其正是按照从"集权"到"分权"或从"计划"到"市场"的顺序排列的。进一步，之所以这些国家采用这些不同的配额交易模式，完全是根据各自国家土地非农开发的规模、频率、空间异质性大小、时间专用性大小、政府的目标等因素来选择的[①]，这正是印证了交易费用经济学的核心逻辑：为不同的交易寻找最合适的治理结构来实现效率。

所以，中国的农地非农开发的治理结构选择，也应该根据不断变化的自然、社会和人文条件，动态地看待治理结构改革，进而实现制度设计的最佳绩效。

六、治理结构对制度环境的补充效果

从中国面临经济发展与耕地保护这个两难的选择开始，到现阶段努力解决农地征用过程中农民利益受损的问题，土地发展权作为一种产权改革，得到了大量理论研究的重视。然而，这些研究大多忽视了产权改革的制度成本，使得相应的建议无法在短期内满足实践的需要。本章从节省制度改革成本的视角出发，分析通过治理结构的创新来实现与产权改革相仿绩效的可能性。在将农地非农开发与普通的污染排放进行类比的基础上，本章发现借鉴成熟的排污权交易理论来设计能够替代产权改革的治理结构层次上的制度安排。这种在治理结构层次上的制度设计，其绩效能够得到理论的支撑和实践的检验。本章的主要结论如下。

第一，可以将农地非农开发类似地看做一种污染排放，因为它在具有显著经

---

① 这些国家对农地非农开发配额交易的选择对比，详见 Tan 和 Beckmann（2010）。

济效益的同时， 也造成了农地生态价值的损失、 开放空间的消失、 城市的无序蔓延等负面效应。 所以， 相对成熟的排污权交易理论， 可以用来分析对农地非农开发的控制行为， 同时可以作为农地非农开发制度创新的理论依据。

第二， 虽然中国的正式法律中至今没有对土地发展权进行明确的界定， 但在实践中所执行的建设用地总量配额、 耕地保有量配额和土地利用年度配额， 具备CAC 类型的发展权交易特征。 20 世纪中期实施的耕地总量动态平衡政策最初符合无差异指标类型的发展权交易特征。 随着国家对跨省的耕地总量动态平衡的禁止， 交易转变成以省为单位的区划内发展权交易类型。 近几年试点并得到推广的挂钩政策， 本质上可以看做以市为单位的区划内指标与污染补偿类型的转换率指标相结合的发展权交易模式。 所以， 中国现有的农地非农开发治理体系， 已经体现了一定程度的土地发展权的作用。

第三， 考虑到产权制度变迁的成本， 如果维持现有产权制度不变， 通过治理结构的创新也能实现与产权改革相仿的绩效， 那么无疑从成本角度考虑其绩效将优于产权改革的绩效。 现阶段对农地非农开发的治理结构的创新， 用来代替对农地产权结构的调整， 能够得到理论的支持， 并且部分得到了实践的检验。 因此， 现阶段治理结构的改革相对于建立土地发展权来说是一条更加可行的道路。

第四， 不同的治理结构， 对应在集权与分权或者计划与市场上有着不同的绩效。 在中国农地非农开发治理的创新改革上， 需要掌握现有不同配额交易模式的特征， 动态地选择适宜的创新模式和改革道路。 所以， 对于现阶段的耕地占补平衡政策、 挂钩政策等， 需要根据实际经济社会发展变化情况而进行相应的改革， "跨区交易""异地补偿" 等模式并不是不可以， 关键是需要进行合理的治理结构设计。

总的来说， 本章的研究揭示了中国土地非农化治理改进之道： 如果治理结构能够产生与制度环境相仿的绩效， 那么选择变革成本更低的治理结构层次的制度创新， 是现实中的合理选择。 考虑到治理结构层次制度变化的频率较高， 这也进一步说明治理结构渐进性的变化应该且能够满足现实需求——制度创新不是也不应该是一蹴而就的。

第十四章

不断"靠近"土地非农化的治理效率：
治理结构改进的过程比较

从 20 世纪 70 年代末中国就开始了市场化的经济转型。随着国有企业的改制、商品价格的放开、土地等要素的有偿使用制度的建立，中国的市场经济程度不断深化。党的十八大和十八届三中全会以来，政府职能转变和管理方式创新成为政府深化市场经济改革的主要目标之一。土地非农化管控作为政府宏观调控的重要组成，如何满足前面章节中所要求的减少政府过度管控，同时也满足现实中政府管理体制改革的需求，成为当前中央和地方各级政府关注的焦点。

近年来，在不改变土地非农化根本性治理规则的前提下（如维持国有和集体土地两种所有制、坚持土地利用总体规划及计划审批等），从中央到地方都在探索如何对现有的土地非农化治理体系进行合理的改进来解决现实中紧迫的矛盾和满足社会新诉求（如土地供需矛盾、城乡统筹发展等）。当前涌现了一系列的地方性治理结构的创新，对一些典型创新进行比较分析，有利于提炼经验和解决问题，也能够印证并进一步发展本书的相关理论。

一、问题的提出

第六章中我们通过对中国土地非农化治理体系的研究，揭示了当前中国土地非农化治理的特征：农民的土地产权没有得到独立的司法保护、土地利用规划缺乏必要的公众参与、土地交易的市场化程度低、政府垄断控制非农化土地的数量和价格、增值收益分配由政府决定等。这些特征说明了中国政府在土地非农化管控中的地位很强势。

第九章中我们通过对不同国家土地非农化的配额制度进行对比，揭示了虽然世界范围内土地非农化一般都是由层级制的配额或相应的规划手段来管制，但是大多数国家还是会根据经济社会的条件变化而引入市场管理的手段。例如，美国的 TDR、德国国内在争论的各种指标交易的形式〔如总量管制和交易（cap and trade)]。一直以来中国采用着一种集权化的层级管控方式，我们提出当中国面临越发明显的土地资源配置效率低下和越发激烈的收益分配冲突时，应该考虑让政府"退出"直接干预转为"监管者"，并寻找市场和政府的有效配合，发挥利益主体自组织的能力，这些应该成为当前土地非农化治理结构改进的重点。

第十章的实证研究进一步地指出，为了降低行政管理成本和提高管理效率，一些审批权限和业务应该从政府的手中转移出去，如土地测绘及审批服务、征地拆迁在审批后的执行过程、征地后补充耕地的土地开发、复垦和整理过程、土地使用权的登记等。换句话说，该章也强调在一定的前提下政府应该放松对土地非农化的层级制管控。然而，如果从这些理论分析跳回现实，情况却更为复杂，尤其是土地非农化过程中的各种社会矛盾更为突出。这些矛盾不仅仅与土地资源利用配置效率有关，还与土地收益在社会主体间的分配有关。例如，农民因土地问题而频繁上访或因抵制征地项目而出现群体性事件等。地方政府为了避免问责，疲于安抚或强制解决这类问题（Tan，2008）。而从全国的角度来说，如何满足新一届政府提出的新型城镇化目标的要求，如促进城乡统筹发展和解决城乡发展差距不断扩大的矛盾（Young，2013），难度很大。这些矛盾导致了更多的社会成本，换句话说，现阶段中国政府需要更加关注农民的利益和农村的发展，而这需要付出更多的成本。

综上所述，现实中土地非农化的治理目标逐渐从土地利用效率转变为"多维"的目标。无论是前面几章的论点，还是现实中的需求，如何提升土地资源利用效率，同时提高农民分享的增值收益，而且在这个过程中实现农民增收和农村后发的发展，成为当前土地非农化新的问题。用第四章中的术语讲，上述问题反映了土地非农化治理正在从局部的（segregative）制度目标向一种整合的（integrative）制度目标演变。当然，上述多维的目标仍然不会是理论上的整体性目标，它只是符合渐进性和积累性的政策改进的逻辑。问题是，即使是这种渐进式的改进，决策者和分析者也不知道什么是适宜的制度的具体设计。可行的思路只能是通过政策实验的方式，通过不断纠错来实现政策的创新设计。

幸运的是，从2007年开始中央政府在全国布置了很多土地政策创新实践的改革示范区，这为我们理论与实践结合的分析提供了现实基础。例如，在国务院确定成都作为城乡统筹综合配套改革示范区的条件下，成都通过土地政策工具的运用较好地实现了城乡统筹发展的一些目标。其中，最引人瞩目的就是通过村集体自组织的方式来实施土地非农化项目，与传统的土地征收方式相比，这种自组织的方式使农民分享了更多的增值收益，农村得到了更多的发展机会。换句话说，成都的一些案例改变了以往政府强制主导的土地非农化过程，达到了一种所谓的从"授人以鱼"向"授人以渔"的转变。这些案例为我们进一步理解第四章中提出的局部的和整合的制度设计逻辑提供了很好的分析对象，也有利于我们理解什么是渐进式的、能够应对实际变化需求的制度设计逻辑。

因此，本章研究的核心目标是将前面的理论研究与实践结合起来考虑，回答如何将理论研究用来解释现实中出现不同治理结构的原因和提出现实问题的一些解决办法。为此，本章将考察一种村民自组织的非农化模式（四川成都的一个村庄的案例），并将其与传统的挂钩模式（浙江嘉善的一个村庄的案例）进行对比。基于对比，我们将解释治理结构变化的原因和比较其不同的效果。本章的研究实际上也是第四章中局部和整体性制度分析框架的一个具体的应用。

二、渐进中的新模式：自组织的城乡土地整理的出现

现实中，土地非农化除了传统的由政府层级管控的征收和供应模式，也出现了一些体现市场配置作用的模式，如第九章中介绍的挂钩模式。这个模式实际上与德国的土地置换模式类似，是一种城乡之间的土地复垦、整理和置换的过程（Tan et al.，2009）。即通过复垦农村低效、闲置的土地，在区域建设用地总量不增加的前提下允许城市增加新的建设用地。也就是说，城乡建设用地总量不变，但空间分布出现了变化。一般来说，这种空间分布的变化能够提高城乡之间的土地收益，是一种双赢的结果。

土地空间布局调整，也称作土地整理（land readjustment），实际上在城市化和经济发展的过程中是无法避免的现象——因为我们无法避免为了应对人类社会无法预计的冲突而不断调整自己的决策。因此，对土地进行整理也是一种常见的用于解决土地用途上的冲突和矛盾的手段。土地整理作为一种人类利用土地的活动从 20 世纪 70 年代以来就受到了关注，并且发展出了不同的组织模式和制度设计（Hong and Needham，2007）。例如，土地整理最初是用于解决城市化资金上的压力（Doebele，1982；Larsson，1997）。后来，土地整理在日本成为一种能够提供更好的人居环境的政策工具（Sorensen，1999，2000）。在德国，它被设计成一种促进不同利益主体进行土地利用合作的工具，即所谓的土地置换（Davy，2007；Tan et al.，2009）。在荷兰，土地整理成为应对自然条件限制的一种有效的土地利用的集体行动模式（Needham，2002；Louw，2008）。

相比较土地整理带来的土地利用本身的变化，更加吸引人的是不同国家土地整理背后的制度设计，即人们组织土地整理活动的各种规则上的差异。不同领域（如行政管理、政策设计、制度分析、政治学、经济学等）的学者都在问同一个问题：人类究竟需要一种什么样的人为规则来实现自然和社会系统之间的协调发展（Ostrom，2005；Hagedorn，2008）？

对于土地整理来说，没有统一的制度安排。不仅不同国家土地产权和收益分配的规则是不同的，即使在同一个国家统一的正式制度下，仍然有很多不同的土

地整理的治理结构，如公私合作的组织模式、政府垄断的模式和完全的市场化的方式。因此，如何解释土地整理治理结构的多样性并给出普遍意义的启示，是一个非常有意义的问题。对于公共管理和公共经济学领域，我们关心的问题是政府是否应该"退出"对土地利用的直接干预（Qu et al.，2011）；对于制度经济学领域，我们关心的问题是究竟什么样的治理结构能够有效地降低交易费用对土地经营和管理的影响（Alexander，2001a；Tan et al.，2012）。

现阶段的中国，土地整理（本章中是类似于挂钩的城乡之间的土地整理置换，是土地非农化的一种形式）一般都是由政府来完成的。即政府征收农民的集体建设用地并合理补偿和安置农民，然后经过复垦、整理等方式减少农村的建设用地，将结余的指标用来开发更多的城市新增建设用地，并在城市土地一级市场上进行出让。然而，当政府提供公共基础设施时面临财政预算的压力，或者当政府在实际土地开发上面临与初始规划的冲突时，政府主导的土地整理总是面临很多困难。另外，新一届政府对未来的发展目标进行了规划，其中包括改进现有的城市化模式以实现城乡的一体化发展，而其中最直接的挑战就是如何克服既得利益者的抵制。这些都对探索合适的土地非农化的治理结构提出了要求。

（一）城乡土地整理作为土地非农化的一种形式

如果城市化发展空间受限，自然想到的就是通过城市和农村内部提高存量建设用地的使用效率来解决。实现方式之一就是城乡之间的土地整理。目前来看，中国土地在空间上的布局，尤其是城乡之间的布局是不均衡的。例如，尽管国家对居住用地的标准有着人均150平方米的上限，但当前农村的人均居住用地达到了214平方米，远高于城市人均居住用地的133平方米（郑凌志等，2012）。因此，如果能够实现农村居住用地更为集约的利用，并通过交易的方式调配一部分指标给城市，那么当前的"双保"目标的矛盾（保护耕地和保障经济发展供地）将能够得到很好的解决。

这种思路实际上奠定了城乡土地整理的逻辑基础。即在农村建设用地减少一定数量的前提下，允许城市建设用地相应数量的增加。实际上，这种城乡之间土地整理的本质就是一种土地发展权交易，即农村土地所有者在获得补偿的基础上将他们部分的土地开发权利让渡给城市土地使用者（Tan and Beckmann，2010）。

城乡土地整理的思路已经引起了各级政府的广泛关注。经过几年时间的探索和试验，中央政府提出了一种所谓的挂钩模式来实现这种土地整理（详见第九章）。虽然中间有过一段时间的整顿，但从2012年起这种挂钩模式已经成为全国上下普遍采用的城乡土地整理的组织模式。在挂钩模式中地方政府是主要的行动主体。当然，一些地方政府也在积极寻找新的组织模式，如探索农村村民或者私人企业参与或主导的城乡土地整理。

在讨论政府主导和自组织两种典型的城乡土地整理模式之前，我们先熟悉一下城乡土地整理的基本程序，即项目立项、资金筹集、项目实施及监管和收益分配四个步骤。这是辨析不同组织模式（治理结构）的基础。

1. 项目立项

一般来看，项目的立项是土地整理项目的第一步骤，同时也是最关键的步骤。因为如果没有谨慎的规划，或者利益相关主体之间未能形成一致同意，土地整理就不可能顺利实现。例如，如果项目最初没有经过合理的设计，有可能导致生态环境的破坏，而产生未预料的成本。如果农民不愿意参与土地整理，项目投资方可能需要被迫支付高额的补偿来解决"钉子户"问题（holdout problem）。如果项目通过政府行使公权力来强制推进，可能会导致农民的抱怨和事后频繁地上访等，同时也会遭到社会舆论的责问。

2. 资金筹集

土地整理项目的顺利实施还需要足够的资金的支持。如果没有资金，土地的复垦、农民的安置、公共基础设施建设等无法实现，即使所有的利益相关者都愿意进行土地整理，但项目的实施却无从谈起。例如，如果政府的财政预算不足，即使政府能够行使公权力来强制推进整理，但项目只能部分开展甚至无法开展。另外，资金的筹集渠道和来源也决定着后期土地整理收益的分配。

3. 项目实施及监管

在项目实施过程中，需要有效的监督和管控机制来保障项目实施与最初的规划是吻合的，同时需要避免"搭便车"的人和避免各种可能影响集体收益的负面行为。否则，土地整理的目标无法实现且最终的收益也可能受到损失。

4. 收益分配

收益分配是土地整理最终的结果。实际上，判断土地整理是否实现了最初的规划，关键就是要看土地整理的收益分配是否满足了不同利益主体初始的约定，以及公共利益是否得到了有效的保护。

无论是在政府主导的土地整理还是自组织的土地整理，无论是中国还是其他国家的土地整理，上述的四个步骤可以说是所有土地整理的共性过程。因此，对这四个步骤的划分有利于我们后续了解土地整理不同的组织模式（治理结构）的具体差别。我们将以这四个步骤为对象详细介绍当前中国出现的两种典型的组织模式，即政府主导的挂钩和农民集体自组织的方式。

（二）政府主导的模式：城乡建设用地增减挂钩

第九章介绍过的挂钩实际上就是一种政府主导的城乡土地整理。"城市建设用地增加"，指的就是一种合法的城市扩张占用农村土地用于住宅建设或者工商业投资的现象。"农村建设用地减少"，指的就是相当数量的农村的建设用地（目前大多数情况下是农村的宅基地）被复垦成农业用地，同时剩余的农村建设用地被更加集约地利用以满足农村正常的生产生活需要。地方政府负责整个城乡建设用地的挂钩项目的实施。当前这种挂钩项目在全国范围内基本都是统一的模式，因为这是一种从上向下的由中央政府设计并推行的模式。在本章的后面部分，我们会用浙江省嘉兴市嘉善县的挂钩案例来具体展示这种政府主导的实施模式。

在项目立项阶段，县政府首先编制一个挂钩的项目规划，当然这个挂钩规划必须符合县级的土地利用总体规划。同时，县级政府需要充分考虑农民需要，广泛征求农民意愿，维护集体和农户合法土地权益。例如，让农民充分了解挂钩政策，提高对这项工作的认识。在这些工作的基础上，县政府一般让乡镇政府向县级国土管理部门申请实施相应的挂钩项目。县级国土管理部门在收到申请后进一步向县级人民政府申请，然后县级政府会继续向地市级政府、省级政府申请批准该项目。如果这个过程中有任何一个环节没有得到批准，则项目立项终止。在这个过程中，除了需要上级分配的挂钩指标以外，最主要的审批标准是农民的补偿和安置是否得到有效安排，以及待复垦的土地是否符合数量和质量上的要求（实际中主要看数量）。

尽管政府对社会资金参与土地整理也不排斥，但现阶段挂钩项目的资金主要来源于县级财政。一般来说，县级政府的资金来源主要有四个方面：①使用挂钩周转指标的用地单位缴纳的新增建设用地有偿使用费、耕地开垦费、耕地占用税；②使用挂钩周转指标的项目用地招拍挂实现的政府纯收益部分；③用地单位缴纳的周转指标有偿使用费，即使用挂钩周转指标的单位按相关规定缴纳的有偿使用费；④各类政策扶持资金，包括农村住房建设和危房改造、新农村建设、新型社区建设等各类中央专项经费。

在项目的实施和监管过程中，乡镇政府负责具体事务，包括：①制订拆迁补偿安置方案。②组织村民的拆迁、评估、补偿、建设、回迁安置等。③土地权属调整。④项目区原集体建设用地的土地复垦。拆旧和建新的具体工程，一般都是由乡镇政府承包给有资质的公司实施。复垦出的集体土地由村集体统一收回作为农业用地使用。⑤挂钩项目实施完成后，县政府主管部门首先对项目进行自查，自查合格后报市政府主管部门进行检查验收。

在收益分配阶段，县级政府在全县范围内对挂钩结余指标进行统筹使用，根据城市化和工业投资的实际需要安排相应的项目使用新增建设用地。用地者为此需要支付给县政府相应的指标使用费用和土地有偿使用费用以补偿政府之前的成本。以嘉善县的项目为例（更详细的介绍见本章第三部分中两种模式的比较），这些成本包括：①土地复垦费为 9 万元/公顷；②新建的居民安置点开发费用和对农民原房屋的补偿费用为 75 万元/公顷；③农民搬迁补助费用为 200 元/平方米(按房屋面积计);④农民搬入新居补助费用为 12 万元/户。最终项目成本和收益的统计显示,土地整理项目的平均成本是 26.7 万元/公顷。而政府将新增的建设用地指标用于城市一级土地出让的平均价格是 450 万元/公顷(工业用地)或 3 000万元/公顷(商住用地)。很明显,政府获得了显著的土地增值收益。

(三)自组织模式:成都的城乡土地整理①

2007 年成都经国务院同意后被批准为"统筹城乡综合配套改革试验区"。这个实验区的目的是全面推进城乡发展各个领域的体制改革,并在重点领域和关键环节率先突破,发挥示范和带动作用。因此,成都政府具有了很多政策创新的权力和动力。在实施上述挂钩的制度上,成都探索了一条农民自组织并与社会资金合作的道路。我们通过成都市郫县花牌村的案例来具体展示这种自组织的模式。

在项目的立项阶段,村领导和村民共同促成了土地整理项目的立项。当然,尽管都认识到土地整理潜在的收益,他们仍然需要解决一个困难:政府没钱实施的项目,村集体也没钱实施。为此,他们需要进行一个依托于土地的融资过程。首先,他们在村庄内部组建了一个集体资产公司(花牌公司)作为一个法人来承担土地整理项目。组建公司最主要的目的是能够进行融资运作。为了让这个集体资产公司有条件进行融资,在村内按照自愿的方式由自愿参与土地整理项目的村民将自己的宅基地使用权无偿转给集体资产公司,参与的村民将根据自己贡献的土地面积占有公司相应比例的股份。最终,全村 925 户农户中的 407 户自愿参加了土地整理项目,贡献了近 488 亩的宅基地。经成都吉祥房地产土地评估代理有限公司的评估,单位面积地价为 577 元/平方米(每亩为 38.5 万元),总估价为 18 739.91万元。这些土地为集体资产公司后续的融资奠定了基础。另外,村集体进一步设计了土地整理规划,并依次向镇政府、县政府、市政府和省政府申请实施土地整理项目。最终,项目获得了批准。

在资金筹集阶段,为了获得必需的项目资金,集体资产公司决定通过社会引资和向银行贷款的方式筹集资金。经过测算,项目共需资金 3.38 亿元。在广泛争取政府和社会支持下,惠农公司(国有企业)同意与集体资产公司合作并投资项目成本的 30%(1.03 亿元)。剩余的资金由集体资产公司向成都银行申请抵押贷款获得。抵押物就是集体资产公司拥有的 488 亩集体建设用地使用权以及土地整理项目实施后能够实现的 298.3 亩新增建设用地指标(挂钩指标)。

这里必须强调在这个阶段存在的两个主要的制度创新。第一,集体建设用地能够抵押。这是显著的制度创新,因为当前中国农村集体建设用地的使用权是不允许出让、转让、出租和抵押的(Tan et al.,2009)。第二,省级政府批准了农

---

① 感谢中国土地勘测规划院地政研究中心提供的郫县的具体案例和数据。

民集体自发实施这个土地整理项目，这实际上也超出了正式的法律法规的许可范围(Tan and Beckmann，2010)。正是因为成都是统筹城乡综合配套改革试验区，所以村集体才有机会来自己"释放"集体建设用地的价值并将这个价值通过融资的方式变现为项目的实施资金。因为按照一般的程序，即使村集体拥有实际的建设用地，也只能通过卖给政府的方式来实现向集体以外的用地者的建设用地的供给(Tan et al.，2011)。

在实施和监管阶段，村集体资产公司和惠农公司共同负责项目的实施和监管。特别地，村集体资产公司负责农民的拆迁、补偿和安置，而惠农公司负责将原集体建设用地复垦和整理成耕地。两个公司将拆旧、建新等工程外包给有资质的企业。最终，488亩的集体建设用地被整理成两块，一块是189.7亩(占原面积的38.9%)，作为农民安置的新居住区。与旧的宅基地相比，新的集中居住区具有明显改善的公共基础设施和更高的容积率。另一块是298.3亩(占原面积的61.1%)，被复垦为耕地。

对于项目收益的分配，由村集体资产公司和惠农公司进行共享。488亩集体建设用地最终形成了298.3亩的新增建设用地指标能够用于未来的城市新增建设用地需要。其中，5%的指标留在村集体可以用于未来的村集体非农经济使用，剩余的95%的指标由惠农公司收购，价格为38万元/亩，直接支付给村集体资产公司。最终，村集体资产公司获得了1.08亿元(95%×298.3亩×38万元/亩)的指标收益和14.9亩(5%×298.3亩)的集体建设用地指标。当然，集体资产公司需要支付成都银行1.03亿元的贷款费用，是总贷款的一部分和相应利息。惠农公司获得了283.4亩(95%×298.3亩)的挂钩指标，可以后续出售给城市土地一级市场使用者或者自己使用。另外，惠农公司除了支付集体资产公司1.08亿元的指标价格，还需要支付成都银行其余部分的贷款和利息，共计1.32亿元。

可以看出，政府主导的挂钩和成都的村集体自组织的模式具有明显的区别。在挂钩项目中土地整理的四个步骤都由政府主导完成，而成都模式中的四个步骤由村集体经济组织与惠农公司合作完成。

三、土地整理模式渐进性改进的交易费用分析

对于如何在减少政府干预的同时又能满足更多的治理目标，成都模式给出了现实的回答。从当前的绩效看，它既满足了土地利用在城乡间空间上的优化，又满足了农民对增值收益分享的诉求，也缓解了城镇土地的供需矛盾，还实现了政府在一定程度上的退出，同时也为农村和农业的发展提供了有利的条件。总之，这是一种多赢的局面。当然，我们还想知道，自组织的方式作为一种新的治理结构，为什么能够在成都出现，什么因素决定了制度按照这种方式进行改进。

（一）变化的外部环境和传统模式的困境

最初，政府对土地非农化管控的目的是保护耕地来保障粮食安全，同时实现经济收益上的双赢。近年来，政府的目标发生了一定的变化。例如，因城市化率已经超过了 50%，以及工业发展进入了后工业化的时期，这些都要求政府必须关注土地非农化的社会公平和收益分配的长期效率，特别是要关注如何提高农民收入和促进农村的发展。

传统的土地非农化管控手段，如配额、规划等，能够应对耕地资源保护和经济占用耕地之间的矛盾，但是在解决非农化过程中不同利益主体之间的利益冲突上却捉襟见肘。因为传统的手段没有提供便捷的渠道让不同利益主体进行有效的协商。近年来，中央政府意识到且开始通过财政转移支付的形式向农村输入资金，试图缩小逐渐扩大的城乡差距。例如，政府逐年增加对三农的支出力度，包括改善农村的基础设施、修建农民住房、减少农民生产生活负担、提升农村社会医疗保险覆盖面等。然而，遗憾的是，从统计数据看，城乡差距依旧出现了拉大的趋势，这从城镇居民可支配收入和农民纯收入的差异逐渐扩大上可见一斑（Zhou，2009）。尽管政府三农支出逐年扩大，农村的发展似乎并没有展现出与城市发展相仿的效果。这预示着农民需要更好的居住环境和更多的就业机会，而不是需要政府直接的财政转移支付。更重要的是，直接的财政转移支付同时也预示着是以城市发展的部分资金为代价的。

因此，对于土地非农化管控来说，如何消除传统手段单一目标和低效的问题，同时弥补当前对农村反哺过程中出现的政府转移支付效果不佳的困境，成为政府改进治理结构的重要议题。从上述分析和实践案例来看，城乡土地整理提供了一条能同时实现这些目标的途径。

例如，无论是政府主导的挂钩还是成都的自组织模式，都实现了土地空间布局效率的提升和农民分享土地增值收益的增加。更重要的是，案例中的土地整理从一定意义上"释放"了当地农村集体建设用地的价值，同时没有增加城镇的负担。成都模式进一步揭示了政府不需要依赖直接的财政转移支付来促进农村发展，村集体的自组织方式也能够实现资金和资本的原始积累，且促进农民之间在发展农业经济上的合作。而农民合作组建的集体资产公司可以将土地增值收益进一步投资农业产业化，扩大生产规模，实现农民收入的提高和农村的发展。土地整理上的合作也为农民后续的产业合作奠定了良好的基础。

因此，总体上看，城乡土地整理可以且已经成为当前中国土地非农化的一种适宜的形式。然而，给我们提出的问题是面对全国千差万别的经济社会和自然条件，我们究竟该采用一种什么样的治理结构来实现这种土地整理，这个问题的本质就是对土地整理治理效率的考察。

（二）交易费用视角下的土地整理的治理效率

当我们接受了土地整理是土地非农化的形式之一时，紧接着的问题就是如何组织和实施这种土地整理。这需要对不同的治理结构进行制度的比较分析。Hong(2007)从交易费用的角度讨论了三种城乡土地整理的组织模式，即自愿协商式、政府公权力的强制推进模式和集体行动的土地整理模式。

1. 土地整理的三种典型治理结构

自愿协商式的土地整理是指土地整理的利益相关方在两两自愿的前提下通过自发购买土地整理项目地块来进行项目的实施。很明显，自愿协商会面临所谓的"钉子户"问题，而"钉子户"大多是为了争取更多的收益而故意不出售土地以增加谈判筹码；更严重的是，一旦自愿协商有了一定的投入，如购买了部分土地，则购买者将面临着一种所谓的"锁定效应"(lock-in effect)，因为如果不能完成整个项目的购买，前期的投资也将失去价值，这使得购买者的谈判地位立刻降低了，进而可能面临更高的要价。这样，项目整体的征收规模会低于理论上的最优规模而使得项目整体的效率降低。

政府公权力的强制推进（即政府强制征收私人的所有权或使用权）在理论上可以很好地解决"钉子户"和"锁定效应"的问题，但是这种方式在其他方面面临更高的交易费用，如政府在制定公平的征收补偿标准上存在困难（如标准是多少，以及单一的标准如何公平地满足多元化的被征收者），也在究竟能否得到公众的认可来行使强制权力而面临社会讨论成本或事后矛盾冲突的成本。

集体行动的土地整理［也称作有策划的产权互换（instigated property exchange）］是第三种方式，是指利益相关方在协商一致的前提下共同承担成本和分享收益来实现土地整理项目。在实践中，这种案例越来越多，如日本和中国台湾地区的市地重划、德国的土地置换等都属于这种类别。从制度设计的角度看，这种方式对降低利益主体之间的协商成本和其他交易费用有着显著的效果。因为该种方式的基本原则是项目地区地块的所有者将土地无偿贡献给土地整理项目，后期该土地所有者可以获得一块面积减小但实际价值更高（或至少不变）的整理后的地块作为补偿。剩下面积的土地将被用来作为基础设施建设用地（以提高土地整体的价值）或出售以弥补整理和开发的成本。土地所有者之间的集体行动能否实现在这种方式中至关重要，因此，在实践中这种方式还需要诸如"少数服从多数"等规则的补充来解决可能存在的个体不参与或补偿协商无法达成一致的问题。

2. 三种治理结构的交易费用

根据福利经济学的第一原理，在产权清晰、供需双方完全竞争、交易费用为零、不存在外部性等前提下，物品配置的帕累托效率可以通过市场的治理方式来实现。这个原理在理想的前提假设下强调了市场的有效性，即如果市场的所谓的"无形的手"可以有效运转，则帕累托效率可以实现。

然而，这个原理所需要的前提假设在现实中很难存在，土地整理的案例也不例外。每块土地都有特定的区位，土地的价值受到土地自身的特征和用途的影响。周边土地使用者的行为也可能会增加或降低该块土地的价值，但是这种影响在非理想的市场上是无法考虑的(Cheshire and Vermeulen，2009)。因此，土地市场总是受到显著的外部性的影响，造成市场失灵的现象。

土地区位的专用性也会造成另外一种市场失灵，即市场议价力的变化。土地开发(再开发)、基础设施建设和其他各种开发项目，一般都需要将临近的若干地块进行合并整理再动工。这里面就涉及需要与这些地块上不同的所有者进行协商。但是，这种情况下因为项目的实施依赖特定区位的土地，产生了所谓的区位专用性，这样就导致了这些地块所有者的市场议价力的升高(Cheshire and Vermeulen，2009)。地块的所有者可以通过在初始阶段不同意出售的方式("钉子户"策略)来提升自己的市场议价力，同时一旦购买者开始了地块的购买，这些购买者的市场议价力马上就降低了("锁定效应")。如果购买者(开发商)事先预计谈判成本很高，他们很可能降低自己的投资规模，最终导致土地收购规模小于理论上没有交易费用时的规模(Hong，2007)。

因此，过高的谈判成本和其他交易费用给自愿市场协商交易带来了很多障碍。面对这些障碍，土地整理项目可能会采取非市场的方式来推进。新制度经济学中的交易费用理论提供了一种很好的视角来理解在交易费用不为零的条件下市场和非市场方式的区别(Williamson，1979，2007)。过高的交易费用，尤其是当它超过了边际上的净收益时，可能会对土地交易产生明显的阻碍。在这种情况下，非市场的手段会被用来作为对市场的替代来降低资源配置过程中的交易费用。很多著名的非市场手段的例子已经在研究中得到了深入的讨论，如保险市场、信用市场和劳动力市场(包括佃农契约、互惠契约等)(Hubbard，1997；Gilligan，2004；Williamson，2007；Jia and Huang，2011)。而这些研究都揭示了交易费用经济学的核心逻辑：为特定属性的交易找到最合适的治理结构来尽可能降低交易费用(Williamson，2007)。

正如前面所述，打破市场自愿交易无法开展僵局的办法之一就是通过法律的手段来强制征收私人的所有权或使用权，以满足公共利益的需求。被征收的所有者往往会得到一定的补偿，一般这种补偿建立在实际市场价值的基础上。但是，因为市场此时不存在，故补偿需要由政府、专家或者法院来定。这种决策的方式往往也会出现问题，如土地所有者对土地或房屋做了额外的投资，或者所有者对土地有了个人的感情等，而这些可能是政府定价标准无法考虑的。

因此，政府强制征收能够有效减少交易费用，但是这种方式也会产生新的交易费用，如制定合理补偿标准的费用、强制实施带来的社会的争议、利益集团的反对、事后可能的各种冲突等。因为没有公认的、合理的参考标准，土地强制征收的规模也会偏离理论最优的规模。例如，土地所有者在很多情况下政治地位和谈判权利低，其得到的补偿会低于市场价格，政府强制征收因此会超过最优规模，进而造成土地整理项目的低效。因此，政府强制征收作为第二种手段，也需要考虑实际的治理效率问题（Hong，2007）。

另外，政府的强制征收还对土地整理的增值收益分配产生很大的影响。增值收益来源于项目实施之前的分散的、低效的地块整合成统一的、集约的且易于开发使用的地块的这种土地性状的变化（Hong，2007）。与市场自愿协商的方式自动地在购买者和出售者之间进行的收益分配不同，政府通过强制征收实际上获得了（大多数的）土地增值收益，而土地所有者只是获得了原土地的市场价值（或者包括一部分增值收益）。

近年来，世界上一些国家或地区出现了另外一种逐渐受到欢迎的土地整理的方式来降低整理过程中的交易费用，即基于集体行动的土地整理。形式上，它表现为土地所有者通过自己的土地置换整理后的土地来获益，同时也实现了整体的土地整理。Hong（2007）勾勒出了这种基于集体行动的土地整理的实施步骤：①由原土地所有者、政府和外来的开发商等利益主体共同组建了一个机构来负责土地整理；②这个机构编制一个土地整理的规划，包括新的土地边界和不同地块的用途等来争取原土地所有者的支持；③补偿的标准采取的形式是一块面积缩小的地块但价值与原土地相同甚至更高；④其他未返还的地块用于基础设施建设或者用于市场出售（弥补整理和开发成本）等，作为原土地所有者对土地整理项目的成本投入；⑤对土地整理项目的规划、实施等要举行公共听证；⑥所有的土地所有者或使用者被要求参与土地整理项目，同时要求他们向所成立的机构贡献自己的土地作为投资；⑦集体协商是最主要的协商方式，多数人同意的原则（一般是超过50%或66%）是项目立项的基本条件；⑧潜在的"钉子户"或"搭便车"的问题会通过特定的法律或约定来解决，如如何在集体协商的基础上强制少数人出售自己的土地或房屋；⑨对少数人的征收的补偿必须建立在公共听证的基础上；⑩在开发的过程中，土地所有者可能需要暂时在其他毗邻处安置。

这种基于集体行动的土地整理方式在降低交易费用上有一些显著的优势。这种土地整理保证了潜在的土地增值利用项目的顺利实施，同时也避免了政府强制实施的一些缺陷。例如，不再需要提前准备一大笔经费来购买私人的土地，而这往往是政府强制推进所面临的最大的难题。另外，协商成本此时都由土地所有者内部承担（即通过公共听证的方式来解决意见分歧），而且集体行动较高的参与度也有利于避免额外的外部强制干预。

与政府强制相比，基于集体行动的土地整理造成政府无法分享土地整理开发的增值收益。土地所有者通过获得经过改良后的新的地块而分享了大部分的土地增值收益，也享受了整理后公共基础设施的服务。对于外来的第三方通过该方式进行土地整理和开发来说，这种集体行动实际上也为他们提供了一种冲突的内部解决机制来应对"钉子户"问题和避免自己的"锁定效应"。

当然，土地所有者成功的自组织是这种集体行动的前提。协商成本的大小取决于这些土地所有者是如何组织在一起的，他们之间如何进行协商谈判，以及他们之间的利益、目标等一致性的程度如何。因此，诸如集体规模的大小、相互之间信任程度、声誉、互惠等因素此时将影响这种集体行动的可行性（Ostrom，2010a）。例如，一个土地整理项目中利益主体之间的互惠关系能否清晰界定，往往决定了项目的成败。如果利益相关者之间已经存续了长期的合作关系，那么只要相互之间的信任和合作意愿仍然存在，集体行动型的土地整理项目将能够顺利开展。同时，这种成功的经验和经历，也将进一步加强利益相关者之间的信任度（Hong，2007）。

与市场自愿交易相比，基于集体行动的土地整理模式往往能够有效降低交易费用，尤其是克服"钉子户"问题。与政府强制相比，基于集体行动的土地整理模式也能够有效降低制定补偿标准和界定是否是公共利益等方面的交易费用。而且所需的项目资金也大为减少，克服了政府财政可能面临的不足的限制。不过，集体行动内部的协商成本可能也会很高，这可能是集体行动方式最主要的障碍。

综上所述，我们从交易费用的视角分析了三种基本的土地整理的治理结构，这为我们对比挂钩和成都的自组织模式提供了一种有效的分析思路。

（三）嘉兴增减挂钩和成都自组织的 TCE 比较分析

现实中在统一的制度环境下同时存在的挂钩（政府主导的土地整理模式）和自组织式的成都土地整理模式为我们提供了很好的比较对象，可以加深我们对不同的治理结构的优缺点的理解。这种对比可以为目前中国城乡间土地整理的治理结构创新设计提供有益的参考。例如，如何将土地整理的效率（如空间布局）、公平（如城乡一体化发展和农民增收等）以及国家的粮食安全战略等目标进行统筹把握。另外，对交易费用的分析也揭示了土地非农化过程中不同利益主体之间的利益冲突和诉求，这为第四章中制度的"片段视角"分析提供了基础。

土地整理实际上也是一系列的复杂活动的组合，因此也包含着很多不同的交易，如信息交换、服务提供、金钱支付和权利转移等。尽管每一个交易的属性都有特殊之处，但这里我们不必对所有交易都进行系统的考察（Tan et al.，2012）。以下部分我们将根据前面总结的土地整理的四个主要步骤进行相应交易和属性的辨析，即立项、筹资、实施和分配。

1. 理解影响治理规则变化的属性

1) 项目立项的属性

项目立项的频率与经济社会发展环境有关，如经济增长速度越快，立项的频率一般就会越高。因为当前中国经济增长的主要方式是以城市化和工业化投资为主，而这类投资都需要占用相应的土地。

案例中嘉兴的嘉善县 2010 年的 GDP 增长率为 15.4％，达到了 275.37 亿元，而成都的郫县在 2010 年的 GDP 增长率为 17.8％，达到了 230.34 亿元。因此，可以大致得出郫县的土地整理立项频率会高于嘉善的水平的结论，这是从经济发展速度的角度来推导的。换句话说，郫县面临着更为严峻的城市占用农村土地的压力。

另外，尽管土地整理理论上总是有盈利的预期，但因为土地整理涉及一定规模农民的土地产权的调整，这种产权上的调整在现阶段的中国来说是一种比较敏感的事情，处理不好可能导致农民的不满和社会舆论的关注。土地冲突已经出现了一些影响很大的负面案例。因此，如何妥善处理这种产权置换的关系，尤其是在项目立项阶段，对每个人的利益、观点和行动做出妥善的对待，是一种复杂的决策和互动。这是立项阶段的一种共性，无论是在郫县还是在嘉善县。

2) 资金筹集的属性

项目立项只是表示利益相关者暂时对这种土地产权调整的认可，但不一定预示着土地产权调整的自动执行，因为项目实施需要成本的投入，这是土地整理第二个关键的步骤，即项目资金的筹集。但是，因为土地整理项目的规模一般较大，资金筹集上面临一些困境，如个人或者少数人很少能够负担得起。因此，项目一般是由政府的财政进行投入，但问题是政府的预算也可能面临短缺的困难，尤其是不可能全覆盖式地对所有需要或有潜在意愿的地方同时立项。换句话说，政府投资也需要考虑时序的问题，也就是政府的投入存在资本专用性(asset specificity)的特征。实际上，无论是政府投资还是私人投资，或者是村集体合资，都面临类似的资本专用性。因为资本的有限性造成资金本身的机会成本，进而体现在资产专用性上。这种专用性随着投资额度的增加而增加。

一般来说，越发达和越富裕的地方，政府的财政收入越高，其土地整理项目投资的资产专用性越不明显。反过来说，相对贫困或者落后的地区，政府投资的专用性就越高。对于郫县和嘉善县来说，郫县是相对落后的地区，地方财政相对不足以支撑所有的项目同时进行，因此，郫县的资产专用性更高，这可能造成现实中有潜在土地整理意愿的农村无法实施土地整理。

另外，我们还需要指出的是郫县距离汶川县仅 123 千米（汶川是 2008 年大地震的震中），震后郫县很多农村的宅基地虽然没有损毁但都需要一定程度的修缮。也就是说，尽管政府财政无法同时开展土地整理项目，但是地震后的现实又要求政府必须同时实施大规模的农民住房重建和修缮工程来满足农民改善居住条件的要求，这是上级政府对地方政府的要求。换句话说，这是要求郏县政府在短时期内完成大规模的具有资产专用性的投资。这实际上又是频率的体现，即短时期内要求投资的总额的增加——也就是郏县投资的频率高于嘉善县。

3）项目实施和监管的属性

对于土地整理项目的实施和过程的监督，虽然表面上看都存在公开的步骤和标准，但是对于实际实施中是否遵循了这些步骤和标准（如是否按照规划进行建设、是否征求意见并与受影响的农民达成一致）、实施过程中是否存在意料之外的矛盾或冲突（如农民对新建的住宅不满意）、实施者或监督者的行为是否存在道德风险问题（如所谓"被上楼"事件时有发生）等，都是可能面临的问题，而这些问题的本质是信息不对称造成的，也就是交易的不确定性。这个不确定性是一种客观限制，不随着项目的区位和时间等条件的改变而改变。这说明，郏县和嘉善县都面临着在实施和监督阶段的明显的不确定性。但是，这种不确定性可能造成的影响（如交易成本的增加），可能会随着频率和专用性的增加而更加明显。因此，郏县的不确定性的影响可能会比嘉善县的不确定性的影响造成的影响更为明显。

4）收益分配的属性

表面上土地整理的最终环节就是实现了整理后的土地利用效益的增加。但这不是全部，因为还需要将收益在参与者之间进行分配。如果仅是土地整理的直接收益，那么基本上不存在争议，因为如何分配都已在项目立项时或者资金筹集时确定了。例如，无论是嘉善县的政府主导型的挂钩，还是郏县的自组织的土地整理，都具有明确的分配规则。但问题是，既定的分配规则能否有效实施且不引起后续的争议。一般来说，事前得到有效协商的方式，有利于收益分配阶段的事后冲突的减少。而事后是否会出现冲突，是一种不确定性的特征。这种特征是土地整理项目特有的，无论在郏县还是嘉善县都一样。

另外，正如前面提到的，当前土地整理的目标还有一个特殊的方面，即如何让农民分享更多的利益和促进农村的发展，这些目标的本质就是对当前社会福利和发展机会在农村和城市之间的重新分配。这种分配的效果在一定程度上取决于土地收益分配的效果（即类似于农村发展的初始的资本积累）。当农村和农民获得了更多的土地收益分配后，就增加了他们后发发展成功的可能性，这是土地整理的一种额外的社会效应。只是这种社会效应具有明显的不确定性。因为既然政府直接的财富转移并不一定能够带来农村的发展和农民收入的有效增加，那么偏向农民利益的土地整理收益分配，也并不一定能够带来农村的后发发展。因此，无论对于郏县还是嘉善县来说，这种不确定性都是类似的，是一种共性的属性。这种不确定性的降低，取决于合适的治理结构。

综上，表14-1为我们详细展示了郏县和嘉善县土地整理属性上的差异性，当然我们此处并没有尝试去穷尽所有可能的属性，只是对几个重要的属性进行了考察，这为后面解释不同治理结构选择的原因提供了基础。

表 14-1　郫县和嘉善县土地整理属性上的差异性

交易属性	郫县	嘉善县
1 项目立项		
1.1 频率	++	+
1.2 复杂性	++	++
2 项目筹资		
2.1 资产专用性(投资的机会成本)	++	+
2.2 频率	++	+
3 项目实施和监管		
3.1 不确定性(信息不对称)	++	++
4 收益分配		
4.1 不确定性	++	++

注：＋表示属性强；＋＋表示属性更强

2. 基于属性判断合适的治理结构

上述对土地整理过程中主要交易属性的讨论为我们讨论嘉善县和郫县两种治理结构的选择提供了必要的背景条件。两者的比较也为我们解释成都自组织模式的出现，提供了很好的证据。

1)项目立项阶段

郫县和嘉善县的土地整理立项频率都很高，尽管我们认为郫县的频率还略高一筹。根据交易费用经济学的理论(Williamson，1985)以及其他的实证证据(Alexander，2001a；Tan et al.，2012)，较高的项目立项频率，需要一种从层级制向市场制转变的治理结构(或者一种分权的趋势)。这种治理结构变化的趋势，是为了应对层级制的灵活性差，以及应对频率升高导致的决策者的有限理性和信息不对称带来的严重的决策低效。郫县的自组织模式相对于政府主导的模式，是一种更加分权、更偏向于市场的管理模式，因此，我们可以推出郫县的土地整理绩效在抑制这个属性造成的交易费用上将优于嘉善的挂钩。

换句话说，郫县土地整理项目立项的频率升高，是引致自组织模式出现的一个重要原因。例如，当郫县政府没有足够的财政资金来满足当地农民在震后急需重建住宅的需求时，通过农民自组织的方式来融资和开发建设也就在意料之中了。

另外，当今中国面临着逐渐明显的对私人产权的重视，对于涉及大规模私人产权调整的土地整理项目来说，这个过程中农民利益和诉求必须得到很好的照顾。传统的层级管理无法适应复杂的利益博弈的过程，自组织的方式是一种分权的、市场制的方式，可以有效推进土地整理过程中利益方的协商一致。这在一定程度上也解释了自组织模式出现的原因。

2）项目资金筹集阶段

当资产专用性增加时，投资的风险也增加，这影响到资金筹集阶段的风险分担模式（即治理结构）。分权制可以在一定意义上消除或缓解这个问题。地方财政的短缺造成土地整理项目投资专用性的升高，这在经济水平相对落后的郫县可能更为明显。在这种情况下，政府可能需要寻找与市场力量或者农民集体的合作，甚至退出项目（但都会导致整理项目供应不足）。而让农民自己组织，实际上有效地缓解了政府的困境。另外，中央政府也希望郫县政府能够在灾后及时对农村的住宅进行重新的修缮和改善。这些都是郫县政府积极寻找与私人和农民合作的原因。

3）项目的实施和监管阶段

因为在项目实施过程中显著的环境不确定性和信息不对称，分权式的治理结构比集权式的层级制更为有效。郫县的自组织模式是一种更为分权的方式，有利于解决很多传统的政府主导模式的不足。例如，项目立项和实施等过程中需要很多地方性的信息、需要足够的公共听证和意见一致、需要及时地应对过程中出现的异议和冲突等，这些都是自组织比层级制更胜任之处。这些优势在郫县的案例中已经体现出来。

4）项目收益分配阶段

收益分配可能带来的冲突不确定性需要通过事前或事后分权的治理方式来缓解。对于事前规则来说，分配规则可以采用项目实施前的充分协商和达成一致（如采取公众听证等）的方式；对于事后规则来说，可以采用一种由农民集体来决定整理收益如何分配的方式，来体现分权和对农民的反哺。因此，郫县的自组织模式能够实现农民的自愿参与，而且集体资产公司的建立也加强了这种分权的治理结构的具体操作。

表 14-2 为郫县和嘉善县在土地整理治理结构理论分析和现实选择的比较，可以看出郫县的自组织模式符合理论上对土地整理治理结构选择的分析，而嘉善县却体现着与理论判断相反的选择。如果其他因素都给定不变，而且我们只考虑交易费用最小化的目标，则表 14-2 中的属性分析就能够解释郫县为什么会出现自组织的土地整理模式。从层级向自组织的转变符合土地整理交易属性的要求。

表 14-2　郫县和嘉善县在土地整理治理结构理论分析和现实选择的比较

交易属性	属性程度		治理结构		
	郫县案例	嘉善县案例	理论选择	郫县的自组织	嘉善县的挂钩
1 项目立项					
1.1 频率	++	+	D	D	C
1.2 复杂性	++	++	D	D	C
2 资金筹集					
2.1 资产专用性	++	+	D	D	C
2.2 频率	++	+	D	D	C
3 实施和监管					
3.1 不确定性	++	++	D	D	C
4 收益分配					
4.1 不确定性	++	++	D	D	C

注：＋表示属性强；＋＋表示属性更强；D 表示分权化；C 表示集权化。

3. 郫县和嘉善县的实际治理绩效

下面我们以郫县的花牌村和嘉善县的武长村为例，通过一些具体的指标来比较两种土地整理模式的绩效。

1）项目立项阶段

郫县的花牌村，全村共有农户 925 户，总人口 2 865 人。第一期项目于 2010 年 1 月立项，自愿申请参与土地综合整治的 407 户农户（占总户数的 44%）把经确权后的 488 亩（计 32.53 公顷）宅基地使用权全部流转给集体资产公司，并分别与集体资产公司签订集体建设用地流转协议和相关补偿协议，集体资产公司从而取得了原属于单个农户的 488 亩集体建设用地使用权。第二期项目于 2012 年开始立项，剩余的农户都表现出了极大的热情，参与户数占比达到了 96%。

而嘉善县的武长村，全村共有农户 406 户，总人口 1 540 人。项目批准于 2010 年 12 月，同意参与政府挂钩项目的农户数为 99 户（占总户数的 24.4%），总人口 436 人（占总人数的 28.3%）。这些愿意参与的农户同意将自己的 23.05 公顷的老旧宅基地复垦，并整体搬迁至另外一处建新区居住，建新区面积 13.46 公顷。按照规划，拆旧区复耕面积 9.59 公顷，最终形成新增建设用地指标数量 9.42 公顷。实际上，最初政府公布项目规划时，因为宣传做得好，并且村干部都报名了，因此村民也就表示了参与的意愿。但是，后来大多数农户并没有实际参与，主要原因是资金问题。虽然政府负责复垦和建新区的建设，但对于新房的购买，村民平均每户还需要 12 万～13 万元，且建新房是毛坯房，后续还需要装修成本和更高的生活成本。大多数农民认为资金压力过大，于是放弃参与。很多农民在调研时表达了政策是好的，如果家庭财力允许的话愿意参加。

很明显，郫县的自组织的方式下的农民参与率高于嘉善县的传统管理模式（政府主导的挂钩）。表面的原因是郫县方式下农民贡献宅基地后不再需要额外再投入更多的资金，且增值收益分配更加合理。而嘉善县的方式下农民贡献宅基地后，政府并没有完全承担所有的项目成本，还需要农民继续投入，这种方式超出了一些农户的承受能力，进而没有得到大多数农户的支持。实际上，深层次的原因还是立项过程中的公共参与和协商一致未能得到有效满足的问题。郫县的自组织协商方式，有利于协商一致和推进集体行动，而嘉善县政府主导的规则，出现了政府与农民在后续成本投入上的分歧。这不是政府经费不足造成的（后面可以看出挂钩项目政府的总体收益很明显），而更应该是政府决策本身有偏造成的。

2) 项目资金筹集阶段

花牌村的资金筹集是一种集体投资和社会资本参与的形式。项目总投资3.38亿元，由惠农公司承担30%，由集体资产公司承担70%。而这70%是通过集体建设用地抵押贷款从成都银行获得的。因此，从结果看，花牌村并没有投入庞大的初始资金，都是由外来的资金支持。这为解决项目的资金问题提供了很好的解决途径。

相反，按照最初的规划，武长村的项目总成本为政府需要投入36万元每户，总成本为3.56亿元（含农民自建成本），包含对原住宅的拆迁补偿、安置点征地、报批、三通一平和公寓安置房建造等。因为需要政府一次性投入，对财政的压力很大，启动资金筹集难将是政府面临的第一道障碍。这就造成政府主导的最初设计中，政府的投入仅占到整个项目实施的80%，要求村民承担大约20%的费用，即村民需要购买新建的住宅（虽然价格低于市场价格）。但是，仅仅是20%的价格就已经影响了农民的态度，部分农户因担心收入受到影响甚至就是负担不起而不参与土地整理的项目。部分农户由于收入来源全部来自务农收入，担心搬迁至建新区后自己的农业生产受到影响而犹豫不决。例如，最明显的是养猪和种植蘑菇大户因为担心搬至新社区后无法满足生产需要而不愿意参与。

可以看出，郫县的自组织模式没有给农户和政府任何压力，都是由市场力量提供资金来源。而市场力量愿意参与项目，就是因为集体土地整理本身的增值收益的吸引。这形成了一种很好的成本共担和收益共享的机制。但是，嘉善县的模式，政府似乎也在寻找合作，希望农民也承担一定的成本，但忽略了农民对成本投入的敏感性，农民本身的财富不足以支撑20%的成本。实际上，这反映出政府单方面主导和信息不对称的限制，使得传统的挂钩不是一种合理的成本共担模式，没有发挥城乡土地整理增值的潜在优势。当然，这可能反映了政府分享更多增值收益的愿望，但如果降低了规模效率（农民参与率降低），则即使政府的分配占比高，也不是一种收益最大化的决策。换句话说，政府的决策有偏，影响到了资金筹集的效率和效果。

3）项目实施和监管阶段

郫县花牌村的项目实施很快，2010年年初立项，复垦的耕地项目已于2010年12月通过省国土资源厅验收（当年立项，当年完毕），新增耕地476.5亩；集体建设用地建新项目于2010年4月启动建设，12月底已建成一期示范点共两万平方米的农民新居，安置153户（357人入住）。其余新建居民点在2011年完成。实际的建设工作由村集体和惠农公司承包给第三方进行建设，各自进行监督和履行职责。由惠农公司独自使用贷款中的1.32亿元，用于挂钩地块土地整理项目。当然，贷款也按照这种划分比例进行偿还。

嘉善县的项目是2010年12月批准的，至2012年年底项目累计完成复垦面积5.97公顷，累计项目完成比例63.42%。项目未完成面积3.44公顷，当时计划2013年完成任务3.03公顷，2014年完成剩余部分。在执行过程中，乡镇领导反映按现有进度难以实现目标，主要是项目规模比较大，融资、建设均需要更长的时间。另外，农户积极性不高，搬迁等工作进展较慢。典型案例如嘉善县干窑镇胡家埭村农村土地综合整治项目，预报名时该村204户全部同意，最后仅22户同意置换。尤其是，实施过程中出现了"钉子户"。因为在嘉善项目中政府为了减少复垦耕地的细碎化，要求至少5户连片拆迁才能实施动工。现实中，为了实现至少5户连片问题，导致谈判进展缓慢和"钉子户"的出现。这说明即使具有公权力的政府在进行拆迁安置时，也有可能面临"钉子户"的问题。因为无论是否是公共利益，让农民满意的补偿是前提条件。现阶段地方政府不愿意也不敢强制拆迁，造成项目进展缓慢。

4）收益分配阶段

花牌村的项目实施完毕后，农户退出了原来分散的宅基地，搬迁至新居居住，没有花费更多的成本。相反，土地整理获得的集体建设用地指标由惠农公司按38万元/亩（包含指标交易价格、贷款利息和担保费用）的价格收购，村集体资产公司由此获得1.08亿元和14.9亩的留置指标。当然，因为集体资产公司独自使用贷款中的1.03亿元，用于花牌村土地综合整治项目，所以由集体资产公司负责偿还银行贷款和利益。惠农公司偿还了剩余的贷款，并获得了283.4亩的建设用地指标（挂钩指标）。

更重要的是，花牌村集体把留置的集体建设用地以入股方式与外来企业进行合作开发。村集体公司将预留的集体建设用地以每亩集体建设用地50年的使用价作价50万元每亩（结合其他集体建设用地共计35亩）、外来企业出资3 000万元进行股份合作。其中，外来企业投资占七成，花牌村以集体建设用地使用权入股占三成。双方的合作项目是以花牌村的传统手工业"三编"（竹编、草编、棕编）

产业为主导，开发大型"三编"生产、交易市场。结合花牌村原有的"三编"历史文化底蕴、从业人数、传统手工技艺等优势，通过与企业合作建立以集中制作、产品展示、产品销售为一体的鸟笼文化展示及销售中心和三编交易中心。让传统的家庭作坊生产方式转化为以公司化运作的方式进行集中生产、销售，形成特色文化产业，使农民集中居住后实现居家灵活就业，促进农民持续稳定增收。通过集体资产公司融资实施的一、二期的土地综合整治，该村的农用地流转范围不断扩大。截至 2013 年年底，该村又流转了 300 多亩农用地种植花卉，500 多亩流转给了四川农业大学，成立了四川农业大学试验示范基地，后期将还有 300～500 亩农用地流转给成都尚农超市。因此，一、二期将共流转 2 000 多亩农用地，将逐步实现农业产业化、规模化发展。

总体来看，该项目执行到目前已经体现了明显的效益。第一，给农民和集体带来了长效增收。村集体每年能从企业的收益中进行分红，再由资产管理公司在集体内部进行收益分配，不仅增加了集体发展的资金，也增加了农民的长效收入。第二，有效地保护了耕地。各类农地入股与企业合作后，解决了农民因耕种土地效益低下而撂荒土地的问题，也可以长期解决农民因农业效益低下而不增加土地投入的问题。第三，带动了周边农用地的流转，推动了农业规模化经营。根据调查，集体建设用地入股的合作实质性地带动了 400 余亩农用地的流转。农用地流转的价格前几年为 1 500 元/亩，2012 年采用实物为标准，每亩土地以 900 斤（1 斤＝0.5 千克）中等大米的价格折算货币，且每 3 年调整一次。第四，增加了本集体农民就业。合作企业用工以本集体为主，使农村劳动力得到了合理分配，也提高了农业从业人员的专业化水平。

在嘉善县武长村第一期的案例中，政府在支付农民相应补偿后，将节省的指标用于城市土地市场，分享了更多的增值收益。具体来看，政府付出的成本如下：每公顷复垦成本 9 万元，每公顷建新成本 75 万元，每平方米补助搬迁农户 200 元，奖励每户搬迁 12 万元，这样，因为共复垦 9.59 公顷耕地，建新 13.46 公顷集体建设用地，共建成 17 820 平方米住宅，同时因为参与农户总户数为 99 户，政府一共支付了 2 640 万元的成本。

另外，因为新增建设用地 9.42 公顷，当地挂钩指标用于第二产业项目出让时的平均价格是 450 万元/公顷，用于第三产业出让时的平均价格是 3 000 万元/公顷，这说明政府分享了更多的增值收益。例如，如果政府将指标全部用于工业出让，则获益 4 239 万元；如果全部用于商住出让，则获益 28 260 万元，都非常明显地超过付出的成本。而且这些增值收益，农户都没有分享到。

与郫县的案例更为明显的区别是，嘉善县的案例除了居住环境可能得到改善外，农民后续的生计和农村发展并没有因挂钩项目的开展而获得明显的改善。甚至还出现了一些不便利的现象，如原来的养殖户没有养殖的空间、农户进行农业生产的距离变远、农户生活习惯被改变等。

综上所述，从郫县和嘉善县的土地整理实际的绩效看，我们认为郫县的自组织模式展现了更好的效果。

四、自组织模式出现的原因和启示

（一）成都模式能够出现的原因

理论上看，成都模式出现的原因是相应交易属性发生了变化。其中最主要的是整理项目频率的增加、复杂度的增加、资金筹集的资本专用性变大、监管的不确定增加、收益分配潜在的争议的增加等。

对应到现实中，我们可以将这些理论属性与实际的因素联系起来，主要从正面驱动和反面推动两个方面来论述。

正面的驱动力包括五点。第一，随着中国经济的快速发展，城市化和工业化都对占用更多的土地提出了要求，这种以农村土地换取城市发展空间的做法越来越受到决策者的重视和利益主体的欢迎，所以土地整理频率会增加。这为制度创新提供了最根本的驱动力。第二，政府主导的土地整理总是面临着财政上的困难，不可能同时推动所有农村地区建设用地的转移以促进使用效率的提高（尤其在西部地区），而土地整理项目后期收益显著，且中国社会资金相对充裕，这些都为成都模式的产生提供了必要条件。第三，随着政府主导的挂钩项目越来越被普通民众所熟悉，大家对集体行动的前因后果也有了明确的预期，这也为自组织的形式奠定了前提条件。第四，西部地区的集体贫困，也使得民众希望通过集体行动的改革来改变自身的生活条件。第五，更关键的是中央赋予成都的在城乡统筹政策上的优势，刺激了基层决策者的创造性和主动促进改革的意愿。这些都进一步增加了成都模式出现的概率。

反面的推动力主要包括三点。第一，随着城市土地价格高涨，政府发现当新的项目需要农民退出土地时，协商越来越难，农民的胃口越来越大。处理不好很可能出现后续的上访，如果再引发舆论的关注（如2011年前后被广泛关注的"被上楼"现象），成本的付出会更加明显。如果是由农民自发组织的土地整理，将有利于缓解政府与农民之间协商的矛盾和成本。第二，项目的实施如果是政府集权管理的话，信息的不对称和个人利益的影响，将影响土地整理的绩效，传统的集权管理很显然不能适应监管上日益增加的困难。第三，集权式的利益分配，是传统计划经济的后遗症，越来越受到民众的抵触，尤其是这个过程忽视了农民的利益。这些都是推动成都模式创新的倒逼机制。

所以，在正面的驱动力和反面的推动力的共同作用下，成都模式的出现是一种"交易费用最小化"的选择，符合理论的预期和现实的要求。

(二)自组织模式一般意义上的启示

挂钩在当前还是城乡土地整理的主要模式，但是很明显随着上述成都模式出现的影响因素的进一步显化，土地整理模式改进也势在必行。因此，成都出现的自组织的模式就具有了一般性的启示。

第一，城乡统筹中土地制度改革可以有大作为。城乡统筹是一个系统性的经济和社会活动。收入、产业、生活、医疗、教育等，都构成这个系统活动的一部分。实现城乡统筹发展，各地区面临的共性问题是资金的问题，这是城市化发展导致城乡差距的必然结果。然而，土地的资产和资本效益，使得城乡统筹过程中土地制度改革可以大有作为。从成都模式中盘活集体建设用地存量和流量所带来的集体经济增长、农民增收，乃至城市用地矛盾缓解的绩效看，农村的土地制度改革是这个绩效的源泉。所以，在全国其他地区的城乡统筹发展过程中，可以考虑土地制度改革作为一种重要的手段。

第二，政府应该考虑放弃独占大部分的土地增值收益。长期以来，中国形成了通过二元土地市场，用土地收益的"剪刀差"来促进城市化和基础设施建设的方式。政府在土地非农化过程中具有垄断的地位，如垄断征地"市场"需求、垄断一级市场供应。垄断在带来增值收益的同时，也付出了很多成本，包括直接成本和间接成本。前者指的是经济社会变化带来的制度成本的增加；后者指的是在城市反哺农村、工业反哺农业阶段为了重新把更多的土地收益"还给"农村而付出的成本。

成都模式实际上是一种还权赋能的做法，牺牲的是当期政府部分的收益，实际上换来了未来城乡的共同发展。而且，成都政府已经明确表示，当期政府已经有经济实力来让农村享有更多的集体建设用地资产价值，同时也有能力让农村的耕地资源的相应非市场价值得到体现(如耕地保护基金制度的实施)。所以，政府应该考虑随着经济社会发展的变化而放弃独占土地的增值收益。

第三，以农民集体推动为主，可以更好地保护农民利益。以农民和农村集体经济组织为主，推动集体建设用地流转，在释放农村土地价值的同时，更好地保护了农民的利益。靠农民及其集体直接参与土地整理，不仅促进了总体收益的提高，也防止了不同制度下可能出现的政府寻租和损害农民利益的行为。从成都模式看，集体直接组建企业或者作价入股参与企业经营管理，能够很好地提高和保护农民的收益。政府此时作为一个旁观者和守夜人，厘清了利益主体之间的关系。

第四，政府与市场合理分工可以做得更好。现阶段城乡统筹发展、村庄环境整治等也面临着农民没有钱的困境。针对能否借鉴城市土地出让制度，通过集体建设用地出让制度来解决类似的问题，成都模式也给出了一些答案。成都作为一个西部发展中地区，财政资金不是非常充裕。为了加快城乡统筹发展的进度，探索农村集体主导、政府和社会资本共同参与的土地整理方式，很好地解决了这个问题。可以设想，如果进一步放开集体经济发展模式，允许市场力量的充分参与，必然也能进一步提高城乡统筹发展的效果。

第五，成都模式是"授人以渔"的方式。让农民集体主导、社会力量参与、政府引导和监管，这种模式的集体土地流转，乃至城乡统筹发展，是一种"授人以渔"而不是"授人以鱼"的方式。很长一段时间，落后地区发展、农村地区发展，都依靠政府的财政拨款和社会支付转移，但从多年的经验看出，政府直接的给予，并不能有效帮助落后地区的发展，相反，可能引起其对政府的依赖。而成都模式，通过政府角色的转变，赋予了农村和农民自己的权能和发展基础，这是一种合理的长期发展模式。

五、渐进和试错：再论治理效率的实现途径

城乡间土地整理的多重目标（包括降低交易费用、保护农民权益、改变政府职能、促进城乡统筹发展等），在成都郫县的案例中都得到了一定程度的解决，这表明郫县自组织的治理结构很好地替代了当前主流的政府主导的土地非农化的治理结构。自组织模式，不是一个从上向下的制度创新，相反是由地方政府主动设计的、能适应不断变化的土地利用的经济、社会和生态背景的产物。这种创新，不是"一夜之间"的变化，而是一种逐渐积累的、渐进式的制度变化的过程。虽然自组织仍然属于第四章中的局部性制度的范畴，但它体现了一种向那个"可接受的制度区间"渐进的过程。

（一）成都自组织模式是否符合局部性制度的选择逻辑？

我们需要先对成都模式出现之前的土地非农化治理结构（即制度变迁的初始状态）进行一定的描述：长期以来，政府对土地非农化进行了主导型的管制，实现了两重目的。一方面起到了保护耕地，避免生态环境价值损害的作用，同时也为经济发展提供了必要的土地支撑；另一方面，因为政府对征收和出让的垄断性管制，造成了土地增值收益更多地由政府和部分用地单位占有。这种土地收益分配方式奠定了中国从 20 世纪 90 年代以来迅速的城镇化的扩张和城市内部基础设施的建设。因此，从整体经济绩效看，其是以牺牲农村和农民的利益来推进城市和工业的发展。

进入 21 世纪后，这个初始状态发生了变化。逐渐激烈的城乡差距和收入差距，造成了越来越严重的社会分层和冲突，这促使政府开始重视农民的利益保护

和城乡统筹发展。这可以看做对初始状态变化的一种诉求。同时，因为政府干预土地市场价格等原因，土地面临着过度非农化的困境，而政府为了粮食安全等目的，又加大了通过开垦边际用地的方式来补充耕地的力度，造成了耕地总体质量的下降和生态环境的破坏，其后果是农民不得不增加对化肥等的投入以保证自己不减产(谭荣，2014)。另外，尽管没有直接的证据，土地过度非农化也有可能与当前经常性的极端气候变化和自然灾害有关联。

如果通过第四章中对 SES 的概念性分解的分析框架来看，上述变化就是人类利用土地资源引起的额外的效应，既包含土地资源本身的变化引起的新的诉求，也包含相应的社会系统的稳态被打破后寻求新的均衡的诉求。

前者的诉求造成了传统的通过占用耕地的外延式的扩张受到了质疑，进而促使本章中城乡间土地整理的方式逐渐得到重视(如政府已经开始重视由存量盘活的方式代替增量的土地供应的方式)；而后者的诉求，让政府开始探索究竟何种组织方式(治理结构)更能够顾及不同利益主体的权益，尤其是农民和农村的利益，这最终导致了成都模式的出现。

因此，可以说从传统的土地非农化模式(即政府征收后出让)，到挂钩的模式，再到成都模式，是一种随着土地非农化导致的自然与社会系统的变化，进而产生对原有规则改进的结果。所以，我们认为成都模式符合第四章中的概念性分解框架中的制度变迁的逻辑。

不过，我们需要承认的是，这种改进并没有考虑所有利益的诉求，只是对一些已经显现且相对激烈的 SES 矛盾的考量，如土地空间布局效率和土地增值收益分配等问题。我们忽略了很多其他利益诉求，如即使理论上认识到土地非农化潜在的对生态环境的破坏，但现有政策并没有真正地考虑如何应对，仅仅是被动地改变规则。例如，我们还是站在尽可能减少土地非农化的角度，而不是改变土地非农化可能造成的环境影响。

另外还可以肯定的是，土地非农化对生态系统和对不同利益主体更多的影响，我们并没有把握清楚或甚至还没有觉察——这导致我们所讨论的所有的规则改进，都还是局部性的制度设计。不过，我们相信只要基于积累式和渐进式的逻辑，这种局部改进仍然可以满足实践对所谓的"可接受的"制度设计的要求。

(二)治理效率的理论差距和现实途径的再讨论

本章致力于将第四章中建立的针对土地非农化的局部和整体的制度分析框架应用到现实的分析中。虽然通过从挂钩模式到成都自组织模式的分析一定程度上展示了如何应用该框架，但是不可否认的是，本章的分析依旧存在一些无法回避的缺陷。

第一，我们对土地非农化作为一种 SES 资源的特征并没有深入分析。例如，我们没有详细讨论土地非农化引起的自然资源系统的变化，以及因为资源系统变化而反过来影响到社会收益和人类行为的问题。当然，这也是因为这种变化更为隐蔽且更为不确定。现阶段中国的决策者和分析者还没有把目光转移到这种影响上，现在的重点还停留在能够直接观察的、且已经引起社会激烈冲突的利益分配上，即土地非农化引起的社会系统单方面的变化。

第二，正是因为没有对自然系统变化及其反作用影响进行深入考察，也导致了对土地非农化的交易的认识，还是站在一种简单的、割裂的视角，即没有按照第四章中分析的那样，把土地非农化看做一种内部复杂、外部关联的交易。这样，所有对交易、交易费用和相应治理结构匹配的分析，都还是一种有偏的、局部的分析。不过，我们对土地非农化从直接的土地利用变化研究扩展到对增值收益分配和促进农村发展的研究，这已经体现了土地非农化作为一种交易具有外部关联的特征。因此，本章的研究在一定程度上展示了"内繁外联"类交易的制度变迁分析过程。

第三，从第四章中的局部和整体的制度分析框架可以看出，实践中可接受的制度一定是落入"可接受区间"的局部性制度的范畴。但是在本章的分析中，我们仍然无法确定这个区间在哪里，这可能就是理论与现实之间无法逾越的障碍。但我们可以肯定的是，无论是挂钩模式还是成都的自组织模式，都属于局部性制度的范畴，而制度的变迁都是为了降低土地非农化过程中的交易费用。正是如此，才促使现实治理结构在不断地、积累地按照理论上可接受的制度区间进行政策改进。成都模式并不总是适合所有地方的城乡间土地整理，政府主导的挂钩也并不总是会出现问题。因此，在现实中我们总是根据内外部环境的不同，来选择一种规则并不断向那个可接受的制度区间靠近，或者说向土地非农化的治理效率靠近。

第四，因为人类无法把握内部复杂和外部关联的交易，以及无法探知符合可持续区间的局部性制度的具体内容，因此，我们更需要建立一种基础性的机制来推进和保障上述积累式和渐进式的变革。例如，成都模式的出现，实际上是一种基础性的制度变迁保障机制的存在的结果——国家对成都在城乡统筹发展配套改革上的支持。

第十五章

中国土地非农化的治理逻辑

"医生是这样一群人：对开的药所知不多，对要治疗的疾病所知更少，而对用药的人更是一无所知。"——史泰龙和施瓦辛格主演的《金蝉脱壳》（*Escape Plan*）中的一句台词。

实际上，对于制度分析者来说，我们何尝不是面临着类似的困境？我们对提出的政策手段所知不多，对要解决的经济社会问题所知更少，而对政策手段所要管理的人、事、物更是一无所知！

一、本书研究内容的总结

总的来看，本书致力于做三件事。第一，是对土地非农化进行理解，即辨析被管理对象的相关特征；第二，是对备选的管理制度进行理解，即辨析不同管理制度的相关特征；第三，是对管理的内外部条件进行理解，即辨析不同内外部条件对管理制度在管理土地非农化时的影响。

很明显，土地非农化是一个典型的 SES 问题，因为人为的土地开发而引起的一系列的经济、环境和社会问题，且得益者和受损者之间的因果关系并不能清晰地描述；反过来，这些经济、环境和社会问题又会导致土地及其生态系统产生变化，进而对人类自身产生后续的影响。因此，SES 本质上是一种所谓的"内繁外联"的交易，这种交易的特征是系统中的人的行为和影响是相互的、无法割裂的，即难以找到技术上可分辨的界限来分辨交易的所有过程。这给现有的制度分析（如交易费用经济学的离散匹配假说）带来了难题——不了解"病情"，如何"开药"？

因此，我们主要做了以下两方面的工作：一是对土地非农化治理效率的理论拓展和逻辑建构。其主要包括治理效率内涵的界定和 SES 视角下土地非农化的制度分析框架的建立，其中着重介绍了局部和整体的制度选择逻辑和一个所谓的"可接受的"制度选择区间。二是在理论建构的基础上详细分析了现阶段中国土地非农化治理效率的相关问题。其主要包括对土地非农化的属性、治理结构和制度环境的描述和评价，也对治理规则改进的现实路径做了阐释和论证。尤其是，对土地非农化 SES 的特征进行了阐述，对与理论上的政府、市场和自组织等治理结构相对应的实践中的土地非农化治理模式等做了详细的实证研究。这些都为中国土地非农化的治理逻辑提供了有价值的借鉴。

当然，本书所做的工作，无论是理论研究还是实证，都只能说是对这个问题的初步探索。治理效率的概念和 SES 的制度分析框架都还有很多内容没有讨论。实证研究也多是"以点及面"的策略而非按照理论分析框架对土地非农化进行系统的分析。但是，我们对本书在理论拓展、研究方法和实证结论等方面可能的贡献持乐观的态度。

二、本书研究的三条逻辑主线

本书的撰写实际上遵循着三条逻辑主线：①治理效率"三层次"内涵的逻辑。即资源配置、治理结构和制度环境三个层次上（及层次之间）的人、土地和制度之间的互动逻辑；②SES 的制度分析逻辑，即如何根据 SES 特征的土地非农化的交易属性来选择合适的治理结构和正式制度；③渐进式制度的研究逻辑，即面对着"内繁外联"特征的 SES 类制度研究，其复杂性使得我们在制度分析的重要环节仅能做一些初步的探索，但力争体现分析的完整性。

（一）治理效率"三层次"内涵的逻辑

提到了效率，自然就会面临着理论上对效率内涵的争议。本书提出了包含资源配置、治理结构和制度环境"三层次"的治理效率的内涵。治理效率把传统理论仅关注配置效率的视角拓展到关注资源的治理结构和制度选择的效率上，重点关注被忽视的交易费用的影响。同时，这三个层次的关系也揭示了土地非农化与治理规则之间的联系。具体来讲，制度环境决定着治理结构，治理结构决定着资源配置结果；而且，如果对资源配置结果有变化的要求，则会对治理结构产生改变诉求；然后（若有必要），才对制度环境产生改变诉求。

因此，除了绪论（第一章）外，按照治理效率内涵的逻辑（第二章和第三章）和理论分析框架（第四章），本书依次介绍了现阶段土地非农化的现状（第五章）、治理结构和制度环境（第六章），对现状规则的实施过程和配置结果进行评价（第七章和第八章），然后对治理结构和制度环境可行的改进进行理论分析（第九章和第十章），以及分析在实践中可能会面临的困境和相应的对策（第十一至十四章），最后，第十五章是研究在整体上的总结和政策启示。可以看出，这条主线就是在介绍和评价现有治理规则的基础上，"由下向上"逐层次地讨论如何进行土地非农化治理规则的改进。

(二)SES 的制度分析逻辑

治理效率的三层次内涵，只是把握了资源利用和治理规则之间的关系，但是对于资源、资源利用和治理规则等各自内部结构的分析还无能为力，如资源特征、人和治理结构等各自内部要素之间的因果关系等。正如第三章结论部分所述的那样，如果用一种形象的比喻的话，治理效率的作用是理解"有的放矢"中"的"、"矢"和"放矢"三者之间的逻辑，但是还没有告诉我们这三者内部是什么情况。因此，我们需要通过 SES 的制度分析框架来解决这个问题。

SES 的制度分析框架的核心就是，辨析 SES 类型交易的"内繁外联"的特征，寻找适宜的治理结构和正式制度来治理这类交易。表面上看，这与 Williamson 的离散匹配假说非常像，但实际上 SES 类型的交易是无法在技术上辨别交易的"界限"的，也没有办法确定一个最优的治理结构而只能确定一个"可接受"的制度区间，这是与 Williamson 理论最大的区别。换句话说，没有最优的治理结构和正式制度，却有若干种都能够被接受的符合资源管理目标的制度选择。但为了找到这个区间，还是需要对交易、交易属性、治理结构和制度环境等进行类似于离散匹配假说式的考察。这实际上正是对治理过程中交易和治理规则各自内部要素之间的因果关系的考察。

因此，我们首先在第四章详细介绍了土地非农化的 SES 的制度分析框架，辨析了"内繁外联"性质的交易对制度分析的要求，同时辨析了局部性制度和整体性制度之间的关系，建立了基于概念性分解的制度变迁分析方法。这为中国土地非农化的制度分析提供了思路。

接着，我们在第五章对中国土地非农化的交易属性进行了辨析，在第六章、第七章对现有的治理规则进行了阐述，这为判断治理规则是否匹配交易界定了初始状态。

然后，我们通过第八至十章实证了当前中国土地非农化的治理结构并不匹配土地非农化的交易，而且也分别讨论了相应的改进方向和途径。尤其在第五、第九和第十章中，我们详细辨析了土地非农化的各种交易属性（如空间专用性等）、不同的治理结构（如各种类型的配额，或者基于市场的外包治理和基于政府的内包治理等），从而解释了当前土地非农化低效的原因，以及讨论了治理规则改进的途径。

而第十一至第十四章，则是从理论的推导回到现实中来，通过讨论现实中的各种限制（如人的认知限制等），给出了更为贴近现实的初步制度改进分析。这也体现了 SES 的制度分析的渐进性和积累性的特征，即下面的第三条的逻辑主线。

（三）渐进式制度的研究逻辑

对于上述 SES 的制度分析方法必须强调的是，所谓的交易属性与治理规则的"配对"分析建立在研究者的一种概念性分解的基础上。因为此类交易本身的复杂性超出了行为人（包括分析者）的认知能力，进而不可能对交易进行真正的分解（physically decomposing）。但无论对于理论还是实践来说，我们又需要进行决策——即使还没有获得所有的信息和掌握所有要素之间的因果关系。因此，我们只能采用一种渐进式的、逐渐积累的方式对制度进行改进。换句话说，改进也可能就是改错，只是决策时无从而知。

为了体现和满足 SES 制度分析的这种要求，我们通过第十一章和第十二章分别举例说明了人的认知有限，以及制度本身就是渐进性变化的特点。然后，我们分别以正式制度层次上的土地发展权的改进（第十三章）和治理结构层次上的城乡土地整理模式的改进（第十四章）为例，初步展示了这种渐进式改进对于当前中国土地非农化治理规则改进的必要性和可行性，论证了实践中的制度改进如何才能满足向那个"可接受"的制度区间靠近的决策要求。举例分析的本身也说明，我们的研究没有追求完整性，这是由 SES 的特征决定的。

三、本书研究的理论发现

（一）治理效率视角的理论启示

一方面，治理效率的"三层次"内涵给出制度分析的要素之间的相互关系，即从非农化配置到管控手段再到基础制度三个层次之间的影响和反馈关系。另一方面，也指出了中国土地非农化的治理路径，即治理改进可以分两步走：第一步就是选择合适的治理结构和制度环境来降低交易费用对私人成本和社会成本分歧的影响；第二步是在第一步的基础上让行为人自己去实现收益最大化，进而实现所谓的资源配置效率。

换句话说，对于中国的土地非农化，重要的是建立合适的治理结构和制度环境，以解决边际社会成本与边际私人成本的分歧（$MC \neq MSC$），剩下的边际私人成本和边际私人收益的分歧（$MC \neq MR$），就应该交给行为人"自动"解决。

这个发现在一定程度上也阐明了新古典经济学和新制度经济学在土地非农化效率研究上的作用。两种理论在不同层次上解决了治理效率的不同方面。新古典经济学研究市场在解决 $MC \neq MR$ 上具有优势。新制度经济学在研究解决 $MC \neq MSC$ 上具有优势。同时，新制度经济学并不完全否定传统理论对政府和市场的认识，它提倡在不同层次上将市场和政府视为不同的治理规则来实现治理效率。

(二)土地非农化的 SES 制度分析

1. 土地非农化 SES 的特征

土地非农化,预示着不同用途之间的冲突,而用途的冲突就必然带来利益主体之间的冲突。因此,土地非农化是一种明显的社会问题,产生了人与人之间的相互依赖和影响。另外,土地非农化作为土地资源的利用变化,对土地资源系统的本身也产生影响。例如,城市扩张对耕地的占用,会造成耕地系统质量的降低和生态环境服务价值的消失。因为耕地质量降低,农民会为了满足个人经济利益的诉求而加大对化肥和农药的投入,这样进一步恶化耕地的质量和破坏生态环境系统。另外,政府为了粮食安全等目的,要求进行农地数量的占补平衡,而补充耕地的来源多是未利用土地,如具有更优生态价值的湿地、滩涂等自然资源。虽然此时保障了耕地数量的不降低,但是很明显,生态系统进一步遭到了破坏。例如,生物多样性受到损害;大气、水和土壤的循环调节能力降低;自然灾害频率升高;等等。这些又会反过来影响农民的耕作和收入,也会影响城市的生产和生活,而这些都是最初的为了经济增长而占用耕地的土地非农化所无法细致考虑的。

因此,土地非农化是一种非常明显的 SES 的问题。这种 SES 的特征是无法全面把握的,不仅因为土地非农化的影响还有很多我们无法观察到的,更重要的是,我们无法判断土地非农化究竟对不同的利益主体造成了哪些具体的影响——如果我们无法全面掌握非农化产生的影响,以及究竟对哪类主体产生了何种影响,我们就无法对土地非农化的收益和成本在不同主体之间的共享与分担进行合理的界定,那么也就无法找到理论上的能够满足土地非农化可持续发展的管理制度。这实际上就体现了人类的有限理性以及外部世界的信息不对称对人类行为和自我约束上的限制。

2. 土地非农化 SES 的制度分析

为了应对上述限制,本书建立了土地非农化的 SES 的分析框架来应对。

首先,如何将土地非农化看做一个交易?土地非农化实际上应该是一种内部复杂、外部关联的交易,它不同于交易费用经济学中那些能够在可分辨的界限上的客观事务的转移。对于非农化来说,这种界限并不明显——因为无法辨析土地非农化产生的影响和对谁产生了影响。无法辨析其产生了什么影响,就表示它内部复杂;而无法辨析其对谁产生了影响和产生了何种影响,就表示它对外关联。因此,如果继续遵循交易费用经济学中的交易与治理结构匹配的原则,结果只能是一种有偏的判断。即任何一种判断都因为没有同时考虑不同的影响及其因果关系而产生治理结构与交易匹配上的偏误。

其次,如何解决这个问题?根据 Hagedorn(2008)的逻辑,本书的 SES 分析框架论述了一种概念性的分解方法。即虽然不应该单独考虑土地非农化的某一种影响,但是我们可以从概念上的角度来进行分析;虽然不能单独考虑土地非农化对某个人的影响,但是我们也可以从概念上的角度进行分析。这种先只关注复杂现象某个片段的分析,允许我们进入一个概念上能够开始理论分析的初始片段,然后我们不断积累对后续观察到的影响和受影响的人的利益的考虑,进而向所谓的"无偏"的治理结构逐渐靠近。

但是,这里的问题是,什么是"无偏"的治理结构?本书辨析了局部性和整体性的制度,以及一种可接受的制度选择区间。这个区间的大小和位置,是由局部性制度的交易费用曲线、整体性制度的交易费用曲线和土地非农化的资源可持续性阈值共同决定的。

在这个区间,我们并不必然需要一种制度来内部化所有的影响,以及让相关的利益主体公平地承担自己造成的影响或分享自己应得的收益。相反,而是允许利益主体忍受一部分别人造成的影响,同时允许利益主体放弃一部分自己应得的收益,这样做的目的是降低"不忍受任何别人的影响"和"不放弃任何应得的收益"而造成的交易费用——这种交易费用可能会非常巨大而得不偿失。

综上所述,SES 的制度分析的本质是一种对复杂的 SES 进行概念分解后的渐进式整合过程,决策者在改进制度降低交易费用和制度本身的交易费用之间的权衡。如果前者大于后者,则改进;如果前者小于后者,则维持原状。更重要的是,当我们接受了这种概念分解的逻辑后,则还可以遵循交易费用经济学的原则,因为此时概念上分解后的交易总是可以分解到符合交易费用经济学上那种"内部简单、外部独立"的交易。那么,交易费用经济学相关的理论和研究方法仍然有效。

3. SES 制度分析与现实的联系

任何 SES 的问题,无论其内部复杂和外部关联的特征多么严重,我们都可以基于一种局部性制度设计然后不断向更合适的局部性制度靠近。改进的标准就是要让这种局部性制度所产生的成本或者收益的分配能够为利益相关者所接受。

这实际上又揭示了现实中制度设计的原则,即我们不必要一味地寻找全局性的制度安排,那样可能使建立成本远高于制度带来的效益;相反,通过一种初始状态(一种局部性制度设计),通过现实中不断观察利益诉求,进行积累式和渐进式的制度设计,这样就符合了理论上"可接受"的制度的设计原则,也满足了实践中解决社会冲突的实际需要。这与现实是吻合的:行为人实际上可以忍受不为觉察的成本和损失,当行为人认识到损失后或损失逐渐超出了忍耐的极限时,也还有机会进行改进。

正如在第十四章中分析土地整理模式改进的分析那样,对于城乡土地整理,我们没有任何"最优"的治理结构设计，相反我们都是从一种实践中可以操作的治理结构开始（如挂钩），然后允许不同利益主体根据利益提出新的诉求，进而对初始的政策进行调整，如中央对挂钩在一段时期的叫停和整顿，以及成都自组织模式的出现等。这些就是实践中的制度选择逻辑，它符合理论框架上的渐进式、积累式的政策改进思路，不断地为现实中土地非农化的治理提供一种可操作的、可接受的和成本更低的制度设计。

四、本书研究的实证结论

本书还对中国土地非农化治理如何改进进行了分析，主要包括五个方面的研究：①分析了中国土地非农化的特征（第五章、第九章前半部分和第十章的前半部分）；②对中国土地非农化的现有治理结构和制度环境进行了系统的描述和评价（第六至八章）；③对影响土地非农化治理结构选择的主要因素和改进方向进行了实证研究（第九章后半部分、第十章后半部分）；④土地非农化治理结构改进的现实制约，如人的认知局限和制度的局部性本质（第十一、十二章）；⑤土地非农化治理渐进式改革的现实路径选择，包括正式制度层次的产权改革（第十三章）和治理结构层次的组织模式改进（第十四章）。

（一）中国土地非农化交易属性的特征

现阶段中国土地非农化的特征如下：①速度快、规模大；②空间布局不均；③造成了农地质量的下降和生态环境的破坏；④城乡之间土地收益分配差距造成日益严重的社会问题；⑤土地非农化后续土地利用粗放。这些特征符合 SES 的特征，也体现了中国现阶段的国情。

如果从概念性分解的视角看待土地非农化，即不强求全面考察土地非农化造成的影响和因果关系，那么土地非农化被定义为交易费用经济学中的"交易"，也就可以根据土地非农化过程的不同阶段来界定具体的交易。这样，土地非农化交易的属性也就可以进行判断，如立项的频率、资金（资产）的专用性、实施和监管过程中的不确定性、收益分配的复杂性等。这些交易的属性为根据交易费用经济学的理论来判断适宜的治理结构提供了条件。例如，是层级制、市场制还是一定的混合制可以更好地治理土地非农化。

结合第五、九、十和十四章的研究，中国土地非农化的交易属性大致有以下特征：总体来看，引致交易费用的三种基础属性都很明显，包括专用性、不确定性和时间因素。这些基础属性可以进一步细化为空间专用性、时间专用性、人力资本专用性、信息不确定性、忠诚度不确定性、项目周期和项目频率等。

在项目立项阶段，有限的指标究竟如何分配，导致了非农化的选址和时序对非农化后的价值影响显著，即所谓的空间专用性、时间专用性等特征比较显著。而土地非农化在选址、时序等方面的规划需要具有特定知识和技能的人员参与，这又造成了人力资本的专用性。

在经费投入阶段，因为土地非农化受到收益不确定的影响，以及各地政府财政有限的影响，造成传统的由政府投资的土地非农化的资产专用性比较高。随着城乡统筹发展的现实要求越来越高，土地非农化项目的立项频率也在增加，造成投资的频率也在增加。

在项目实施和监管阶段，比较明显的是委托和代理方、实施和监管方等之间的信息不对称问题，造成了信息的不确定性等。

在收益分配上，因为利益主体对收益分配的认识逐渐明晰，利益分配上的冲突也逐渐增多，这导致利益分配越来越复杂，同时这种分配的频率也随着立项频率的增加而增加。

上述这些具体的属性决定着当前中国土地非农化治理规则的选择。

（二）中国土地非农化治理的现状和改进诉求

针对土地非农化的属性特征，一般的国家采取的都是政府管制的方式进行治理，这是因为空间异质性、时间专用性、对生态环境影响的不确定性等因素使然。同时，很多国家在政府管制的同时也采取了一系列的补充方式，如允许市场手段的介入（美国的 TDR）、政府与私人的合作（德国的土地置换）等。这是因为政府管制也存在一些劣势，包括政府因信息不对称和决策者的有限理性而造成土地非农化在规模上的过大或者过小，进而降低了资源配置效率。同时政府强制的补偿标准的单一性也必然造成多元化社会中的不公出现。更何况在现实中政府往往因为预算的约束而对现实中各种利益诉求力不从心。随着土地非农化频率的增加，政府在强制管控上面临巨大的管理成本，这些都导致现实中民众要求政府放松强势的管控。

中国的土地非农化的管制，长期以来是一种完全由政府控制的层级制度，包括层级制的土地非农化立项审批制度、层级制的年度配额分配制度、政府垄断土地非农化过程中的买卖关系，即作为唯一的农地征收者和唯一的城市供地者——这样既管制了土地非农化的数量，也控制着土地价格和收益分配。

这种政府层级制管控的治理结构，长期以来形成了以牺牲农村和农民收益为代价来促进地方的城市建设以及工业化进程的局面。地方政府面临所谓的"政治锦标赛"，造成地方政府有过度非农化的动机。而过度非农化实际上又导致了土地资源的无谓损耗，以及相应生态环境系统的破坏。这从近年来在中国日益严重的雾霾、频发的工业污染和极端气候事件高发的现象中可以反映出来。

为了应对这些管理上的问题，我们通过对土地非农化交易与治理结构的"匹配"分析，得出了如下主要结论。

(1)中国土地非农化的空间和时间专用性等还是需要层级制的治理方式。类似地，为了实现较高的管理过程中的执行力，以及为了缓解上下级官员之间的信息不对称对非农化治理绩效的影响，层级制也是一种适宜的选择。

(2)因为目前土地非农化的频率很高，改变传统的过度集权的层级制管控，向地方分权、向市场配置转变、更多地"外包"政府服务等，成为提升治理效率的有效手段。特别在研究中我们发现，当前政府在项目立项评估和审核环节出现了因为任务量增加而造成执行官员的卸责、厌烦和粗心等现象，这些实际上都是新的交易成本的表象。我们进一步发现，一些政府管理的环节，如土地评估、土地测绘、土地登记等，如果能够通过"外包"服务的方式来管理，可以有效降低交易费用。

(3)一般来说，人力资本专用性高的交易应该用政府内部控制的方式来治理，如提供稳定的工作职位和高额的报酬来降低此类从业人员的人力资本的风险。但是，在中国的实证中发现，诸如规划、评估、整治等专业知识的从业人员，却不是政府内部的事物，而是外包给市场来完成。因为在中国，虽然规划编制本身所需的专业技能要求较高，但该行业的任务需求比较充裕，超过4万个乡镇每隔15年就要进行规划的修编，使得实际上人力资本专用性不太高。这实际上揭示了一个问题，土地非农化一些环节上虽然需要专业知识技能，但如果存在充分的市场条件，可以考虑采用市场竞争的方式，这样既能降低管理成本，同时还能提高激励的效果。

(4)因为政府预算的限制，各类土地非农化项目投资体现了较高的资产专用性，这也要求一种偏向市场的组织方式来降低资本专用性的影响，降低政府资产的潜在风险。另外，当更多的社会主体，尤其是农民认识到增值收益的价值和空间时，这会导致土地非农化增值收益分配的复杂度的提高。实际上，这就要求政府要放弃"一刀切"的补偿标准和征收政策，是对政府管理放权的诉求。更何况，当前的"一刀切"的政策正面临着来自中国不同区域、不同自然和经济社会条件，尤其是不同实施主体差异性的影响。不同地方，相关利益主体在特定环境下的目标、偏好和行为选择规则都不一样，这实际上也要求政府只有通过减少干预，一定程度上依赖地方政府和各利益主体的方式，才能真正管好土地非农化。

因此，土地非农化管制的现状从现实和理论两个方面都产生了对治理结构改进的要求。此时，无论是参考其他国家管制土地非农化的经验，如明确的私人产权、独立的司法体系、成熟的土地市场，以及政府与私人的合作等，还是各章的实证研究中都可以发现，中国的土地非农化应该对现有的强势的政府管制体系进行一定程度的放松。放松的方向就是允许市场力量的介入，同时允许政府与私人和集体的合作。可是问题是，这种大的方向容易把握，但是在实际中的具体操作依然还是未知数。因此，我们还需要讨论中国土地非农化治理改进的实际路径。

(三)中国土地非农化治理改进的实际路径

在第八章对鹰潭市的案例研究中，我们发现政府如果不对土地非农化过程中的价格进行任何的干预，土地非农化的比例相反会降低 33.5%。在第十章对杭州市的案例研究中，如果将那个项目中的土地测绘、农民的拆迁安置、农村土地的复垦整理、土地登记等任务"外包"给第三方机构来实施，可以有效提高管理的绩效。在第十三章中虽然土地发展权交易可能可以提升土地非农化的管理效率，但作为正式制度的产权改革必然带来巨大的成本，而作为治理结构的改进在一段时期内若能有相仿的绩效，政府何乐而不为呢？尤其是，对于现阶段的耕地占补平衡政策、挂钩政策等，可以考虑根据实际经济社会发展变化情况而进行相应的改革，"跨区交易""异地补偿"等模式并不是不可以。在第十四章中，成都模式中村民集体在城乡土地整理中的自组织行为，以及这个过程中允许市场力量（企业）的合作等，展示了在实践中如何渐进地提升土地非农化的治理效率：政府放弃独占大部分的土地增值收益，政府与市场合理分工，以农民集体推动为主等，既可以更好地保护农民利益，又可以实现一种"授人以渔"的效果。

当然，仅仅通过若干个个案的研究，还不能肯定中国未来土地非农化治理改进的方向就该如此。但是，很明显的是，这些个案的研究已经为土地非农化治理的改进提供了现实的答案——现实往往为理论提供方向。因此，对于当前土地非农化治理改进的实际路径，可以重视以下三个方面。

第一，中国土地非农化治理改进，在政府控制为主旋律的前提下，应该允许每个地方灵活采取能够促进管理效率提升的差异化的改进路径。例如，对于土地非农化的分权组织模式，成都可以进行自组织，而其他地方也可以采用类似于德国土地置换的政府与私人合作的模式。究竟采取何种方式适宜还没有定论，但都可能有很好的绩效。这在一些地方的案例研究中已经有了反馈（郑凌志等，2012）。

第二，我们要允许中央和地方决策者犯错，更要通过建立一种公开的协商或者意见表达的机制，允许不同的利益主体能够顺利表达自己的利益诉求，这是解决现实中信息不对称、无法准确把握影响，以及无法估计所有造成的影响的不二准则。而这可能就需要考虑实现土地产权的确权、司法保护，以及与土地利用相关的信息公开机制和公共决策的公众参与机制的建立等。

第三，更重要的是，改进不是致力于提供一种理想的方案，而是一种基于片段视角下的积累性的制度改进。换句话说，当前的政策改进，不追求完美的全局式制度，只注重能够在现实中观察到一些激烈的利益诉求（要承认我们的有限理性），但会不断考虑新增的诉求（这也是缓解有限理性带来的影响）。例如，非常明显的是现阶段中国土地非农化相关利益诉求，仍然集中在土地用途改变所带来的利益分配上的矛盾，以及土地用途变化对国家政治安全的影响，而政策本身并没有体现对土地非农化造成的生态环境问题的重视，更没有考虑因为这种生态环境问题而对额外的(间接的)利益主体利益的考虑。即使其他国家已经能够给我们做出提醒，如德国对环境问题的多样化的补偿政策，我们也不能责怪政府对这种诉求的忽视，因为中国目前的利益主体仍然处于追求经济利益的阶段。可以预计，当未来经济利益不再是最重要的内容的时候，或者环境损失变得更加明显的时候，正如现在对雾霾的逐渐重视，更多的利益诉求会推进政策进行新的调整。在这种方式下，我们会在积累中不断靠近那个不断变化的"可接受"的土地非农化治理制度。

五、中国土地非农化治理的政策建议

在本书研究的基础上，可以对当前中国土地非农化的治理提出一些针对性的建议，当然，我们不追求政策建议的全面性。

(一)跳出"双保"目标，重塑土地管理的新战略

长期以来，以保护耕地和保障发展用地为主要目标的土地管理，实际上造成了中国经济的低效和不可持续，同时对生态环境也产生了间接的破坏。所以，只有重塑土地管理的新目标，才能为土地非农化乃至整个土地资源的可持续利用奠定坚实基础。

1. 要理性理解土地的贡献和作用

土地是能够带来价值的资源，因此，具备了资产和资本的内涵。但是，要理性理解土地对经济增长的贡献和作用。虽然过去的几十年土地的投入对经济增长起到了明显的促进作用，地方政府因此获得了可观的土地收益，但是不能忽略这些成绩是以农补工、以农村哺育城市的阶段的结果——土地的征收成本和土地的供应收益有着明显的极差收益，政府的净收益很可观，城市发展和工业化的土地成本也相对较小，但是在未来进入城市带动农村、城乡一体化发展的阶段，土地虽然还是重要的发展要素，但不应该是被依赖的要素。经济的增长模式要从依赖投资、依赖土地财政转变为其他可持续的发展方式，而对于土地管理来说，要将其功能回归到以承载为基本功能的经济社会发展构成中，既不应该成为制约因素，更不应该成为推动的因素。

2. 树立土地管理的综合性战略观

管理者的态度是由其战略决定的。土地应该采取何种战略，可以回归土地的本质看一下。土地是一种资源，只是这种资源在人类社会中的功能在不断变化，

这样就造成了土地利用或土地管理的内容的不断变化。如果我们抓住一点——所有土地出现的问题都是因为约束人类利用土地的规则出现了问题——那么问题就简单了，所有的土地问题都可以归结到土地的规则上来，而规则就是一种制度，进而就与土地管理的战略相关。

土地管理的战略观，在当前的政府管理中就存在，不过现在更多的是关注耕地保护和保障经济发展。所以，这个战略观似乎不够全面。"大土地观"的提出，就是要把土地与经济社会生活的其他方面联系起来，在进行价值判断和利弊权衡时也要能够与经济社会生活的其他方面统一权衡。

不妨把土地系统看做人类社会存续的一个"零件"，这个"零件"与其他的"零件"（如经济系统、社会系统、生态系统等）一起构成人类社会体系。所以，为了管理好土地这个"零件"，不仅需要关注该零件的问题，还要考虑其他零件的问题，最起码要考虑到如果要解决土地的问题，必须要知道其他零件可能会对土地"零件"产生的影响，否则问题一定解决不好。另外，如果土地系统这个"零件"出现了问题，也不用过于紧张，可能是为了其他"零件"的维护而暂时出现的问题，或者为了其他"零件"的正常运转而放弃土地"零件"的功能。所以，土地的战略观，应该是一个更高层次上的价值观的权衡，是更高层次上的战略观的权衡。如果细分的话，"大土地观"应该包括生存观、社会观、政治观、经济观等。

生存观，考虑的是我们能否实现土地资源的可持续利用，是否满足了不同代际之间的公平，甚至考虑是否要去南北极、去外星球来获得更多的土地资源以满足我们的生存需求，这些都属于生存观。

社会观，考虑的是土地利用是为人类社会发展服务的。组成社会的人是不同的，不同的人对社会的需求也不同。但是，对于个体的人有一些共性的需求，而土地资源利用则应该能够满足这些需求。

政治观，考虑的是不能仅仅致力于土地资源的合理使用，还要能够上升到政治的高度。不仅是为了保障国内政治的安全，同时还要能够拓展到国际合作、实现国家之间共赢的局面。土地利用的政治观，就是要能够跳出资源利用的经济视角，而转变为主动为政治安全服务。

经济观，考虑的是土地能否为经济的增长提供支撑。实际上，当前中国的土地管理的经济观表现很好。最直接的证据就是把土地演绎为资源、资产和资本。首先，土地是一种自然资源，表现出资源属性。其次，土地使用权特别是建设用地使用权成为可增值的权属、可交易的商品进入市场，这样土地就具有了资产的属性。最后，土地一旦可以抵押，进入资本市场，成为融资手段，就具有增值性、返还性、流动性、风险性和社会性等资本的特点，进而具备了资本属性。

3. 从社会基础入手重塑土地管理新战略

政府只有形成综合性的土地管理战略目标，才能够更好地在经济社会运转过程中发挥土地资源的最佳效益。也正是因为上述的综合战略观没有被当前的政府管理所重视，所以才导致了管理者态度上的困境——始终没有实现"跳出土地看土地"。

为什么综合战略观没有形成？实际上，这种战略观是一种社会基础层次的意识形态，本来从上往下依次制约或者形成特定的制度环境层次、治理结构层次和资源配置层次上的结果，但是，这四个层次也存在一种从下向上的反作用过程。即在短期内的资源配置可以反作用于治理结构，进而反作用于制度环境，而制度环境很显然可能造成意识形态上的潜移默化，甚至是突然的改变。

所以，无论是恢复我们已有的文化传承，还是形成新时期的政府土地管理的综合战略观，还需要很长的时间来完善。一方面我们要有足够的警醒，另一方面我们也要认识这个过程的任重道远。综合战略观是国家管理的战略，所以要先从国家层面开始做起，才能够有效促进当前经济社会价值观的扭曲。因此，从系统角度研究农地保护管理（政策）问题已迫在眉睫，当前需要着手解决一些问题。

要全国一盘棋地推进土地利用的社会基础的恢复。围绕科学发展观、统筹城乡发展、"两型"（资源集约型和环境保护型）社会建设、低碳经济发展模式和政治文明建设等重大问题，开展土地利用社会基础层次上的基础性、前瞻性、储备性研究，这样才能真正服务好建立综合战略观的任务，解决土地利用管理中面临的各种实践问题。

逐步推进改变现有的政府绩效考核，致力于改变官员在土地利用意识上的扭曲。可以考虑规范地方政府行为，落实科学发展观和政绩观，实施"绿色 GDP"考核办法。建立绿色 GDP 账户，将地区农地资源纳入地区财富衡量指标中。在考核地方政府（官员）任期内的工作业绩时，从绿色 GDP 账户中扣除因农地非农化带来的资源损失，借此来改变地方政府在农地非农化过程中的成本收益，诱导其选择更加节约土地资源的经济发展战略、产业结构和布局，来降低单位 GDP增长耗费的土地资源数量，提高经济增长的质量。

（二）夯实土地产权的四条准则，奠定治理的基础

产权是定义资源利用和收益的基础规则，决定了谁可以行使何种权力，获得何种利益。土地产权是否明晰、土地产权设置是否能够达到基础规则的要求，这些都决定了土地非农化的治理效率。

1. 土地产权应与收益匹配

从发展的角度看，中国的土地产权设置实际上是与土地收益相互匹配的动态过程。例如，土地使用权就从所有权中分离并且允许交易，这与当时的城市快速发展所体现出的土地价值是相符的。如果城市化进程带来的巨大的土地收益只能以行政计划的形式进行分配，必然会因为利益主体的"背后"竞争造成更大的损

耗。这其实对现阶段的土地产权设置有两点启示。

第一，产权的改革实际上周期都很长。作为人类行为最基本的游戏规则，除了偶然的巨变（如战争等），一般需要 10～100 年的时间才会产生变化（Williamson，2000）。这一方面反映了正式制度变化的频率很低，另一方面也反映了正式制度的改变所面临的成本会非常大。为此，我们在进行土地产权改革时，不能脱离现有的产权设置内容。正如国有土地有偿使用制度的建立，不是把土地的产权像西方那样进行彻底的私有化，而是通过使用权分离和市场配置的方式，就是理论上的以"治理结构的改革来代替权结构的改革"（谭荣和曲福田，2010）。这种方式，不仅最大限度地节省了改革的成本，也同样能够实现产权改革的绩效。

第二，产权的改革需求应是动态变化的。因为土地收益在经济社会发展中也是动态变化的。所以，只要对土地收益形成、分配和再分配等出现新的诉求，土地的产权改革就会同样被诉求。所以，现阶段地方政府在宅基地退出、集体建设用地流转、集体建设用地抵押、农地承包权流转等方面的创新，就是在相应经济社会诉求的反映，符合产权设置与土地收益匹配的要求。

2. 土地产权主体只能逐渐明晰

在学术界一直有一个争论就是中国是否应该走向"私有化"。私有化，本质上就是把产权赋予具体的个体，这其实就是产权清晰化的一个极端，即尽可能地把产权的相关权益个体化。而否认私有化的观点，多是认为在中国特定的公有背景和集权式的社会管理架构下，如果私有化了，将可能造成产权与社会价值、行政管理等方面的诸多冲突，反而产生更多无谓的损耗。否认私有化的学者，本意上是从产权的成本角度考虑的，如果私有化的成本明显很高，还不如不私有化。

对于是否"私有化"的争论，我们不妨放到一边，那只有在特定的经济社会背景下才能比较讨论。我们能够明确的是，随着不同的土地收益逐渐得到认识，相应的权利就应该界定，否则就会降低土地利用的受益。

因此，这里对未来土地产权的变迁也有两个预测：第一，中国的土地产权应该是一个逐步清晰的过程。在维持现有土地所有权不变的情况下，遵循现代土地产权制度发展的规律和趋势，重点在他物权上有突破。即适应经济社会变化，细化土地各种用益物权的权能。这样，现有土地权利束中很多没有界定的细分产权将逐步得以界定和明确产权的主体。第二，未来若干年是农村土地权益清晰的过程。近期的土地产权改革，农村的土地权益是重点。这不仅是因为"三农"问题是近期要重点解决的问题，更是因为农村土地的市场价值越来越重要，如若不清晰界定，不仅不利于农民收益的提高，还将造成更多的社会成本损耗。

3. 土地产权要有明确的秩序

无论是政府还是农村集体，作为公有产权的行使代表，仍然有一个艰巨的挑战需要面对。即公有产权的排他性较弱，尤其是当产权代表也是一个群体的时候，公有产权的秩序需要明确。

在国有土地管理过程中，需要进一步考虑如何对政府进行有效的制约。这包括：政府对个人的土地使用权的过度支配（如征地拆迁）；信息不对称条件下中央政府约束地方政府的过度竞争；信息不对称条件下地方政府约束用地者或者个体官员的寻租行为；等等。

同样也要考虑集体土地公有产权的秩序，包括对政府、集体和个人多方面的制约。对政府的制约是指防止政府对集体土地产权的过度支配（如征地）；对集体的制约是指防止集体领导为了少部分村民的利益而损害集体大多数村民的利益；对个人的制约是指防止对单个农民或者单个用地者对集体产权的不当侵害。

4. 产权秩序还需要土地管理的配合

在土地利用秩序中，产权作为"谁可以做什么和分配什么"的基础性规则（但是这只是"成文"的规则），究竟在土地利用过程中是否得到认可和遵守，还需要配套的实施规则。而土地管理的目的就是实现产权设置的目标，既满足产权主体对收益最大化的诉求，也按照权利内容对收益进行相应的分配。土地市场，根本上就是为了促进收益最大化的工具；土地规划，根本上就是为了改变收益分配的工具。而产权的秩序，需要关注这些工具的绩效。在不同的工具上进行权衡，一方面管理工具有利于减小"租值耗散"，另一方面管理工具的本身成本也尽可能被控制在一定的水平上。

（三）改进土地规划体系，承担好护航的角色

土地规划的本质就是一种人为设置的、得到公认的、普遍遵守的以政府强制命令为基础的土地资源配置规则。所以，土地规划是否能够得到公认和普遍遵守，同时规则本身是否与其他规则相匹配，决定着土地非农化的治理效率。

1. 规划的编制要向"从下向上"的空间规划转变

"从下向上"的空间规划很少为土地利用违规的问题而"伤脑筋"，而当前中国却总是面临"从上向下"的指标规划的"不顺畅"问题，如如何控制土地违法行为。因此，能够"落地"的空间规划是当前规划体系最值得参考的编制标准。另外，如果规划的编制能够体现大多数人的意愿，那么土地利用中的冲突问题、成本问题，以及收益分配问题都不会那么突出。而这正是"从下向上"编制规则所必备的公众参与和信息通畅的优势。

对于现有的土地规划，因为其缺少公众参与、信息不对称，无法促进不同利益群体的长期合作意愿，同时造成执行和监督上的困难，如果将土地规划体系从"指标规划"的特征转变为"空间规划"的特征，同时优化规划体系的信息流通机制，如增加规划编制的透明度和公众参与，将能够有利于解决当前中国规划编制面临的一些问题。

2. 建立规划审批的"换位"审批制度

土地规划既是公共利益的保障，本身也是公共物品。虽然国务院代表全民行使土地的所有权，但是在保障公共利益上可能还是没有让公众自己"说话"来得有效率。既然现有的规划审批只是一种形式上的审批，即使它起到了一定的维护秩序的作用，但还是不能解决信息不对称和有限理性下的不同利益群体的机会主义行为。所以，如果进行换位，让公众来审批，也就是让公众从头至尾参与到规划的设计中来，那么就可以既实现了符合规划初衷的审批，也缓解了中央与地方之间的信息不对称问题。

问题是，如何激发微观主体参与规划审批的积极性？当前的规划中，已经有了一定程度的公众参与，可是真正觉得自己应该参与规划编制和审批的公民不多。这一方面是因为"习惯"的影响，其总觉得这件事情不是某一个公民应该考虑的；另一方面也是因为当前的规划审批的公众参与，还没有建立起有效的激励机制。

土地规划涉及的利益主体在规划审批的实现过程中具有重要作用，其态度与行为对规划是否有效产生直接影响。所以，应该激发利益主体参与规划审批的积极性，构建规划秩序的"第一道防线"。可行的途径是加强对公众参与的经济激励。公民是土地规划的直接影响者和受益者，只要政府加大宣传和在实际中保障规划实施的秩序，则涉及每个人切身利益的各种公共设施选址，土地开发的短期、中期或长期规划，土地利用的利益分配等，将能够受到公民的重视。这样他们就会有参与规划审批的积极性。

当然，更重要的是政府建立起完善的公民参与规划审批的机制和制度。让公民能够具有表达自己意愿的途径或渠道。例如，建立审批投票机制，让公民能够对自己区域的土地规划、相邻地区的规划、不相邻的全国其他地区的规划等，给出自己的意愿，同时要考虑到不同群体利益上的权衡。

3. 规划实施的自由与监督

如果规划已经制定并公布，此时不应该再纠结规划本身是否合理，因为这是规划编制和审批环节已经解决了的问题。到了规划实施的环节，我们应该关注的是规划是否能有效实施。规划的实施，实际上就是其背后所代表的公共利益的实现。只要规划能够按照既定的规则约束土地利用，则无论是政府还是私人实施都是一样的。但是，由谁来实施，背后有一个利益分配的问题。

如果允许不同的利益主体通过竞争的方式来决定谁可以实施规划，那么规划的实施结果必然是不同主体在利益分配上的权衡结果。否则，这个实施者不可能被允许来实施规划。

如果没有一套完善的监督体系，那么规划是否按照既定的规则发挥作用、是否能够避免个体的寻租行为等都会打折扣。因为规划本身就是一种权力，如果实施者没有监督，则可能出现权力的过度使用和不当得利。

所以，为了保障规划的顺利实施，应该满足规划的实施要能够形成自由的竞争环境，同时有完善的监督体制来约束规划的实施者。问题是，如何形成所谓的竞争环境和完善的监督体制。

当前，中国的规划在大多数情况下都是由政府来实施的。这种由政府主导的规划实施，一方面增加了政府的行政负担和财政负担，降低了土地规划的实施绩效；另一方面也增加了规划实施的风险，可能出现规划的实施造成部分利益群体的权益受损。所以，应该鼓励政府积极寻求与私人或第三方的合作，甚至是可以考虑在一定的条件下将土地规划实施的任务放手让私人或第三方来做，在该过程中采用竞争的方式来寻找最适合的规划实施者。

4. 指标竞争的创新：指标规划的出路

中国土地规划采用了从上向下式的强控制性的指标体系。这种形式是为了适应现阶段中国巨大的农地保护压力，有利于中央政府直接对整个国家的土地利用进行宏观调控。但是，很明显的是，指标是一种行政化的管理手段，如果所管理的对象过于复杂或者规模过于庞大，那么指标规划的绩效就会降低。所以，对于指标规划来说，如果能够形成一种竞争性的指标分配的体制，将能够有利于缓解指标分配上下级之间的信息不对称带来的低效问题。

耕地在省域内占补平衡、挂钩等，实际上就是一种通过市场交易的方式来实现规划指标的二次分配。只是这些政策在目前来看都还存在一些问题。例如，因为都是政府主导的交易行为，所有没有形成一种真正的市场价格机制，实际上影响了指标交易的绩效。而目前国内一些地方在探索的农村土地综合整治过程中的城乡用地指标交易的创新，如"重庆地票""宿迁地票"、成都的统筹城乡发展过程中允许农村集体自发组织的复垦、整理和指标挂钩交易等，都是一些基于市场配置的指标竞争交易模式的尝试。对于这些试点，国家应该给予更多的关注，因为它们是对现有的集权式的指标规划体系的重要补充。

另外，中国目前的指标体系实际上已经提供了市场竞争的基础。因为现有的指标体系的优点是由于没有指定土地保护的空间位置，为地方政府的土地规划的灵活性提供了条件。同时，指标的灵活性也避免了城市土地利用可能出现的"蛙跳"形式，因为指标的设定、分配等比较容易形成一种弹性和刚性并存、静态和动态协调的土地利用规划和控制体系。这种指标的形式，有利于进一步引入市场配置机制。类似于污染权、捕捞权等许可证制度，指标的存在直接为其通过市场转移提供了前提条件。

所以，既然中央政府提出了为了应对双保（保护耕地和保障经济建设）的困境，只能通过"限制增量、盘活存量、扩大流量"来实现，那么指标的交易制度创新，就是流量扩大的重要途径。

（四）理性"打破"城乡二元土地市场

农村的集体建设用地如果能够实现与城市土地"同地同权同价"，打破现有的城乡二元土地市场，在一定程度上能够显化被政策约束的集体建设用地的"市场价格"，进而有利于农村发展的资本积累和城乡统筹发展。但是这个过程也需要理性看待。

1."同地同权同价"不能忽视规划的管控

当前"建立城乡统一的建设用地市场"或"集体建设用地的市场化"等观点有其正确的一面，但也存在过于笼统的弊端。例如，"建立城乡统一的建设用地市场"不应该对政府的规划控制只字不提，而"集体建设用地的市场化"也不应该给人直接的市场交易的印象，实际上市场化应指某种有利于竞价的资源配置机制。挂钩指标有价格，但只是政府定价行为，不是市场定价，因此竞价的程度较低。对市场化的追求，实际上只是追求提升竞价的程度而已，并不必然是要求一种所谓的城乡统一的土地市场。例如，如果允许农民自己卖指标，而不是由政府收购，则挂钩的定价可以变成市场行为（地票就是实践中的例子）。此时指标价格虽可高可低，但却遵循了市场的规则，其效果就是市场定价来"分蛋糕"（增值收益的分配）。

就目前来看，我国的土地利用规划和供地计划约束会长期存续下去，因此，集体建设用地的各种市场化流转是能够释放潜在的价值的，不同的只是释放的程度不同和分配上的差异。

2. 市场中的利益分配是关键

实际上，土地市场是否存在二元结构不是问题的关键，本质上还是利益分配的问题。因此，重构城乡土地市场，关键要考虑利益分配的需求。

第一，可以考虑放弃现有的二元土地市场结构，让市场充分配置土地资源，杜绝地方政府在占用耕地上的冲动，同时也能够增加农民、农民集体在土地收益上的比例，提高他们保护耕地的动机。当然，为了避免市场只注重经济利益，需要土地规划此时发挥在非经济利益上的控制作用。

第二，可以考虑土地一级市场的完全市场化，摒弃划拨的使用权让渡方式。虽然表面上增加了政府、公共事业单位等符合公共利益的用地者的交易成本（因为他们的经费大多来自财政，缴纳土地出让金被认为是"钱从一个口袋到另一个口袋"），但这样才能有效防止划拨土地造成的耕地使用上的粗放和浪费，因为公共部门自己是有预算的，而财政预算审核比土地划拨的审核相对更加完善。而且，相比较耕地受到的威胁，划拨取消造成的土地交易成本的增加可以忽略。

第三，工业用地的低价出让，虽然不利于国有土地收益，但实际上可以看做政府为了就业、税收和 GDP 增长的成本投入，因此，这种行为本不必唾弃。只是，可以考虑干脆完全放开这种市场，但是要让相应地方政府责任人承担成本投入"失败"的责任，如虽然土地是低价供应，但是没有带来后期的就业和税收，那么要有相应的责任配套政策来约束地方政府责任人的这种行为，让这种行为真正成为一种市场行为。这样，才能有效避免决策失误引起的国有土地资产流失和引致的耕地过度占用。

3. 从征地补偿的市场化做起

过低的征地补偿是地方政府过度征地的诱因。为了提升农用地向城市建设用地用途转变的效率，不仅需要提高征地的补偿标准，缩小征地的范围，还需要考虑征地补偿的市场化措施。本质上就是通过市场来确定征地的价格，在实际中可操作的途径包括以下几个方面。

第一，短期可以通过参考一级市场土地出让价格，通过一定比例的分成，给农民提供相应的征地补偿，而不再仅限于农地的生产价值。

第二，中期可以考虑建立类似于西方国家（如德国）的全国统一的土地市场价格的动态报告，效果就是所有的土地的价格有一个透明的、可信的参考标准。这个报告由公共部门和私人部门同时提供，以一定的盈利方式维持该公共服务的持续运营。可以根据此类动态报告的土地价格，实现相应征地补偿的市场化。

第三，长期可以考虑让农村集体经济组织或农民集体参与征地或农用地用途转用的项目，甚至消除征地市场和城市一级市场之间的割裂。通过市场来实现土地的经济价值，但是不能忽视通过政府的规划来保障土地的非经济价值。

（五）理解土地价值来源，建好集体建设用地市场

集体建设用地具有资产的功能，其市场化还具备分享垄断利润的功能，并实现社会总体福利的提高。从这些意义上看，集体建设用地使用制度改革可以成为新型城镇化的工具之一。当然，要注意土地工具不是解决新型城镇化所有问题的答案。

1. 集体建设用地的价值来源

近郊区的农村集体建设用地具有"天生的"市场价值，只是这些价值被政府管制而不能在市场上显化。因此，对这部分集体建设用地来说，具备"待释放"的价值——具体就是土地自身的经济价值；而远郊区的农村集体建设用地没有或只有很低的经济价值，但因为城市土地市场供应的人为稀缺，在挂钩工具的帮助下，

在远郊区农民放弃非农建设用途的基础上，实现了城市土地市场供应的增加并且自身可以参与增值收益的分享，这说明远郊区的集体建设用地同样有价值。因此，对这部分集体建设用地来说，也可以认为具备"待释放"的价值——具体就是一种土地权利交换的价值。这样来看，所有的集体建设用地都具备"待释放"的价值，"释放"一词，并无不妥。只不过不同区位所释放的价值内涵不一样，释放的方式也不一样。

2. 建好集体建设用地市场的六项内容

第一，产权的明晰是与产权有关的所有制度的前提，因此，应进一步加快推进农村集体土地所有权乃至使用权的确权登记和颁证工作，为集体建设用地流转奠定基础。随着集体建设用地流转的频率加快，没有明确的权利规范不仅会增加流转实施过程中的成本和冲突，甚至会影响到流转的可行性。

第二，政府对土地用途管制是保障集体建设用地市场价格的前提，因此，应继续严格按照国土规划、土地利用总体规划、城镇规划和其他相关规划来对城市扩张、建设用地总量等进行控制和用途管理。可以考虑将农村集体建设用地流转的计划供应和城镇国有建设用地计划供应实行统筹管理，实施年度的城乡建设用地总量控制（包括增量和存量变化），将集体建设用地进入市场流转的数量纳入新增建设用地的总量控制和年度土地供应计划，同时要对集体建设用地流转严格实行土地用途管制。

第三，理性看待"垄断利润"的再分配，不需要过度担忧其对城市国有建设用地市场的冲击；相反，应该进一步研究如何保障"垄断利润"的存续和发挥"垄断"的作用，以支持集体建设用地流转价值的可持续"释放"。农民集体在集体建设用地流转过程中获得的"超额利润"本质上是一种财政转移支付，本质上是从城市用地者转移给农村集体建设用地使用者。在当前"城市反哺农村"的背景下，通过土地制度改革来实现转移支付，可能也是一种低成本的实现方式，同时也已经有了制度实施基础，相比较其他政府的从上向下式的"项目式"转移支付，有一定的优越性。因此，控制城市国有建设用地市场供应的"增量"，对农村集体建设用地增加"流量"和优化"存量"，应该是当前政策改革的重点。

第四，放开政府对流转方式的限制，让农民集体和市场机制来决定流转的数量、范围和价格，有利于避免政府决策可能的失误，同时也节省成本。这就要求政府首先出台明确的集体建设用地流转管理办法，规范但不限制各种具体的流转方式，同时不限制农民集体和用地者根据实际情况自主选择并实施包括出让、转让、出租、转租、抵押、入股和联营等在内的集体建设用地流转。可以考虑通过建立集体建设用地有形市场［如构建市级、区(市)县的农村产权交易市场］、简化行政审批和许可手续、配套政策支持、政府辅助参与典型流转案例交流等方式，积极营造集体建设用地流转的市场氛围，推动集体建设用地的流转。

第五，在集体建设用地价值显现的基础上，可以有步骤地放开集体建设用地抵押权的限制，让抵押融资成为集体建设用地价值"释放"以及促进农村后发发展的有力"杠杆"。在集体建设用地市场价值逐步显现的基础上，政府应引导农村集体经济组织、用地企业和金融机构正确认识集体建设用地的市场价值，建立和健全集体建设用地使用权的市场价格评价体系，优化集体建设用地抵押融资的担保程序和其他保障措施，探索集体建设用地抵押的风险规避机制，以及考虑如何发挥土地抵押融资来促进农村土地股份合作等。

第六，将集体建设用地流转与促进城乡一体化发展结合起来，不仅能够优化土地资源利用的空间结构，还有利于让农村农民积累一定的资本用于自我的发展，因此，应考虑完善集体建设用地流转制度，提供合适的能够促进新型城镇化发展的制度规范。农村集体建设用地流转是当前经济社会发展的必然阶段，因而政府需要制定规范的法律法规，研究并完善当前与集体建设用地流转制度的建立发展相抵触的相关法律法规，为集体建设用地流转制度工作的开展以及制度的建立营造良好的法制环境，从而进一步发挥集体建设用地的流转效果。

(六)发挥"去区位化"功能，用好挂钩政策

挂钩政策已经成为各种城乡统筹模式中的主要工具。因为它实际上实现了土地的"去区位化"作用，将不同区位的土地转变为同质的指标，用于市场交易。这是这个政策本身的价值。当前需要考虑以下四个方面。

第一，如果现阶段挂钩政策的目标重点是促进城市反哺农村，那么在政府主导的实施模式中引入更多的市场的力量和农民集体自组织的力量，将能够有效推动土地增值收益的转移支付。对新增建设用地指标尽可能地进行市场化定价，使土地增值潜力充分挖掘，允许市场主体竞争式参与项目的实施，提供农民集体融资渠道和赋予其充分的决策权，则能够有效提升反哺的效果。

第二，充分发挥不同实施主体的优势，采用多主体相配合的方式来降低挂钩项目实施成本，保证增值收益的最大化。在分析中，多次提到不同的参与主体在减少交易费用方面所具有的优势。实现交易费用最小化，不但可以使"蛋糕"价值损耗程度最小，也可以使项目运行效率最高。因而在具体的实践中，应该根据项目的不同条件，鼓励各主体不同程度地参与进来，充分发挥其优势，最大限度地减少项目前期规划、谈判、实施、后期调整的费用，实现经济价值和社会价值最大化。

第三，鉴于农民集体自组织型模式的一些优越性，我们可以在补偿形式上实现多样化，从而多层次、多渠道地保障农民利益。建立保障农民长效权益机制，在对农民进行征地拆迁补偿方式方面，逐步改变单一的一次性货币补偿方式，改之以货币补偿为主体，以保障安置、就业安置和政府保养等综合补偿方式为辅的

全面补偿方式(主要包括货币安置、农业生产安置、重新就业安置、入股分红安置、异地移民安置等多种方式),逐步建立起对被征地农民的长效保障机制,保障被征地农民的长远利益。相比较而言,在这种模式下,农民在改善生活条件的同时,可以有更多的机会发展非农产业,增加其非农收入,其收益来源更加多元化,变"输血"为"造血"更有利于农村的全面发展和农民生活水平的全面提升。此外,在这两种模式下,农民拥有更多的话语权,对于"是否参与、如何参与"的意愿都可以得到充分的尊重,得益于农村熟人社会关系网和集体内的非正式制度,项目实施过程中可能引发的矛盾较少,交易费用较低。但是,农村集体自主型也面临着一定的限制。例如,初始投资大、项目回收期长的特点伴随有很大的风险性,农民集体很难独立承担;同时这也要求农民集体具有雄厚的资金基础,因而这一模式的适用范围相当狭窄,只能在经济基础好的农村地区才能够得以推行。

第四,鉴于政府主导型在实际实施过程中面临的信息上的制约而导致的诸多困境,可以考虑改项目管理为制度管理,用成本代替规模控制。挂钩政策受到建设用地总量控制、耕地面积总量保护的双重约束,还受到运作成本的制约。每一亩挂钩指标的产生都伴随着相应的成本产生,客观上具备收敛机制,所以不可能被无限放大。因此,可以考虑合理地加大成本控制规模的力度,即通过市场定价的方式来缓解政府定价的困难。例如,按照统一的公共服务设施配套标准来使得挂钩产生的指标成本大幅上升,这是市场化成本的体现。这既充分地保障了农民的利益,也可以有效地控制挂钩实施的规模。

(七)应对未来挑战,改革城市土地市场政策

1. 出让市场竞争的统一秩序很重要

发挥市场的作用和实现市场的绩效,前提就是必须有统一的竞争秩序。如果在有偿制度之外还有大范围的无偿划拨的存在,同时在有偿使用制度内部还有不同的出让规则,那么很多用地者在市场竞争的起跑线上就输了,这样难免破坏市场的竞争规则,还可能促使他们去寻找新的规则,最终产生寻租和腐败现象。针对现阶段土地一级市场的竞争问题,可以从以下几个方面入手。

第一,类似于征地需要明确公益用地范围,对于划拨也应该进一步缩小其范围。逐步全面推行土地有偿出让,用经济机制约束土地的节约集约利用。虽然,全面推行土地有偿出让可能增加相应的交易费用和具体单位的财政负担,但很明显的优势是可以抑制地方政府以公益事业为由的盲目扩张和建设,有利于提高土地资源的利用效率。

第二,虽然政府低价出让工业用地可以理解,但是一定要对低价出让进行用地的全程跟踪管理,杜绝用地单位以投资为名侵占国有资产。可以考虑从严格工业项目准入监管、缩减工业用地出让年限、实行工业用地分阶段出让、健全工

项目批后监管等几个方面加强对一级市场的监管，防止以地皮炒卖为目的的用地行为。

第三，加强对政府出让的监管，进一步明确招拍挂制度环节的具体做法和及时解决实际中出现的各种不利于市场决策的问题，如审批时间过长的问题。这样可以有效减少寻租空间，降低腐败的概率。

2. 利益共享下的政府职能转变

土地有偿使用制度和土地市场的建立，目的就是从微观主体的角度实现共有产权性质的土地资源的使用效率。但是，如果政府不减少对微观主体行为的干预，则无法实现土地市场的配置作用。所以，为解决城市土地二级市场中产权主体"坐地起价"、政府"与民争利"的困境，可以考虑从以下几个方面入手。

第一，明确建立城市土地二次开发的利益共享机制。这种共享机制必须是一种公平的共享机制，满足最基本的公开、公正，同时按照每个利益主体对二次开发的实际贡献来分享应得的收益。

第二，转变政府参与城市土地二次开发的职能。政府应该更多地发挥在规划控制和社会公平方面的作用，而实际的经济价值的体现应该让市场来做。政府如果参与，也必须以一种市场竞争者的身份参与，如通过国有企业，而不能摒弃市场竞争，通过政府来主导二次开发。

第三，建立切实的公众参与二次开发的机制。由公众来参与二次开发项目的规划、实施和监督，不仅能够有效降低公众的抵触情绪、减少项目推进的协商成本、提高对项目实施的监督效果，还有利于限制政府可能的过度干预。

3. 存量建设用地政策的创新方向

第一，调动城乡存量土地占有者集约高效利用土地的积极性。在满足因公共利益的需要而对土地进行收购储备的前提下，在严格执行土地利用总体规划和城乡规划确定的土地用途等规划条件下，土地使用者可以自己、也可以与他人合作等方式，对土地进行再开发，实现对土地的最高最佳利用。促进城镇存量土地高效利用，满足经济社会发展对土地使用的需求。

第二，完善土地出让方式，在坚持土地招拍挂出让的前提下，对于存量建设用地的再开发，在严格执行土地利用总体规划和城市建设规划的条件下，土地使用者采取自行或与他人合作，或将土地使用权转让给他人从事经营性开发的，允许通过协议方式获得土地使用权。

第三，需要国家配套的土地政策改革。其包括推进征地制度改革，城镇建设用地不必全部征为国有，可以保留集体土地性质。改革集体建设用地管理制度。集体建设用地流转逐步打破城镇建设规划圈内外限制，扩大流转的范围。改革土地出让制度，包括土地出让方式、土地收购储备制度、土地出让收益收支分配办法等。进一步深化集体土地产权制度改革，明晰和保护集体成员的权益。

（八）敬畏自然，建立全民的土地文化基础

现在我们面临的土地冲突，深层次的原因是全民的土地文化的断裂和缺失。文化都是长期的意识形态的结果，文化安全问题在短期内不容易轻易解决。而这种挑战同样是机会，我们可以在问题还没有形成对文化的影响时，恢复被扭曲的土地文化观。

1. 需要从教育入手

对土地的敬畏和土地文化传统的丧失，是近300年来在工业文明进程中逐步形成和演化的，是一个很长的渐变过程。要恢复土地文化的优良传统和伦理意识，也应该是一个持久的过程。这需要从教育做起，通过具体和形象的各种活动，来认识人类与土地的关系，在活动中体验人类对土地的影响，在活动中内化人与土地的行为。而在教育上，可以注重以下两点。

第一，树立积极和谐的土地资源安全维护观念。要在从小学到大学的教育体系中，将土地资源安全（包括其他自然资源安全）维护看成一个多维度的包括技术、经济、政治、人文价值、精神生活、地理环境、生态体系等在内的巨大系统工程，在维护的过程中将所求利益与系统中其他因素的优化有机结合起来，实现SES的和谐共生发展目标。

第二，要进行广泛宣传。由于转型期土地生态意识在许多人的头脑中还几乎是空白，这就决定了要进行广泛的宣传，用土地文化意识去抗争一切非文化意识、利己主义和拜金主义等造成的土地利用行为，把人们从非文化意识的桎梏中解脱出来。要加强全社会的土地利用文明教育，宣传破坏土地生态环境对生产活动、经济发展的制约作用，引导公民关心公共利益和长远利益，克服急功近利的实用主义；宣传土地文化不安全的实践危害性，以事实为根据，用土地环境污染等后果来教育人们土地文化的不安全是一种背离人类文明、妨碍社会进步的丑恶意识；宣传法律化的土地环境意识和土地生态意识，使人们认识到破坏土地环境是一种犯罪行为；还要宣传环境保护工作的成就，用已有的成果激励广大公民治理土地、建设土地、合理利用土地资源的信心和决心，坚定不移地做好土地保护和生态文明建设。

2. 需要建立激励和惩罚机制

土地文化的传承需要全社会各个部门的统筹协调来实现。土地文化的构建，需要在稳定制度环境下进行，包括与土地利用有关的社会行为、知识技能、道德传统、法律规范等属于人地关系范畴的生活方式。所以，这还需要一定的明文的规则来约束，也就是相应的激励和惩罚机制。

　　这种激励和惩罚机制的具体化，需要在特定的政策环境下才能够实现。例如，对于当前的中国来说，需要关注的是如何在土地文化安全研究的理论框架下设计一种激励和惩罚的机制；另外，在实践层面对处在城市化和工业化进程中的中国如何理性处理人与土地关系的对立，在国际层面如何参与全球土地气候治理及国际制度建设，如何处理土地不安全因素诱发的双边或多边国际争端，都是相应的激励和惩罚机制要解决的对象。

　　这种激励和惩罚机制主要是致力于使土地文化安全合作要摒弃单个利益集团的利益最大化，尽可能从感知中认识到共同利益最大化的价值。而这种共同利益最大化必然造成某个时间段单个或部分利益主体的利益损失，但是只要形成了长期的合作理念，后期可以通过利益补偿或支付转移的形式进行利益分配的再调整来弥补暂时性的利益损失。通过这种合作，最后实现了所有利益主体财富或者价值的提升，达到共赢的目标。

　　实际中，还需要重视和鼓励人民群众、地方政府等微观主体在惩罚和激励机制设计上的能动性和创造力。政策的设计总是不全面的，为了得到现实中切实有效的制度安排，本身需要建立一个机制，使得个体的设计能够低成本地汇总成"有效率"的制度安排，为复杂的现实服务。现实中我们需要多中心的治理机制，实现合作的分权化和市场化，促进信息的交流和信任的产生。

参考文献

蔡为民，薛岩松．2007．土地集约利用的模糊评判．统计与决策，2：51～53.

曹银贵，周伟，袁春．2009．全国城市土地集约利用评价及结果检验．河南师范大学学报（自然科学版），3：34～38.

常青，王仰麟，吴健生．2007．城市土地集约利用程度的人工神经网络判定．中国土地科学，4：26～31.

陈江龙，曲福田，陈雯．2004．农地非农化效率的空间差异及其对土地利用政策调整的启示．管理世界，8：37～42.

陈锡文．2004．中国农村的五大问题．决策探索，9：6～8.

丁成日．2009．城市增长与对策．北京：高等教育出版社．

傅超．2007．城镇化过程中两栖占地现状、机理分析以及政策建议．浙江大学硕士学位论文．

甘藏春．2009．土地宏观调控创新理论与实践．北京：中国财政经济出版社．

高志强，刘纪远，庄大方．1998．我国耕地面积重心及耕地生态背景质量的动态变化．自然资源学报，1：92～95.

国家发展和改革委员会，国土资源部，住建部．2007．关于全国各类开发区清理整顿工作总结报告．

国土资源部．2003-11-29．全国撤并整合开发区2046个．人民日报（第一版）．

国土资源部．2004．国土资源公报．http://www.mlr.gov.cn/tdzt/tdgl/xxhjtzshzyjhjs/zygq/201110/t20111008_981523.htm.

国土资源部．2005．全国土地利用变更调查报告．北京：中国大地出版社．

国土资源部．2009.2008年国土资源公报．http://www.cnemc.cn/publish/104/news/news_9307.html.

韩俊．2005．聚焦失地农民．中国改革，9：62～64.

洪银兴．2007．工业和城市反哺农业、农村的路径研究．经济研究，8：13～20.

环保部．2008-06-05.2007年中国环境状况公报．

黄祖辉，汪晖．2002．非公共利益性质的征地行为与土地发展权补偿．经济研究，5：66～71.

蒋省三，刘守英，李青．2007．土地制度改革与国民经济成长．管理世界，9：1～9.

黎一畅，周寅康，吴林，等．2006．城市土地集约利用的空间差异研究．南京大学学报（自然科学版），3：309～315.

李景刚，欧名豪，刘志坚，等．2006．江苏省开发区土地集约利用潜力研究．中国人口·资源与环境，6：25～29.

林毅夫．2002．自生能力、经济转型与新古典经济学的反思．经济研究，12：15～24.

刘永湘，杨明洪．2003．中国农民集体所有土地发展权的压抑与抗争．中国农村经济，6：16～24.

楼忆 . 2005-07-05. 数字房产：395.61 万亩——中国的"地荒论"？http://news. sdfdc. com/ad-min/newsfile/20059279200. html.

马晓河，蓝海涛，黄汉权 . 2005. 工业反哺农业的国际经验及我国的政策调整思路 . 管理世界，7：55～63.

孟捷 . 2007. 经济人假设与马克思主义经济学 . 中国社会科学，1：30～42.

钱忠好 . 1999. 中国农村社会经济生活中的非正式制度安排与农地制度创新 . 江苏社会科学，1：1～8.

曲福田，陈江龙，陈会广 . 2007. 经济发展与中国土地非农化 . 北京：商务印书馆 .

曲福田，陈江龙，冯淑怡 . 2001. 经济发展与土地可持续利用 . 北京：人民出版社 .

曲福田，高艳梅，姜海 . 2005. 我国土地管理政策：理论命题与机制转变 . 管理世界，4：40～47.

曲福田，黄贤金，朱德明 . 2000. 可持续发展的理论与政策选择 . 北京：中国经济出版社 .

曲福田，谭荣 . 2010. 中国土地非农化的可持续治理 . 北京：科学出版社 .

沈守愚 . 1998. 论设立土地发展权的理论基础和重要意义 . 中国土地科学，1：17～19.

束克欣 . 2006. "居住必买房"是危险导向 . 中国经济周刊，24：28.

谭荣 . 2008. 农地非农化的效率：资源配置、治理结构和制度环境 . 南京农业大学博士学位论文 .

谭荣 . 2010. 土地产权及其流转制度改革的路径选择 . 中国土地科学，24(5)：64～69.

谭荣 . 2014. 中国土地安全评论 . 北京：金城出版社，社会科学文献出版社 .

谭荣，曲福田 . 2006a. 中国农地非农化与农地资源保护：从两难到双赢 . 管理世界，12：50～59，66.

谭荣，曲福田 . 2006b. 农地非农化的空间配置效率与农地损失 . 中国软科学，5：49～57.

谭荣，曲福田 . 2006c. 现阶段农地非农化配置方式效率损失及农地过度性损失 . 中国土地科学，3：3～8.

谭荣，曲福田 . 2007. 农地非农化代际配置与农地资源损失 . 中国人口·资源与环境，3：28～34.

谭荣，曲福田 . 2009. 市场与政府的边界：土地非农化治理结构的选择 . 管理世界，12：39～48.

谭荣，曲福田 . 2010. 中国农地发展权之路：治理结构改革代替产权结构改革 . 管理世界，6：56～64.

汤小俊，丁全利，李孟然 . 2008-12-23. 10 年历程见证 30 年辉煌——访国土资源部原部长孙文盛 . 中国国土资源报 .

唐健，王庆日，谭荣 . 2014. 新型城镇化战略下的农村土地政策改革试验 . 北京：中国社会科学出版社 .

田党生 . 2010. 西部地区城市土地集约利用 . 长安大学学报(自然科学版)，3：100～104.

田国强 . 2005. 现代经济学的基本分析框架与研究方法 . 经济研究，2：113～125.

汪晖，陶然 . 2009. 论土地发展权转移与交易的"浙江模式" . 管理世界，8：39～52.

王爱民 . 2010. 城市土地集约利用研究的问题与困境 . 重庆大学学报(社会科学版)，4：7～10.

王华春，唐任伍．2004．中国城市土地资源利用及对策．北京师范大学学报(社会科学版)，2：124～131．

王一鸣．2005．"十一五"时期我国经济社会发展的阶段性特征．经济学动态，11：44～49．

王永莉．2007．国内土地发展权研究综述．中国土地科学，3：69～73．

王昱，丁四保，卢艳丽．2012．建设用地资源的空间优化配置：现状、矛盾与实现路径．经济问题探索，4：7～12．

王中亚，傅利平，陈卫东．2010．中国城市土地集约利用评价与实证分析——以三大城市群为例．经济问题探索，11：95～99．

吴次芳，谭荣．2010．农地保护层次论．北京：地质出版社．

吴次芳，叶艳妹．1995．土地科学导论．北京：中国建材工业出版社．

吴敬琏．1995．怎样才能实现增长方式的转变——为《经济研究》创刊40周年而作．经济研究，11：8～12．

吴郁玲，曲福田．2007．中国城市土地集约利用的影响机理：理论与实证研究．资源科学，6：106～113．

徐绍史．2009-04-27．深入开展农村土地整理，搭建新农村建设和城乡统筹发展新平台．国土资源报．

薛志伟．2006-06-28．警惕浪费土地的四种现象．经济日报．

姚洋．2000．中国农地制度：一个分析框架．中国社会科学，2：54～65．

姚洋，章奇．2001．中国工业企业技术效率分析．经济研究，10：13～19．

张曙光，刘守英，时红秀，等．2007．城市化背景下土地产权的实施和保护．管理世界，12：31～47．

郑凌志，周建春，唐健．2012．中国土地政策蓝皮书．北京：中国社会科学出版社．

中华人民共和国国家统计局．2008．中国统计年鉴．北京：中国统计出版社．

周其仁．2000．公有制企业的性质．经济研究，11：3～12．

周其仁．2010．还权赋能——成都土地制度改革探索的调查研究．国际经济评论，2：54～92．

Administrative Office of the State Council. 2004-04-29. Emergency notice on strictly controlling land resources and further regulating the land market. Guowuyuan Bangongting Guanyu Shenru Kaizhan Tudi Shichang Zhili Zhengdun Yange Tudi Guanli De Jinji Tongzhi.

Alberti M. 2005. The effects of urban patterns on ecosystem function. International Region Science Review，28：168～192．

Alexander E R. 1992. A transaction cost theory of planning. Journal of the American Planning Association，58：190～200．

Alexander E R. 2001a. A transaction-cost theory of land use planning and development control：toward the institutional analysis of public planning. Town Planning Review，72：45～75．

Alexander E R. 2001b. Governance and transaction costs in planning systems：a conceptual framework for institutional analysis of land-use planning and development control-the case of Israel. Environment and Planning B：Planning and Design，28：755～776．

Aljoufiea M，Brussel M，Zuidgeest M. 2013. Urban growth and transport infrastructure interaction in Jeddah between 1980 and 2007. International Journal of Applied Earth Observation and Geoinformation，21：493～505.

Allen D W，Lueck D. 1992. The "back forty" on a handshake：specific assets，reputation，and the structure of farmland contracts. The Journal of Law，Economics and Organization，8：366～375.

Alterman R. 1997. The challenge of farmland preservation：lessons from a six-nation comparison. Journal of the American Planning Association，63：220～243.

Arruñada B. 2007. Pitfalls to avoid when measuring institutions：is doing business damaging business? Journal of Comparative Economics，35：729～747.

Atkinson S E，Tietenberg T H. 1982. The empirical properties of two classes of designs for transferable discharge permit markets. Journal of Environmental Economics and Management，9：101～121.

Barzel Y. 1989. Economic Analysis of Property Rights. Cambridge：Cambridge University Press.

Baumol W J，Oates W E. 1971. The use of standards and prices for protection of the environment. Swedish Journal of Economics，73：42～54.

Beckmann V. 2000. Transaktionskosten und Institutionelle Wahl in der Landwirtschaft，Zwischen Markt，Hybrid Und Hierarchie. Berlin：Edition Sigma.

Benham A，Benham L. 2000. Measuring the costs of exchange. In：Ménard C. Institutions，Contracts and Organizations：Perspectives from New Institutional Economics. Cheltenham：Edward Elgar：367～375.

Berke P R，Godschalk D R，Kaiser E J. 2006. Urban Land Use Planning. Urbana：University of Illinois Press.

Bizer K. 1996. Handelbare Flächenausweisungsrechte zur Lenkung der Gemeindlichen Ausweisung von Siedlungs-und Verkehrsflächen. In：Köhn J，Welfens M J. Neue Ansätze in der Umweltökonomie. Marburg：Metropolis：67～383.

Booth P. 2002. From property rights to public control：the quest for public interest in the control of urban development. Town Planning Review，73：153～169.

Bramall C. 2004. Chinese land reform in long-run perspective and in the Wider East Asian context. Journal of Agrarian Change，4：107～141.

Brandt L，Huang J，Guo L，et al. 2002. Land rights in rural China：facts，fictions and issues. China Journal，47：67～97.

Bromley D W. 1989. Economic Interests and Institutions：The Conceptual Foundations of Public Policy. Oxford：Basil Blackwell.

Brown L. 1995. Who will Feed China：Wake up Call for a Small Planet. New York：W. W. Norton and Company.

Brown T L，Potoski M. 2003. Managing contract performance：a transaction costs approach. Journal of Policy Analysis and Management，22：275～297.

Brueckner J K. 2001. Urban sprawl：lessons from urban economics. In：Gale W G，Rothenberg

J. Brookings-Wharton Papers on Urban Affairs. Brookings: Brookings Institution Press: 65～97.

Bruns D F W, Schmidt J A. 1997. City edges in Germany: quality growth and urban design. Landscape and Urban Planning, 36: 347～356.

Buchan N, Croson R. 2004. The boundaries of trust: own and others' actions in the US and China. Journal of Economic Behavior & Organization, 55: 485～504.

Buitelaar E. 2003. Neither market nor government: comparing the performance of user rights regimes. Town Planning Review, 74: 315～330.

Buitelaar E. 2004a. A transaction-cost analysis of the land development process. Urban Studies, 41: 2539～2553.

Buitelaar E. 2004b. New institutional economics and planning: a different perspective on the market versus government debate in spatial planning. Discussion Paper, Nijmegen School of Management.

Buitelaar E. 2007. The Cost of Land Use Decisions: Applying Transaction Cost Economics to Planning and Development. Oxford: Blackwell Publisher.

Buitelaar E, Lagendijk A, Jacobs W. 2007. A theory of institutional change: illustrated by Dutch city-provinces and Dutch land policy. Environment and Planning A, 39: 891～908.

Bunce M. 1998. Thirty years of farmland preservation in north america: discourses and ideologies of a movement. Journal of Rural Studies, 14: 233～274.

Burchell R W, Lowenstein G, Dolphin W R, et al. 2002. Costs of Sprawl—2000. Washington DC: National Academy Press.

Cai J. 2011. Sustainability science of environment and resources—the rise, pathways and significance of "social-ecological" coupling analysis in foreign country. Foreign Social Sciences, 3: 42～49.

Cai W. 2009. Rural area: the key task of land registration. China Land, 10: 25～28.

Cai Y. 2000. Problems of farmland conservation in the rapid growth of China's economy. Resource Science, 22: 24～28.

Cai Y. 2001. Rural transformation and cultivated land preservation in China. Scientia Geographica Sinica, 21: 1～6.

Cao G, Feng C, Tao R. 2008. Local "land finance" in China's urban expansion: challenges and solutions. China & World Economy, 16: 19～30.

Cao W, Zhu H, Chen S. 2006. Impacts of urbanization on topsoil nutrient balances—a case study at a provincial scale from Fujian, China. CATENA, 69: 36～43.

CBS. 2003. StatLine Bodemgebruik in Nederland (Statistics Netherlands). Heerlen: Voorburg.

Chen J, Chen W, Qu F. 2004. Spatially unbalanced efficiency of farmland conversion and its implications to land use policy adjustment. Management World, 8: 37～42.

Chen J, Yu Z, Ouyang J, et al. 2006. Factors affecting soil quality changes in the North China Plain: a case study of Quzhou County. Agricultural Systems, 91: 171～188.

Chen X W. 2011a-03-28. Urbanization "threatens food security". China Daily.

Chen X W. 2011b-01-30. The linkage between urban land taking and rural land giving model needs be rectified. Presentations on the Press Conference of the State Council Office of China.

Chen Y, Tan S, Zhang A. 2009. Difference between the compensations of public and non-public interests: a 83 cases comparison. Management World, 10: 72~80.

Cheshire P, Sheppard S. 2002. The welfare economics of land use planning. Journal of Urban Economics, 52: 242~269.

Cheshire P, Vermeulen W. 2009. Land markets and their regulation: the welfare economics of planning. In: Geyer H S. International Handbook of Urban Policy (Vol. Ⅱ): Issues in the Developed World. Cheltenham: Edward Elgar.

Cheung S N S. 1969. The Theory of Share Tenancy. Chicago: The University of Chicago Press.

Cheung S N S. 1974. A theory of price control. Journal of Law and Economics, 17: 53~71.

Cheung S N S. 1983. The contractual nature of the firm. Journal of Law and Economics, 26: 1~21.

Chien S-S. 2007. Institutional innovations, asymmetric decentralization, and local economic development: a case study of Kunshan, in Post-Mao China. Environment and Planning C: Government and Policy, 25: 269~290.

Chinese Statistics Bureau. 2004. Statistical Almanac of China. Beijing: Chinese Statistics Press.

Chinese Statistics Bureau. 2008. Statistical Almanac of China. Beijing: Chinese Statistics Press.

Coase R H. 1960. The problem of social cost. Journal of Law and Economics, 3: 1~44.

Coase R H, Wang N. 2012. How China Became Capitalist? New York: Palgrave Macmillan.

Colby B G. 1990. Transactions costs and efficiency in western water allocation. American Journal of Agricultural Economics, 72: 1184~1192.

Collender R N, Zilberman D. 1985. Land allocation under uncertainty for alternative specifications of return distributions. American Journal of Agricultural Economics, 67: 779~786.

Commons J R. 1932. The problems of correlating law, economics and ethics. Wisconsin Law Review, 8: 3~26.

Costanza R, d'Arge R, de Groot R, et al. 1997. The value of the world's ecosystem services and natural capital. Nature, 387: 253~260.

Dale P. 1997. Land tenure issues in economic development. Urban Studies, 34: 1621~1633.

Davy B. 2007. Mandatory happiness? Land readjustment and property in Germany. In: Hong Y, Needham B. Analyzing Land Readjustment: Economics, Law, and Collective Action. Cambridge: Lincoln Institute of Land Policy.

de Alessi L. 1983. Property rights, transaction costs, and X-efficiency: an essay in economic theory. American Economic Review, 73: 64~81.

Deininger K. 1999. Making negotiated land reform work: initial experience from Colombia, Brazil and South Africa. World Development, 27: 651~672.

Delegation of the Netherlands. 1980. Land use policy in the Netherlands. HABITATINTL, 4: 547~553.

Demsetz H. 1967. Toward a theory of property rights. American Economic Review, 57:

347～359.

Demsetz H. 1969. Information and efficiency: another viewpoint. The Journal of Law and Economics, 12: 1～22.

Demsetz H. 1996. The core disagreement between Pigou, the profession, and Coase in the analyses of the externality question. European Journal of Political Economy, 12: 565～579.

Deng X, Huang J, Rozelle S, et al. 2006. Cultivated land conversion and potential agricultural productivity in China. Land Use Policy, 23: 372～384.

Deniz K. 2003. The cry for land: agrarian reform, gender and land rights in Uzbekistan. Journal of Agrarian Change, 3: 225～256.

Denzau A T, North D C. 1994. Shared mental models: ideologies and institutions. Kyklos, 47: 3～31.

Devy B. 1999. Land values and planning law: the German practice. ⅩⅢ AISOP Congress, Bergen, Norway, 7～11 July.

Ding C. 2001. The benchmark land price system and urban land use efficiency in China. Chinese Geographical Science, 11: 306～314.

Ding C. 2003. Land policy reform in China: assessment and prospects. Land Use Policy, 20: 109～120.

Ding C. 2005. Land acquisition in China: reform and assessment. Lincoln Institute of Land Policy Working Paper, Lincoln Institute Product Code: WP05CD1.

Ding C. 2006. Speculation about the continuously rising of housing prices in China. Urban Development Studies, 13: 1～6.

Ding C. 2007. Policy and practice of land acquisition in China. Land Use Policy, 24: 1～13.

Ding C, Lichtenberg E. 2011. Land and urban economic growth in China. Journal of Regional Science, 31: 299～317.

Doebele W A. 1982. Land Readjustment: A Different Approach to Finance Urbanization. Lexington: Lexington Books.

Donge J K V. 1999. Law and order as a development issue: land conflicts and the creation of social order in southern Malawi. The Journal of Development Studies, 36: 48～70.

Dransfeld E. 2001. German experiences according to the interrelations between the planning system, the different land development procedures and the formation of land values (price-setting process). Lincoln Institute of Land Policy Conference Paper, Lincoln Institute Product Code: CP01C04.

Eggertsson T. 2005. Imperfect Institutions: Possibilities and Limits of Reform. Michigan: University of Michigan Press.

Eijgelaar J. 1988. Land for housing in the Netherlands: the role of municipalities. Land Use Policy, 5: 175～179.

Ellickson R C. 1977. Alternatives to zoning: covenants, nuisance rules, and fines as land use controls. The University of Chicago Law Review, 40: 681～781.

Ely R T, Morehouse E W. 1924. Elements of Land Economics. New York: Macmillan.

Everingbam M. 2001. Agricultural property rights and political change in Nicaragua. Latin American Politics and Society, 43: 61~93.

Ewing R. 1994. Characteristics, causes, and effects of sprawl: a literature review. Environmental and Urban Studies, 21: 1~15.

Fan S. 1991. Effects of technological change and institutional reform on production growth in Chinese agriculture. American Journal of Agricultural Economic, 73: 266~275.

Farrell M J. 1957. The measurement of productive efficiency. Journal of the Royal Statistical Society, 120: 253~282.

Feldman R. 1974. Custom and capitalism: changes in the basis of land tenure in Ismani, Tanzania. Journal of Development Studies, 10: 305~320.

Fischel W A. 1978. A property rights approach to municipal zoning. Land Economics, 54: 64~81.

Fischel W A. 1987. The Economics of Zoning Laws: A Property Rights Approach to American Land Use Controls. Baltimore, London: Johns Hopkins Press.

Frantz R. 1992. X-efficiency and allocative efficiency: what have we learned? American Economic Review, 82: 434~438.

Freeman L. 2001. The effects of sprawl on neighborhood social ties—an explanatory analysis. Journal of the American Planning Association, 67: 69~77.

Fryxell G E, Lo C W H, Lam T-C. 2003. Allocation of responsibility: managerial perspectives on pollution in three Chinese municipalities. Environment and Planning C: Government and Policy, 21: 445~465.

Furubotn E G. 1999. Economic efficiency in a world of frictions. European Journal of Law and Economics, 8: 179~197.

Furubotn E G, Richter R. 2005. Institutional and Economic Theory: The Contribution of the New Institutional Economics (2nd ed.). Ann Arbor: University of Michigan Press.

Gan Z. 2009. Theory and Practice of Land Administration. Beijing: China Financial & Economic Publishing House.

Gao Z, Liu J, Zhuang D. 1998. The dynamic changes of the gravity center of the farmland area and the quality of the farmland ecological background in China. Journal of Natural Resource, 13: 92~96.

Garcia-López M À. 2012. Urban spatial structure, suburbanization and transportation in Barcelona. Journal of Urban Economics, 72: 176~190.

Gerring J. 2007. Case Study Research: Principles and Practices. Cambridge: Cambridge University Press.

Gibbons R, Waldman M. 2004. Task-specific human capital. The American Economic Review, 94: 203~207.

Gilligan D O. 2004. The economics of agricultural labour exchange with evidence from Indonesia. PhD Dissertation, College Park, MD: University of Maryland.

Giménez E L, Gómez M G. 2003. Optimal allocation of land between productive use and recreational use. Journal of Regional Science, 43: 269~293.

Gonzalez G A. 2005. Urban sprawl, global warming and the limits of ecological modernisation. Environmental Politics, 14: 344~362.

Greenberg M R, Popper F J. 1990. Government land preservation and communication policies in fast-growing counties of the United States of America. Environment and Planning C: Government and Policy, 8: 417~426.

Grossman H I. 1994. Production, appropriation, and land reform. The American Economic Review, 84: 705~712.

Grünzweig J M, Sparrow S D, Yakir D, et al. 2004. Impact of agricultural land-use change on carbon storage in Boreal Alaska. Global Change Biology, 10: 452~472.

Guthrie D. 1998. The declining significance of Guanxi in China's economic transition. China Quaterly, 154: 254~282.

Haaren C V, Reich M. 2006. The german way ro greenways and habitat networks. Landscape and Urban Planning, 76: 7~22.

Hagedorn K. 2005. The dichotomy of segregative and integrative institutions and its particular importance for sustainable resource use and rural development. Paper Presented at the Workshop in Political Theory and Policy Analysis Colloquium Mini Series, Bloomington, October 20.

Hagedorn K. 2008. Particular requirements for institutional analysis in nature-related sectors. European Review of Agricultural Economics, 35: 357~384.

Han J. 2005. Focusing on land-lost farmers. China Reform, 9: 62~64.

Han S S. 2010. Urban expansion in contemporary China: what can we learn from a small town? Land Use Policy, 27: 780~787.

Handy S. 2005. Smart growth and the transportation-land use connection: what does the research tell us. International Regional Science Review, 28: 146~167.

Hayek F A. 1945. The use of knowledge in society. American Economic Review, 35: 519~530.

Healey P. 1992. An institutional model of the development process. Journal of Property Research, 9: 33~44.

Heckman J J. 1979. Sample selection bias as a specification error. Econometrica, 47: 153~161.

Heilbroner L. 1974. An Inquiry into the Human Prospect. New York: W. W. Norton & Company.

Henger R, Bizer K. 2008. Tradable planning permits for land-use control in Germany. Land Use Economics and Planning-Discussion Paper, No. 08-01, Georg-August-Universität Göttingen.

Henger R, Bizer K. 2009. Tradable planning permits for land-use control in Germany. Land Use Policy, doi: 101016/jlandusepol200911003.

Hicks J R. 1939. The foundations of welfare economics. The Economic Journal, 49: 696~712.

Ho P. 2001. Who owns China's land? Policies, property rights and deliberate institutional ambiguity. The China Quarterly, 166: 394~421.

Ho P. 2005. Institutions in Transition: Land Ownership, Property Rights, and Social Conflict in China. New York: Oxford University Press.

Ho P. 2006. Credibility of institutions: forestry, social conflict and titling in China. Land Use Policy, 23: 588~603.

Ho P, Spoor M. 2006. Whose land? The political economy of land titling in transitional economies. Land Use Policy, 23: 580~587.

Ho S P S, Lin G C S. 2003. Emerging land markets in rural and urban China: policies and practices. The China Quarterly, 175: 681~707.

Hong Y. 2007. Assembling land for urban development - issues and opportunities. *In*: Hong Y, Needham B. Analysing Land Readjustment: Economics, Law, and Collective Action. Cambridge: Lincoln Institute of Land Policy.

Hong Y, Needham B. 2007. Analyzing Land Readjustment: Economics, Law, and Collective Action. Cambridge: Lincoln Institute of Land Policy.

Horowitz A W. 1993. Time paths of land reform: a theoretical model of reform dynamics. American Economic Review, 83: 1003~1010.

Huang J, Rozelle S, Rosegrant M W. 1997. China's Food Economy to the Twenty-First Century: Supply, Demand, and Trade. Chicago: Chicago University Press.

Hubbard M. 1997. The"new institutional economics" in agricultural development: insights and challenges. Journal of Agricultural Economics, 42: 239~249.

Hushak L J. 1975. The urban demand for urban-rural fringe land. Land Economics, 51: 112~124.

Janvry A D, Sadoulet E. 1989. A study in resistance to institutional change: the lost game of Latin American land reform. World Development, 17: 1397~1407.

Jia X, Huang J. 2011. Contractual arrangements between farmer cooperatives and buyers in China. Food Policy, 36: 656~666.

Johnson M P. 2001. Environmental impacts of urban sprawl: a survey of the literature and proposed research agenda. Environment and Planning, 33: 717~735.

Johnston R A, Madison M E. 1997. From land marks to landscapes: a review of current practices in the transfer of development rights. Journal of the American Planning Association, 63: 365~379.

Kaldor N. 1939. Welfare propositions of economics and interpersonal comparisons of utility. The Economic Journal, 49: 549~552.

Kaplowitz M D, Machemer P, Pruetz R. 2008. Planners' experiences in managing growth using transferable development rights (TDR) in the United States. Land Use Policy, 25: 378~387.

Kelly K. 1994. Out of Control: The New Biology of Machines, Social Systems and the Economic World. New York: Basic Books.

Knaap G，Moore T. 2000. Land supply and infrastructure capacity monitoring for smart urban growth. Lincoln Institute of Land Policy Working Paper，Lincoln Institute Product Code：WP00GK1.

Koomen E，Dekkers J，van Dijk T. 2008. Open-space preservation in the Netherlands：planning，practice and prospects. Land Use Policy，25：361～377.

Krupnick A J，Oates W E，van de Berg E. 1983. On marketable air-pollution permits：the case for a system of pollution offsets. Journal of Environmental Economics and Management，10：233～247.

Kühn M. 2003. Greenbelt and green heart：separating and integrating landscapes in European city regions. Landscape and Urban Planning，64：19～27.

Lai L W C. 1994. The economics of land-use zoning：a literature review and analysis of the work of Coase. Town Planning Review，65：77～98.

Lai L W C. 1997. Property rights justifications for planning and a theory of zoning. In：Diamond D，Massam B H. Progress in Planning. Exeter：BPC Wheatons Ltd. ：161～245.

Lai O-K，Lai T-K. 1991. Socialist state planning reconsidered：regional policy in China，1949 — 1989. Environment and Planning C：Government and Policy，9：207～224.

Larsson G. 1997. Land readjustment：a tool for urban development. Habitat International，21：141～152.

Lau S S Y，Giridharan R，Ganesan S. 2005. Multiple and intensive land use：case studies in Hong Kong. Habitat International，29：527～546.

Leach M，Scoones I，Stirling A. 2007. Pathways to sustainability：an overview of the STEPS centre approach. STEPS Approach Paper，Brighton：STEPS Centre.

Lee L F. 1979. Identification and estimation in binary choice models with limited (censored) dependent variables. Econometrica，47：977～996.

Lehmann P，Schröter-Schlaack C. 2008. Regulating land development control with tradable permits：what can we learn from air pollution control? Working Paper，No. 72，Faculty of Economics and Business Administration，University of Leipzig.

Leibenstein H. 1966. Allocative efficiency vs. X-efficiency. American Economic Review，56：392～415.

Lerman Z. 1999. Land reform and farm restructuring：what has been accomplished to date? American Economic Review，89：271～275.

Leväinen K I，Altes W K. 2002. Land development contracts-a comparative study in Finland and in the Netherlands. FIG ⅩⅫ International Congress，Washington，D. C，USA，April 19～26.

Li B，Tan C，He R. 2009. The impacts of chemical fertilizer on environment in China. Modern Agricultural Technologies，4：193～195.

Li G，Rozelle S，Brandt L. 1998. Tenure，land rights，and farmer investment incentives in China. Agricultural Economics，19：63～71.

Li S. 2004. Why is property right protection lacking in China? An institutional explaina-tion. California Management Review, 46: 100~115.

Li W, Feng T, Hao J. 2009. The evolving concepts of land administration in China: cultivated land protection perspective. Land Use Policy, 29: 262~272.

Liang Y, Gao T. 2006. Empirical study on the factors of housing price change in China. Management World, 8: 76~82.

Lichtenberg E, Ding C. 2008. Assessing farmland protection policy in China. Land Use Policy, 25: 59~68.

Lichtenberg E, Ding C. 2009. Local officials as land developers: urban spatial expansion in China. Journal of Urban Economies, 66: 57~64.

Lin G C S, Ho S P S. 2003. China's land resources and land-use change: insights from the 1996 land survey. Land Use Policy, 20: 87~107.

Lin G C S, Ho S P S. 2005. The state, land system, and land development processes in contemporary China. Annals of the Association of American Geographers, 95: 411~436.

Lin J Y. 1992. Rural reforms and agricultural growth in China. The American Economic Review, 82: 34~51.

Liu H. 2010. On the optimization of government's functions in rural land circulation. Journal of Hunan University of Technology Social Science Edition, 15: 70~73.

Liu J, Diamond J. 2008. Revolutionizing China's environmental protection. Science, 319: 37~38.

Liu J, Ouyang Z, Pimm S L, et al. 2003. Protecting China's biodiversity. Science, 300: 1240~1241.

Liu J G, Thomas D, Stephen R C. 2007. Complexity of coupled human and natural systems. Science, 317: 1513~1516.

Liu T. 2002. Deeply thinking the land acquisition. China Land, 8: 3~8.

Lohmar B. 2006. Feeling for stones but not crossing the river: China's rural land tenure after twenty years of reform. The Chinese Economy, 39: 85~102.

Loo B P Y, Chow A S Y. 2011. Spatial restructuring to facilitate shorter commuting: an example of the relocation of Hong Kong International Airport. Urban Studies, 48: 1681~1694.

Louw E. 2008. Land assembly for urban transformation—the case of Hertogenbosch in the Netherlands. Land Use Policy, 25: 69~80.

Louw E, Krabben E V D, Priemus H. 2003. Spatial development policy: changing roles for local and regional authorities in the Netherlands. Land Use Policy, 20: 357~366.

Ma X S, Lo H K. 2012. Modeling transport management and land use over time. Transportation Research Part B, 46: 687~709.

Maddala G S. 1983. Limited-Dependent and Qualitative Variables in Econometrics. Cambridge: Cambridge University Press.

Magel H. 2003-02-06. Land policy and land management in Germany. Lecture in Melbourne. http://

www. fig. net/council/council _ 2003 _ 2006/magel-papers/magel _ melbourne _ feb _ 2003. pdf.

Maier-Rigaud G. 1994. Umweltpolitik mit Mengen und Märkten: Lizenzen als Konstituierendes Element Einerökologischen Marktwirtschaft. Marburg: Metropolis.

Mallawaarachchi T, Quiggin J. 2001. Modelling socially optimal land allocations for sugar cane growing in north Queensland: a linded mathematical programming and choice modeling study. The Australian Journal of Agricultural and Resource Economics, 45: 383~409.

Masten S E, Meehan J W, Snyder E A. 1991. The cost of organization. The Journal of Law, Economic, and Organization, 7: 1~25.

McCallum C. 1994. The effect of Quebec's Agricultural Preservation Law on agricultural and rural land use near Sherbrooke. Master Thesis, Department of Geography, Carleton University, Ottawa.

McCann L, Colby B, Easter K W. 2005. Transaction cost measurement for evaluating environmental policies. Ecological Economics, 52: 527~542.

McCann L, Easter K W. 1999. Transaction costs of policies to reduce agricultural phosphorous pollution in the Minnesota River. Land Economics, 75: 402~414.

McGartland A M, Oates W E. 1985. Marketable permits for the prevention of environmental deterioration. Journal of Environmental Economics and Management, 12: 207~228.

Ménard C. 2004. The economics of hybrid organizations. Journal of Institutional and Theoretical Economics, 160: 345~376.

Ménard C, Valceschini E. 2005. New institutions for governing the agri-food industry. European Review of Agricultural Economics, 32: 421~440.

Mills D E. 1980. Transferable development rights markets. Journal of Urban Economics, 7: 63~74.

Ministry of Land and Resources of China. 2004-05-30. Annual report on China's land and resource statistics. Guotu Ziyuan Zonghe Tongji Nianbao.

Ministry of Land and Resources of China. 2005. Suggestions on Preparatory Work of the Land Use General Plan Revision. Beijing: MLR.

Ministry of Land and Resources of China. 2006a. Regulation on Conveyance of Urban Land Use Right Through Tender, Auction and Listing. Beijing: MLR.

Ministry of Land and Resources of China. 2006b. Regulation on Remise Urban Land Use Right Through Negotiation. Beijing: MLR.

Ministry of Land and Resources of China. 2009a-03-03. Bulletin of China's land and resource in 2008. 2008 Nian Guotu Ziyuan Gongbao.

Ministry of Land and Resources of China. 2009b-04-09. Annual report on China's land and resource statistics. Guotu Ziyuan Zonghe Tongji Nianbao.

Müller-Jökel R. 2002. Land evaluation in urban development process in Germany. FIG ⅩⅫ International Congress, Washington, D. C, USA, April 19~26.

Naik D R, Bosukonda S, Mrutyunjayareddy K. 2011. Reservoir impact assessment on land use/

land cover and infrastructure—a case study on polavaram project. Journal of the Indian Society of Remote Sensing，39：271～278.

National Bureau of Environmental Protection. 1998. China's Biodiversity：A Country Study. Beijing：China Environmental Science Press.

National Bureau of Statistics. 2008. China Statistical Yearbook 2008. Beijing：NBS.

NCDR（National Committee of Development and Reform），Ministry of Land and Resource，Ministry of Construction. 2007. China Development Zone Audit Notice.

Needham B. 1992. A theory of land price when land is supplied publicly：the case of the Netherlands. Urban Studies，29：669～686.

Needham B. 2002. Land readjustment in the Netherlands. Lincoln Institute of Land Policy Conference Paper，Lincoln Institute Product Code：CP02C10.

Needham B. 2006. Planning，Law and Economics：The Rules We Make for Using Land. Oxon：Routledge.

Needham B. 2007. Dutch Land Use Planning. The Hague：Sdu Uitgevers.

Nelson A C. 1992. Preserving prime farmland in the face of urbanization：lesson from Oregon. Journal of the American Planning Association，58：467～488.

Nguyen T，Cheng E，Findlay C. 1996. Land fragmentation and farm productivity in China in the 1990s. China Economic Review，7：169～180.

Norbert P. 1994. Entwicklungstendenzen der Agrarstrukturen in der Ukraine. Berlin：Duncker und Humblot.

North D C. 1990. Institutions，Institutional Change and Economic Performance. Cambridge：Cambridge University Press.

North D C. 1991. Institutions. Journal of Economic Perspectives，5：97～112.

Nuissl H，Haase D，Lanzendorf M，et al. 2009. Environmental impact assessment of urban land use transitions—a context-sensitive approach. Land Use Policy，26：414～424.

OECD. 2007-07. Environmental Performance Reviews：China. http：//www. oecd. org/china/environmentalperformancereviewschina 2007. htm.

Olson M. 1965. The Logic of Collective Action：Public Goods and the Theory of Groups. Cambridge：Harvard University Press.

Ostrom E. 1990. Governing the Commons—The Evolution of Institutions for Collective Action. Cambridge：Cambridge University Press.

Ostrom E. 2005. Understanding Institutional Diversity. Princeton：Princeton University Press.

Ostrom E. 2007. A diagnostic approach for going beyond panaceas. Proceedings of the National Academy of Sciences（PNAS），104：15181～15187.

Ostrom E. 2009. A general framework for analyzing sustainability of social ecological systems. Science，325：419～422.

Ostrom E. 2010a. Beyond markets and states：polycentric governance of complex economic systems. The American Economic Review，100：641～672.

Ostrom E. 2010b. Analysing collective action. Agricultural Economics, 41: 155~166.

Ostrom E. 2011. Background on the institutional analysis and development framework. Policy Studies Journal, 39: 7~27.

Ostrom E, Schroeder L, Wynne S. 1993. Analyzing the performance of alternative institutional arrangements for sustaining rural infrastructure in developing countries. Journal of Public Administration Research and Theory, 3: 11~45.

Ostrom V, Tiebout C M, Warren R. 1961. The organization of government in metropolitan areas: a theoretical inquiry. American Political Science Review, 55: 831~842.

Ostwald M, Chen D. 2006. Land-use change: impacts of climate variations and policies among small-scale farmers in the Loess Plateau, China. Land Use Policy, 23: 361~371.

Perman R, Ma Y, McGilvray J, et al. 2003. Natural Resource and Environmental Economics (3rd ed.). Harlow: Pearson Education Limited.

Pigou A C. 1932. The Economics of Welfare(4th ed.). London: Macmillan And Co.

Pindyck R S, Rubinfeld D L. 1998. Econometric Models and Economic Forecasts(4th ed.). New York: McGraw-Hill.

Platt R H. 1985. The farmland conversion debate: NALS and beyond. Professional Geographer, 37: 433~434.

Plaut T R. 1980. Urban expansion and loss of farmland in the united states: implications for the future. American Journal of Agricultural Economics, 62: 537~548.

Poppo L, Zenger T. 1999. Testing alternative theories of the firm: transaction cost knowledge-based, and measurement explanations for make-or-buy decisions in information services. Strategic Management Journal, 19: 853~877.

Pruetz R. 1997. Saved by Development: Preserving Environmental Areas, Farmland and Historical Landmarks with Transfer Development Rights. California: Arje Press.

Pruetz R. 2003. Beyond Takings and Givings Saving Natural Areas, Farmland and Historic Landmarks with Transfer of Development Rights and Density Transfer Charges. California : Arje Press.

Qu F, Chen J, Chen H. 2007. Economic Development and Land Conversion in China. Beijing: The Commercial Press.

Qu F, Chen J, Feng S. 2001. Economic Development and Land Sustainable Use. Beijing: People Press.

Qu F, Feng S, Zhu P. 2004. Institutional arrangement, price mechanism, and farmland conversion. Economics, 1: 229~248.

Qu F, Heerink N, Wang W. 1995. Land administration reform in China: it's impact on land allocation and economic development. Land Use Policy, 12: 193~203.

Qu F, Kuyvenhoven A, Shi X, et al. 2011. Sustainable natural resource use in rural China: recent trends and policies. China Economic Review, 22: 444~460.

Ramstad Y. 1996. Is a transaction a transaction? Journal of Economic Issues, 30: 413~425.

Ruiter D W P. 2005. Is transaction cost economics applicable to public governance? European Journal of Law and Economics, 20: 287~303.

Schwartz S I, Hansen D E. 1975. Two methods for preserving agricultural land at the urban fringe: use-value assessment and transferable development rights. Agriculture and Environment, 2: 165~180.

Schwarzwalder B, Prosterman R, Ye J, et al. 2002. An update on China's rural land tenure reforms: analysis and recommendations based on a seventeen-province survey. Columbia Journal of Asian Law, 16: 141~225.

Silverman B S, Nickerson J A, Freeman J. 1997. Profitability, transactional alignment and organizational mortality in the U. S. trucking industry. Strategic Management Journal, 18: 31~52.

Simon H A. 1969. The Sciences of the Artificial. Cambridge: MIT Press.

Simon H A. 1983. Reason in Human Affairs. Stanford: Stanford University Press.

Simon H A. 1991. Organizations and markets. Journal of Economic Perspectives, 5: 25~44.

Skonhoft A, Solem H. 2001. Economic growth and land-use changes: the declining amount of wilderness land in Norway. Ecological Economics, 37: 289~301.

Slangen L H G, Loucks L A, Slangen A H L. 2008. Institutional Economics and Economic Organization Theory: An Integrated Approach. Wageningen: Wageningen Academic Publishers.

Sorensen A. 1999. Land readjustment, urban planning and urban sprawl in the Tokyo metropolitan area. Urban Studies, 40: 219~247.

Sorensen A. 2000. Land readjustment and metropolitan growth: an examination of suburban land development and urban sprawl in the Tokyo metropolitan area. Progress in Planning, 53: 217~330.

Stahl-Rolf S R. 2000. Transition of the spot: historicity, social structure, and institutional change. Atlantic Economic Journal, 28: 25~37.

State Council. 1997-04-15. Notice on further control of land resources and protection of cultivated land. Guanyu Jinyibu Jiaqiang Tudi Guanli Qieshi Baohu Gengdi De Tongzhi.

Statistisches Bundesamt. 2007-12-01. Gebiet und bevölkerung— fläche und bevölkerung der bundesrepublik deutschland. http://www. statistik-portal. de.

Tan M, Li X, Xie H, et al. 2005. Urban land expansion and arable land loss in China—a case study of Beijing-Tianjin-Hebei Region. Land Use Policy, 22: 187~196.

Tan R. 2006. The impact of China's three-sector land market system on farmland conversion and changes in social welfare. 4th International Symposium on Agricultural Modernization & 8th European Conference on Agriculture and Rural Development in China, Yiwu City, Zhejiang Province, China, August 31~September 2.

Tan R. 2010. Path choice for the reform of land property and its transfer policies. China Land Science, 5: 64~69.

Tan R, Beckmann V. 2010. Diversity of practical quota systems for farmland preservation: a multi-country comparison and analysis. Environment and Planning C: Government and Policy, 28(2): 211~224.

Tan R, Beckmann V, Qu F, et al. 2012. Governing farmland conversion for urban development from the perspective of transaction cost economics. Urban Studies, 49(4): 2265~2283.

Tan R, Beckmann V, van den Berg L, et al. 2009. Governing farmland conversion: comparing China with the Netherlands and Germany. Land Use Policy, 26(4): 961~974.

Tan R, Qu F. 2005. Government intervention and excessive loss of farmland conversion in China. First Asia-Europe Workshop on Sustainable Resource Management and Policy Options for Rice Ecosystems, Conference Paper, May 11~14, Hangzhou, China.

Tan R, Qu F. 2009. Boundary of government and market: governing farmland conversion in China. Management World, 12: 39~47.

Tan R, Qu F. 2010. What is the optimal rate of China's conversion of farmland? Statistical experience from past 15 years. In: Beckmann V, et al. Economic Transition and Natural Resource Management in East and Southeast Asia. Aachen: Shaker-Publisher.

Tan R, Qu F, Heerink N, et al. 2011. Rural to urban land conversion in China—how large is the over-conversion and what are its welfare implications? China Economic Review, 22(4): 474~484.

Tan S. 2008. Research of concept, characters, and trigger factors of land conflicts in China. China Land Science, 4: 4~13.

Tan S, Heerink N, Qu F. 2006. Land fragmentation and its driving forces in China. Land Use Policy, 23: 272~285.

Tang J, Tan R. 2013. The new approach to release the value of rural construction land—a comparative study based on the transfer model of the collective land in rural areas in Wuxi and Chengdu. Journal of Huazhong Agricultural University (Social Sciences Edition), 3: 24~29.

Thomas J, Hamlin R. 2000. Transferable development rights: a policy brief for the Michigan legislature. Working Paper, Michigan State University.

Thompson G, Frances J, Levačić R, et al. 1991. Markets, Hierarchies & Networks: The Coordination of Social Life. London: Sage Publications.

Tian G, Liu J, Zhuang D. 2003. The temporal-spatial characteristics of rural residential land in China in 1990s. Acta Geographica Sinica, 58: 651~658.

Tian L, Ma W J. 2009. Government intervention in city development of China: a tool of land supply. Land Use Policy, 26: 599~609.

Tian L, Zhu J. 2013. Clarification of collective land rights and its impact on non-agricultural land use in the Pearl River Delta of China: a case of Shunde. Cities, 35: 190~199.

Tianze Institute of Economics. 2008. Cultivated Land Preservation and Food Security. Beijing: Tianze Report.

Tietenberg T. 1995. Tradable permits for pollution control when emission location matters: what have we learned? Environmental and Resource Economics，5：95～113.

Tietenberg T. 2006. Emissions Trading：Principles and Practice. Washington DC：REF Press.

Tietenberg T. 2008. The evolution of emissions trading. Paper Presented at the American Economic Association Annual Meeting.

Turne M A. 2007. A simple theory of smart growth and sprawl. Journal of Urban Economics，61：21～44.

Ulmer F，Renn O，Ruther-Mehlis A. 2007. Erfolgsfaktoren zur Reduzierung des Flächenverbrauchs in Deutschland-Evaluation der Ratsempfehlungen "Mehr Wert Für die fläche：Das Ziel 30ha". Stuttgart：DIALOGIK GmbH.

Valk A V D. 2002. The dutch planning experience. Landscape and Urban Planning，58：201～210.

van den Berg L M，Dinh T H V，Shi X，et al. 2006. Towards integrated urban and horticultural planning in Hanoi and Nanjing. Alterra-Report，No. 1395，Wageningen UR.

van Huylenbroeck G. 2003. Hybrid governance structures to respond to new consumer and citizens' concerns about food. In：van Huylenbroeck G，Verbeke W，Lauwers L，et al. Importance of Policies and Institutions for Agriculture. Gent：Academia Press：191～206.

Vandermeulen V，Gellynck X，Huylenbroeck G V，et al. 2009. Farmland for tomorrow in densely populated areas. Land Use Policy，26：859～868.

Vatn A. 2005. Institutions and the Environment. Cheltenham：Edward Elgar.

Verhaegen I，van Huylenbroeck G. 2002. Hybrid governance structures for quality farm products：a transaction cost perspective. Institutional Change in Agriculture and Natural Resources. Aachen：Shaker.

Vink B，van den Burg A. 2006. New Dutch spatial planning policy creates space for development. NSL Network City and Landscape：DISP-online：164.

Vlist M J V D. 1998. Land use planning in the Netherlands：finding a balance between rural development and protection of the environment. Landscape and Urban Planning，41：135～144.

Wang G. 2005. The characters of economic growth in the 11th Five-Year Plan in China. Economics Perspectives，11：44～49.

Wang Y. 2004. Environmental degradation and environmental threats in China. Environmental Monitoring and Assessment，90：161～169.

Wasilewski A，Krukowski K. 2004. Land conversion for suburban housing：a study of urbanization around Warsaw and Olsztyn，Poland. Environmental Management，34：291～303.

Webster C J. 1998. Public choice，Pigouvian and Coasian planning theory. Urban Studies，35：53～75.

Webster C J. 2009. Are some planning transactions intrinsically sovereign? Journal of Planning Education and Research，28：476～490.

Webster C J，Lai L W C. 2003. Property Rights，Planning and Markets：Managing Spontaneous Cities. Cheltenham：Edward Elgar.

Wei Y. 1993. Urban land use transformation and determinants of urban land use size in China. GeoJournal, 30: 435~440.

Wheston W C. 1998. Land use and density in cities with congestion. Journal of Urban Economics, 43: 258~272.

Whittington J, Dowall D. 2006. Transaction-cost economic analysis of institutional change toward design-build contracts for public transportation. Working Paper, No. 2006-09, Institute of Urban and Regional Development, University of California at Berkeley.

Wiegandt C. 2004. Mixed land use in Germany: chances, benefits, and constraints. Paper Prepared for International Planning Symposium on Incentives, Regulations, and Plans: the Role of States and Nation-States in Smart Growth Planning, September 30~ October 1.

Williamson O E. 1979. Transaction-cost economics: the governance of contractual relations. Journal of Law and Economics, 22: 233~261.

Williamson O E. 1985. The Economic Institutions of Capitalism. New York: The Free Press.

Williamson O E. 1991. Comparative economic organization: the analysis of discrete structural alternatives. Administrative Science Quarterly, 36: 269~296.

Williamson O E. 1996. The Mechanisms of Governance. New York: Oxford University Press.

Williamson O E. 1998. Transaction cost economics: how it works, where it is headed. De Economist, 146: 23~58.

Williamson O E. 1999. Public and private bureaucracies: a transaction cost economics perspective. Journal of Law, Economics, and Organization, 15: 306~342.

Williamson O E. 2000. The new institutional economics: taking stock, looking ahead. Journal of Economic Literature, 38: 595~613.

Williamson O E. 2007. Transaction cost economics: an introduction. Economics Discussion Papers, No. 2007-3.

Wong K K, Zhao X B. 1999. The influence of bureaucratic behavior on land apportionment in China: the informal process. Environment and Planning C: Government and Policy, 17: 113~126.

Woodward R T. 2001. The environmentally optimal trading ratio. Paper Presented at the Annual Meeting of the American Agricultural Economics Association, August 5~8, Chicago, Illinois.

Wu C, Tan R. 2010. Nested Theory on Farmland Preservation in China. Beijing: Geologic Press.

Wu F. 1995. Urban processes in the face of China's transition to a socialist market economy. Environment and Planning C: Government and Policy, 13: 159~177.

Xu B, Yang X, Chen J. 2011. Discussion on the "two separations and two exchanges": a rural land reclamation and readjustment mode in Jiaxing City of Zhejiang Province. China Land Science, 25: 37~42.

Xu J. 2006. Sand-dust storms in and around the Ordos Plateau of China as influenced by land use change and desertification. CATENA, 65: 279~284.

Xu S. 2007-12-26. Four hazard of land illegal use. Official Report on the Videophone Conference of the Land Law Knowledge Training within the Land Administration System.

Xu S. 2009a-04-27. Implementing rural land consolidation and reclamation and form a new platform for the new countryside development and harmonizing rural and urban development. Newspaper of Land and Resource in China.

Xu S. 2009b-11-30. The progressing achievement of the second national land survey located in five points. Official Report on the Videophone Conference of the Second National Land Survey.

Yang H, Li X. 2000. Cultivated land and food supply in China. Land Use Policy, 17: 73~88.

Yang M. 2002. The resilience of Guanxi and its new deployments: a critique of some new Guanxi scholarship. China Quarterly, 170: 459~476.

Yao Y. 2001. Egalitarian land distribution and labor migration in rural China. Working Paper Series, China Center for Economic Research, No. E2001007.

Young J. 2013. Toward an integrated system of rural-urban residency and land use in China. Modern China Studies, 20: 229~266.

Yu L. 2008. Learning process of Chinese urban planning: the case of Xiamen's City Comprehensive Plan. Environment and Planning C: Government and Policy, 26: 229~242.

Yu Z, Hu X. 2003. Research on the relation of food security and cultivated land's quantity and quality in China. Geography and Territorial Research, 19: 45~49.

Yue W, Liu Y, Fan P. 2010. Polycentric urban development: the case of Hangzhou. Environment and Planning A, 42: 563~577.

Yvrande-Billon A, Ménard C. 2005. Institutional constraints and organizational changes, the case of the British Rail Reform. Journal of Economica Behavior & Organization, 56: 675~699.

Yvrande-Billon A, Saussier S. 2004. Do organization choices matter? Assessing the importance of governance through performance comparisons. In: Harvey J. New Ideas in Contraction and Organizational Economics Research. Norwell: Kluwer Academic Publishers.

Zhang H, Jia S. 2001. An analysis on adjustment mechanism of non-agricultural utilization of cultivated land. Economic Study, 15: 50~54.

Zhang H Q, Mcguffie K, Henderson-Sellers A. 2001. The compounding effects of tropical deforestation and greenhouse warming on climate. Climatic Change, 49: 309~388.

Zhang J. 2009. Industry building as contested market building: knowledge, politics, and the rise of Beijing in China's virtual economy. Environment and Planning C: Government and Policy, 27: 632~646.

Zhang L. 2008. Conceptualizing China's urbanization under reforms. Habitat International, 32: 452~470.

Zhang S, Pearlman K. 2009. Legislative support for urban land-use control in China. Environment and Planning C: Government and Policy, 27: 399~412.

Zhang T. 2000. Land market forces and government's role in sprawl. Cities, 17: 123~135.

Zhang X, Chen J, Tan M, et al. 2007. Assessing the impact of urban sprawl on soil resources of Nanjing City using satellite images and digital soil databases. Catena, 69: 16~30.

Zhang X, Yang J, Bai X, et al. 2010. Policy recommendation and monitoring pattern reform for the land use of agricultural structure adjustment. National Land & Resources Information，12：47～48.

Zhao P. 2011. Managing urban growth in a transforming China：evidence from Beijing. Land Use Policy，28：96～109.

Zhen L，Zoebisch M，Chen G，et al. 2006. Sustainability of farmers' soil fertility management practices：a case study in the North China Plain. Journal of Environmental Management，79：409～419.

Zhou Q. 2009. Surveys on land institutional reform in Chengdu. International Economic Review，2：54～92.

Zhu P X，Qu F T. 2002. Economic analysis on cultivated land allocation between agricultural and non-agricultural sectors. China Land Science，5：14～17.

后　记

近年来对我产生影响的理论和思想很多，不过最近一句电影里的台词让我触动颇深——"医生是这样一群人：对开的药所知不多，对要治疗的疾病所知更少，而对用药的人更是一无所知。"如果说我是一名经济社会的"医生"，那么我可能比医生还要"一无所知"——对自己掌握的理论和解决问题的方案所知不多，对要解决的经济社会问题所知更少，而对经济社会问题的具体背景和当事人更是一无所知。

近两年碰到一些以前的同学、同事或朋友，他们常常会问我最近在研究什么，我有时会针对性地回答说我比较关注资源管理的制度分析，但更多的时候我会稍微思索一下说"还是土地非农化"。然而，有一些提问者似乎惊讶地追问：还在研究土地非农化啊，那么多年那么多人都研究过了，还有什么好研究的？

实际上，我自己感觉到土地非农化的问题越来越多，内容也越来越复杂。随着我国经济社会的发展，城乡的生产、生活以及生态环境发生了巨大的变化，土地非农化最初的问题不仅没有得到有效的解决，相反还出现了很多新的问题。例如，耕地保护和保障经济建设这对"老"矛盾并没有得到有效的解决，而新型城镇化背景下土地资源空间优化配置、农村转移人口市民化过程中的土地利益分配、耕地质量以及生态环境保护等新问题却接踵而至。我不禁反思，我们之前长期坚持的理论研究是否是有偏颇的，以至于真的像很多人所说的那样只是"黑板上的知识"？

这些年来这个反思一直警醒着我，因此，我才会对上述"医生的描述"有着特别的感同身受。这本《土地非农化的治理效率》实际上就是在尝试做三件事，很巧的是，这三件事正好应对了"医生"的困境。在本书中，我尝试从制度分析的角度研究以下问题：①土地非农化本身的特征；②对制度进行理论上的界定、分类，并与实践对应；③判断如何为特定背景下的土地非农化选择合适的制度。这三个问题分别对应着土地非农化问题（"疾病"）、制度选择（"药"），以及影响制度选择的内外部条件（"用药的人"）。

对于土地非农化本身的特征，本书有一些新的认识。最初的研究，如20世纪末期的学术研究多将其看做一种土地利用的配置结果，通过判断配置效率来判断相应的制度或管理的绩效。实际上，本书对土地非农化的认识又有两个新的阶段性的拓展。

第一阶段是从配置效率转变为治理效率，也就是从关注静态的资源配置结果，转变为重视资源利用和管理的过程。三个层次的治理效率的内涵实际上更接近现实中追求土地非农化效率的要求——我们无法掌握假想的那个最优配置的结果，但是我们能够把握利用资源的过程。通过设计一定的人为规则来约束土地非农化的行为，土地非农化的（治理）效率是能够自动实现的。那么在这个过程中土地非农化就可以被认为是一系列可以被分解的"交易"，具有专用性、不确定性和频率等交易属性特征。这些属性为治理效率的分析提供了基础条件。

第二阶段是对土地非农化的 SES 特征的认识。这种认识是最近两三年形成的，以前我理解的土地非农化的"交易"，就是交易费用经济学中定义的那样，"交易是指一个物品或一项服务在技术上可分辨的界限上被转移，行为的一个阶段结束而另一个阶段开始"。但是，一旦认识到了社会系统与生态系统的互动性（interaction），传统的对"交易"的定义就会出现问题。对土地非农化每一个步骤的划分，如土地规划、土地征收等，我们并不能观察到那个"可分辨的界限"。因为，我们所做的每一步骤，并不能完全掌握所有的影响是什么，尤其是我们无从得知土地系统自身出现了什么变化以至于未来还会出现新的影响。在最初土地非农化决策时更没有考虑这种变化对自己和别人会产生什么影响，这使得土地非农化的过程必然会偏离决策时的设想。

换句话说，我们对土地非农化的认识进一步加深了，这极大地影响了土地非农化治理的制度分析。传统的交易是一种"看得见、摸得着"的交易，也就是具有内部简单、外部独立的特征；而土地非农化乃至一般意义上的自然资源利用，其更多的特征是内部复杂、外部模糊——既无法完全地把握交易了什么，也无法辨析被其影响的利益相关者是否还有遗漏。虽然能够被辨析的影响可以看成是一个交易的不同方面，也可以看做不同主体间交易的组合，但问题是我们无法清晰辨认所有的影响，所谓的"低模块性"和"难分解性"就体现出来了。

这样，对于土地非农化相应制度的认识，我们也有了新的进展。不同于Williamson(1996)的市场、层级或混合，或 Ostrom(1990)的"利维坦"、私有制或自组织，当认识到土地非农化交易是一种"内繁外联"的交易时，我们需要认识一种新的制度——二分法，即整合的制度和局部的制度，这种对制度的认识可以帮助我们来理解如何解决 SES 交易的"新"属性所带来的难题。我们定义了一种"可接受局部性和整体性相结合的制度设计"，它回答了如果考虑了 SES 的特征，传统的制度分析有什么局限；针对这种局限，制度分析该如何应对；如何从理论上给出制度的选择逻辑。同时也解释了为什么面对同样的治理对象有多样性的制度存在。

在对土地非农化和制度有着新的认识的基础上，本书对判断如何为特定的土地非农化选择合适的制度也就有了新的进展。本质上讲，对于"内繁外联"的交易，人类的有限认知是无法设计出合理的制度的。但是，如果我们从概念性的分解分析入手，则实际上存在一种"片段视角"的"八步骤"制度分析。基于这种"八步骤"制度分析，我们就定义了所谓的积累性和渐进性的制度变迁的逻辑。

换句话说，对于 SES 特征的管理对象，本书认为可以先从概念性分解的思路出发，将内部复杂、外部关联的交易概念性地分解为内部简单、外部独立的若干交易的组合，虽然这种分解在现实中是不成立的，但概念性的分解是我们认识复杂和关联的基础。即使存在犯错的可能或者必然存在犯错的结果，我们也可以在一种渐进性的、积累的过程中找到合适的制度。正如人类认知自然世界一样，包括自然、地理、生物、医学等领域，都是按照这种逐渐积累的方式来探索复杂和关联的世界的。

上述就是本书在理论上的主要建构和发展。在此基础上，我和曲福田老师对土地非农化的实践问题进行了系统的实证分析。这些实证分析是我们近三年来一系列研究的进展，既包括研究方法的创新，也包括很多案例研究。从内容上看，涵盖了土地非农化特征、治理结构的描述和评价、现实局限对制度的改进诉求和相应的应对措施等方面。我们相信，上述的理论和实证的进展能够为土地非农化相关问题的研究提供有价值的参考。

本书的完成，离不开很多人的帮助。曲福田老师既是本书的作者，也是多年来在我的学术研究中给予我极大帮助的人。我对土地非农化相关问题进行研究，正是由曲老师培养出的兴趣。同时，这么多年来能够坚持这个学术方向并且不断拓展，也得益于曲老师的鼓励和支持。

浙江大学吴次芳老师近年来对我的工作、学习和生活都给予了很大的帮助。不论是在最早做我博士后导师期间，还是后来我在浙江大学工作期间，吴老师都为我提供了非常优越的工作环境和氛围。这些对于我在土地非农化研究上的专注和坚持非常重要。而且，吴老师也经常指导我如何开展课题研究和论文写作，并经常为我提供与业内进行交流探讨的机会。这些都为本书的研究奠定了坚实的基础。

感谢陈锡文先生为本书作序，以及多年来对我们研究的关注、支持和推荐。德国格赖夫斯瓦尔德大学的 Volker Beckmann 教授、荷兰瓦赫宁根大学的 Nico Heerink 教授、德国柏林洪堡大学的 Kornad Hagedorn 教授对我在资源管理制度分析上的研究帮助非常大。可以说，我能够对土地非农化有着不断深入的理解与他们在制度分析上给我的灵感是分不开的。而且，与他们的合作，也为本书的研究能够与国际"接轨"创造了条件。

还要特别提出的是浙江大学"土地制度、管理和经济"学术小组（Colloquium of Land Institutions，Management，and Economics，CLIME)的全体成员，他们既参与了我平时的研究工作，又恰到好处地为我提供了很多基础性的协助。更让我"意外"的是，很多时候他们已经能够"独当一面"，承担很多我力不从心的工作，并且得到了好评。我希望这个 CLIME 真的能够成为国内乃至国际上在土地制度分析领域有一定知名度和影响力的"小气候"。

本书的研究离不开基金项目的支持。我在土地非农化领域的研究连续得到国家自然科学基金(71273008；70903057)的支持，这也是我能够坚持在这个领域进行研究的重要条件。本书的出版还得到了国家科学技术学术著作出版基金(2012年度)、教育部全国优秀博士学位论文作者专项资金资助项目(201281)的支持。本书在出版过程中得到了科学出版社马跃先生的很大帮助，也非常感谢责任编辑李楠女士对本书付梓所付出的努力和帮助。

当然，对于 SES 视角下的土地非农化治理研究，本书只是一个初步的尝试，很多研究还停留在理论探索和个别案例的分析阶段，其中的缺陷肯定很多，恳请同仁们给予批评指正，以指导我们今后更好地开展研究。

谭荣

2014 年 2 月于杭州